"知中国·服务中国"南开智库系列报告

2024

China Corporate Governance
Evaluation Report

中国上市公司治理评价研究报告

李维安 等著

南开大学出版社
NANKAI UNIVERSITY PRESS

天 津

图书在版编目(CIP)数据

2024中国上市公司治理评价研究报告 / 李维安等著. 天津：南开大学出版社，2025.7. --("知中国·服务中国"南开智库系列报告). -- ISBN 978-7-310-06741-1

Ⅰ.F279.246

中国国家版本馆CIP数据核字第2025WE9366号

版权所有　侵权必究

2024中国上市公司治理评价研究报告

2024 ZHONGGUO SHANGSHI GONGSI ZHILI PINGJIA YANJIU BAOGAO

南开大学出版社出版发行

出版人：王　康

地址：天津市南开区卫津路94号　邮政编码：300071

营销部电话：(022)23508339　营销部传真：(022)23508542

https://nkup.nankai.edu.cn

天津创先河普业印刷有限公司印刷　全国各地新华书店经销

2025年7月第1版　2025年7月第1次印刷

260×185毫米　16开本　20.75印张　3插页　418千字

定价：118.00元

如遇图书印装质量问题，请与本社营销部联系调换，电话：(022)23508339

《丝路文化研究》编委会

主办单位：南京大学中华文化研究院
　　　　　　江苏牛首山人文研究院

编委会（以姓氏拼音为序）：

　　　陈继东　董　群　府建明　韩　昇　洪修平　胡　勇
　　　华　涛　黄厚明　黄夏年　赖永海　李姝睿　李向平
　　　刘迎胜　刘中玉　尚永琪　圣　凯　释净因　孙　江
　　　孙英刚　王邦维　王启龙　王月清　吴为山　吴晓梅
　　　徐小跃　严圣军　杨维中　张伯伟　张　总　朱庆葆

编辑部主任：徐志君

编　辑（以姓氏拼音为序）：

　　　胡永辉　黄少松　尚　荣　邵佳德　朱晓华

目　录

国家社科基金重大项目专栏

马蹄寺石窟群藏传佛教遗迹
　　——浮雕舍利塔 ………………………………… 王卫东　李　璐（ 3 ）
敦煌写本《大云无想经卷第九》考释与断代 ……………… 吴正科（ 27 ）
敦煌莫高窟第5窟回鹘文题记补遗 ……………… 张铁山　乔兆福（ 41 ）
敦煌石窟"隐形"题记紫外荧光图像采集与后期调色分析研究 …… 王海文（ 49 ）
吐鲁番文书所见"镴钱"义证 ………………………………… 朱学斌（ 59 ）

丝路史探

"丝绸之路"重镇奥什的历史沿革与行政区划变迁
　　………………………………… 玉努斯江·艾力　潘勇勇（ 75 ）
北魏武川镇地望补证 ………………………………………… 石坚军（ 91 ）
大唐西市博物馆藏《回鹘米副使墓志》墓主摩尼教身份再考
　　——兼论粟特人、摩尼教与唐回关系 ………………… 孟佩君（105）
西属菲律宾书信中的"生理人"与16世纪中欧文明交流 ……… 张艺莹（121）
奥登堡中国西北考察史新探
　　——考察日记整理研究报告 …… 郑丽颖　米哈伊尔·德米特里耶维奇（135）
"腹心实则籓篱益固"
　　——清代甘肃边储与西北边疆的关系研究 …………… 邓　涛（150）
清哈关系与塔城东迁 ………………………………………… 乔卫星（161）
中英修订《续议通商行船条约》之增设出厂税争议 …… 姚　伟　李宇闳（173）

丝路文脉

古丝绸之路上中华法系的影响力研究 …………………… 郑天祥　李尊昱（193）

边地传统与朝中秩序
　　——张掖石瑞的文本、逻辑、场景 …………………… 刘森垚（208）

"世界化"尝试
　　——近代中国佛教对自我重塑路径的探索 …………… 胡永辉（232）

拜占庭帝国中期的丝织品术语（843—1204 年）………… 朱莉娅·加利克尔（244）

丝路文化遗产

三至九世纪丝绸之路壁画中民族交融图像研究
　　——以粟特胡商图像为例 ………………………… 李海磊　黄　晶（275）

拉萨八廓古城历史图档研究
　　——以《拉萨城市的中心》为例 ……………… 完么东智　白帅帅（293）

闽台歌仔戏的传承发展与"海丝"非遗传播路径新探
　　——基于"结构-功能论"视角 ………………… 谢清果　韦俊全（306）

《丝路文化研究》集刊投稿指南 ……………………………………………（321）

国家社科基金重大项目专栏

马蹄寺石窟群藏传佛教遗迹
——浮雕舍利塔*

王卫东　李　璐

（张掖市文物保护研究所　张掖市文物保护研究所）

【摘　要】　马蹄寺石窟群是1996年公布的第四批全国重点文物保护单位之一，其洞窟开凿时代早至北凉，晚至明代，石窟群中保留的部分洞窟是代表性的"凉州模式"洞窟，是丝绸之路上重要的历史文化遗存，具有很高的科学和艺术价值。保存于石窟群28公里范围内的510座浮雕舍利塔，开凿时间最早的大约在西夏末至元初，晚至清末，各塔龛区皆有开凿时代之延续性，其开凿规模可谓庞大，塔龛数量和开凿时间跨度在国内亦属罕见，充分展现了该地区13—14世纪藏传佛教舍利塔文化独特的风格和艺术特点。石窟群周边浮雕舍利塔艺术特征和石窟寺佛教瘗葬遗迹，提供并丰富了藏传佛教遗存，新发现的塔龛区域和舍利塔，进一步丰富了马蹄寺石窟群的研究史料，同时也给我们提出了更新的学术课题。

【关键词】　马蹄寺　藏传佛教　舍利塔

马蹄寺石窟群作为河西早期石窟链重要的组成部分之一，其文化内涵非常丰富，有着极高的学术价值和深远的保护、展示意义。从蒙藏委员会调查室对马蹄寺石窟群调查开始至今，马蹄寺石窟群的考古调查、研究工作已历经了半个多世纪，随着一代代石窟考古工作者对该石窟群调查和挖掘工作的不断深入，通过对马蹄寺石窟

---

* 本文系国家社科基金重大项目（22&ZD219）"敦煌河西石窟多语言壁题考古资料抢救性调查整理与研究"的阶段性成果。

群保存的大量壁画、塑像、题记等遗迹、遗物的考古调查研究和史料梳理已显示马蹄寺石窟群始开凿于北凉，其开凿与北凉王沮渠蒙逊有关，而且与河西诸石窟有着密切的关系。2011 年 8 月—2023 年 7 月，张掖市文物保护研究所利用四个月的时间对马蹄寺石窟群 28 平方公里区域保存的浮雕舍利塔进行了考古调查：一是进一步摸清家底，完善马蹄寺石窟群"四有"记录档案；二是做好文化遗产地马蹄寺石窟群作为"凉州石窟"重要石窟链的相关工作；三是为研究佛教艺术和瘗葬风俗提供资料；四是调查舍利塔保存现状，了解病变因素，为其保护奠定基础。通过调查发现西夏至清的浮雕舍利塔 510 座。为方便记录划分了若干塔龛区，各塔龛区皆有开凿时代之延续性，其开凿规模可谓庞大，塔龛数量和开凿时间跨度在国内亦属罕见，充分展现了该地区 13—14 世纪藏传佛教舍利塔文化独特的风格和艺术特点。此次考古调查为我们了解石窟群周边浮雕舍利塔艺术特征和石窟寺佛教瘗葬，提供了丰富而宝贵的资料。新发现的塔龛区域和塔龛，丰富了马蹄寺石窟群的研究材料，同时也给我们提出了更新的学术课题，为今后进一步研究张掖一带佛教的传承与发展工作奠定了坚实的基础。

一、石窟群浮雕舍利塔遗存

马蹄寺石窟群浮雕舍利塔分布比较分散，保存于石窟群 28 公里范围内，依据塔龛所处地理位置可划分六个大区域，其下又分为十七个小区（图 1）。

（一）千佛洞石窟塔龛区

千佛洞石窟塔龛区：由 5 个塔龛区组成，共有塔龛 139 座。

千佛洞窟区塔龛区：有 99 座浮雕塔龛，是整个马蹄寺石窟群塔龛分布最为密集的区域。

塔龛多为圆拱形，亦有三叶形和横长方形出现，塔刹有日月莲花宝顶、莲花宝顶、宝珠顶、葫芦宝顶和火焰宝珠等多种。华盖正面和底部彩绘"五佛"（图 2），在华盖正面做雕饰的，多为小佛龛或数道竖排垂珠（图 3），不施色彩。幡带多以"S"形雕饰，或自华盖之上塔刹两侧曲蛇状向外吐出，或自华盖下相轮顶部联珠两侧自外向内、自下而上绕至塔刹两侧向外飘逸。联珠多以相轮顶部做一雕饰，似彩色球丸，多为 9—13 只珠子。

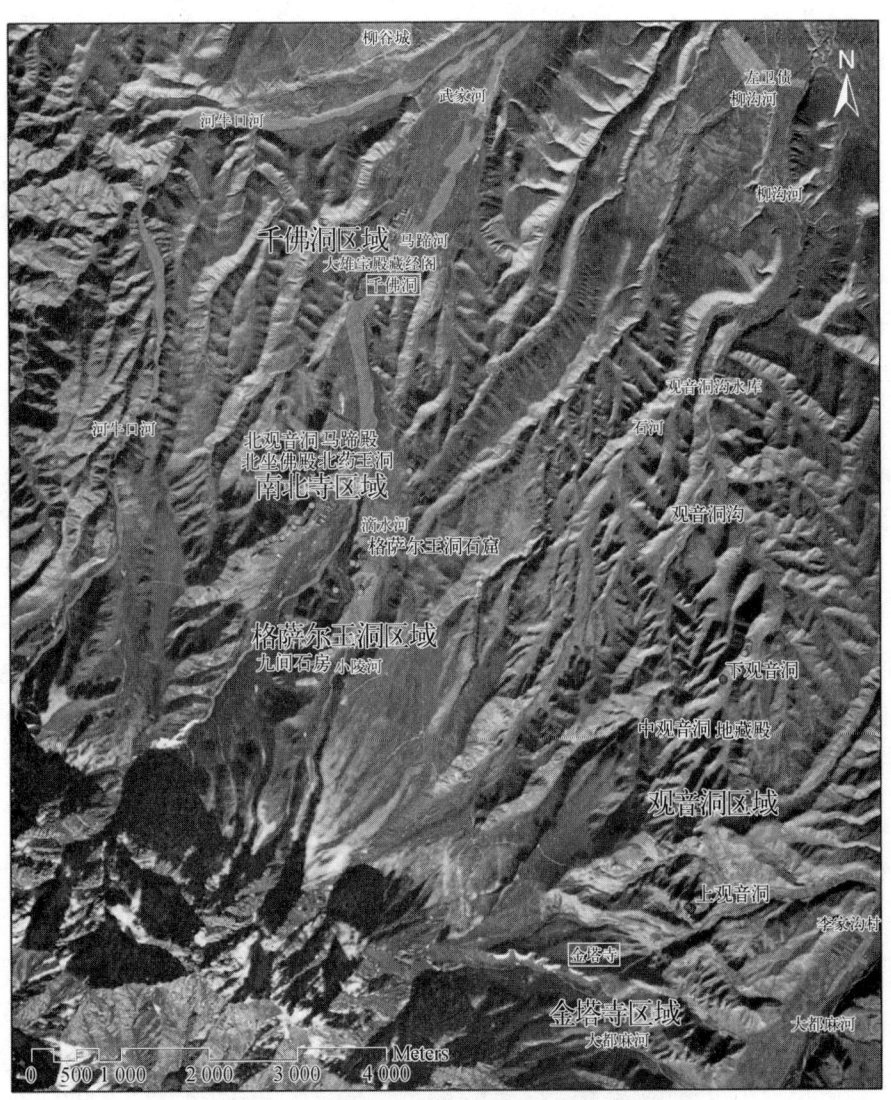

图 1 马蹄寺石窟群文物分布图

图2 华盖正面和底部彩绘"五佛"（线描图）　　图3 华盖雕饰竖排垂珠（线描图）

塔身颈部为十三层阶相轮，上部向内收进，不做装绘。山形为小须弥座，单层十字折角，承托相轮。塔身多为覆钵式，亦有瓶形，前者多为铃铛状，饰一条或两条金刚圈，塔身之下饰仰莲或仰覆莲一匝，有噶当供养塔之遗风。瓶形塔则雕饰简单，应为晚期遗物。圆形塔座，腰部雕有仰莲或仰覆莲，仰覆莲之上雕饰一圈联珠纹。凸字形塔基作为须弥座建筑基座的装饰形式，有枋、枭、束腰，形成叠涩建筑。

瘗穴有单瘗穴、双瘗穴和三瘗穴，单瘗穴大多开凿在覆钵体的正中或左侧，无任何雕刻和绘画的痕迹，室内亦无棺床设施，空间较大，是否做瘗窟之用，尚不确定。无论是单瘗穴、双瘗穴还是三瘗穴，都会在穴口四边凿"回"字形凹凿，是为在瘗穴内安置僧俗骨灰后，用以嵌装石板或木板封堵穴口之用，直壁直口，则用石块或砖块封堵穴口。

对面山塔龛区：共有5座塔龛，开凿在千佛洞窟区对面500米处的矮山阴坡面。一塔龛体为三叶形，塔刹顶部雕饰桃形饰物，可看出塔形和瘗穴位置，可辨析早期塔龛凿雕之风格（图4）。

图4 "三叶形"塔龛

千佛洞后山四道沟塔龛区：崖壁之上现存14座塔龛，地势险要，攀爬困难（图5）。5座日月宝顶，保存现状相对完整。5座宝珠顶塔龛，保存较差。其余仅存龛体，

MQH006塔龛体量高大，保存完好。圆拱形龛体带人字形龛楣，龛高5.8米，宽2.8米，进深1.6米。龛体内雕有日月宝顶覆钵体石塔，塔通高5.6米，底边宽2.5米。塔体两侧对称各开有一纵长方形瘗穴。塔体的日月宝珠顶、华盖、相轮及十字折角须弥座非常精致、完美，两侧的幡带盘延至上层十字折角，须弥座的两旁萦绕上扬，华盖下雕刻莲花纹样并彩绘。覆钵体正中雕饰两道金钢圈，仰覆莲座保存完好，整个石塔造型完美，雕刻细腻、精致（图6）。

 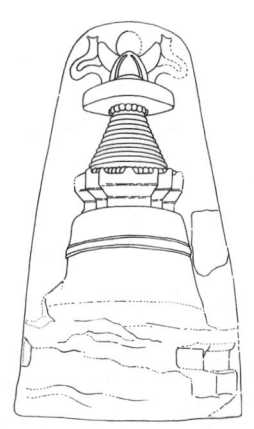

图5　千佛洞后山四道沟塔龛区　　　　图6　日月宝顶覆钵体石塔

千佛洞后山南泥沟口塔龛区：塔龛群位于南泥沟口北坡东侧，12座塔龛沿北坡坡面斜线排列（图7）。4座为日月莲花宝顶覆钵塔，编号MQB005塔龛华盖底部残留彩绘葡萄纹、火焰纹饰（图8）。3座为日月宝珠顶覆钵塔。

 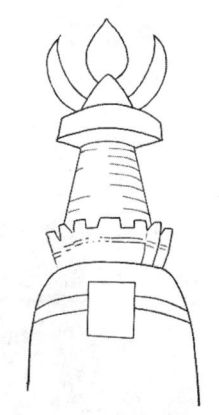

图7　千佛洞后山南泥沟口塔龛区　　　　图8　MQB005火焰宝珠顶覆钵塔

千佛洞长老沟塔龛区：现存9座塔龛均坐东北向西南，平均海拔24 620米。4座龛体为圆拱形，1座宝珠顶覆钵塔，北部错落排列4座，1座为横长方形塔龛，塔体不存。2座龛体为纵长方形。

（二）马蹄寺北寺石窟塔龛区

马蹄寺北寺由3个塔龛区组成，共有塔龛31座。编号MB。

马蹄寺北寺窟区塔龛区：塔龛区共有塔龛14座。1号窟崖壁上横向排列5座。9号窟北侧崖壁错落排列7座。其中1号窟右上方排列的5座中，3座为宝珠顶覆钵塔，2座为日月宝顶覆钵塔，龛楣外圈都凿有导水槽。9号窟北侧7座塔龛中，1座为纵长方形龛体，佛塔仅存胎体，塔体正中和左侧各开有一方形瘗穴，中间略大于左侧，中间瘗穴设有供台。4座龛体分化破损严重，塔体不存，塔体下部均开凿有一风化不规则瘗穴，1座为宝珠顶覆钵塔，保存基本完整。MBK010为一浅浮雕塔龛，龛体为梯形，塔刹为葫芦顶，相轮窄直，瓶形塔体，圆拱形瘗穴，须弥座承载塔体，轮廓清晰，风格独特，为浅浮雕之精品。位于北寺寺院外城墙东崖壁上的2座塔龛均坐西南向东北，龛体均为圆拱形，塔刹皆为宝珠顶，1座塔体略呈等腰三角形，1座塔身为瓶形，2座塔凿雕简单，无塔座，塔体坐落于地表。

马蹄寺北寺后山塔龛区：共有2座塔龛，塔刹均为宝珠顶。

北寺对面山塔龛区：位于马蹄寺北寺窟区对面山包，15座塔龛围绕椭圆形山包崖面开凿，像是一个大坟冢，当地人称墓墩台（图9）。15座塔龛自坐东南向西北至坐西南向东北环形排列，地势较高，平均海拔2601米。3座塔龛为方形龛体，1座龛体内凹略呈"舟"形，6座为圆拱形龛体。2座残存覆钵塔体，1座残存宝珠顶。MBD006为微型塔龛，龛高0.4米，塔身通高0.3米，塔刹为宝珠顶，相轮窄直，塔腹开有"品"字形三孔瘗穴。MBD015为莲花宝顶覆钵塔，塔体裸露红砂岩胎体，华盖残失，相轮漫漶不清，腹部两侧纵长方形瘗穴风化变形（图10）。

 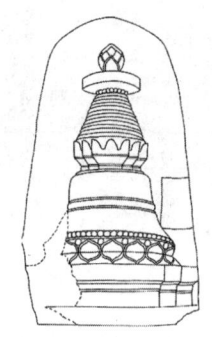

图9　北寺对面山塔龛区　　　　图10　MBD015莲花宝顶覆钵塔

(三)马蹄寺南寺塔龛区域

马蹄寺南寺塔龛区位于南寺寺院西侧以南,由南、北塔龛区组成,共有塔龛215座。

南塔龛区:125座浮雕舍利塔依山崖走向及崖壁地势开凿(图11),呈错落排列、斜线排列、平行排列和环形排列。由于所处地势,周围环境及其所依附岩体性质的变化,使浮雕舍利塔及龛体遭到了不同程度的损伤,南寺南塔龛区是石窟群舍利塔分布最多最广的区域之一,125座塔龛为西北—东南走向,其中3座只开瘗穴,不做塔龛,1座半成品,余龛体外缘均开凿排水设施——导水槽。

南寺南塔龛区的龛体以圆拱纵长方形为主,亦有方形和梯形出现,浮雕舍利塔刹宝珠顶居多,47座,日月宝顶10座,莲花宝顶1座,火焰宝珠顶1座,葫芦宝顶1座,其余塔龛仅存龛体或石塔胎体。MNN004塔龛为半成品,拱形龛,不雕塔刹,保存有华盖,华盖斜下开一小瘗穴,塔体颈部为素面,未做凿雕(图12)。MNN050覆钵体瘗穴口略大(1.5米×0.8米)。MNN069有双瘗穴,覆钵体及龛体外左侧各一个,两穴相同。MNN080华盖较大,相轮窄直,塔体保存完整。MNN087只存穴口,无塔龛遗迹。MNN089为方形长龛,塔体被沙土掩埋,只露龛边。编号MNN106为日月莲花宝顶覆钵塔,塔刹半月盘略小,幡带上部为"S"形,自两侧飘逸至须弥塔座,幡带边缘浮雕凸棱线条,华盖之下雕饰仰莲花瓣,山形须弥阴刻做吉祥云纹图案,覆钵体上部金刚圈表面雕饰一排精致覆莲,仰覆莲座承托塔体上部雕饰一排小联珠。叠涩筑式须弥座上、下枋宽大,做雕饰,上、下枭窄小,无雕饰,上枋浮雕火焰宝珠、小坐佛、马、狮子等七身图案,四角雕饰如意结、宝相花和卷草纹图案。

图11 南寺塔龛区全景图

图12 MNN004塔体雕凿半成品龛

北塔龛区:塔龛区自南寺寺院对面西北山崖三宝殿两侧向南向东蜿蜒错落排列,编号MNB001—MNB025开凿在地势相对较高的山体阳面,MNB026—MNB090则开凿在茂密的森林深处或灌木草丛中。地势较高的塔龛暴露充分,但风化剥蚀严重,森林和灌木草丛中的塔龛则一部或大部被泥沙掩埋，甚至龛内长满灌木、荆棘和杂草，大部分龛内和塔体附着苔藓和霉菌，保存环境极差。

90座塔龛中除编号MNB004梯形龛体，MNB058三叶形龛体，MNB028、MNB029、MNB031方形龛体外，其余均为拱形或圆拱形龛体形制。塔体以宝珠顶覆钵塔居多，有38座，其中桃尖形顶4座，日月宝珠顶10座。4座为莲花顶覆钵塔。MNB010为火焰宝珠顶覆钵塔。2座为日月莲花顶覆钵塔。MNB019为日月宝珠顶，华盖，幡带裸露，红砂岩胎体，后期被白灰粉妆，龛内凿有券门（图13）。MNB088为日月莲花顶，月盘宽大平直，月盘下两侧对称悬挂自外向内环绕"8"字形幡带，左侧幡带在瘗穴口断失，瘗穴内有野生动物狐狸筑巢居住。MNB090为莲花顶，保存相对完整，华盖下雕饰小联珠，相轮清晰，雕刻细腻，须弥塔座风化成方形（图14）。

 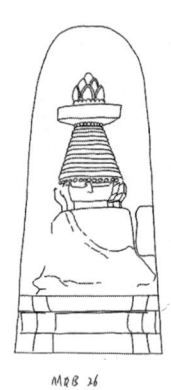

图13　MNB019日月宝珠顶覆钵塔　　图14　MNB090莲花顶覆钵塔（线描图）

（四）格萨尔王殿区域

格萨尔王殿区域塔龛开凿在卧龙山山脊两侧，南端与森林接壤，由格萨尔王洞窟塔龛区、动物园塔龛区和九间石房塔龛区组成，共有塔龛47座（图15）。

格萨尔王洞窟塔龛区：沿格萨尔王殿山脊两侧崖面开凿，阳坡崖面25座，阴坡2座。27座塔龛除MGD013为方形龛体外，其他26座龛体均为圆拱形。8座宝珠顶覆钵塔，6座日月宝顶覆钵塔，1座葫芦顶覆钵塔，1座火焰宝珠覆钵塔，其余塔刹缺失或塔体风化残存。

MGD002雕饰"S"形幡带，覆钵体左侧开有一纵长方形瘗穴，穴口用青石块封堵，MGD003风化塔体左侧有一纵长方形用小青砖封堵瘗穴，似穴内有物。4座塔龛不开瘗穴。MGD026、MGD027为日月宝顶瓶形塔，塔体通身粉白，塔刹日月体量均

图15 格萨尔王殿塔龛区塔龛位置示意图

小，"8"字形幡带萦绕飞扬，华盖下雕饰一圈莲瓣，十一道相轮，凸字形须弥座不雕式样，塔体腹部雕饰花草纹样，方形塔座叠涩凿雕。龛体后壁在塔的两侧对称各开一方形瘗穴，瓶形腹部右侧开有一纵长方形石门，可通入以穴口作窗户、空间较大的石室，塔龛形制及雕凿技艺略显稚拙和粗糙。

动物园塔龛区：位于卧龙山山麓以南的山坳里，南段东侧崖壁坐西向东平行排列5座，其对面东南错落排列10座，对面塔龛沿崖壁斜线自上而下排列。6座圆拱形龛，宝珠顶覆钵塔，5座塔刹残失。

九间石房塔龛区：九间石房又称九间十房，开凿位置地势相对较低。5座塔龛皆为宝珠顶覆钵塔，3座塔龛保存相对完整，1座仰覆莲承托覆钵塔体。MGJ002塔体自山形须弥座以下被破坏，残存塔体被烟熏墨黑，塔体正中瘗穴口扩大似方形石门，穴内凿空呈一座平顶窟龛。MGJ005不做塔座，覆钵体直接坐落于地表，三个瘗穴呈一字形排列。

（五）观音洞石窟塔龛区域

观音洞区由上、中、下观音洞三个塔龛区域组成，共有塔龛70座。

上观音洞石窟塔龛区：上观音洞俗称上寺，开凿塔龛43座，地势较高，海拔均在2700米以上。编号为MGS，其中MGS001开凿位置相对独立，其余均在寺院生活区后区或瘗葬区，塔龛依岩壁或环绕山包开凿。崖壁风化剥落较为严重，甚至坍塌，造成了舍利塔不同程度的损坏。塔龛有坐东向西、坐北向南和坐南向北三个方向，距地表60—70米。龛体及舍利塔布局多样，平顶纵长方形龛体为此塔龛区主流龛体，三壁三龛塔和三壁四龛塔为突出特征。圆拱形龛体,日月宝珠顶覆钵塔3座。素面华盖,幡带已风化剥蚀,十三级相轮,山形须弥座呈十字折角,覆钵体雕饰两道金刚圈,仰覆莲座承托覆钵体。有单瘗穴和三瘗穴两种。MGS001,塔身通高8.5米,长3.9米;龛高9.0米,宽4.5米,进深9.5米。须弥塔座下枭、下枋残失。塔体正中和左右两侧稍上呈倒"品"字形开三个纵长方形瘗穴,左穴略大,穴口宽0.9米,高1.2米,进深2米。塔龛整体保存完整,相轮局部残留壁画遗迹(图16)。MGS002,塔龛风化较为严重,轮廓清晰可辨。龛体完整,塔刹、华盖、相轮、山形须弥座清晰可辨,覆钵体正中开一方形瘗穴,风化为不规则形。塔身通高1.4米,长1.0米;龛残高1.6米,宽1.0米,进深0.35米。瘗穴0.4米×0.3米×0.42(进深)米。MGS011,塔刹、华盖、相轮、山形须弥座可辨。纵长方形瘗穴风化变形,穴内空间较大,塔身通高6.5米,边长2.5米。龛高6.5米,宽4.9米,进深0.41米。瘗穴1.0米×5.0米×1.8(进深)米。

平顶方形龛9座,外沿略为人字形,均为正壁浮雕一塔,塔刹有日月宝顶、日月莲花宝顶和莲花宝顶三种。MGS008,塔龛二分之一被沙土掩埋,日月莲花宝珠顶可辨,塔刹、华盖、相轮、覆钵体风化模糊不清,塔体左下开有一纵长方形瘗穴。塔身通高3.2米,边长2.2米。龛高3.4米,宽3.5米。瘗穴4.3×3.0米×3.5(进深)米。MGS009,莲花宝顶,塔体下部风化不存,正中开一较大的平顶方形瘗穴。塔身通高(残)5.6米,边长4.8米。龛高5.6米,宽5.2米,进深0.6米。瘗穴高1.4米,宽4.6米,进深4.3米。MGS010,塔体莲花宝顶可辨,华盖、相轮、山形须弥座及覆钵体风化模糊。覆钵体正中开有一纵长方形瘗穴。塔身通高6.5米,边长2.5米。龛高6.5米,宽4.9米,进深0.53米。瘗穴口1.0米×0.5米,内2.2米×1.8米。MGS017,塔体仅存印迹,下部保存有一不规则形瘗穴。龛高1.3米,宽1.1米,进深0.3米。MGS023,舍利塔仅存轮廓。覆钵体正中和左侧各开有一纵长方形瘗穴。龛高1.81米,宽2.3米,进深2.2米。左右瘗穴大小相若0.3米×0.2米×0.25(进深)米。MGS024,正面塔体可见日月宝珠顶,之下风化不存,正中开有一方形瘗穴。左侧仅存印迹,右侧残存舍利塔胎体,覆钵体正中和右侧各开一纵长方形瘗穴,中瘗穴口0.7米×0.6米×0.41(进深)米,右瘗穴0.3米×0.2米。MGS025,平顶方形龛,塔体风化不存,覆钵体正中开一纵长方形瘗穴。龛高2.5米,宽2.4米,进深0.65米。瘗穴口0.3米×0.25米×0.32(进深)米。MGS026,平顶横长方形,外沿略为人字形。塔体不存,正面中部并列三个纵长方形瘗穴。龛高1.78米,宽4.02米,进深2.03米。瘗穴口0.6米×0.5米、0.55米×0.5米、0.6米×

0.5米。MGS006，日月宝珠顶，幡带自两侧向外蛇状吐出，素面华盖，塔刹、相轮、覆钵体风化较为严重，覆钵体之下被砂土掩埋，塔体左侧暴露瘗穴上部。塔身残高1.75米，边残长0.64米；龛残高1.76米，宽2.45米，进深2.8米（图17）。

平顶方形龛体，日月宝珠顶12座。正壁布局单塔或双塔，塔刹为宝珠顶，素面华盖，有幡带和无幡带两种，幡带较短，斜上飘逸。可辨相轮为十一级或十三级，山形须弥座十字折角，覆钵体饰一道或两道金钢圈，瘗穴有单瘗穴和双瘗穴。MGS012，塔体不存，可见塔体印迹。塔体右下开有一不规则形瘗穴。龛高3.2米，宽2.1米，进深0.35米。瘗穴1.2米×0.8米。MGS013，日月宝珠顶，塔刹、华盖、相轮以下风化消失，塔体右下瘗穴内空间较大，与MGS014相通。塔身通高1.95米，边长1.2米。龛高2.06米，宽2.2米，进深0.45米。MGS020，塔体仅存宝珠顶，之下风化不存。塔体右侧开一风化为不规则形瘗穴。塔身通高2.2米，边长1.1米。龛高2.3米，宽1.1米，进深0.56米。MGS031，塔体仅存部分印迹，下部被沙土掩埋。龛残高0.56米，宽2.06米，进深2.30米。MGS032，塔体不存，仅存下部不规则瘗穴，下部被砂土掩埋。龛残高2.06米，宽3.1米，进深1.2米。瘗穴0.35米×0.30米。MGS033，正面一座塔，塔体不存，仅存下部左侧一方形瘗穴。墙壁压面可见斜向凿痕，当为绘画所做地杖层增加附着力而作。下部被沙土掩埋。龛残高3.8米，宽3.2米，进深1.2米。瘗穴0.55米×0.5米×0.35（进深）米。MGS034，正面残存一座舍利塔，可见日月莲花宝顶，华盖以下隐约可见塔体轮廓，不见瘗穴。塔身残高1.65米，边残长1.24米；龛残高2.6米，宽3.02米，进深1.63米。MGS035，正壁残存舍利塔胎体，覆钵体左侧开一方形瘗穴。瘗穴0.35米×0.3米×0.2（进深）米。MGS036，正壁浮雕一座日月宝珠顶覆钵塔，华盖、相轮清晰可辨，相轮之下风化较为严重，覆钵体正中保存有一不规则形瘗穴，塔体左侧保存有一较大的纵长方形瘗穴，穴内空间较大。塔身通高3.6米，边长1.5米；龛高3.6米，宽1.8米，进深0.56米。中瘗穴0.45米×0.3米×0.2（进深）米，左瘗穴口1.6米×0.5米×3.6（进深）米。MGS038，正壁并排浮雕两座塔，左右壁无塔，正壁双塔形制相同，左侧体型略大，均为宝珠顶覆钵塔，塔刹、华盖、相轮、须弥座风化模糊，覆钵塔正中各开一风化为不规则瘗穴。左侧塔身通高2.8米，边长1.6米，右侧塔身通高2.6米，边长1.4米。龛高3.5米，宽4.2。瘗穴大小相若0.4米×0.3米×0.25（进深）米。MGS039，正壁开圆拱形浅龛，龛内浮雕宝珠顶覆钵塔一座，塔刹、华盖风化剥落，相轮、山形须弥座清晰可辨，覆钵体正中保存一风化不规则形瘗穴。塔身通高2.7米，边长1.3米。平顶龛高3.1米，宽2.7米，进深2.6米，圆拱形龛高2.7米，宽1.3米，进深0.15米。瘗穴0.4米×0.3米×0.25（进深）米。MGS042，正壁残存宝珠顶覆钵塔胎体，覆钵体正中开一风化不规则形瘗穴。塔身残高2.4米，边残长1.1米；龛高2.6米，宽2.4米，进深2.6米。瘗穴0.42米×0.35米×0.25（进深）米。

平顶方形龛体，日月宝珠顶，三壁三龛塔7座。龛内正壁和左右两立壁各浮雕一舍利塔，出现蛇形幡带，华盖均为素面，华盖下凿雕一排连珠，相轮为十一级或十三级，山形须弥座十字折角，覆钵体多饰一道金刚圈，须弥塔座相对较大，瘗穴有单瘗穴和双瘗穴两种。MGS003，塔龛风化较为严重，轮廓清晰可辨。龛体完整，塔刹、华盖、相轮、山形须弥座清晰可辨，覆钵体正中和左右两侧各开一方形瘗穴，正中和右侧均为横长方形，左侧开一较大的纵长方形瘗穴。塔身通高1.5米，边长0.65米。龛高1.6米，宽1.75米，进深0.45米。中瘗穴0.42米×0.3米×0.25（进深）米，左瘗穴2.3米×1.6米×2.04（进深）米，右瘗穴0.86米×0.65米×0.73（进深）米（图18）。MGS004，三壁三塔，正面为日月宝珠顶，华盖、十三级粗相轮、山形须弥座、塔体清晰可辨，下部塔体被沙土掩埋。左侧舍利塔为日月宝珠顶，十三级相轮，塔体下部被沙土掩埋。右侧塔体与左侧相同。正壁塔身残高1.56米，边长1.0米。左立壁塔身残高1.55米，边长1.1米。右立壁塔身残高1.54米，边长1.1米。龛残高1.7米，宽2.05米，进深2.46米。瘗穴不详（图19）。MGS005，正面为日月莲花宝顶，幡带可见印迹，华盖、相轮清晰可见，覆钵体下部开有一方形瘗穴。左侧舍利塔为日月莲花宝顶，蛇形幡带，下部开有一纵长方形瘗穴。右侧舍利塔与左侧形制相同。正壁塔身通高1.72米，边长1.2米，左侧塔身通高1.71米，边长1.1米。右侧塔身通高1.71米，边长1.1米。正壁瘗穴0.3米×0.2米×0.15（进深）米，左立壁瘗穴0.2米×0.15米×0.15（进深）米，右立壁瘗穴0.2米×0.15米×0.15（进深）米（图20、图21）。MGS007，方形龛门，内部平顶较大。正面舍利塔为日月宝珠顶，塔刹、相轮模糊。塔体下部开有一较大瘗穴。左右两侧舍利塔形制模糊，下部瘗穴均为不规则形，较浅。正壁塔身通高2.2米，边长1.5米；左侧塔身通高1.75米，边长1.2米；右侧塔身通高1.74米，边长1.3米。正壁瘗穴口1.2米×1.1米×2.46（进深）×3.02（内宽）米，左立壁瘗穴0.7米×0.6米×0.45（进深）米，右立壁瘗穴0.7米×0.55米×0.51（进深）米。MGS014，正面为日月宝珠顶，塔刹以下风化模糊，双瘗穴，左侧瘗穴内与MGS13相通。左侧塔体仅存山形。右侧塔体相轮以上不存。正壁塔身通高2.2米，边长2.5米，左侧塔身通高2.3米，边长2.4米，右侧塔身通高2.2米，边长2.1米。正壁瘗穴为双瘗穴，覆钵体正中和左侧，正中瘗穴0.45

米×0.3米×0.3（进深）米，左龛穴口1.5米×0.6米×3.5（进深）米。左龛穴0.4米×0.3米×0.25（进深）米。右龛穴0.45米×0.3米×0.3（进深）米。MGS019，正面塔体不存，仅存轮廓印迹。左侧仅存塔刹印迹。右侧舍利塔为日月宝珠顶，仅存塔刹、华盖。龛穴均风化为不规则形。正壁塔身轮廓残高1.6米，边残长1.3米，左立壁塔身印迹残高1.5米，边残长1.2米，右侧塔身残高1.8米，边残长1.4米。正壁龛穴1.1米×0.9米×2.5（进深）米，左立壁龛穴1.3米×0.85米×0.73（进深）米，右立壁1.2米×0.8米×1.1（进深）米。MGS021，正面塔体仅存胎体，覆钵体正中和左侧各开一纵长方形龛穴。左右两侧塔体不存，仅存下部一方形龛穴。正壁塔身胎体残高1.6米，边残长1.2米。正壁龛穴0.4米×0.25米×0.35（进深）米，左立壁龛穴0.3米×0.25米×0.38（进深）米，右立壁龛穴0.4米×0.35米×0.3（进深）米。

图16 MGS001覆钵塔

图17 MGS006覆钵塔

图18 MGS003覆钵塔

图19 MGS004舍利塔

图20 MGS005-1舍利塔

图21 MGS005-2舍利塔

平顶方形龛体，日月宝珠顶，三壁四龛塔3座。正面布局两座，左右各一座。素面华盖，十一或十三级相轮，最上一级相轮之上附压一排连珠，塔体之上残存附着壁画地仗层，山形须弥座十字折角，覆钵体中部雕饰一道金刚圈。MGS015，正立壁塔体不存，可见形制印迹，左右各存一瘗穴。左侧立壁为莲花日月宝顶，相轮、山形须弥座清晰。右侧立壁塔体仅存印迹，下有一纵长方形瘗穴，穴口较大。正立壁残存两座塔身印迹高1.5米，边残长0.85米，左侧立壁塔身通高2.01米，边长1.05米，右侧立壁残存塔身印迹高1.45米，边残长1.5米。龛高2.01米，宽4.0米，进深4.5米。正立壁瘗穴分布于塔身两侧，大小相若0.6米×0.5米×0.25（进深）米，左立壁瘗穴0.6米×0.5米×0.35（进深）米，右立壁瘗穴0.65米×0.5米×0.3（进深）米。MGS028，正立壁双塔不存，仅存印迹。双塔间下开一纵长方形瘗穴。左右立壁各一塔，仅存印迹，均在覆钵体正中开一方形瘗穴。正立壁残存双塔印迹高1.6米，边残长0.65米，左立壁残存塔身印迹高1.65米，边长0.56米，右立壁残存塔身印迹高1.25米，边残长0.5米。龛高1.73米，宽4.1米，进深2.6米。正立壁瘗穴0.7米×0.6米×0.45（进深）米，左立壁瘗穴0.6米×0.5米×0.35（进深）米，右立壁瘗穴0.65米×0.5米×0.3（进深）米。MGS037，正壁并排两座，左右各一座。正壁双塔仅存塔体轮廓，覆钵体正中各开一近似椭圆形瘗穴，左右两侧均为宝珠顶，华盖、相轮、山形须弥座风化模糊，覆钵体存有不规则形瘗穴。正壁左侧残存塔身高2.8米，边残长1.5米，正壁右侧残存塔身高2.85米，边残长1.55米，左立壁塔身通高3.1米，边残长1.6米，右立壁塔身通高3.15米，边残长1.52米。龛高3.2米，宽4.1米，进深4.5米。正壁双塔瘗穴大小相若0.6米×0.5米×0.35（进深）米，左立壁瘗穴0.58米×0.46米×0.36（进深）米，右立壁瘗穴0.7米×0.65米×0.4（进深）米。

梯形大龛1座，MGS041，龛内又开一浅龛，浅龛内浮雕一日月莲花宝顶覆钵塔，塔体仅存塔刹、华盖和相轮，相轮下至塔座开一较大的瘗穴，穴内有动物（羊）居住。塔身通高2.63米，边长1.6米；大龛高3.02米，宽2.8米，进深4.6米；浅龛高2.63米，宽1.65米，进深0.18米。瘗穴口1.85米×0.6米×3.8（进深）米。

平顶方形龛1座，MGS027，正壁并排列三塔。三塔大小形制相同，均为日月莲花宝顶、幡带、华盖、相轮、山形须弥座保存完整。三塔相轮两侧各开一方形瘗穴，右侧舍利塔下部开一不规则形瘗穴。塔身通高2.3米，边长1.2米。龛高3.5米，宽5.2米，进深3.0米。相轮两侧瘗穴大小相若0.56米×0.48米×0.29（进深）米，右侧舍利塔下部瘗穴0.63米×0.57米×0.38（进深）米（图22）。小型平顶方形龛3座：MGS029，因龛口长满灌木，位置险峻，无法调查。MGS030，位于MGS029右侧，同MGS029保存状况一致。MGS043，龛内五分之四被沙土掩埋，舍利塔保存情况不详。

平顶方形龛1座，MGS016，正壁无塔，保存有"品"字形不规则三瘗穴。左侧立壁并排两座塔龛，靠龛门舍利塔为宝珠顶，之下风化模糊不辨。右侧立壁正中一塔，可辨轮廓，塔身正中和左侧各开一瘗穴，穴口较浅。正壁"品"字形瘗穴大小相若0.9米×0.8米×0.35（进深）米。左侧立壁靠近龛门舍利塔通高1.95米，边长1.25米；内塔通高1.93米，边长1.22米。右侧立壁残存塔身轮廓高1.9米，边长1.2米。龛高1.95米，宽4.2米，进深5.2米。右立壁正中瘗穴0.85米×0.72米×0.46（进深）米，左侧瘗穴0.78米×0.65米×0.51（进深）米（图23）。

图22　MGS027并排列三塔

图23　MGS016"品"字形三瘗穴

宝珠顶，无龛塔2座：MGS018，断崖岩壁残存舍利塔，塔体可辨，覆钵体正中开一纵长方形瘗穴。塔身残高1.3米，边残长0.86米。瘗穴0.3米×0.25米×0.2（进深）米。MGS040，岩壁断裂一侧保存舍利塔残体，塔刹为宝珠顶，华盖风化剥落，相轮、山形须弥座依稀可辨，覆钵体及塔座断裂坍塌，瘗穴不详。塔身残高1.26米。

中观音洞石窟塔龛区：中观音洞塔龛区有3座塔龛，均开凿在窟区西侧阳面崖壁上。编号MGZ001开横长方形龛体，塔龛内保存有浮雕舍利塔3座，三壁三塔，正壁一座，左右两侧立壁各雕有一座，均为日月宝顶覆钵塔。正面及右立壁覆钵体左侧开有一方形瘗穴，左立壁覆钵体右侧开有一方形瘗穴（图24）。MGZ002开凿于帐形窟正面纵长方形浅龛内。舍利塔为葫芦塔刹覆钵体，塔刹右侧幡带之上浅浮雕一飞天凌空飞舞，潇洒飘逸，栩栩如生，右侧风化脱落存有印记，覆钵体下部及右侧各开一方形瘗穴，瘗穴风化变形（图25）。塔体通高1.9米，边长0.8米。龛高2米，宽1.7米。瘗穴（中）宽0.45米，高0.4米，进深0.6米。瘗穴（右）宽0.4米，高0.45米，进深0.6米。

图24 MGZ001右立壁覆钵塔　　　图25 MGZ002塔刹右侧幡带上浅浮雕飞天（线描图）

下观音洞石窟塔龛区：塔龛区保存有24座浮雕舍利塔（图26），编号MGX001为圆拱形龛，日月宝顶，仰覆莲座。MGX004—MGX011开凿在长满灌木杂草的崖面上，上下错落两排各凿4龛，皆为圆拱形，龛内三分之二被沙土掩埋，仅MGX009残存塔刹顶部，MGX002为方形龛体，残存华盖，无穴。MGX003、MGX017、MGX023为方形龛体，日月塔刹，MGX003方形龛内原为三壁三塔，现仅存正面塔刹和胎体，左右残留印迹，瘗穴风化变形。MGX017开凿在方形龛体正立壁，正面塔体做日月宝顶，幡带向外两侧斜上曲状飘逸，华盖、联珠、相轮、山形须弥座覆钵体金刚圈雕饰精美，塔体腹部正中和右侧开一纵长方形瘗穴，塔体通高1.5米，边长0.6米（图27）。MGX018在方形龛体内保存有三壁三塔，正壁一座，左右两立壁对称各雕一座，三塔凿雕风格各不相同，正壁浮雕日月莲花宝顶覆钵塔，幡带"S"形萦绕飞扬，华盖正面以减地平叙形式雕饰联珠和山形水波，并用石青、石绿彩绘联珠。相轮、山形须弥座和扁平形仰覆莲座雕饰精美。右侧以浅浮雕或厌地隐起筑式凿雕佛塔，塔为日月顶，华盖下雕饰一大圆球代表联珠，梯形相轮为素面，山形须弥座十字折角，挺拔俊秀，覆钵体开一方形瘗穴，以简单的线刻手法表现须弥塔座。左侧佛塔的凿雕手法和形制与右侧的佛塔基本相似。（图28、图29、图30）

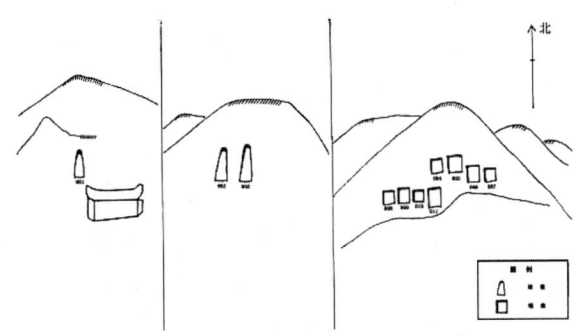 

图 26　下观音洞塔龛位置示意图　　　图 27　MGX017 舍利塔

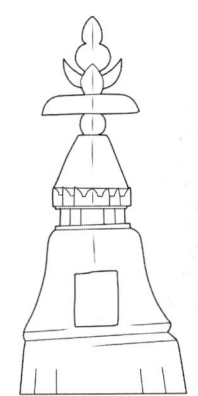  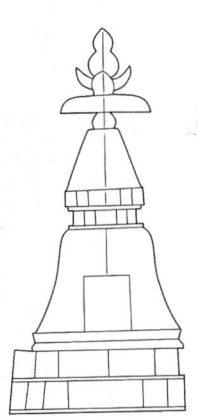

图 28　MGX018 覆钵塔（左壁）　图 29　MGX018 覆钵塔（正壁）　图 30　MGX018 覆钵塔（右壁）

（六）金塔寺石窟区域

金塔寺是马蹄寺石窟群的重要组成部分，位于马蹄藏族乡大都麻村西深山葱岭中红砂岩崖壁上，距地表 60 余米，在陡峭的崖壁上开东、西二窟，为马蹄寺石窟群保存非常重要的早期洞窟之一，塔龛区 1 个，即长洞子塔龛区。

金塔寺长洞子塔龛区：位于金塔寺石窟东南 2.2 公里处，2 座塔龛开凿在海拔 2654 米，距地表 11.5 米处，均坐东向西。

MJC001 为平顶横长方形龛体，在其正立壁又开一长方形龛，龛内凿雕舍利塔，塔刹为日月莲花宝顶，幡带向两侧斜上方飘扬，华盖外缘雕饰纹样，十三级相轮，覆钵塔体，山形须弥座，覆钵体正中开有一纵长方形瘗穴。

横长方形龛体：龛高 1.85 米，龛宽 2.35 米，进深 1.7 米；

纵长方形小龛：龛高 1.1 米，龛宽 0.75 米，进深 0.17 米；

覆钵塔体：塔高1.1米，宽0.53米；

瘗穴：瘗穴宽0.18米，高0.2米。

MJC002为平顶方形大龛，与MJC001平行排列，大龛做龛门，开有内壁，龛内凿雕佛塔七座，正面三座，左右两侧对称两座，为"七浮屠"。七座塔龛凿雕风格、体量和形制基本相似，塔刹为日月莲花宝顶，雕饰幡带，华盖正面雕饰联珠和山形纹样，相轮底部雕饰一排小联珠，山形须弥座十字折角，覆钵体雕饰一道金刚圈，仰覆莲座承载塔体，七座佛塔覆钵体正中均开有近方形瘗穴，叠涩须弥塔座有不同程度的风化剥蚀（图31）。

龛门：高2.25米，宽2.3米；

佛龛：高2.25米，宽3.56米，进深2.57米；

佛塔：通高1.68—1.74米，边长0.75—0.86米。

图31　MJC002平顶方形龛内七座覆钵体塔

二、舍利塔风格特征

马蹄寺石窟群摩崖佛塔，大部分开凿在海拔2800—3000米的红砂岩崖壁上的塔龛内。龛体的高度和宽度决定了龛内塔的高度和宽度，龛体最高的约5米，最矮的则不到1米。龛体形制变化多样，有圆拱形、长方形、梯形、三叶形等。有的圆拱形龛还带有人字形龛楣或阙形龛楣。龛内一般为一龛一塔，也有一龛两塔、一龛三塔和一龛四塔的，金塔寺塔龛区还有一龛七塔的，其龛体为长方形大龛，龛内凿雕七座佛塔，正面三座，左右两侧各两座，取"七浮屠"之意。从塔的形制看，现存的510座摩崖舍利塔，大部分为覆钵塔，塔的要素全部具备。塔刹（塔的顶部）形式种类繁多，有日月莲花顶、日月宝珠顶、莲花顶、葫芦顶、日月宝顶、火焰宝珠顶等，以日月宝珠顶居多，宝珠顶次之，葫芦顶稀少，分彩绘和素面二种。马蹄寺石窟群摩崖舍利塔上的幡带，造型变化多样，不仅在塔的功能上强调了塔的庄严性，而且在塔的造型上也具有较强的装饰作用。幡带多作蛇状"S"形、倒"又"字形、"8"字形和飘带形等等。蛇状"S"形幡带居多，一般自塔刹两侧曲蛇状向外吐出，尾部分叉，有的叉间还镶嵌饰物。"8"字形幡带和倒"又"字形幡带造型别致，大多雕刻在华盖和相轮两侧，飘带形幡带上还雕饰栩栩如生、凌空飞舞的飞天。塔刹下方的华盖呈半圆形，多为素面，正面雕饰联珠（或垂珠）和山形纹样的较少，底部做彩绘并饰有莲花纹样和千佛的居多，莲花和千佛为连续纹样，图案艳丽工整，多饰以石青、石绿、赭红等色。塔身颈部做相轮，相轮上部向内收紧，上窄下宽，相轮有十三级和十一级之分，其顶部和底部多用九、十一、十三的单数连珠做雕饰。相轮下方的山形小须弥座，一般作单层十字折角，有素面的，有彩绘的，也有雕饰纹样的。塔身多为覆钵式，覆钵体上装饰一道或二道金刚圈，或在覆钵正中开瘗穴，形制多样，类型各异。覆钵体之下多饰以仰莲或覆莲一匝，也有在仰莲或覆莲之上再雕饰一圈连珠的。再往下是塔的座基，一般为圆形座基或"凸"字形须弥座座基。北寺塔龛区还有瓶形塔，其塔身为瓶形，做方涩座基，雕凿简单不做雕饰，应为晚期之作。摩崖舍利塔上用于存放高僧圆寂肉身、骨灰、佛教工具用品等物的瘗穴有单瘗穴、双瘗穴和三瘗穴：单瘗穴大多开凿在覆钵的正中或左侧；双瘗穴大多开凿在覆钵两侧或相轮两侧，亦有在覆钵正中开一穴，相轮左侧开一穴；三瘗穴则在覆钵正中开一穴，覆钵两侧对称各开一瘗穴，双瘗穴互有相通和不相同两种。

马蹄寺石窟群摩崖舍利塔多采用高浮雕、浅浮雕、线刻和彩绘等多种技法，舍利塔造型别致，装饰华丽，风格变化多样，雕凿手法精致细腻，比较典型的摩崖舍利塔如：MQK020（图32）是马蹄寺石窟群舍利塔中一个典型的一龛三塔式舍利佛塔。龛体与塔的整体造型和风格与其他覆钵塔大不相同，大塔座与以往的须弥座不同，以刻有云头纹的塔柱承托起一座大的莲台，之上再雕凿三座日月宝顶覆钵塔，三塔塔基均为十字折角须弥座。中间的塔较大，高约1.4米，两边的较小，约1.1米。中间塔的幡带呈二组，一组自塔刹两侧作蛇状"S"形曲蛇状向外吐出，另一组呈飘带状，飘带末端为分叉的燕尾式斜尖，二侧塔的幡带则为一组，作蛇状"S"形。三塔的覆钵均呈铃铛状，云头纹塔柱两侧各开有一口瘗穴。这是马蹄寺石窟群唯一的一例三塔龛，设计独特，雕凿技艺成熟，为塔中精品，是研究藏传佛教史雕塑艺术的活标本。

MQK012摩崖佛塔，亦为马蹄寺石窟群舍利塔之精品（图33）。此塔龛体高5米，底宽2米，拱形龛，龛楣不做装饰，形制典型。龛体内壁满绘石青和石绿相间的火焰纹饰。龛体内左侧的火焰纹壁画间还绘有藏传佛教噶举派噶玛巴上师黑帽僧的形象。黑帽僧头戴黑色莲花帽，白色头光，面庞圆润，着坎肩，肩部凸起，外披僧氅，双手合十置于胸前，结跏趺坐于仰覆莲座上。黑帽僧尊称为黑帽上师，为噶举派黑帽系的噶玛巴，是藏传佛教各派中最早采取活佛转世制度的一派。MQK012号塔龛黑帽上师壁画充分说明了西夏、大蒙古国时期是马蹄寺藏传佛教发展的鼎盛时期，由此亦可以推断，具有此类特征的摩崖佛塔开凿于13—14世纪，即西夏至元明时期。龛内须弥座塔基上雕覆钵塔一座，正中饰有两道突起的金刚圈，有噶当供养之遗风。

 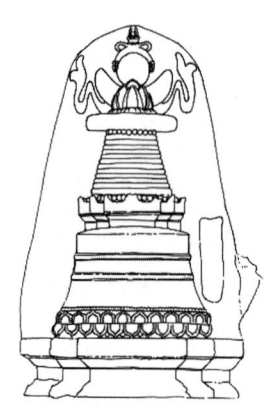

图32　MQK020 舍利塔（线描图）　　图33　MQK012 摩崖佛塔（线描图）

MQB006，塔高5.4米，底宽2.6米，塔体体量宏大，造型富丽华贵。塔体的日月宝珠顶、相轮、十字折角须弥座和覆钵均与MQK012塔龛相同。MQB006号摩崖佛塔不同于其他佛塔的是它的幡带、华盖和相轮，其造型、装饰尤为突出；马蹄寺石窟群摩崖佛塔的幡带大部分呈"S"形，自塔刹两侧曲蛇状向外吐出，但MQB006佛塔的幡带则呈两组，浅浮雕，分别饰于塔刹和华盖两侧。塔刹上的幡带与MQK012摩崖佛塔相同，呈"S"形自塔刹两侧曲蛇状向外吐出，尾部分叉，叉间镶嵌饰物，华盖两侧的幡带则从华盖底部向上萦绕交叉后呈倒"又"字形（南泥沟口MQH007摩崖佛塔的幡带呈"8"字形在华盖两侧悬挂，但塔刹两侧不再做幡带），这种上下两侧雕饰二组不同风格幡带的独特造型，在整个马蹄寺石窟群摩崖佛塔中并不多见。华盖底部的装绘也非常富有特色，华盖中心绘有复式的莲花纹样并彩绘，外围彩绘有类似龙骨的纹样。相轮较粗壮，上窄下驰，相轮底部的十字折角须弥座底部也彩绘复式的莲花纹，这些纹样形象生动，精致工整，上下呼应，设色艳丽却不失古朴，以赭红和石绿居多，这种彩绘与雕刻相结合的造型手法，给整个佛塔平添了几分生机。几千年过去了，彩绘的莲花依然绚丽多姿，刹上的幡带迎风招展，昭示着佛塔的神圣和庄严。

三、时代推测

马蹄寺其名来源，北宋《太平寰宇记》称出自"吐蕃赞普即其郡丞的异称也"，即马蹄本是驻牧在临松山一带吐蕃一支的名称，后来以族名称之[①]。石窟寺的创建年代迄无定论。据《重刊甘镇志》祠祀条："普观寺，城南一百三十里祁连山下，内有浮屠塔，古名马蹄寺。开创无考……"[②] 清乾隆重修《甘州府志》卷四记载："城南百余里，临松山下薤谷中，以石上有马蹄迹，俗名马蹄寺……永乐元年（1403）土人倚山置禅堂，十四年又敕赐普观寺。按，即郭瑀隐处，石窟始于郭瑀及其弟子，而后人扩之，加以佛像，至明始著，番僧至五六百人。"[③]《东乐县志》载："薤谷石窟，在县城西南一百一十里临松山下，今有马蹄寺佛龛，……晋名贤郭瑀开辟隐居教学处。"[④] 又据唐道宣《集神州三宝感通录》卷三记载："凉州石崖瑞像者，昔沮渠蒙逊以晋安帝隆安元年，据有凉土三十余载，陇西五凉，斯最久盛。专崇福业，以国城寺塔修非永固，……于州南百里，连崖绵亘，东西不测，就而斫窟，安设尊仪，或石或塑，千变万化。有礼敬者，惊肱心目。"[⑤] 据任和《重修马蹄寺记》载，马蹄寺于明嘉靖四十四年（1565）重修。

从洞窟形制和造像风格上判断，马蹄寺石窟群的部分洞窟大约创建于5—6世纪，其中一些洞窟可能在5世纪初或更早。所以，一般认为马蹄寺石窟可能与沮渠蒙逊创建"凉州南山石窟[⑥]"这一记载有关。马蹄寺石窟群现存洞窟有70余个，其中可以肯定开凿时代的有北朝9窟、隋代1窟、西夏3窟、元代19窟、明代2窟[⑦]，其余多无法判定开窟时代。

[①] 张宝玺：《马蹄寺石窟名称的来历》，《敦煌研究》1995年第1期。
[②] 杨春茂：《甘镇志》，甘肃人民出版社1996年版，第196页。
[③] 钟赓起纂修：《甘州府志》卷四"山川、古迹"，台北成文出版社有限公司1976年影印本，第440—441页。
[④] 徐传钧：《东乐县志》卷一"古迹"，竞业石印馆民国十二年（1923）石印本，第430页。
[⑤] 道宣：《集神州三宝感通录》，台北佛陀教育基金会1990年版，第417—418页。
[⑥] 凉州：现甘肃武威，北魏时，凉州由武威移治张掖郡永平县，有西凉州之称，西魏正式定名西凉州。西魏废帝三年（554），西凉州改为甘州，该凉州指甘州，"南山"指马蹄寺。
[⑦] 史岩：《散布在祁连山区民乐县境的石窟群》，《文物参考资料》1956年第1期。

马蹄寺石窟群的早期石窟（北朝9窟），即凉州石窟，亦有天梯山石窟为凉州石窟之说，大致可分为二期：

第一期洞窟开凿时间在太和年间及稍后的北魏时期，具体来说，可定在486—510年（太和十年—宣武帝永平三年）；第二期洞窟在北魏末至西魏时期，即510—550年。马蹄寺石窟群第一期洞窟主要有金塔寺东、西二窟，千佛洞2窟①。

第二期洞窟以千佛洞1、3、4、8窟，下观音洞1窟为代表。《魏书·释老志》记载："凉州自张轨以后，世信佛教。"可以说在郭瑀隐居时，河西境内大兴佛教。马蹄寺石窟距张掖城南120里，与"州南百里"亦相吻合。北凉佛教的兴盛在河西地区也表现在修造佛塔方面。《太平御览·卷一二四·偏霸部》八载："初，（沮渠）虏为酒泉太守，起浮图于中街，有石像在焉。"②《集神州三宝感通录》亦有："北凉河西王蒙逊，为母造丈六石像在于山寺，素所敬重。"③《释迦方志·通局篇》也记载有沮渠蒙逊在"凉州南洪崖"造碑之事。④但在此次调查中却没有发现具有北朝时期时代特征的佛塔，而在张掖东面的武威和西面的酒泉、敦煌、吐鲁番地区新中国成立后先后出土过一些北凉时期的造像佛塔。⑤1969年在酒泉施工中发现的六座佛塔中，有明确纪年的有沮渠蒙逊承玄元年（428）、二年（429）及延和三年（434）等。

马蹄寺石窟群保存的浮雕舍利塔开凿时代大多应在13—14世纪，最早的大约在西夏末至元初，晚至清末。依据所调查塔龛的形制及保存遗迹，我们对各区塔龛开凿早晚关系进行了简单排序：开凿于西夏—明代的有千佛洞塔龛区、北寺塔龛区、金塔寺塔龛区、观音洞塔龛区和南寺塔龛区，格萨尔王殿塔龛区则为明开凿，后山2座为民国时期开凿。

马蹄寺石窟群开凿的浮雕舍利塔的形制略与亦集乃古城西北郊者相似。千佛洞MQK020三塔龛形制亦流行于13—14世纪，其例证见西藏札囊札塘寺大殿后壁下方左侧壁画（13世纪）；瓜州榆林窟第4窟北壁东侧壁画（13世纪），现存实物有云南昆明筇竹寺玄坚雪庵宗主塔（1319）和元大都居庸关永明寺过街塔（1342）⑥。1251年，萨迦班智达·贡噶坚赞逝世于凉州不久，徒众在幻化寺（今武威市城东的白塔

---

① 暨远志：《张掖地区早期石窟分期试论》，《敦煌研究》1996年第4期。
② 李昉：《太平御览》，中华书局1960年版。
③ 《大正新修大藏经》卷52，台北佛陀教育基金会1990年版，第417—418页。
④ 《法苑珠林》卷二十七。
⑤ 参见王毅：《北凉石塔》，载文物编辑委员会编：《文物资料丛刊》（1），文物出版社1977年版。
⑥ 宿白：《张掖河流域13—14世纪的藏传佛教遗迹》，《北京大学学报（哲学社会科学版）》1993年第2期。

寺）为其建有墓塔[①]。该塔虽自塔身中部以上被毁，但其残留部分仍能看出覆钟式覆钵的向外移出的遗迹，这与马蹄寺千佛洞塔龛区覆钵式佛塔相同，两者皆建有单层十字折角，其年代约亦相若。再如千佛洞窟区 MQB012 塔刹左侧壁画中有藏传佛教噶举派噶玛巴上师黑帽僧的形象，噶玛巴上师头戴折沿式黑帽，白色头光，面庞圆润，身着坎肩，肩部凸起，外披僧氅，双手合十置于胸前，结跏趺坐于仰覆莲台上。黑帽僧尊称为黑帽上师，为噶玛噶举派黑帽系的噶玛巴。这时期以黑帽系和红帽系最著名。黑帽系得名于 1256 年（南宋理宗赵昀宝祐四年）元宪宗蒙哥赐给噶玛拔希的金边黑帽，自此金边黑帽成为噶玛噶举派活佛传承的标志。1226 年（南宋宝庆二年），成吉思汗攻破甘州，结束了西夏在甘州 198 年的统治，开始进入大蒙古国时期[②]，马蹄寺藏传佛教的发展也随之进入了鼎盛时期，"至明始著，番僧五六百人"，修建了具有军事设施功能的城池，并大量开窟建塔，由此亦可以推断 MQB012 此类型塔龛开凿于这一时期，即 13—14 世纪。此外，马蹄寺石窟群的塔龛区还保留有大量明清时期的塔龛，塔身为瓶形，塔式较前也大有改变，基座多作方涩数层而不用莲瓣，塔身、塔颈比例修长，华盖上累叠月盘或置宝瓶葫芦，如 MGD026、MGD027、MBK010 等塔龛，具有其相似特征的佛塔在北寺"三十三天"内甬道一层通向二层的下坡甬道两侧凿雕有数座，并雕刻有纪年题记"大明成化年五月初十日"。此类塔龛在国内保存颇多。

四、结语

马蹄寺石窟群浮雕舍利塔的保存范围绵延 28 平方公里，从塔龛的遗迹现象和遗物来看，石窟群保护区内的文化内涵非常丰富，包含多种西夏、元、明、清时期的藏传佛教文化遗存。

马蹄寺石窟群塔龛区的六大区域分布比较分散，塔龛的附着载体皆为粉砂状的红砂岩体，从现存塔龛遗迹可看出，个别龛体较深，塔刹、华盖、相轮和极少山形须弥座及整个塔体残存彩绘图案，彩绘图案均附着在底层竖向或斜向凿痕之上，这些遗迹可推断为原浮雕舍利塔凿雕工作完成后，在龛体内和塔体表面均制作地仗层，彩绘壁画，其制作工艺与壁画相同。

区域内塔龛多为圆拱形龛，也有三叶形、方形和梯形龛，龛内多凿雕佛塔一座，

---

① 白塔寺：又名百塔寺，位于甘肃省武威市东南方向，皆为藏传佛教遗迹。
② 参见钟庚起纂修：《甘州府志》，台北成文出版社有限公司 1976 年影印本。

也有两座、三座、四座和七座的。佛塔的凿雕采用了高浮雕、浅浮雕和线刻手法。舍利塔风格多样，塔刹有日月莲花、日月宝珠、莲花、火焰宝珠、宝珠和葫芦顶。幡带有蛇状"S"形、"8"字形和组合形图案。华盖多为素面，也有彩绘小佛龛或雕饰数排联珠和山形纹饰，华盖下多雕饰联珠，也有仰莲，莲瓣为桃形。塔颈作相轮，多为粗相轮，也有素面，有十三级和十一级之分，形状有梯形和窄直形两种。山形小须弥刹座单层十字折角，有在山形处作祥云图案雕饰的。塔身多作覆钵形，也有瓶形或桶形的，覆钵体塔身多雕饰一道或两道金刚圈，瓶形或桶形的塔身不作雕饰。覆钵塔腰部雕饰覆莲或仰覆莲，"凸"字形须弥座叠涩筑式，在上枋、束腰及四角尚保存有精美的浮雕图案。瓶形塔身则作方涩基座，不作莲瓣雕饰。

瘗穴开凿形式多样，但各塔龛区瘗穴开凿的位置、形制和方式有所不同，各有其特点，其功能为塔中有穴，穴内有窟，穴内有房，穴内有物。如千佛洞塔龛区的单瘗穴都开凿在塔体正中或左侧，穴内空间较大的作单室。而南寺南区塔龛的单瘗穴或双瘗穴多开在塔体的右侧或两侧，其内空间较小。北寺对面山塔龛区瘗穴内空间较大的作前后室，并在后室立壁开有拱形佛龛，前室正中凿雕香炉。中观音洞区域有在瘗穴内开龛、龛内造塔的独特形式。在这次调查中发现许多塔龛瘗穴内有包裹葬灰的擦擦，这种凿塔开穴以置身灰的埋葬方式，属典型的石窟寺佛教瘗葬。

（文中插图由张掖市文物保护研究所提供）

敦煌写本《大云无想经卷第九》考释与断代*

吴正科

（敦煌研究院敦煌学信息中心）

【摘　要】　敦煌写本《大云无想经卷第九》是北凉时期弥足珍贵的一份文献。本文依据同时期敦煌文献，对该文献影本和《大正藏》录文进行校勘和考释，回归原本，形成定本。同时，根据文献纪年、书写格式、汉字结体、书法风格等因素对文献形成时间做出判断，为以后藏经洞五凉文献断代探求路径。

【关键词】　大云无想经　敦煌文献　释读　校勘　断代

《大云无想经卷第九》为致力敦煌文献保护和研究的先导罗振玉旧藏。1912年，罗振玉在日本京都"永慕园"建书仓一所，因该写本名其曰"大云书库"。其间，日本佛教学者松本文三郎博士对该经做了首次释读。① 1917年，罗振玉编辑出版的《鸣沙石室佚书续编》（以下简称《续编》）② 一书收录该经，目录名为"姚秦写本大云无想经卷第九"。1934年日本发行的《大正新修大藏经》（简称《大正藏》）③，共计整理、发表敦煌文献约200种④作为《续藏经》。松本文三郎的释读被录入《大正藏》涅

---

* 本文系国家社科基金重大项目"敦煌河西石窟多语言壁题考古资料抢救性调查整理与研究"（22&ZD219）的阶段性成果。
① 罗继祖：《永丰乡人行年录》，载罗继祖主编：《罗振玉学术论著集》第12集，上海古籍出版社2013年版，第388页。
② 罗振玉编：《鸣沙石室佚书续编》，北京图书馆出版社2004年版，第461—483页。
③ 《大正新修大藏经》，三钟印刷株式会社1941年版。
④ 方广锠评：《大正新修大藏经》（一），佛教导航网，2009年4月12日发布。

槃部类之"涅槃经余"中。① 由于诸多原因，录文中存在一些讹误。本文根据同时代敦煌文献对该经进行再一次释读和校勘，并对书写的时间进行判断。

一、文字考释

由于《大云无想经》中存在很多北凉特有的汉字，后来被视为俗字、异体字，有些字至今难以释读，因此在《大正藏》的录文中存在诸多鲁鱼亥豕之误，甚者改变了最初义理。

原文"如热⿰女口等炎"，校对时在第二个"如"右补写小字"等"，即将"如热如炎"更正为"如热等炎"，《大正藏》录为"如热时炎"②，有误。该经中"时"字写法为⿰日寺。

原文"如吗聲嚮"③，吗为北凉"嗁"字，古通"号"，吼之义。《庄子·齐物论》："是唯无作，作则万窍怒呺。"写法同敦博〇一四"擧聲呺泣"④之呺。该字后来在中国《大藏经》和日本《大正藏》均为繁体"號"。《大正藏》录为"吟"有误。

原文"成就""就"写作就，是五凉时期的写法。《大正藏》为"成熟"，并加注："熟恐就。"⑤

原文为"作二種語"，《大正藏》为"作二種言"⑥。

原文为"尃念三寶"，是五凉流行的"專"字，《大正藏》误录为"惠念三寶"⑦。

原文为"能療眾生一切患苦"，"療"为五凉时期写法。《大正藏》误录为"能濟眾生一切患苦"⑧。该字行书在敦研二四五里写作疗。⑨

---

① 参见《大正藏》第12册，第1107—1110页。
② 参见《续编》，第463页；《大正藏》第12册，第1107页。
③ 同上。
④ 参见段文杰主编：《甘肃藏敦煌文献》（以下简称《甘藏》）第六卷，甘肃人民出版社1991年版，第25页；《大正藏》第12册，第1107页。
⑤ 参见《续编》，第464页；《大正藏》第12册，第1107页。
⑥ 参见《续编》，第465页；《大正藏》第12册，第1108页。
⑦ 参见《续编》，第465页；《大正藏》第12册，第1108页。
⑧ 参见《续编》，第466页；《大正藏》第12册，第1108页。
⑨ 参见《甘藏》第一卷，第223页。

原文为"樂[脩]善法",《大正藏》误录为"樂順善法"①，五凉时期"脩"和"順"写法有明显区别。

原文"雖有[氷]緣"和《续编》462页"外道"之"外"写法相同。《大正藏》误录为"雖有氷（冰）緣"②。

原文"毘喏呧""扇呧""遠離色香味觸""未呧""毗頭末呧""藪鉢呧"，所有"呧"写作[呧]，《大正藏》照原样录为唱③。此处的陀罗尼（咒）"毗頭末呧"在《陀罗尼杂集卷第七·获诸禅三昧一切佛法门陀罗尼》为"毘頭末坻"，另有"毘陀蛇末坻""修波羅帝咥坻"④。《大云无想经卷第九》"呧"字右部"氐"同敦研○○四"抵"[氐]右部⑤，和敦研○五六（三）"坻"写作[坻]、敦研○二九"羝"写作[羝]，右部"氐"的写法是一脉相承的⑥。

原文为"電心如法住次[第]住",《大云无想经卷第九》"等"写为[等]，和"第"字写法有明显区别。《大正藏》误录为"電心如法住次等住"⑦。

原文"付嘱[持]者","持者"《大正藏》误录为"經典付嘱侍者"⑧，显然有误。

原文"若[割]手足"，[割]左部为当时的"害"，法藏S797（405）写作[害]，应该是"若割手足",《大正藏》为"若刜手足"⑨。

原文"[雖]有受者。生於重信","雖"在北凉时期有两种写法，《大正藏》误录为"難有受者。生於重信"⑩。《大云无想经卷第九》本卷本页"難"写作[難]，和"雖"有明显区别。另，原文一处"耶",《大正藏》误录为"邪"，一处"亦"录为"能"，缺录"三世"二字。

---

① 参见《续编》，第466页；《大正藏》第12册，第1108页。
② 参见《续编》，第472页；《大正藏》第12册，第1109页。
③ 参见《续编》，第475、476页；《大正藏》第12册，第1109页。
④ 参见《大正藏》第21册，第617页。
⑤ 参见《甘藏》第一卷，第4页。
⑥ 参见《甘藏》第一卷，第61、38页。
⑦ 参见《续编》，第476页；《大正藏》第12册，第1109页。
⑧ 参见《续编》，第478页；《大正藏》第12册，第1110页。
⑨ 参见《续编》，第480页；《大正藏》第12册，第1110页。
⑩ 参见《续编》，第481页；《大正藏》第12册，第1110页。

二、内容再校勘

《大正藏》在对敦煌文献《大云无想经卷第九》录文的时候，遵循传统规范的表述，对一些文字做了必要的纠正。

原文"无上梯智回澓"①，"澓"，水回流之意。晋·郭璞《江赋》："迅澓增浇，涌湍叠跃。"下文另有一处"回澓无生忍"，和一处"回復无生忍"，可见当时"澓""復"通用，《大正藏》统一录为"復"的做法正确。

原文为"无导智"，《大正藏》为"無礙智"②。上海博物馆藏 393 年王相高写《佛说维摩诘经》有"罣导"写法，"导"同"碍"，后来统一为"礙"。

原文"善智識"，"智"右加"厶"表示疑问。《大正藏》为"善知識"③。盖早期译为"智"，后来均作"知"，如《大方广佛华严经》卷第二十五有"依善智識住"。

原文"何以為性，誰轉是心"，《大正藏》调整为"以何為性，誰轉是心"。

原文"以因何缘嘿然不荅"，《大正藏》调整为"以何因缘默然不答"④。

原文"他羅尼法門"，随后又写为"陀羅尼"，当时"他""陀"同用，《大正藏》更正为"陀羅尼法門"。

原文"无量那由陀"，后文还有两处"那由陀"，《大正藏》均改为"那由他"⑤。"那由陀"一词只有在早期的法护和鸠摩罗什翻译的佛经上出现过，明代以后改为"那由他"。

原文"无导𡨀静"，"寂"误写为"家"，《大正藏》纠正为"无礙寂静"。同页中另一处"寂"写作𡨀，两字近似⑥。

《大正藏》在对《大云无想经卷第九》的录文中，存在遗漏和加字的失误。

---

① 参见《续编》，第 464 页；《大正藏》第 12 册，第 1107 页。
② 参见《续编》，第 466 页；《大正藏》第 12 册，第 1108 页。
③ 参见《续编》，第 467 页；《大正藏》第 12 册，第 1108 页。
④ 参见《续编》，第 471 页；《大正藏》第 12 册，第 1108 页。
⑤ 参见《续编》，第 467、473 页；《大正藏》第 12 册，第 1108、1109 页。查电子版《大正藏》仅有两部佛经为"那由陀"：法护等译《佛说大乘菩萨藏正法经》卷第二十七"時佛光中有百俱胝。那由陀俱胝"注释：陀＝他［明］。鸠摩罗什译《大智度论释无生品》第二十六（卷五十三）"十二那由陀天人"注释：陀＝他［宋］［元］［明］［宫］［石］。
⑥ 参见《续编》，第 476 页；《大正藏》第 12 册，第 1109 页。

原文"其餘諸大及无法入界"，《大正藏》为"其餘諸大及法入界"，少录一"无"字。

原文"悉皆不名我"，《大正藏》为"悉不名我"，少录一"皆"字①。

原文为"无受无性无體"，《大正藏》为"無住無性無體"，错录一字②。

原文"无生忍无邊神足法行陀羅尼法"，然后在右下补小字"门"，校对时在"門"右边又标注三点，该字是要删除的。前文反复强调"陀羅尼"，经文中有"陀羅尼門"，而无"法門"之内容，应该是"陀羅尼法"，而非"陀羅尼法門"。《大正藏》识读为"无生忍无邊神足法行陀羅尼法門"，多录一"門"字③。

原文陀罗尼有一句"波邏嚻"咒语，《大正藏》将嚻按照原样录文为"嚻"④。该字右部为北凉"富"字的特有写法，敦煌文献敦研〇二二（一）中均写作"富"⑤，敦研〇二九写作"富"⑥，敦研二四五行书"富"结体相同，字典未收录。"嚻"为音译字，是北凉时期创造的汉字，字典同样未收录。我们可以理解为象声词"咈"。该经中还有"哆"提、"哆"闍、"嚪"呧，"哆""嚪"同属北凉时期为音译陀罗尼创造的象声词，字典未收录。

三、对该写本的断代

根据书法风格和汉字结体等特征，学界确认《大云无想经卷第九》为5世纪写本的观点是一致的。该经有"清信女张宣爱所供养经/岁在水卯正月十一日写讫"的落款，百年之间有两个水卯年，因此池田温先生提出两个时间：403年或463年。⑦ 罗振玉在《续编》目录中给该卷经名前加"姚秦写本"，后秦亡于417年，显然是将其认定为403年作品。目前所见有关该写经及"大云书库"的文章中，对《大云无想经

---

① 参见《续编》，第469页；《大正藏》第12册，第1108页。
② 参见《续编》，第471页；《大正藏》第12册，第1108页。
③ 参见《续编》，第471页，《大正藏》第12册，第1108页。
④ 参见《续编》，第475页，《大正藏》第12册，第1109页。
⑤ 参见《甘藏》第一卷，第27页。
⑥ 参见《甘藏》第一卷，第38页。
⑦ 池田温编《中国古代写本识语集录》附图第12页，图5、51《大云无想经卷第九》题记，有池田温注释"（水卯岁〔403或463〕）罗振玉旧藏"，东京大学东洋文化研究所发行，1990年3月。

卷第九》的时间描述多数为"北朝"或"北朝初年"①，均比较含糊。

对敦煌写本《大云无想经卷第九》的断代是二选一的确认，非此即彼。我们从写本格式、书法风格、文字结体及纵向比较等方面对其进行推断。

首先从写本格式上看，《大云无想经卷第九》属于规范的正书写本。每行17字，纵向成行，横向成列，字体大小一致，整齐匀称。这样规范的写本只有在北朝写本《涅槃经》里才有，有每行17、18、19字三种，其中行17字的《涅槃经》正书写本保存内容最多。可以肯定每行17字的正书写本是421年之后出现的，后来成为官版佛经沿用的规范模式。从这个角度看，该写本应该是463年作品。

其次从书法风格上分析，5世纪初期敦煌写本的汉字出于分隶而形式多样，彰显出自由活泼之态，在长方和正方字形的基础上，多有旋转之势的"簪花格"体，也有斜菱角形、梯形、树形、三角形写法。用笔承袭了西晋末年敦煌索靖"银钩虿尾"的技法，创新出针头蚕尾的风格，绵里藏针，圆润而带旋转之势。在经题书写上刻意让两肩起翘，形如圭角，这种风格一直延续到445年《沮渠安周碑》②，其正文写法也是两肩圭角上翘。敦煌写本《大云无想经卷第九》与北凉时期风格有明显区别，和《沮渠安周碑》相似的是带有隶味的方块字，或纵向增长的长方块字，但经题中不见两肩起翘的写法，更趋于向楷书过渡。由此看出该写本在书法风格上明显较北凉有全新的变化，不是5世纪初期作品。

由于绝大多数文献没有纪年和落款，对写本文献断代只能从版面格式、书法风格、文字结体等方面入手。由于复杂的师承关系和个人喜好，书法风格只能供断代参考，因此，对于早期写本的断代，笔者主张以文字结体为根本。

《大云无想经卷第九》总字数4618个，书法风格具有明显的北凉地域和时代特征，从文字结体上看，北凉流行的汉字有227个：爱、埃、导、闇、聊、寶、弊、辟、波、怖、彼、邊、遍、便、病、兵、不、慚、差、讖、刹、瞋、癡、從、初、出、觸、處、等、敵、第、帝、諦、氏、典、顛、妬、斷、多、恶、爾、法、發、煩、凡、風、分、佛、復、伏、服、富、盖、割、功、垢、恭、觀、歸、龜（龟）、鬼、跪、過、喝、黑、吼、互、華、會、還、患、幻、悔、慧、恚、惠、毁、獲、偈、即、間、焦、憍、慢、教、解、戒、界、禁、經、静、竞、就、咎、睪、具、聚、卷、渴、空、苦、污、快、

---

① 罗继祖编《永丰乡人行年录》中有"箧中旧藏北朝初年写本《大云无想经》残卷，为梵汉两藏俱逸之秘籍"之概括。参见《罗振玉学术论著集》第12集，上海古籍出版社2013年版，第388页。
② 林硕编著：《北凉沮渠安周造佛寺碑（清拓本）》（简称《沮渠安周碑》），安徽美术出版社2020年版。

愧、来、无、樂、礼、离、量、療、憐、流、龙、骂、鼉、夢、秘、密、藐、滅、憋、名、魔、牟、母、那、難、恼、能、逆、念、涅、穪、槃、起、怪、乾、懃、親、求、取、然、逸、热、忍、若、萨、煞、色、僧、善、身、聲、生、聖、使、释、师、是、示、事、説、受、数、死、随、雖、崴、他、塔、軆、聽、兔、外、畏、为、威、卧、污、繁、悉、喜、嚣、像、邪、写、新、虚、宣、脩、嚴、业、耶、邑、已、夷、疑、儀、亦、醫、逸、因、友、勇、擁、与、狱、怨、缘、遂、愿、赞、藏、增、长、鄣、真、直、衆、咒、嘱、專、庄、足、作、尊。

其中，明显有革新和发展的汉字19个：谤、报、塵、答、弟、花、歡、男、開、染、施、食、壽、所、净、我、養、應、欲。和5世纪初期的法藏S797相比较，结体有明显区别，出现了焕然一新的面貌：

谤：405年S797"谤"字两人三种写法 ![谤][谤][谤]。《大云无想经卷第九》![谤]，趋向成熟的楷书。

报：405年S797"报"写作 ![报][报]。右部"欠"有长竖笔，《沮渠安周碑》、高善穆塔同，右侧倒立人。《大云无想经卷第九》![报]，右部为全新的"欠"。"歡"![歡]字右部同。

第、弟：405年S797"第"写作 ![第][第]，"弟"写作 ![弟][弟]。《大云无想经卷第九》"第"![第]有变化，"弟"为全新的 ![弟]。

染：405年S797为 ![染][染]，《大云无想经卷第九》全新的写法 ![染][染]。

食：405年S797"食"字有三人四种写法 ![食][食][食][食]，该经中"餘"字有同样"食"旁 ![餘]。《大云无想经卷第九》为全新的 ![食]。

净：405年S797两人两种写法 ![净][净]。《大云无想经卷第九》右部成为全新写法 ![净]。

我：405年S797两个人有六种写法：![我]、![我]、![我]、![我]、![我]、![我]。《大云无想经卷第九》有两种写法 ![我]、![我]，均接近全新的"我"。

应：405年S797"應"字三人有三种写法 ![應]、![應]、![應]，《大云无想经卷第九》为全新的 ![應]。

小　结

罗振玉旧藏《大云无想经卷第九》是敦煌文献中弥足珍贵的写本，学界在研究该写本过程中，对关键文字的释读有误，影响原文内容的正确理解。本文通过对该写本格式、书法风格和汉字结体的比较研究，确认卷末"水卯"年款为463年。该写本上承北凉下接北魏，是研究5世纪汉字发展状况的重要文献，也是进行藏经洞早期文献断代的"标准器"。

附图　敦煌写本《大云无想经卷第九》卷尾

附录　敦煌写本《大云无想经卷第九》再校后录文

盲今已□□□□□□□□□□□以憐愍心。受我等□□□□□□□□□於先所作眾罪。心□□□□□□□重罪得滅。漸生善法□□□□□□□量眾生。得无根信无量□□□□□□眾生發阿耨多羅三藐三菩提心。□□□□尒時會中。有一梵志。名曰直道。即從坐起。驚愕舉手。而作是言。大眾盡知。瞿曇沙門是大妄語。先常説言。作五逆罪。誹謗正法。毀呰聖人。用招提僧物及佛法物。犯四重禁。污比丘比丘尼。邪見。是十種人。是地獄種。現在不能斷欲界結。證沙門果。不能增長无上正法。今者乃説。有正信心。悔先所作罪。則得滅還。能增長如来正法。不信之者。名地獄人。有正信者。名如法住。云何瞿曇作二種説。信我法者。名為正見。不信我法。名為邪見。瞿曇沙門。不觀先言。復説是語。如是一切。云何得名一切智也。瞿曇沙門非一切智。非一切見。説一切見。諸外道等。亦作是説。我一切智。我一切見。信我道者。名為正見。信瞿曇者。名為邪見。如是二語。有何差別。若无差別。云何分別是正是邪。尒時世尊。告大雲密藏菩薩摩訶薩言。善男子。諦聽諦聽。一切眾生。為四顛倒之所圍遶。復有四不具法。所謂戒見威儀正命。因是八法。能令眾生行黑闇處。不能分別邪之與正。法與非法。善男子。是道梵志。於大眾中。驚舉手言。沙門瞿曇。作虛妄語。是言即虛。善男子。一切法虛。如来能説。是故如来不為妄語。一切諸法。无性无定。无體无緣。不可定説。空无出滅。不名為物。无淨不淨。如夢如幻。如水中月。如熱等炎。如呌聲響。如乾闥婆城。龜毛兔角。貪瞋癡體。无有真實。因惡覺觀。而便出生。本无今有。以有還无。善男子。一切眾生。不知是相。是故唱言。沙門瞿曇。作二種語。虛妄而説。如来雖説十種眾生。信者則能除滅眾罪。不生信者。則入地獄。善男子。若有罪人。能作如是觀法相者。是人名信。能滅眾罪。如其不能如是觀者。名為无信。是地獄人。善男子。有師子吼无上梯智回澓无生忍无邊神足法門陀羅尼。菩薩摩訶薩。若有成就是陀羅尼。於大會中。宣説一偈。則能摧滅一切邪見。破顛倒心。及心數法。離一切疑。能破慳貪瞋恚癡垢。善男子。若復有人。具无量罪。聞是持已。於七日中。至心念佛。不念一切世間之事諸煩惱結。是人即見一切三界三世陰入界。猶如大風。是人尒時。心如風等。觀一切法。三界三世陰入界。都无所著。不可宣説。是人名為不著三界三世①諸陰入界。作是觀時。於三界中。不名清淨。不名不淨。不名解脫。不名繫縛。不名

---

① 《大正藏》缺录"三世"二字。

為此。不名為彼。不名凡夫。不名聖人。不名為去。不名為住。是人終不為凡夫法之所誑惑。斷一切想。見倒心倒。見五欲樂。如風如空。雖從世法。説有五欲。而其内心。都不染著。不生不滅。而能斷除一切惡法。如先所説。十種衆生。善男子。是梵志者。以不解故。唱如是言。沙門瞿曇。作二種語。虛妄所説。善男子。若人能觀如是法相。是人即得无生法忍。若得是忍。當知是人決定得成无上道果。若有善男子善女人。獲得如是陀羅尼門。心喜讚誦。專念三寶。至心供養。是人則為一切人天之所恭敬。亦為天人四大天王之所擁護。雖未解脱。亦能除滅一切重罪。業障煩惱障。報障法障。乃至夢中。終不失於菩提之心。具足獲得四无导智。不為世法之所染污。猶如蓮花。離諸怖畏。四魔大怨。不能為惡。能增長善法。凡有所説。衆樂聽受。見皆生憐。憐已能救。遠離邪書。不善惡友。身无四百四病。能療衆生一切患苦。常施衆生。歡喜快樂。隨所生處。諸根完具。四无量心。无能動轉。見怖畏者。心生愍念。如親父母。常為衆生。樂見愛念。雖不貪利。而為一切之所供養。遠離五盖。樂脩善法。若客因緣。暫時睡眠。夢中則見十方如来諸菩薩等。如是菩薩。初未聞法。悉皆得聞。分別十善及十惡法。示生死苦。開大方便。説菩薩戒。即聞法已生喜信。以是因緣。捨命之時。心不退轉。不生怖畏。見十方佛。所言不錯。捨身即得生淨妙土。見佛聞法。常親近佛。修五神通。習自然生。不由他得。常得化生。不由三惡。不失見佛。樂聞正法。供養衆僧。何以故。善男子。是他羅尼法門。乃是一切過去諸佛之所宣説。為滅惡世衆生罪故。過去諸佛。了了喜見。未来之世。諸惡衆生。不能親近諸善智識。遠離正道。行於黑闇。修習邪見。常住煩惱重病之中。去菩提道。以是因緣。過去諸佛。悉共演説是陀羅尼。善男子。若有現在十方諸佛。亦共宣説是陀羅尼。若有未来十方諸佛。亦共宣説是陀羅尼。皆共為滅直道梵志等逆罪故。尒時世尊。告直道梵志。善男子。汝説衆生五大身者。是名五陰十二入十八界。是五陰中。乃至十八界中。衆生顛倒。生於我想。因我想故。流轉生死。猶如車輪。衆生以是四倒因緣。盲生盲死。受无量苦。離人天樂。及无上樂。心无慚愧。正信智慧。是故便説四大五陰十二入十八界是我我所。善男子。我今問汝。隨汝意答。汝法地大。即是我我所耶①。不也世尊。因是地大。則便有我。善男子。若從地大而有我者。我即是地。地即是我。是故地亦名地。亦名為我。亦名衆生。亦名壽命。亦名欲器。亦名增長。亦名士夫。亦名摩納。亦名為作。亦名使作。亦名為起。亦名使起。亦名説者。亦名使説。亦名為受。亦名使受。亦名為知。亦名使知。其餘諸大及无法入界。亦復

---

① 《大正藏》誤錄為"邪"。

如是。善男子。一切諸大陰入界等。悉皆不名我。乃至使知。悉不名我。善男子。一切諸大陰入界等。過去未來現在。非我我所。是故諸大陰入界等。不可取持。不生不滅。不作不可見聞。善男子。眼空色空眼識空。三法因緣觸亦空。四法因緣受亦空。是故一切諸法无主。不得自在。无此无彼。善男子。如是諸大陰入界等。非男非女。心心數法。不名為男。不名為女。以是因緣。一切諸法。皆如虛空。念念生滅。无自性故。猶如電光。不可宣說。若人煞人。得煞罪者。是人為以現在身心得罪。為以過去身心得罪。為以未來身心得罪。梵志言。世尊。過去已滅。未來未生。現在无住。佛言。以是因緣。應无煞罪。若言有煞。云何名煞。地不煞地。餘一切大陰入界等。亦復如是。梵志言。世尊。因緣惡心故。名之為煞。佛言。善男子。汝云何言。因惡心故。得名煞者。如是惡心。住在何處。為在欲界。為在色界。无色界耶。虛空耶。意界耶。有為界耶。无想界耶。有漏界耶。无漏界耶。有界耶。无界耶。善男子。若有人發於惡心。作五逆罪。誰是發耶。如是心者。何以為性。誰轉是心。作善不善。住在何處。而作此轉。若无作者。及无受者。汝云何言。有我我所。尔時梵志嘿然不言。善男子。以何因緣。嘿然不答。梵志言。世尊。我今已得入是法門。見一切法。无作无取。无受无性无體。不可宣說。猶如虛空。熱時之炎。夢幻水月。世尊。一切諸法。无有住處。无彼无此。是故我今嘿然无言。佛言。善哉善哉。善男子。是名師子吼无上梯智回復无生忍无邊神足法行陀羅尼法。斷一切苦。入大智門。是菩提道之初行也。斷二種生。遠離煩惱塵埃。如是法門。不与一切聲聞辟支佛共。善男子。汝等雖復煞父煞母。唯得重業。不得逆罪。汝今復得入是法門。生大信心。漸漸當得。消滅无餘。梵志聞已。心大歡喜。即前礼佛。長跪叉手。白佛言。世尊。我頑闇謗佛所說。今以逆罪。并謗佛咎。於如来前。誠心懺悔。善男子。汝今此罪。欲留餘不。世尊。云何名為餘。善男子。雖生慚愧。發露懺悔。若不發阿耨多羅三藐三菩提心。是名為餘。若能憐愍一切眾生。發阿耨多羅三藐三菩提心。是名无餘。是人亦能斷四顛倒。亦得聖智。親近梵住。增長善法。善根堅固。雖有外緣。不能令退。得无导智。尔時直道梵志等。无量那由陀眾生。白佛言。世尊。我等今者。至心憐愍。為一切眾生故。發阿耨多羅三藐三菩提心。悔先所作。唯願如来大慈憐愍。受我重懺重願。如来為我等故。說師子吼无上梯智。回復无生忍无邊神足法門陀羅尼。是陀羅尼。不与聲聞辟支佛共。雖有共者。我所不求。我今所求如来第一義无上智陀羅尼。能莊嚴一切善法一切世法。佛无上智无畏施等陀羅尼。為大眾增長善法。不忘不失。至心受持。能破四倒。成菩提道。壞一切結。及諸惡業。是陀羅尼。是諸菩薩摩訶薩等之大寶聚。无上三昧。以是因緣。能令菩薩。乃至夢中。心无退轉。有所至處。若沙門眾。婆羅門眾。刹利眾中。心无所畏。常樂惠施。慇行精進。遠離一切惡不善業。能令怨敵。生歡喜心。離諸放逸。邪書邪見。及惡知識。亦能調伏如是等人。常能演説无导法門。令説法者。无有病苦。及諸惡事。不為諸魔之所得便。常知宿命。得化生身。離諸惡有。常得親近十方諸佛。聽受正法。供養眾僧。世尊。是陀羅尼。名為一切菩薩摩訶薩祕密之藏。唯願如來。生憐愍故。分別解説。佛言。善哉善哉。善男子。是陀羅尼。悉能成就无量善法。如法所説。諦聽諦聽。當為汝説。尒時世尊即為説之：

　　　波囉　迦囉　啵迦囉　多迦囉　陀邏毗伐提　波邏半遮那目呋　波邏朱那坭　波邏坭　毗嗒呧伐提　扇呧　波邏咈那因提梨　遠離色香味觸　遠離顛倒　能燒一切毒　能遠離一切惡鬼惡道病　无导法門　具足法門　真實智法門　无导心　大法施　具足法施　能破五蓋莎呵。

　　善男子。若佛弟子。比丘比丘尼。優婆塞優婆夷。受持如是陀羅尼呪。讀誦書寫。若月八日。淨自洗浴。著新衣服。淨其內心。在佛前像前塔前舍利前。千遍讀誦。以劫貝縷一百八結。以用繋頭。是人若與惡眾共行。能令一切。不見其形。臥无惡夢。是名陀羅尼一句。善男子。復有一句。所謂：

　　　雖埕　優牟埕　頗藍牟埕　優波闍兮拘唎　伐闍　不失意心堅鞠　電心如法住次第住　能生如來智光　末呧　毗頭末呧　藪鉢呧　價呧　无导寂靜　念心增長莎呵。

　　若有善男子善女人。受持如是陀羅尼句。讀誦書寫。當於佛前像前塔前舍利前。千遍讀誦。飲黑蜜蓮化鬘漿。一日之中。能誦千偈。得他心智。善男子。若有善男子善女人。比丘比丘尼。優婆塞優婆夷。在寂靜處誠心如法。行是陀羅尼。是人不過七日。獲得四禪。壞欲界結。見十方佛。得如證意三昧。能化眾生。滅一切鄣。所謂業鄣報鄣煩惱鄣。能淨眾生所謂諸根。能燋眾生一切煩惱顛倒等結。親近住於賢聖之道。无能令其退轉菩提。親近一切智。不從他因。而生智慧。得一切佛三世无导无畏法門。以是三昧因緣力故。得發願力。能淨一切諸惡眾生。速得阿耨多羅三藐三菩提。説是陀羅尼時。是大會中。八万四千那由陀眾生。得是陀羅尼。八那由陀眾生。除重業因緣。得如法忍。无量眾生。未發聲聞心令發。未發緣覺心令發。无量眾生。未發阿耨多羅三藐三菩提心令發。无量眾生。於菩提心。得不退轉。尒時大雲密藏菩薩摩訶薩。白佛言。世尊。未來之世。若有比丘比丘尼。優婆塞優婆夷。受持讀誦是大雲經。是等當得何等功德。復能滅除何等煩惱。復能遠離何等果報。復得何等智慧之力。何時當得大乘智慧。能度无邊生死大海。何時當轉无上法輪。施諸眾生清淨法眼。佛言。善男子。如是義者。悉不應答。大雲菩薩如是三請。佛亦不答。尒時文殊師利。白佛言。世尊。如是經典。當付囑誰。調伏未来諸惡眾生。世尊。未来之世。有刹利旃陀羅。婆羅門毗舍首陀旃陀羅。或有未聞如是經時。或以惡事。加於四部。以是業緣。无量歲中。於三惡道。受是果報。唯願如来。為滅如是旃陀羅等惡業果故。以是果故。經典付囑持者。佛言。文殊師利。我涅槃後。此佛世界。真正王種。断滅无餘。弊惡之人。當為王者。如是惡人。断正王法。憍慢嫉妬。心无慚愧。多行放逸。非歸依處。而作歸依。如是國土。所有大臣長者沙門婆羅門等。亦復如是。破戒慳貪。心无慚愧。具十惡法。不信三寶。无供養心。不能求請常樂宣説无因无果。菩薩摩訶薩。見是國土所有眾生。如是習惡。即便移至他方淨土。諸菩薩等。既移去已。此之世界。惡世惡時。即便熾盛。眾生多病。穀米勇貴。四兵競起。互相抄劫。皆由眾生不知足故。善男子。我當付誰如是經典。誰亦①於是惡眾生中。分別解説。善男子。若有人能堪忍飢渴種種苦惱罵詈搥打。不惜身命。是人乃能流布是典於未来世。若有是者。我當以是无上正典。而付囑之。尒時會中。有一菩薩。名曰无畏功德疾行。即從坐起。頭面作礼。長跪白佛言。世尊。我能於是无量世中。受无量苦。若割手足。破頭出目。飢渴寒熱。搥打罵詈。乃至三惡道苦。當為流布如来是經。我能通於如来世界所有大城村邑聚落。若龍若鬼。流布是經。為断眾生四顛倒故。令其持戒。懃行精進。正見具足。成就六波羅蜜。得无上菩提故。佛言。善哉善哉。善男子。如汝所願。汝悉能作。令无量眾生。施作佛事。善男子。汝所願者。能得具足六波羅蜜。速成阿耨多羅三藐三菩提。善男子。雖有无量大眾。如汝等輩。實為難得。未来世中。受汝語者。亦復難得。雖有受者。生於重信。持讀誦説。分別示教。亦復難得。若未来世中。有能受持讀誦解説書寫樂教。是人則得十事功德。身常无病。不求供養衣服飲食臥具醫藥。自然而得。不求善友。而得親近。十方諸佛。所共愛念。凡所説法。人樂聽受。得舍摩他毗摩舍那。具足世義及出世義。身心寂靜。增長三寶。得无上陀羅尼。善男子。我雖説其十事功德。若能教人懺悔。除滅无量惡罪。亦復獲得无量福德。復次善男子。如是之人。若能至心。於未来世。受持讀誦。廣為人説。得无量福。是人捨命。了了得見十方諸佛。諸佛各言。汝善男子。生我世界。聽我正法。断於四倒。滅諸惡法。成就聖智。住於梵住。受我法已。常得化生。断三惡道。速得阿耨多羅三藐三菩提。乃至得入大般涅槃。是人聞已。生歡喜心。即得生彼諸淨佛土。善男子。如是之人。受是法已。所在生處。諸根具足。得上妙色。一切眾

---

①《大正藏》录为"能"，写本为小字"亦"。

生之所樂見。得三寶信。能設供養。若聞正法。即得解脫。壞一切業。所受正法。堅持不失。獲得一切陀羅尼門。聲聞緣覺菩薩三昧。能過聲聞辟支佛道。復能教化无量眾生。住於梵住。若有未來受持是語。當得成就如是功德。文殊師利白佛言。世尊。是菩薩能發如是難得之心。正應當以是經付囑。尒時世尊。告无畏功德疾行菩薩。今以此經。付囑於汝。尒時无畏功德疾行菩薩。與无量菩薩。敬承佛教。受是經典。梵住等无量梵天。紺目等无量帝釋。四天王等无量鬼神。難陀婆難陀等无量龍王亦共受持。无量眾生。發阿耨多羅三藐三菩提心。

《大雲无想經》卷第九

清信女張宜愛所供養經
歲在水卯正月十一日寫訖

敦煌莫高窟第 5 窟回鹘文题记补遗*

张铁山　乔兆福

（中央民族大学中国少数民族语言文学学院　敦煌研究院文物数字化研究所）

【摘　要】　敦煌莫高窟第 5 窟为五代修造，清代重修，形制为覆斗形顶，西壁开一龛。窟内画有经变图、供养人像等，存有二十余条回鹘文题记，但由于大多模糊不清，难以辨认，松井太、荒川慎太郎编《敦煌石窟多语言资料集成》仅记录和研究了其中的三处回鹘文题记。在多光谱图像技术下，笔者又释读出多处回鹘文题记，可补前有研究之不足，为敦煌学研究提供支撑材料。

【关键词】　敦煌莫高窟　第 5 窟　回鹘文题记　补遗

敦煌莫高窟第 5 窟（张大千 158、Pelliot 169）为五代修造，清代重修，形制为覆斗形顶，西壁开一龛。窟内画有经变图、供养人像等，[1] 存有二十余条回鹘文题记，但由于这些题记大多模糊不清，难以辨认，松井太、荒川慎太郎编《敦煌石窟多语言资料集成》仅记录和研究了其中的三处回鹘文题记。[2]

近年来，高清数字化图像技术、多光谱成像技术在石窟研究工作中得到应用，提供了有效的现代科技手段。多光谱图像技术中的红外线成像技术和紫外荧光成像技术可以有效地解决在漫漶绘画、题记信息方面的识别障碍，可有效看清、识读出石窟中

---

* 本文系国家社科基金重大项目"敦煌河西石窟多语言壁题考古资料抢救性调查整理与研究"（22&ZD219）的阶段性成果。
[1] 敦煌研究院编：《敦煌石窟内容总录》，文物出版社 1996 年版，第 6 页。
[2] 松井太、荒川慎太郎编：《敦煌石窟多語言資料集成》，東京外國語大學アジア・フリカ言語文化研究所 2017 年版，第 16—17 页。

在可见光下凭肉眼无法看到、普通光学相机无法拍出的各种古代文字题记，为敦煌石窟的题记调查提供了查漏补缺、勘误校正的空间。本文正是利用多光谱图像技术，发现第 5 窟多处回鹘文题记，并尝试对它们进行释读。

一、回鹘文题记

位置：甬道南壁西向第一身供养人曹元忠像前上方（图 1）

类型：残存人名题记

层位：壁画表层

书写方式：竖写，墨书二行

尺寸：高 32 厘米，宽 7 厘米

现状：模糊，光谱条件下可辨识

转写：

1. arslan tümür……

2. qutluɣ šilavati……

汉译：

1. 阿斯兰·帖木儿……

2. 忽都鲁律师……

注释：

应为游人题记，可见两人名。

图 1　回鹘文人名题记图　莫高窟第 5 窟甬道南壁

二、回鹘文题记

位置：甬道南壁西向第二身供养人右衣袖上（图2）
类型：哈密人乌孜密什等人一心供养题记
层位：壁画表层
书写方式：竖写，墨书四行
尺寸：高29厘米，宽10厘米
现状：模糊，光谱条件下可辨识

图2　回鹘文哈密人乌孜密什等人题记　莫高窟第5窟甬道南壁

转写：

1. män tämür buqa täginürmän

2. sangaš čoγ sadu（?）bolsun

3. mänqamïl-lïq oz-mïš yükünürtim yumuš ymä

4. yïγmïš（?）taš birlä bolup bitidim

汉译：

1. 我帖木尔不花一心供养。

2. 祝愿尚噶西·楚克安好。

3. 我哈密人乌孜密什一心供养。玉木西和

4. 依克密什（？）塔什一起写毕。

注释：

此处的回鹘文题记为三则：第一行为一则；第二行为一则；第三、四行为一则。

三、回鹘文题记

位置：甬道南壁东侧第一身供养菩萨头光前方（图3）

类型：人名题记

层位：壁画表层

书写方式：竖写，墨书一行

尺寸：高7厘米，宽2厘米

现状：模糊，光谱条件下可辨识

图3　汉文题记、回鹘文题记　莫高窟第5窟甬道南壁

汉文题记录文、转写：

1. 甘州住人李善人……

2. tüz bars tisür saqïnč

汉译：

2. 秃思·巴尔斯、提苏尔·萨肯齐

注释：

1. 此行为汉文题记。题记前部分可识，后部分模糊不清。
2. 此行回鹘文题记仅为两游人名字：tüz bars 和 tisür saqïnč。

四、回鹘文题记

位置：甬道南壁西向第一身男供养人像前（图4）

类型：游人朝谒题记

层位：壁画表层

书写方式：竖写，墨书一行

尺寸：高13厘米，宽1厘米

现状：模糊，光谱条件下可辨识

图4　回鹘文题记　莫高窟第5窟甬道南壁

转写：

1. yükün（ürmän）（？）qudatmïš sangun……

汉译：

1. 我忽塔的迷失相温恭敬……

注释：

此行最后似乎还有字，但模糊不清。

五、回鹘文题记

位置：甬道南壁西向第一身男供养人前方（图5）
类型：游人帖木儿、苏奇图伯题记
层位：壁画表层
书写方式：竖写，墨书三行
尺寸：高17厘米，宽9厘米
现状：模糊，光谱条件下可辨识

图5　回鹘文×年三月题记　莫高窟第5窟甬道南壁

转写：

1. ⋯ yïl üčünč ay ⋯
2. äsän tmür sučtu bäg⋯
3. yükünüp tägintïm.

汉译：

1. ……年三月……
2. 我也先帖木儿（与）苏奇图伯……
3. 一心供养。

六、回鹘文题记

位置：主室北壁西向第二身女供养人头部至上（图6）

类型：马年甘州人玉孜图·塔斯等祈愿题记

层位：壁画表层

书写方式：竖写，墨书十三行

尺寸：高33厘米，宽25厘米

现状：模糊，光谱条件下可辨识

图6　回鹘文马年甘州人玉孜图·塔斯等祈愿题记　莫高窟第5窟甬道北壁

转写：

1. yunt yïl yätinč ay on altïnč（?）
2. birz qamču-taqï-lar yüz-tu taz uluγ（?）
3. susar sungaš äv barqbirlä…
4. sosï qy-a ičung äv barqbirlä…
5. buyan tmür ičung äv barq birlä…
6. bägdmür äv barq birlä…
7. sadpa uluγ iči yolbuq-a…
8. … biz birlä kälip qač yïl…
9. taγ buqar-lar-qa yükünüp…
10. saču-nïng yir altun taz yükünüp…
11. yanar-ta män ävčilig qulut äv barq（?）…

12. iči si-si kenki körgü-kä …

13. tep altu qudluγ（bolzun）…

汉译：

1. 马年七月初十六，

2. 我们甘州的玉孜图·塔斯、乌鲁·

3. 苏萨尔·昆乌尔将家产……

4. 索斯·海雅、治中将家产……

5. 布阳·帖木尔、治中以家产……

6. 伯克·帖木尔以家产……

7. 萨得帕、大哥羽勒不花……

8. ……我们一起来了几年

9. 拜诸山窟……

10. 沙洲之地阿勒通·塔孜来拜

11. 返回时，我家仆将家产……

12. 兄斯斯愿为后人……

13. 祈愿带来幸福……

注释：

该题记上部分保留齐全，下部分残损严重，模糊不清。同上位置，下方还有模糊不清的回鹘文题记。

附记：文中插图均由敦煌研究院提供。2023年9月，笔者受邀参加第六届丝绸之路（敦煌）国际文化博览会"敦煌论坛：敦煌学研究弘扬的世界意义学术研讨会"，其间在李国先生的带领下再次考察了莫高窟第5窟，比对了该窟的所有回鹘文题记，并修正了部分回鹘文题记的内容。

敦煌石窟"隐形"题记紫外荧光图像采集与后期调色分析研究*

王海文

（敦煌研究院）

【摘　要】　"隐形"题记是石窟寺壁画上留存下来的一种微弱信息，它对进一步了解不同历史时期区域社会、政治、经济、文化等方面的情况具有非常重要的意义，如何快速、无损、准确地提取壁画表面上这些隐藏的信息，是目前的一大技术难题。我们利用紫外荧光成像原理，对敦煌石窟壁面褪色及模糊文字信息进行紫外荧光图像采集、后期电脑调色分析，恢复部分文字内容，通过对可见光下题记与紫外荧光下题记图像的对比研究，探讨了紫外荧光摄影技术和电脑后期调色处理在辨识石窟"隐形"题记中的实际应用。

【关键词】　莫高窟　题记　紫外荧光摄影　电脑调色分析

一、引言

"隐形"题记是壁画表面颜料褪色后留存在壁面的一种微弱信息，它真实地反映不同历史时期区域社会、政治、经济、文化等方面的情况，为考古工作者探求文物深层信息提供了线索和帮助，也为石窟寺题记辨识考证提供了一种新的方式。传统的褪

---

* 本文系国家社科基金重大项目"敦煌河西石窟多语言壁题考古资料抢救性调查整理与研究"（22&ZD219）的阶段性成果。

色题记辨识工作主要依靠有经验的科研人员依据字迹、书写风格、年代等信息进行甄别，采用目视、对比、判别的方式进行辨识，这种方法对工作人员文字功底要求非常高，效率低且容易出现差误，如何快速有效地获取"隐形"题记，为石窟考古提供准确的信息支持，是本文研究的重点。

光学调查法具备的特性非常适用于莫高窟的数字化保护，其具有对文物不接触、不破坏的特点，因此被越来越多的文物保护及调查机构采用。近年来，随着摄影设备的更新换代与数字化技术的不断进步，图像处理软件与算法的高速发展，多光谱成像技术在文物保护领域愈发普及，其中紫外荧光成像技术已经从理论阶段进入实际应用阶段，为调查了解壁画表层遗存下来的、无法用肉眼看到的古代墨书多语言文字题记资料奠定了坚实基础。大部分有机物质在紫外荧光照射下会激发荧光，利用此特性，可短暂显现出壁画肉眼看不到的图像与文字信息。同时，利用此技术也可以对壁面多层堆叠题记进行分析评估。

甘肃河西地区是丝绸之路的重要通道。以敦煌莫高窟为代表的三十余处石窟寺遗址，使河西地区成为我国保存石窟寺历史最悠久、数量最集中的地区之一。

古代丝绸之路上佛教文化艺术的交流传播和繁荣发展在敦煌石窟中保留了大量遗迹，包括供养人题记、功德记、发愿文、游人题记、画工塑匠题名等以汉文、回鹘文、蒙古文、藏文、西夏文等多民族语言文字书写的题记文献史料。通过多光谱题记数据的采集，对敦煌石窟"隐形"壁题考古资料进行研究，可以进一步了解敦煌在不同历史时期的社会、政治、经济、文化等方面的情况，深化对敦煌历史文化的认识。同时也可以揭示丝绸之路对于敦煌诸族文化的影响，从而推动对敦煌文化的全面理解和深入研究。

莫高窟壁画经过千年的变迁，虽然已经改变了当时的原貌，但表面还残留着原始的颜料痕迹，这就为信息的复原提供了可能。本文利用紫外荧光成像对壁面文字信息进行无损提取，尝试通过紫外荧光图像采集、后期电脑调色分析，恢复部分文字内容，并通过对比研究可见光下题记与紫外荧光下题记图像，探讨紫外荧光摄影技术在石窟"隐形"题记中的实际应用，为石窟壁题肉眼不可见多语言文字信息无损提取提供一定的参考。

二、紫外荧光成像技术在"隐形"题记采集中的应用与紫外荧光图像处理

（一）紫外荧光成像技术的发展

紫外荧光成像技术是一种典型的非接触性无损拍摄技术。20世纪90年代开始，文物保护领域尝试使用紫外荧光技术对文物进行辅助分析，由于具备非接触、无破坏

等优异特点,其符合文物保护最小介入的原则。紫外荧光摄影可让莫高窟的壁画和彩塑、建筑、纸质文物等出现颜料脱落、氧化褪色的信息重新显现在公众面前。近年来,该技术在文物保护领域有了进一步发展,尤其在石窟寺壁画数字化保护与隐藏信息显现方面得到了广泛的应用,已成为文物保护工作者和科研人员的有力工具。我们将此技术用于研究古代壁画上模糊文字的显现、褪色壁画复原以及保护方法的评估,也可用于绘画技法的调查、复原与研究。国外紫外荧光成果主要集中于对油画颜料、墓葬地理信息等文物的无损分析研究。

(二)紫外荧光成像技术采集在"隐形"题记调查中的应用实践

古代壁题文字资料因受到自然颜料变褪色、壁画层污染、地仗层酥碱、疱疹状脱落、霉变、烟熏及风吹日晒、人为刮擦等因素的破坏,极易失去原有的面貌信息,导致内容丢失。我们通过紫外荧光调查法,可以发现更多隐藏在壁面上的文字信息与资料,利用不同物质对不同波段的光谱吸收与反射不同的光谱特性原理,可初步判定"隐形"题记文字的基本信息。通过紫外荧光条件下获取的多语种墨书文字信息的提取,有助于后续的保护和研究。

基于紫外荧光成像技术相较于阈值法在目标边界轮廓提取和特征识别的优势,采用相机记录壁画在紫外光源照射下发生受激辐射而产生可见荧光亮度分布的摄影方法。利用壁画对紫外线的反射和吸收的差异来提高墨书痕迹与壁面的亮度差,针对石窟壁画的具体情况实现题记信息的获取,使在普通成像下"模糊难辨"的题记变得"清晰可见",充分再现其承载信息。

1. 紫外荧光图像采集要点

紫外荧光用于石窟壁题多语种文字调查,需要注意几点:

一是紫外荧光图像采集需要相对"静止"的环境,洞窟壁面自然粉尘落灰、镜头脏点都能成为它拍摄的障碍,还有摄影者走动浮起的微弱扬尘也会不同程度地干扰拍摄效果,所以拍摄现场环境需要"静止"。一般来说,在纯黑条件下才能拍到完整的荧光反射图像,杂散光源会对紫外荧光成像质量造成严重影响。空气中或者壁面上的微尘也会发出明亮的荧光,这会影响图像采集质量和增加后期编辑图像的工作难度。

二是紫外荧光拍摄由于光亮微弱,往往需要超近距离或者微距拍摄。在超长曝光时间下,相机保持稳定才能获取清晰的图片。

三是 365 nm 波段成像效果突出。相比可见光,10 nm—400 nm 的紫外区域可以更容易辨识某些颜料,如墨、赭石、铅粉、朱砂等。在紫外荧光 365 nm 光源下拍摄此类褪色或模糊题记较为清晰,容易辨识。

紫外光摄影可分为两种,即直接紫外光摄影和紫外荧光摄影。① 我们使用的是紫外荧光摄影。大部分物质在紫外荧光照射下都可产生荧光效应,紫外光的能量相较于可见光的能量更大,物质在紫外荧光的照射下,其电子会吸收紫外光的光子跃迁至激发态,激发态与基态中间还有其他能级,吸收的紫外光能量转化成光子能量时会消耗和损失,其能量远低于紫外光的能量,而此能量刚好在可见光的范围之内,从而产生荧光反应。由于不同的物质在紫外光激发下辐射荧光的强度和能力不同,它们也许在紫外荧光摄影中有很大的荧光亮度反差。利用此特性可在紫外荧光图片上显现出掉色、褪色的多语种墨书题记文字。用无反相机进行紫外荧光摄影还有利于图像采集中一系列曝光方法的运用,有利于选择拍照波段和激发光源波段。图像采集时即时观察成像效果,若未达到预期效果,可以及时调整曝光时长、感光度、光圈系数,进而提高拍摄成功率和工作效率(表1)。

表 1 紫外荧光图像采集设备

名称	说明
尼康 Z9 相机	利用笔记本电脑安装的尼康应用和编辑软件操控
Z100 mm 微距镜头	具有超低色散的特性,有效提高镜头的光学性能,可以拍摄画质更好的图像
Xnite 330 滤镜	250 nm＜λ＜400 nm
紫外光源	365 nm
Calibrite Color Checker Classic XL24	色彩校准

2. 采集方法

采用肉眼观察细微痕迹与便携式紫外荧光设备照射结合,找出壁面中的"隐形"题记,然后使用紫外荧光图像采集设备对题记的范围进行可见光采集与紫外荧光图片采集。紫外荧光图像采集由于光照强度不足,想要获得理想的图像就必须长时间曝光,为了避免紫外荧光拍摄时可见光对采集信息的影响,建议在全黑或者近于全黑的环境下采集。

根据无反相机在莫高窟壁画进行紫外反射摄影的实验,研究得到激发壁画颜料峰值的特定紫外光激发谱为 330 nm—385 nm。我们主要采用 365 nm 紫外光源,使用尼康 Z9 无反相机对壁面墨书题记进行紫外荧光图像采集,在纯黑洞窟环境下,镜头前

---

① 柴勃隆、王小伟等:《多光谱摄影在莫高窟壁画现状调查及绘画技法研究中的初步应用》,《敦煌研究》2008 年第 6 期。

加长波紫外滤色镜对壁面上的墨书字迹进行紫外反射拍摄，图像清晰反差强，壁画表面反射紫外线呈亮色调，字迹吸收紫外线呈暗色调。基于二者对紫外光的不同反应，进而获取紫外荧光图像。

（三）紫外荧光拍摄"隐形"题记后期电脑调色试验分析

1. 紫外光源图片优化处理影像对比

隐形及模糊题记紫外荧光拍摄环境较暗，照片整体辨识度有限，为了更加精准地提取所需信息，需要使用一些图形图像软件恢复部分颜色或者增加可辨识度。以敦煌莫高窟第9窟主室南壁"劳度叉斗圣变"中部榜题栏上回鹘文题记为例，使用Adobe Photoshop软件对紫外荧光拍摄的原始图片进行调色优化（图1、图2、图3、图4）。

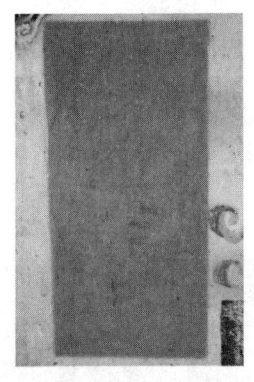

图1　莫高窟第9窟南壁榜题栏可见光图像　图2　莫高窟第9窟南壁榜题栏紫外荧光图像

2. 后期电脑优化处理完成效果

图3　莫高窟第9窟南壁榜题栏预处理紫外荧光图像　图4　莫高窟第9窟南壁榜题栏优化完成图像

三、紫外荧光拍摄"隐形"难辨题记成功案例与存在的问题

（一）显示褪色字迹

莫高窟洞窟内历代各种留题位置不确定因素很多，本文所指多为朝圣观礼者所书题，随意性很大。相对较浅色壁面处题记用紫外荧光摄影显示褪色字迹有时会取得较好的效果。浅色壁画颜料对紫外荧光反射能力较强，而在可见光条件下褪色的字迹墨水，在紫外荧光条件下呈现较强的吸收能力，褪色字迹与壁面可以形成较大的紫外图像亮度差，利用紫外荧光成像技术拍摄将再现这个亮度差，显示出褪色字迹。

莫高窟第 225 窟始建于盛唐，后经中唐、五代、清代重修①，北壁斜顶敞口龛外东侧可见光条件下仅显现一行婆罗谜文，我们利用紫外荧光手电，发现还有两行在可见光条件下无法看到的文字。我们采用"三步法"，利用紫外荧光采集，后期电脑调色分析，图像优化处理，逐渐使两行文字从不可见，到清晰可辨。这样一来，三行婆罗谜文完整呈现了出来（图5、图6、图7）。

图 5　第 225 窟北壁斜顶敞口龛外东侧可见光条图像　图 6　第 225 窟北壁斜顶敞口龛外东侧紫外荧光图像

图 7　第 225 窟北壁斜顶敞口龛外东侧优化完成图像

---

① 敦煌文物研究所整理：《敦煌莫高窟内容总录》，文物出版社 1982 年版，第 78—79 页。

从图例可以看出，与可见光拍摄图片对比，利用紫外荧光成像技术拍摄得到的图片文字较为清晰，我们再经过 Adobe Photoshop 软件优化处理图像，图片文字更加容易辨识。

在敦煌石窟中，需辨识的"隐形"或模糊题记，体量较大的是汉文题记。但遗憾的是褪色非常严重，这类题记中，有些又是解决某一"重大"问题的关键。如莫高窟第 384 窟主室北壁平顶敞口龛外东侧六臂如意轮观音变右侧背光上"甘州桥楼上惠民坊住人史小玉"题记，为准确辨识这条隐形题记，我们先采取了红外光谱拍摄，但红外光谱照片受到壁画多种颜料的干扰，并未奏效。后经紫外荧光手电观察，确定此为一则墨书题记，这种情况下，采用紫外荧光拍摄就会达到预期的效果。因此，我们先拍摄一张可见光源图像（图 8），再在纯黑环境下，使用 365 nm 紫外光源拍摄一张高精度的紫外荧光照片（图 9），并以此为基础，用图像处理软件（Adobe Photoshop）进行处理。在这个过程中，我们尝试了各种优化处理方法，由于整个过程繁琐复杂，难以在本文中全面说明，只能概括性介绍：首先用 Camera Raw 对图像颜色及细节做初步调整，然后用 Adobe Photoshop 从字体颜色加深、背景色提亮、调整图像曲线加强对比等方面增强图像文字效果，最后从图像中减少杂色、图像锐化或局部锐化、图像高反差保留及图层效果调整等方面使图片达到最佳清晰度（表 2）。

表 2　Adobe Photoshop 后期图像调整处理流程

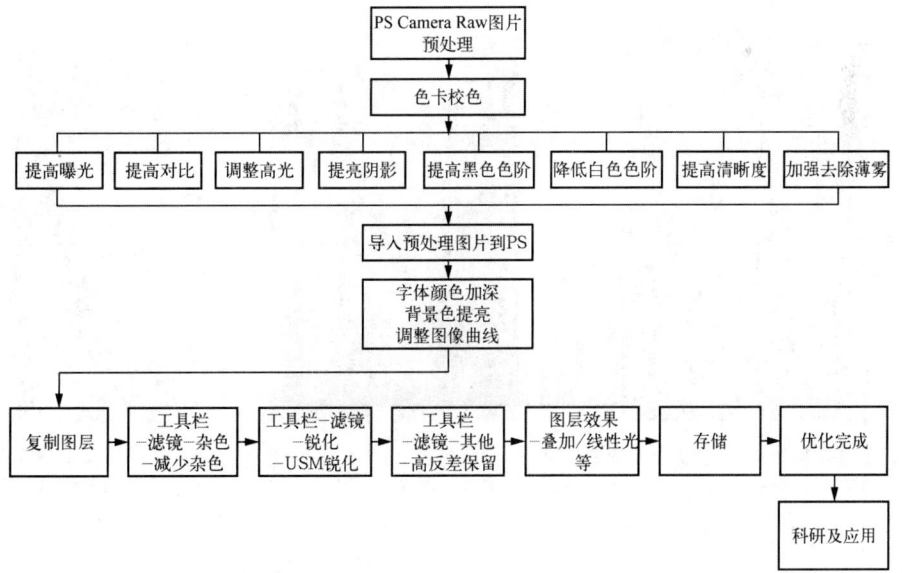

处理之后，我们会看到图片上更多的文字细节信息（图 10）。然而，即使加强图像的清晰度，也不足以破译叠压在深色壁画底色上的全部文字，必须采取进一步的措

施。如果仔细观察看似被"污"字的笔画，我们注意到，虽然笔画多半已不清楚，但是笔画轮廓的边缘留下了一些模糊的痕迹。我们诚请美术专家手动描摹了这些边缘模糊的字迹。描出关键的笔画，就清楚地识读出确切的文字内容了。如第 384 窟观音右手侧第一行下端"桥口上"，我们是通过史小玉在莫高窟第 444 窟主室西壁龛内北前柱上的题记与描摹相互对比校正出来的（图 11），再如第二行史小玉的"玉"字，如果把此字单独隔离出来，很容易将其识作"五"字，我们与前期获取的莫高窟第 7、379 窟褪色"史小玉"墨书题记紫外荧光图片字迹对比，发现是草书体"玉"字①（图 12）。

莫高窟第 384 窟史小玉的这则题记非常重要，信息齐全完整，清楚地记载了史小玉本人所处的时代、来莫高窟的时间、籍贯、住址、同行人的姓名以及到此地的真正目的。这一真实准确的原始信息，明确清晰地记述了史小玉本人其实就是一位至正十七年（1357）正月到莫高窟的香客。这一题记的发现，为史学界争议较多的史小玉是否为"画匠"提供了又一重要史证。

莫高窟第 384 窟题记录文如下：

　　大元國至正十七年正月十五日甘州橋樓上
　　惠民坊住人史小玉吕懷仁燒香到此

  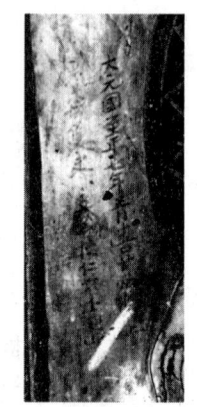

图 8　莫高窟第 384 窟北壁龛外东侧六臂如意轮观音像　　图 9　莫高窟第 384 窟史小玉题记紫外荧光图像　　图 10　莫高窟第 384 窟史小玉题记优化完成图像

---

① 王海彬、李国：《甘州史小玉敦煌莫高窟漫题辑考——兼谈史小玉并非元末之画工》，《形象史学》2023 年第 1 期。

图 11　莫高窟第 444 窟史小玉题记图　　图 12　莫高窟第 379 窟史小玉题记优化完成图像

莫高窟第 340 窟褪色文字信息（图 13、图 14、图 15）待考。

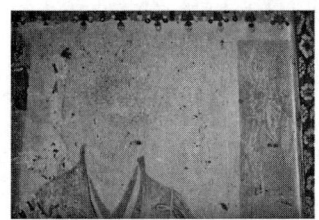  

图 13　莫高窟第 340 窟未知名题　　图 14　莫高窟第 340 窟未知名题　　图 15　莫高窟第 340 窟未知名题
　　　　记可见光图像　　　　　　　　　　记紫外荧光图像　　　　　　　　　　记优化完成图像

（二）紫外荧光拍摄隐形难辨题记存在的问题和不足

壁画中包含的信息一般来说十分丰富，颜料种类较多的壁面，隐藏信息被主要色彩掩盖，对紫外荧光完整成像响应很大，难以以图像的形式记录下来。紫外荧光光量微弱，拍摄时需采用手动曝光模式，用不同曝光时间试拍来确定最佳曝光量，曝光时间一般为 30—60 秒。长时间曝光会导致噪点大量增加，噪点会破坏照片中的细节和边缘信息，尤其紫外荧光照片普遍偏暗，在做锐化处理、将暗部提亮时，都有可能将噪点同步强化，使照片中原本不明显的噪点更加突出，为后续题记的辨识增加了难度。

莫高窟壁画，主要包括红色、绿色、蓝色、棕色、黑色和白色等色系 30 余种，按照材料性质主要分为三类：朱砂、石青、石绿、赭石等矿物颜料；藤黄、靛蓝、胭脂等有机颜料；贝壳粉等动物质颜料。由于不同颜料对紫外荧光响应方式不同，使得紫外荧光针对颜色种类较多的壁画层摄影具有非常大的局限性。现场图像采集与后期图像处理无法形成标准的拍摄与调整流程。紫外荧光对土黄色、白色、红色颜料层上留存的墨书题记，拍摄有一定的效果，但对绿色、蓝色和黑色颜料层上留存的墨书题记，就难以显现了，此类颜料对紫外荧光响应方式相同或相似，无法有效提取隐藏文字信息。

通过多种拍摄实验和电脑图像处理，我们得出一个简要的结论：土黄泥壁墨书紫外荧光图像"隐形"题记显现较为成功，红色颜料层墨书紫外荧光图像"隐形"题记显现较为可行。绿色、墨色颜料层墨书肉眼可识读，但紫外光谱无法拍摄。

四、紫外荧光成像技术在文化遗产保护中的应用价值

紫外荧光成像技术应用于石窟壁题的采集，在调查壁题褪色文字内容方面具有一定的优势，可以有效提高壁题的识别分辨，发现隐藏的信息，为拓展敦煌学的研究领域提供更翔实的资料，进一步丰富我们对丝绸之路一带民众信仰和社会活动的了解，就题记所反映的民间信仰、乡土情结、宗教态度、个人意识等问题及相关的社会文化背景进行深入研究，具有很高的学术价值。但面对复杂的古代壁画，这种方法也存在一定的局限性，后续将通过实验研究进一步提升这种方法的识别能力。伴随着成果的开发，紫外荧光成像必定会为石窟考古与文物数字化带来更大的应用价值。

五、结论

多光谱影像在我国文化遗产保护领域应用与研究较晚，其相关理论还处于不断发展的过程中。多光谱图像分析在文化遗产保护中，是一个亟待进一步开发的领域。近年来，我们对敦煌石窟中的多语种题记进行了多光谱拍摄和电脑处理，获得了不少成果。通过对敦煌石窟"隐形"题记紫外荧光成像调查研究和后期调色分析，部分恢复了可见光下无法辨识的壁题文字。经过进一步实践，揭示石窟"隐形"题记所承载的信息，为敦煌石窟考古文献资料研究提供了新的例证。这一成果的呈现，可更好、更准确地提取文物潜在信息，为制订有效的文物保护措施提供科学依据。

吐鲁番文书所见"镴钱"义证

朱学斌

（华东师范大学中文系）

【摘　要】　以往对于吐鲁番文书所见"镴钱（臘钱、鑞钱）"的材质、外形的象征内涵及其所处货币本位阶段的研究可以进一步深入。"镴钱"是"白镴"（铅锡合金）铸币，虽然硬度不足但具有类似白银的金属光泽，因此在麹氏高昌晚期以银钱作为主要货币时也可以充当低值替代品随葬。除此之外，本文还讨论了简牍和碑刻的相关汉字构件"巤"和"葛"早在汉代隶变时产生讹误的过程和特征。

【关键词】　吐鲁番文书　镴钱　白镴　金属货币史　高昌　劣币

引　言

吐鲁番地区是地处古丝绸之路的重要交通枢纽，其社会生活也受到不同文明的交互影响。在麹氏高昌晚期吐鲁番文书的衣物疏当中，出现过名为"臘钱"或"鑞钱"的随葬冥币，相关内容罗列如下：

（1）吐鲁番阿斯塔那二〇五号墓72TAM205：2《高昌重光元年（620）缺名随葬

---

* 本文系上海市哲学社会科学规划课题青年项目（2023EYY001）、国家博士后第73批面上资助项目（2023M731118）的阶段性成果。本文在修改过程中得到李国、李博雅、海霞、赵东明、曹天江、朱焘等师友提出的宝贵意见，特此诚挚感谢。

衣物疏》(1—360)："锡人十枚,钄钱十四文。《孝经》一弓,纸百张。"①

(2) 吐鲁番阿斯塔那一七三号墓 73TAM116:19《高昌重光二年 (621) 张头子随葬衣物疏》(1—370)："白绫褶袴二具,锦被辱(褥)二具,騰钱十四枚。锡人具,金钱一万文,银钱二万……"②

学界对"騰钱"或"钄钱"作为冥币的功能认识较为充分③,但对于其材质的象征内涵及其所处货币过渡阶段的意义,仍有不少问题有待发掘。

一、吐鲁番文书"钄钱"并非"锡纸钱"

目前学界多认为吐鲁番文书记录的"騰钱"是一种随葬的冥钱。陆娟娟认为"騰钱"是随葬的锡纸钱并指出:"至今在很多地方还保留着丧葬中烧锡纸钱的习俗,江浙一带的农村妇女无事在家时会折锡纸钱拿去卖,浙江富阳一带把锡纸钱叫作钄箔。"④ 王旭注《酉阳杂俎》卷十三《尸窆》"送亡者又以黄卷、蠛钱、兔毫、弩机、纸疏、挂树之属"类似用法的"蠛钱"为"纸钱"⑤。目前对"騰钱"的形制主要有两种推断⑥:

第一种观点认为"騰钱"是锡制元宝。早期有锡铸元宝,后期主要是折成的锡纸元宝。至今在很多地方保留的烧锡纸钱习俗,主要将其折成元宝形状,但元宝产生的时代并没有那么早。纸元宝在古代原先对应"楮锭",而元宝以"锭"为计量单位,那么纸元宝理应产生于元宝通行之后。楮皮常用以制皮纸,而宋、金、元发行的"会子""宝券"等纸币多用楮皮纸制成⑦,因此后世常用楮代指一般的纸币乃至纸质冥

---

① 国家文物局古文献研究室、新疆维吾尔自治区博物馆、武汉大学历史系编:《吐鲁番出土文书》第一册,文物出版社 1981 年版,第 360 页。
② 新疆文物考古研究所编:《阿斯塔那古墓群第十一次发掘简报》,《新疆文物》2000 年第 3—4 期。
③ 侯灿、吴美琳:《吐鲁番出土砖志集注》,巴蜀书社 2003 年版,第 332—333 页。
④ 陆娟娟:《吐鲁番出土文书语言研究》,浙江工商大学出版社 2015 年版,第 181 页。
⑤ 段成式:《酉阳杂俎》,王旭编注,万卷出版有限责任公司 2020 年版,第 126 页。
⑥ 何立民、朱顺龙:《试析浙江金华发现的冥币雕版——兼论冥币的发展历程》,《南方文物》2004 年第 4 期。
⑦ 周必大《二老堂杂志·辨楮币二字》:"自秦汉专以钱为币。近岁用会子,盖四川交子法,特官券耳,不知何人目为楮币。"《金史·食货志三》:"小民浅肤,谓楮币易坏,不若钱可久,于是得钱则珍藏,而券则亟用之,惟恐破裂而至于废也。"刘埙《隐居通议·文章八》:"楮币于宋谓之会子,于今谓之宝钞,虽制用不同,而以久而轻,则弊一而已矣。"

币，例如楮镪、楮泉、楮帛、楮钱、楮币等①。

钱我琨《钱通》认为纸元宝产生于五代周世宗："玄宗以王玙为祠祭使，用楮为钱以祭，后世用纸钱代币始此……周世宗发引之日金银钱宝皆寓以形，而楮钱大如盏口，其印文黄曰泉台上宝，白曰冥游亚宝。据此则金银楮锭亦始于五代也。"② 而楮钱"大如盏口"的形制被联想为纸元宝前身。③《履园丛话·丛话三·考索》认为烧纸钱始于唐玄宗开元末年，但纸元宝始于"有明以来"："纸钱之名，始见于《新唐书·王玙传》……有明以来，又易纸锭、大小元宝，黄白参半，与纸钱并用。"④ 上述观点所述纸元宝的产生时间距离本文讨论吐鲁番文书的时间范围（初唐高祖时期）均较为久远，元宝造型的货币产生年代则更晚，例如宋何薳《春渚纪闻》卷五《杂记·天尊赐银》："有老道士刘虚静……乃云：'虚静年老，羁单一身，常恐一旦数尽，身膏草野。若蒙上天赐以白金十星，足为身后之备，志愿足矣。'小道士乃取白镴铸成小锭，俟其夕祷，即遥掷其旁。"⑤ 所以"䥶钱"的形制不会是后世常见的锡制元宝。

第二种观点认为"䥶钱"是锡纸凿剪为钱。烧纸钱早于烧纸元宝产生，而"元宝"产生的时代更晚。《旧唐书·王玙传》："开元末，玄宗方尊道术，靡神不宗。玙抗疏引古今祀典，请置春坛，祀青帝于国东郊，玄宗甚然之。因迁太常博士、侍御史，充祠祭使。玙专以祀事希幸，每行祠祷，或焚纸钱，祷祈福祐，迎于巫觋。"宋王应麟《困学纪闻》卷一四："欧阳子谓五代礼坏，寒食野祭而焚纸钱。按纸钱始于开元二十六年，王玙为祠祭使，祈祷或焚纸钱，类巫觋，非自五代始也。"

但其实在唐代更早时期的传世文献已有相关记录，例如张鷟《朝野佥载》卷六记录中宗景龙末年（710）济源县尉杜鹏举暴卒，冥吏韦鼎求杜复生后焚纸钱十万。贞元年间封演《封氏闻见记》卷六《纸钱》："纸钱，今代送葬，为凿纸钱，积钱为山，盛加雕饰，异以引柩。按古者享祀鬼神，有圭璧币帛，事毕则埋之。后代既宝

---

① 例如"楮镪"意为祭供时焚化用的纸钱。镪，钱贯，引申为钱。洪迈《鬼国记》："移时宴罢，乃焚烧楮镪。"《剪灯新话·滕穆醉游聚景园记》："翌日，具肴体，焚楮镪於墓下。"而"楮泉"见张师正《括异志·魏侍郎》："岁时月朔，赐草具馔，化楮泉于户外，使某得以歆领，虽泉下亦不忘报。"而"楮陌"的"陌"意为"钱一百文"，谢肇淛《五杂俎·天部二》："家家设楮陌、冥衣，具列先人号位，祭而燎之。"
② 《文渊阁四库全书》662 政书类·史部 420，上海古籍出版社 1987 年版，第 406 页。
③ 华海燕：《中国古代冥币研究》，四川大学硕士学位论文，2007 年。
④ 钱泳：《履园丛话》，张伟校点，中华书局 1979 年版，第 85—86 页。
⑤ 此处"白镴"在明津逮秘书本、明宝颜堂秘笈本、清学津讨原本皆作"白蜡"，而涵芬楼《宋元人说部书》本作"白镴"，清吴士玉《骈字类编》卷一百三十七《采色门》也将此事附在"白镴"条下。梅强认为若以蜡铸锭，其材质手感异乎白金，不必"熟视其物"才发现有问题，其说可从。

钱货，遂以钱送死。《汉书》称盗发孝文园瘗钱是也。率易从简，更用纸钱。纸乃后汉蔡伦所造，其纸钱魏晋以来始有其事。今自王公逮于匹庶，通行之矣。"① 但是"纸钱魏晋以来始有其事"的观点②更多是推测，目前所见材料中间的证据链环仍待补充③。

相比其他衣物疏动辄"金银钱各一万文"（《高昌延寿十年［633］元儿随葬衣物疏》）、"金银钱各一千文"（《高昌重光元年［620］信女某甲随赞衣物疏》）的表述，"镴钱十四文""䥖钱十四枚"的表述相对更贴近随葬品的实际数量④。货币单位"文"原先指金属钱币带字的正面。南北朝以来称钱一枚为一文。⑤ 所以通过"䥖钱"的量词"枚""文"可推断在本文所涉吐鲁番文书的"䥖钱"并非"锡纸钱"，而是镴铸金属圆钱。

吐鲁番地区在唐代早中期还存在其他特殊的冥币习俗，也有其对应的多民族文化交融。例如吐鲁番市二堡乡巴达木村东的巴达木墓地⑥，墓葬时代涵盖麹氏高昌国至唐代西州时期，在其中七座墓葬出土百余件葫芦木刻制的不规则圆形冥币。⑦ 这些木制冥币有的散布在墓室（也有特地摆在西北角的情况），有的置于墓主头顶，有的用以遮蔽墓主的眼睛（同时还口含波斯银币）。吐鲁番唐代墓地还有出现将官府的牒文剪成纸币模仿开元通宝的情况（例如 2004TMM102：47a 将一组六枚冥币相连，2004TMM102：47c 将一组四枚冥币相连）⑧。因此，若要讨论冥币为何在多种形态之外还使用"䥖钱/镴钱"，需要结合材质特性对其象征的具体意涵展开充分研究。

---

① 封演：《封氏闻见记校注》，赵贞信校注，中华书局 2005 年版，第 60—61 页。
② 认为"纸钱始自魏晋"有李珂《松窗百记》："凿纸为钱之意，盖亦祖汉瘗钱法。原其本初就隐而埋之，盖以妄塞妄也，诚恐瘗钱必遭发掘转为死者之祸耳，后沿于唐而焚之，来久远。"李济翁《资暇录》："以纸寓钱起于殷长史，洪庆善辨证云：南齐东昏候好事鬼神，剪纸为钱，以代束帛，李淳风盛行其事。"《新唐书·王玙传》："汉以来葬者，皆有瘗钱，后世以纸当钱为鬼事，至是玙乃用襁褓。则是丧葬之焚纸钱，因于汉世之瘗钱。其祷神二而用纸钱，则起自殷长史，盛行于李淳风、王玙也。"
③ 顾春军：《"纸钱"流变考论》，《文化遗产》2015 年第 3 期。
④ 例如前引《高昌重光二年（621）张头子随葬衣物疏》辞例"䥖钱十四枚"和"金钱一万文，银钱二万"的直观对比。
⑤ 例如《宋书·徐羡之传》："可以钱二十八文埋宅四角，可以免灾。"贾思勰《齐民要术·槐柳楸梓梧柞》："柴合收钱六万四千八百文。"
⑥ 舍秀红、张永兵：《新疆吐鲁番巴达木墓地 2005 年发掘简报》，《吐鲁番学研究》2021 年第 1 期。
⑦ 田小红等：《新疆吐鲁番市巴达木墓地发掘简报》，《考古》2013 年第 6 期。
⑧ 余欣：《冥币新考：以新疆吐鲁番考古资料为中心》，《世界宗教研究》2012 年第 1 期。

二、白镴的材质及其主要象征意义

对于白镴的材质,由于当时传世文献对于铅、锡、镴经常互用或错用,"镴钱"各种写法的变体产生的误导延续至今,因此仍需要具体厘清。王启涛认为:"'鑞钱'即镴钱,一种冥钱;'臈钱'即臘钱、蜡钱、镴钱,一种冥钱。"并引《坛经》及武威汉简《泰射》等材料证明"鑞""臈""臘""蠟"相通。①

对于白镴的材质有三类片面观点。第一类观点将镴视为铅:唐苏恭《新修本草》认为"临贺采者名铅,一名白镴",《本草纲目》既已指出:"苏恭不识铅锡,以锡为铅,以铅为锡。其谓黄丹、胡粉为炒锡,皆由其不识故也。今正之。"② 第二类观点将镴视为锌:章钊鸿根据姚秦鸠摩罗什译《妙法莲华经·方便品偈言》"白镴及铅锡,铁木及与泥"认为白镴与铅锡明显有别③,其《中国用锌的起源》《再述中国用锌之起源》认为"镴必非锡,而为锌之合金"。王琎《五铢钱化学成分及古代应用铅锡锌镴考》在对比古钱化学成分的配方和实验测量后指出,隋唐时仍不知有锌④,古钱的锌是伴随铅混入的成分,所以镴和锌没有直接关系。第三类观点将镴视为锡:朱智立将"鑞钱"直接释为"锡钱"。⑤ "鑞"是镴的异体字,《集韵·盇韵》:"镴,锡也,或作鑞。"《吐鲁番出土文献词典》引《尔雅·释器》"锡谓之鈏"从郭璞注"白镴",与《山海经》白锡同训。《周礼·夏官·职方氏》:"其利金锡竹箭。"郑玄注:"锡,镴也。"《周礼·夏官·职方氏》:"其利金锡竹箭。"郑玄注:"锡,镴。"⑥ 由此可知不少故训对于"镴""锡"二者浑言无别。

其实,镴是中国古代对铅锡合金的通称,古代白镴大约含有60%—70%的锡和30%—40%的铅,熔点非常低(约200摄氏度),因此可以焊接金属,亦可制造器物。不少地方现在仍把铅锡合金称为锡镴、铅镴或白镴。中国至迟在商代已能专门炼锡、炼铅。安阳殷商遗址已出土锡块。洛阳西周遗址出土有铅戈。炼锡主要的原料锡石(二氧化锡)可分为两类:一是原生矿床,俗称"山锡"或"脉锡";二是冲积矿床,

---

① 王启涛:《吐鲁番出土文书疑难词语新考》,《古汉语研究》2013年第1期。
② 李时珍:《本草纲目新校注本》,马美著校点,华夏出版社2004年版,第341—342页。
③ 章鸿钊编著:《石雅》,百花文艺出版社2010年版,第282页。
④ 王琎等:《中国古代金属化学及金丹术》,中国科学图书仪器公司1955年版,第44—51页。
⑤ 朱智立:《亦论吐鲁番晋唐墓出土衣物疏所见之"偎明"》,《吐鲁番学研究》2020年第2期。
⑥ 王启涛编:《吐鲁番出土文献词典》,巴蜀书社2012年版,第624—625页。

俗称"砂锡"或"水锡"。均先利用重力选矿进行富集。锡石易还原，冶炼比较简单。古代炼锡用竖炉，以木炭作燃料，人力鼓风，熔融的锡即可从炉内流出。①虽然镴是锡基合金，但实际上铅的成分并不可少。汉代以后通过"铅引法"制镴比直接加锡成本更低，加入铅不仅可以降低熔点，还能改善铸液的流动性能，从而使金属器表面的装饰花纹细节能达到清晰而理想的工艺效果。所以锡和镴析言仍有不少差别。

国外也很早冶炼出铅锡制镴。欧洲的白镴至少可以追溯到两千多年前的古罗马时代。白镴的质地柔软，富有延展性，很容易锻打加工。所以在古代欧洲白镴还被广泛用于制造从厨房用品到教堂修道院里使用的高脚杯及圣餐杯等各种器具。后来白镴逐渐被更加耐用的金属和陶瓷取代，而主要用作装饰品。②白镴在欧洲也被归于黑金属，因为铅和酸性食物接触容易流失（例如古罗马嗜好铅器与醋反应产生甜味但有毒的醋酸铅），导致白镴随着时间会变得很暗。为了改善白镴的性能，现代工艺追求清晰光亮或光泽柔和似缎面的蓝白色表面，大约含91%的锡、7.5%的锑和1.5%的铜，其中锑的作用是作硬化剂；如果不含铅可以安全地用作盘碟和饮料容器。③

由此可知，镴的原料来源（铅、锡）较为丰富，熔点不高，质地柔软，工艺简单，易于加工，以至于价格低廉。镴虽然有类似金属银的光泽，但在现代工艺改良以前因为硬度不够且不耐用而被视为轻贱。所以白镴在古代常代表贬义的"中看不中用"，例如《直语补证》"俗以作事无济曰白蜡蜡"④，至今仍存于吴语方言。

对"白镴"材质的认识可以推进相关考释：例如郑虔《会粹》所言唐钱的基本铸造技术："询初进蜡样，自文德皇后掐一甲迹，故钱上有掐纹。"⑤胡世庆《中国文化通史》⑥，华觉民《中国古代金属技术：铜和铁造就的文明》⑦，杜石然等《中国科学技术史稿》⑧，汪建平、闻人军《中国科学技术史纲》⑨，祝慈寿《中国工业技术史》⑩等论著多据此"蜡样"认为开元钱铸造使用了失蜡法。杨心珉指出如用失蜡法铸造母

---

① 周宝中：《中国传统工艺全集：文物修复和辨伪》，大象出版社2007年版，第134页。
② 布莱恩·奈普、亓英丽、江家发：《元素丛书：铅·锡》，山东教育出版社2006年版，第40页。
③ 美国不列颠百科全书公司、中国大百科全书出版社不列颠百科全书编辑部编译：《不列颠百科全书：国际中文版（13）》，中国大百科全书出版社1999年版，第197页。
④ 翟灏：《通俗编　附直语补证》，商务印书馆1958年版，第919页。
⑤ 王溥：《唐会要》，中华书局1955年版，第1623页。
⑥ 胡世庆编著：《中国文化通史》，浙江大学出版社1996年版，第609页。
⑦ 华觉民：《中国古代金属技术：铜和铁造就的文明》，大象出版社1999年版，第544页。
⑧ 杜石然等：《中国科学技术史稿（修订版）》，北京大学出版社2012年版，第185页。
⑨ 汪建平、闻人军：《中国科学技术史纲》，武汉大学出版社2012年版，第277页。
⑩ 祝慈寿：《中国工业技术史》，重庆出版社1995年版，第823页。

钱，则每一母钱都需由独立的蜡样对应铸造，那么在初始钱样和普通铸币中增加铸造母钱的环节失去了原有便利性。① 因此郑幼明认为"蜡样"实为"镴样"②观点可从。

又如唐代"白蜡明经"见于曾慥《类说》卷四十引张鷟《朝野佥载》："张鷟号青钱学士，以其万选万中。时有明经董万举九上不第，时嘲曰：'白蜡明经。'时以为的对。"学界以往未解其意而歧见迭出，例如何晓明《中国姓名史》认为"白蜡"即"白费蜡烛之意"。潘涌从《汉语大词典》认为"白蜡"是"唐时对屡试不第者的戏称。蜡性光滑不着物，用讥作事无成"③。台湾《重编"国语"辞典修订版》认为："白蜡，比喻空白。明经，科举考试科目之一。白蜡明经比喻屡试不第。"其实，"白蜡明经"既然与"青钱学士"④相对，此处"白蜡"应从梅强释为"白镴"之讹⑤，用以比喻董屡次铨选不中。

所以，铅锡合金所制的镴钱，在古代也一直被视为劣币而属于铁钱、铜荡、穿穴、偏炉、棱钱、缺顿、沙涩、荡染、白强、黑强、鹅眼、綎环⑥等"恶钱"的一种。如果对此放任不管会造成很大经济损失⑦。如果良币供应充足，民间更愿意使用铜钱而非镴钱。⑧白镴钱在中古时期的中国各处都比较常见，相对低廉且劣质。所以张勋燎和白彬在分析吐鲁番出土衣物疏时指出"'蜡钱'之类的东西，绝对不会是生人用品"的观点不可从。⑨

---

① 杨心珉指出铅锡合金比天然蜡耐用，可以多次印制子钱。相较于铜、铁等材料，铅锡合金的硬度又要低很多，所以比较适合雕刻钱形。初始钱样雕刻成形后，便通过印制的方式生产一批母钱，再以这些母钱印铸子钱，如此一来，只需耗费一次雕刻手工即可铸造。由此体现铸造母钱的便利性。杨心珉：《钱货可议：唐代货币史钩沉》，商务印书馆2018年版，第92—96页。
② 郑幼明：《开元通宝生产技术初探》，《浙江金融》1987年第S1期。
③ 潘涌：《称谓词借代词赏析》，中国言实出版社2020年版，第350页。
④ "青钱"意为优良的青铜钱，肉细郭深，厚重耐用。褚人获《坚瓠集》十集卷二《嘲钱》："钱之贵青，自古已然。"后世多用"青钱"比喻人才。陈陶《赠江南从事张侍郎》："姻联紫府萧窗贵，职称青钱绣服豪。"无名氏《鸣凤记·拜谒忠灵》："幸科名选中青钱，展所学功崇紫殿。"陈康祺《郎潜纪闻》卷十四："柳泉先生赠以二诗云：'良工心苦选青钱，胪唱蝉联十二年。'"
⑤ 梅强：《"白蜡明经"考》，《古典文学知识》2019年第4期。
⑥ 郑瑾：《中国古代伪币研究——以宋代为中心》，浙江大学博士学位论文，2004年。
⑦ 例如《隋书·食货志》："杂以锡钱，递相放效，钱遂轻薄，乃下恶钱之禁。""是时见用之钱，皆须和以锡镴。锡镴既贱，求利者多，私铸之钱，不可禁约。其年，诏乃禁出锡镴之处，并不得私有采取。"
⑧ 例如《新唐书·食货志》："河东节度使王锷置炉，疏拒马河水铸钱，工费尤省，以刺史李听为使，以五炉铸，每炉月铸钱三十万，自是，河东锡钱几皆废。"但一旦难以保证铸币供应，日常的刚需又会导致"河东锡钱复起，盐铁使王涯置飞狐铸钱院于蔚州，天下岁铸钱不及十万缗"。
⑨ 张勋燎、白彬：《中国道教考古2》，线装书局2006年版，第565—569页。

三、吐鲁番"镴钱"所处的银币本位阶段

"白镴"由古至今流传着"银样镴枪头"的典故,沈德符《野获编·吏部·武弁王官》:"然此辈素号锡镴酒壶,非考功法所可束缚。"但是"白镴"质偏软而不耐用的另一面,是其光亮、洁白如银的金属光泽。金属锡本身已带银色,《说文·金部》:"锡,银铅之间也。"徐锴系传:"银色而铅质也。"而"白镴"的物理性质相对纯锡仍有提高,更不易变形与变色,《六书故·地理一》:"镴,锡之坚白者也。"

所以白镴可用于模仿白银,唐释道世《法苑珠林》卷第四十:"云何以银贸易白镴?银譬十善,镴譬十恶。我诸弟子,放舍十善行十恶法,是名以银贸易白镴。"① 因此白镴钱又可称为"白钱",《新唐书·食货志》:"隋末行五铢白钱,天下盗起,私铸钱行。千钱初重二斤,其后愈轻,不及一斤。"② 翁树培《古泉汇考》认为白钱为铜色发白的钱,其说可从,含锡量超过15%铜钱就会发白。《新唐书·食货四》:"江淮多铅锡钱,以铜荡外……判度支赵赞采连州白铜铸大钱,一当十,以权轻重。"当代不少古钱图谱辞典类书仍不乏有白铜开元、白铜大定、白铜崇宁、白铜泰和等称谓。③ 古代的白铜与今天的镍白铜/砷白铜并非一物,需要加以区别。

丝绸之路白镴制钱的传播至迟在十六国时期。姚秦佛陀耶舍共竺佛念等《四分律》卷八《初分·三十舍堕法》:"钱者有八种:金钱、银钱、铁钱、铜钱、白镴钱、铅锡钱、木钱、胡胶钱。"④ 吐鲁番地区对镴钱的使用,与其货币使用习惯的阶段性特征密切相关。卢向前《高昌西州四百年货币关系演变述略》将吐鲁番地区从前凉地方割据政权到安史之乱之间四百年货币本位分为三个阶段:第一阶段以纺织品作为货币本位,时间从367年至560年,即从前凉时期到麴氏高昌前期;第二阶段以银钱作为货币本位,时间从561年至680年,即从麴氏高昌中后期到唐朝初期;第三阶段以铜钱作为货币本位,时间从681年至763年,即从唐高宗后期到安史之乱。⑤

其中高昌西州货币本位第一阶段(对应十六国到北朝)主要以毛丝棉麻织品作为

---

① 《大正新修大藏经》第12册No.374《大般涅槃经》CBETA 2023.Q3,T12,no.374,第521c20页。
② 胡我琨《钱通》卷六《正品》:"《唐书·食货志》曰:'隋行五铢白钱。'《旧谱》曰:'……用镴和铸,故钱色白。'"张崇懿《钱志新编》卷七言此"俗谓之'白镴钱'"。
③ 周卫荣:《"锡镴"与六朝"白钱"》,载中国钱币学会古代钱币委员会、江苏省钱币学会编:《六朝货币与铸钱工艺研究》,凤凰出版社2005年版,第3—5页。
④ 《大正新修大藏经》第22册No.1428《四分律》CBETA 2023.Q3,T22,no.1428,第620a21页。
⑤ 卢向前:《敦煌吐鲁番文书论稿》,江西人民出版社1992年版,第217—266页。

主要的一般等价物，反映地方政权货币经济的衰退程度。例如十六国时期曾经先后使用毛毯、叠布等纺织品替代货币作为一般等价物。作为支付手段的毛毯，例如阿斯塔那1号墓出土63TAM1：16《西凉建初十四年（418）严福愿赁蚕桑券》："建初十四年二月廿八日，严福愿从阚金得赁叁簿蚕桑，贾（价）交与一毯。"哈拉和卓9号墓出土75TKM96：21《悬募追捕逃奴赏格班示》追捕逃奴悬赏十张毯："得者募毯十张。得者将诣唐司马祠收搛[检]。"阿斯塔那233号墓出土72TAM233：15/1《相辞为共公乘艾与杜庆毯事》："正月内被敕，催公乘艾枣直毯，到艾舍。艾即赍毯六张，共来到南门前，见杜庆。艾共相即以毯与庆。今被召审正，事实如此，从官分处。辞具。"其中催纳枣直却"赍毯"交纳，毯成为枣的价值尺度。①

高昌西州货币本位第二阶段（北朝、隋至唐初高昌灭国）主要以银钱作为主要的一般等价物，其中重要的转折在于突厥连灭柔然、嚈哒，重新打通了丝绸之路。重视商业利益的突厥建立了与萨珊波斯乃至东罗马帝国直接的官方交流，中亚西亚的银钱也通过丝绸之路源源不断流入吐鲁番。《周书·高昌传》："赋税则计田输银钱，无者输布。"《隋书·食货志》："河西诸郡，或用西域金银之钱，而官不禁。"吐鲁番阿斯塔那78号墓出土67TAM78：17（a）—19（a），28（a）《高昌将显守等田亩得银钱帐》记录了高昌麹氏高昌赋税计田输银的不同租率。② 大量流入的银币成为周边重要的支付手段，例如阿斯塔纳135号墓出土公元639年粟特文买婢契③有"在高昌的市场上，在众人面前，张姓之子延相，用纯度很高的萨珊波斯银币120枚，从康国的特扎克之子瓦库修比尔特那里，购买了出生于突厥斯坦的、姓秋雅克、名叫奥帕奇的女奴"④。姜伯勤在分析吐鲁番地区受拜占庭金币影响时，统计过敦煌吐鲁番文书随葬衣物疏记录内容的演变，发现5世纪以前多不见"金钱"而用铜钱或黄金，但是从6世纪中叶到7世纪中叶的一个世纪中，以"金钱"作为冥财已成为社会普遍心理，这类观念随着麹氏高昌的灭亡而消退。⑤

吐鲁番"镴钱"以"文"作为货币计量单位，也很早受到了西域金银钱选取硬币正面以"文像"为主的影响。《汉书·西域传上·罽宾国》："以金银为钱，文为骑马，

---

① 卢向前：《敦煌吐鲁番与唐史研究》，浙江大学出版社2017年版，第258—259页。
② 国家文物局古文献研究室、新疆维吾尔自治区博物馆、武汉大学历史系编：《吐鲁番出土文书》第四册，文物出版社1983年版，第68—70页。
③ 林梅村：《粟特文买婢契与丝绸之路上的女奴贸易》，《文物》1992年第9期。
④ 森安孝夫：《丝绸之路与唐帝国》，石晓军译，北京日报出版社2020年版，第366—368页。
⑤ 姜伯勤：《敦煌吐鲁番文书与丝绸之路》，文物出版社1994年版，第11—13页。

幕为人面。"颜师古注引张晏曰:"钱文面作骑马形,漫面作人面目也。"《汉书·西域传上·安息国》:"亦以银为钱,文独为王面,幕为夫人面。"《四分律删繁补阙行事钞》卷二《随戒释相篇》:"《四分》:钱者,有八种,金银等,上有文像。"①

唐贞观十四年（640）平定高昌后对租税改行租调制,麴氏高昌原有"计田输银"的赋税制度消亡。但高昌地区民间至少仍然坚持使用了四十年银钱②。随着中央集权的加强,唐高宗以来的货币政策量刑日峻,例如永淳元年（682）五月规定,私铸者改断死刑,附加决杖一百③。唐代官府运用了严惩盗铸、博换市易、规范流通、巡检勘验等措施④抑制铅锡钱等恶钱的铸行和流布⑤。所以铜钱在此后终于取代了银钱成为吐鲁番地区的通用货币。

吐鲁番文书记录随葬镴钱的时间（620、621）正处于麴氏高昌国晚期盛行银币的阶段,因此有理由认为此处随葬"镴钱"反映了高昌国冥币有从实际货币向象征型冥币、从贵金属（银）到贱金属（铅锡）的转变。前引周卫荣通过比较古代历朝文献记录的同时期金属产量和价格对比得出结论,锡的价钱不仅高于铅,还常常要高于铜。金属锡在自然界分布更少,而且在古代技术条件下难以大规模生产,因此产量很低。但是,锡的用途却很广,不仅铸钱要消耗大量的锡,钟、鼎、镜、香炉、佛像、饰物等几乎所有的青铜制品都需要用锡。所以,古高昌国使用镴钱随葬的原因,除了成本考虑还在于对白银的模仿。

附论:汉字构件"鼠""葛"形讹的分析

"镴钱"相关材料之所以产生诸多误读,与"镴"字众多通假字的混用有关,特别是构件"鼠""葛"的讹混。相关的形讹产生于篆书向隶书演变的过程当中,张涌

---

① 《大正新修大藏经》第 40 册 No.1804,CBETA 2023.Q3,T40,no.,1804,第 71b8—9 页。
② 前引卢向前指出 640 年到 680 年高昌民间仍流行银币。当时买舍、赁舍、雇人、雇人上烽、夏田、买马,违约罚钱约、举钱、夏莱园、买奴、夏葡萄园、布施等社会经济生活中,银钱仍然作为货币流通。
③ 《通典·食货九·钱币下》:"私铸钱造意人及勾合头首者,并处绞,仍先决杖一百。"
④ 其中经济手段例如《旧唐书·食货上》:"准元和四年闰三月敕,应有铅、锡钱,并合纳官。如有人纠得一钱,赏百钱者。"宋文莹《玉壶清话》卷三:"臣询砂镴钱每一金,煤屑铅炭亦不减三分,但乞许民间折三分通用,既无厚利,自然不为矣。"暴力手段例如《旧唐书·食货志》:"如有违犯,同用铅锡恶钱例科断,其旧钱并纳官。"《新唐书·食货志》:"元和四年,京师用钱缗少二十及有铅锡钱者,捕之。"又《新唐书·食货志》:"诏所在纳恶钱,而奸亦不息。仪凤中,濒江民多私铸钱为业,诏巡江官督捕,载铜、锡、镴过百斤者没官。"
⑤ 陈玺:《唐代恶钱治理规则的构建与运作》,《社会科学辑刊》2017 年第 1 期。

泉《敦煌俗字研究》即言："鼠旁作葛，当是隶书之变。"[1] 汉代的"臘"字已在碑刻和简牍出现有讹混为"𦡀"形的用例，其形变情况详见如下：

表1 秦汉"臘""𦡀"字形讹变综览

字头	字形及其出处		
臘字	《汉印文字征》	《说文》小篆	《古玺汇编》2588
臘字省写（例如下部𠤎简化为从月乃至从夕）	《秦印文字汇编》	马王堆帛书老子乙226	居延新简 EPT44—4A
𦡀字	额济纳汉简 2000ES7SF1：24A—11	居延旧简图581 265—37B	张迁碑 隶辨5—69
𦡀字省写（例如上部从艹简化为从中）	尹湾汉简 YM6D10	尹湾汉简 YM6167（上部）	肩水金关汉简（叁）73EJT28：113
萳字（左右结构转写为上下结构）	《尚德街东汉简牍》2011CSCJ482②：2—3		

归纳可知，"臘"字写为"𦡀"字主要是因为隶变过程中的形近类化讹变。具体而论，偏旁"鼠"的上部由"巛"讹变为"丷"，再讹变为"艹"乃至"十"。省写后的形体与部件"葛"形近，所以其中部框架由"囧"讹变为"田"，再讹变为"日"乃至"口"，下部由"𠤎"讹变为"月"或"夕"，而后类化为"勹"。

值得注意的是，西北汉简的"𦡀钱"辞例，若不加区分易与后世"𦡀钱"相混淆。汉简"𦡀钱"的"𦡀"字在《居延新简·甲渠侯官》《中国简牍集成》作"臘"

---

[1] 张涌泉：《敦煌俗字研究》，上海教育出版社1996年版，第349页。

字,《居延新简·甲渠候官与第四燧》释作"腊"字①,今据《居延新简释校》更正:②

(3) 不侵隧(燧)长石墅,䐉钱八十,十二月壬戌,妻君宁取。(E. P. F22:206)

(4) 吞北隧(燧)长吕成,䐉钱八十,十二月壬戌,母与取。(E. P. F22:207)

(5) 第十一隧(燧)长陈当,䐉钱八十,十二月乙丑,妻君闲取。(E. P. F22:208)

(6) 第卅二隧(燧)长徐况,䐉钱八十,十二月壬戌,妻君真取。(E. P. F22:209)

(7) 俱南隧(燧)长左隆,䐉钱八十,十二月己巳……(E. P. F22:210)

(8) 止北隧(燧)长窦永,䐉钱八十,十二月辛酉,妻君佳取。(E. P. F22:211)

(9) 第九队长甲宫,䐉钱,十二月辛酉,母君程取。(E. P. F22:212)

(10) 第四队长王长,䐉钱八十,十二月己巳自取。(E. P. F22:213)

(11) ……䐉钱八十,十二月壬戌,妻君曼取。(E. P. F22:215)

(12) ……䐉钱八十,十二月辛酉……(E. P. F22:216)

(13) ……䐉钱卅,十二月甲子自取(E. P. F22:218)

何双全指出居延新简的年代是西汉末期、新莽时期到东汉初期,本文"䐉钱"辞例具体是窦融主政河西的时期。前引王班等《中国古代金属化学及金丹术》指出"王莽时之链,隋唐时之镴,皆是此物",可知镴是中古以来的称谓,在新莽前后的两汉并非此名。所以,此处"䐉钱"应释为"腊钱",即"腊月所发的钱"③,类似于后世过年的"压岁钱",可由妻母代取,用于腊祭合家团聚。因此,对于不同时代类似的名称需要严格辨别其具体指代,以减少混淆和误会。

结　语

吐鲁番文书对"镴钱"概念的界定不只是冥币,对其更基本的定位应该是低值货

---

① 可参见甘肃省文物考古研究所、甘肃省博物馆、中国文物研究所、中国社会科学院历史研究所编:《居延新简·甲渠候官》,中华书局1994年版;中国简牍集成编辑委员会编:《中国简牍集成》标注本第9—12册《甘肃省、内蒙古自治区卷》,敦煌文艺出版社2001年版;甘肃省文物考古研究所、甘肃省博物馆、文化部古文献研究室等编:《居延新简·甲渠候官与第四燧》,文物出版社1990年版;等等。
② 马怡、张荣强主编:《居延新简释校》,天津古籍出版社2013年版,第773—775页。
③ 冨谷至:《汉简语汇考证》,张西艳译,中西书局2018年版,第280页。

币（劣币），既可在一定范围内流通，又有用为冥币。镴钱虽然认可程度不那么高，但在地方经济凋敝的时候，因为贵金属货币的缺乏而无法完全禁绝。制作镴钱的白镴具备光亮柔软不易生锈而近似于银，所以在高昌国流行银币的时期也有使用镴钱代替的情况。由此对相关铸造技术和观念象征以及概念讹混展开了梳理和区分，有助于进一步理解当时丝绸之路汉地沿线的社会风俗和群体价值观。

丝路史探

"丝绸之路"重镇奥什的历史沿革与行政区划变迁*

玉努斯江·艾力　潘勇勇

（新疆大学历史学院　陕西师范大学中国西部边疆研究院）

【摘　要】　奥什是古代陆上丝绸之路的重要城镇，也是中亚地区历史文化名城。汉代张骞"凿空"西域，丝绸之路的开通与繁荣为奥什的发展创造了历史机遇，奥什一度成为东西方贸易往来和文明交融的重要枢纽城市。近代以后，奥什逐渐走向衰落，后被沙俄统治，划归费尔干纳省管辖。此后，奥什历经100多年行政区划调整建成奥什州，州府驻奥什市，成为吉尔吉斯斯坦南部地区人口最多，且具有一定影响力的地区。奥什的历史沿革和行政区划变迁既见证了古丝绸之路上各种文明的交流与互鉴，也反映了近代以来因历史人文、地理区位、地缘政治等影响下民族之间的互动与融通。

【关键词】　奥什　历史沿革　行政区划

一、文献回顾

奥什是中亚地区的历史文化名城，也是吉尔吉斯斯坦第二大城市。奥什位于费尔干纳盆地东南部，历史文化悠久，文化多元交融，自古就是多民族聚居生活的地区。

---

* 本文系教育部人文社会科学研究一般项目"清代吐鲁番额敏和卓家族国家认同研究"（23XJJA770001）、新疆维吾尔自治区社科基金专项项目"宗教界代表人士在推进新疆伊斯兰教中国化进程中的作用研究"（2023VZX012）的阶段性成果。

1939年11月，苏联决定组建奥什州，州府驻于奥什市。后经不断调整，至1999年后逐渐固定下来，成为吉尔吉斯斯坦南部地区人口最多且具有一定影响力的地区。奥什州西面同巴特肯州接壤，北面与贾拉拉巴德州接壤，东北面与纳伦州为邻，东南部与中国新疆克孜勒苏柯尔克孜自治州接壤，南部与塔吉克斯坦直辖区戈尔诺-巴达赫尚自治州相邻，西部与乌兹别克斯坦塔什干、纳曼干、安集延、费尔干纳州和塔吉克斯坦索格特州相连。

目前，学术界关于奥什历史文化的研究成果较少，国内研究成果主要有：胡振华《关于吉尔吉斯斯坦古城地名"奥什"》[1]一文认为贰师城就是今日的奥什城，奥什在丝绸之路上占有重要位置。折祎在《"丝路"重镇奥什城的历史变迁》[2]一文中对奥什古名、历史和文化简要进行了探讨，认为奥什丝路商贸往来的交通要地，源自欧洲、西亚、中亚及南亚等地区的商品聚集于此。人员往来和商品贸易的兴盛也让东西方文化交汇融合，使奥什当地文化具有多元化特性。李如东《新国家中的旧边疆：中亚南部边缘绿洲奥什的层累边疆性与边境诸事件探析》[3]一文对1991年以来中亚南部边缘绿洲奥什地区诸多冲突事件与该地带在中亚地区的社会—地理历史构成的位置移动、空间压缩和时间性堆叠有颇多关系，认为层累的边疆性不仅可以作为解释当代中亚国家建构进程中边界与族群冲突问题的深层结构，而且也是亚欧大陆地区国家转型中的一般现象。此外，许序雅《唐代丝绸之路与中亚历史地理研究》（2000）、王治来《中亚通史》（2004）、王治来《中亚史》（2010）、李珂《10世纪中亚城市分布的历史地理考察》（陕西师范大学硕士学位论文，2021）等著述或多或少涉及奥什的历史与文化。就国外研究成果来看，英国学者加文·汉布里主编的《中亚史纲要》（吴玉贵译，1994），苏联学者巴托尔德《中亚简史》（2005）、《蒙古入侵时期的突厥斯坦》（张锡彤、张广达译，2007）和《中亚历史——巴托尔德文集第2卷第1册第1部分》（张丽译，2013）以及联合国教科文组织编写的《中亚文明史》（汉译本，2010）等著作涉及奥什的历史地理、民族融合以及文化变迁。综上，就目前学术界研究成果而言，鲜见对奥什历史沿革和行政区划演变的深入研究，特别是苏联时期和吉尔吉斯斯坦独立后多次对奥什行政区划做出调整，最终建成奥什州的历史脉络缺乏系统梳理。本文在前人研究的基础上，结合国内外历史文献对奥什历史沿革和行政区划演变进行

---

[1] 胡振华：《关于吉尔吉斯斯坦古城地名"奥什"》，《中央民族大学学报》2001年第3期。
[2] 折祎：《"丝路"重镇奥什城的历史变迁》，《中国社会科学报》，2023年4月17日，第7版。
[3] 李如东：《新国家中的旧边疆：中亚南部边缘绿洲奥什的层累边疆性与边境诸事件探析》，《云南社会科学》2023年第5期。

研究，以期厘清奥什历史发展的基本脉络和近代以来行政区划的变迁。

二、丝绸之路重镇奥什的历史沿革

奥什，英文为 Osh，又拼为 Oš，至早出现在 9 世纪的文献里，13 世纪时被蒙古人所毁，后来得以重建。① 奥什州所属乌兹干市最早以"郁成"为名出现。《史记·大宛列传》载："而汉使者往既多，其少从率多进熟于天子，言曰：'宛有善马在贰师城，匿不肯与汉使。'天子既好宛马，闻之甘心，使壮士车令等持千金及金马以请宛王贰师城善马。宛国饶汉物，相与谋曰：'……且贰师马，宛宝马也。'遂不肯予汉使。汉使怒，妄言，椎金马而去。宛贵人怒曰：'汉使至轻我！'遣汉使去，令其东边郁成遮攻杀汉使，取其财物……天子已尝使浞野侯攻楼兰，以七百骑先至，虏其王，以定汉等言为然，而欲侯宠姬李氏，拜李广利为贰师将军，发属国六千骑，及郡国恶少年数万人，以往伐宛。期至贰师城取善马，故号贰师将军。"②

在上述记载中，"贰师城"的地名很容易让人联想到其与奥什存在某种关联。胡振华先生指出"冯承钧先生认为 Sutrishna 就是汉代的大宛国贰师城。Sutrishna，梵语名，-na 多用在地名上。'贰'在汉代读做 rie，'师'在汉代读做 shi，'贰师'全读为 rieshi。这 Sutrishna 中的 rish 与汉代'贰师'的语音相近。'贰师'有可能是 Sutrishna 的音译。到了清代，'贰师'在汉语中读做 ershi，如果用西北方言去读，往往读 e-shi，eshi 与 Osh 的音很近。在柯尔克孜（吉尔吉斯）语中 Osh 意为交换之义"③，这对我们理解"奥什"的历史沿革具有一定的启发意义。笔者认为大宛国所属城市除了"郁成"之外，还包括"贰师"等众多城镇，贰师城不在郁成附近，或经宛都才到达该处，很可能是宛都之西。"且李广利西征，目的虽然不全在贰师城善马，而如果贰师城在宛都之东，'贰师将军'全然置之不顾，于理未安。另一方面，宛都既破，贰师马已获，显然再往贰师也就没有必要了。"④

但值得注意的是，"贰师马"很可能是当地居民对本地出产名马的一种叫法，并

---

① 中国大百科全书出版社《不列颠百科全书》国际中文版编译部编译：《不列颠百科全书》（国际中文版）第 12 册，中国大百科全书出版社 1999 年版，第 484 页。
② 司马迁：《史记》卷 123《大宛列传》，中华书局 1959 年版，第 3174 页。
③ 胡振华：《关于吉尔吉斯斯坦古城地名"奥什"》，《中央民族大学学报》2001 年第 3 期。
④ 余太山：《大宛和康居综考》，《西北民族研究》1991 年第 1 期。

非与当地民间传说有关①，更确切些说，该地因出产"贰师马"，而得名"贰师"。有关"贰师马"的记载又见于古希腊文献，希罗多德在其《历史》中记载："在这之后是全波斯人当中最精锐的一千名骑兵作为前驱，随后则是全波斯人当中最精锐的一千名枪兵，他们在行进时拿枪是枪尖向下的；在枪兵之后，是装饰得极其富丽堂皇的十匹称为涅赛欧伊马的圣马。这些马所以称为涅赛欧伊马，是因为在美地亚有一个称为涅赛昂的大平原，而这些高大的马就是在那里饲养起来的。"②可知，伊朗阿契美尼德王朝骑兵所需马匹由其藩邦提供，很可能包括来自涅赛昂大平原的马。余太山先生指出："按之西史，在阿姆河南北，自 Media 西南，经呼罗珊至费尔干纳，均有 Nisa、Nisaya 命名的地方，且多为良马产地。"③胡振华先生认为："尼萨（NISA）位于今土库曼斯坦首都阿什哈喀巴德（Ashkabad）西北 18 公里的巴古尔（Bagur）村附近。"④因此，"贰师马"实际上是指原产中亚 Nesaian（Nisa）⑤ 的马，并非"奥什马"。而部分学者曾经提出的"按所谓贰师城，即今苏联吉尔吉斯共和国奥什州之奥什城……阿史或奥什即'贰师'的同音译名"⑥的观点不仅缺乏依据，而且还有进一步考证的必要。同时，这也意味着大宛国时奥什城虽已建成，但其作用和影响不及"郁成"（今乌兹干）。

上述论及的 Sutrishna 是否是汉代大宛国贰师城，其答案是否定的。该名在汉文文献中作东曹、率都沙那、苏对沙那、苏都识匿或窣堵利瑟那等，在阿拉伯和波斯文献中分别作 Istaravshan、Osrushona、O'srushona、Sutrushna、Usrushna、Ustaravshon、Ustrushona、Sutrushana 等。苏联伊朗学家利夫希茨（V. A. Livshits）根据塔吉克斯坦境内穆格山古堡出土的一件 8 世纪初期的粟特文献考证，把 Sutrishna 转写为 Strushna⑦。该地位于锡尔河左岸和臧格扎尔河之间，是今塔吉克斯坦索格特州乌拉秋别（Уратепа）县辖属城，距州首府忽毡（Хужанд）市 73 公里。据考古资料显示，该城始建于公元前 6 世纪，包括今塔吉克斯坦西北部和乌兹别克斯坦占扎克、锡尔河

---

① 侯丕勋：《"汗血马"诸问题考述》，《西北民族研究》1988 第 2 期。
② 希罗多德：《历史》，王以铸译，商务印书馆 1997 年版，第 485 页。
③ 余太山：《大宛和康居综考》，《西北民族研究》1991 年第 1 期。
④ 胡振华：《中国史书上的尼萨、乌尔根奇和马雷》，《中国穆斯林》2021 年第 2 期。
⑤ 此名在希罗多德《历史》一书的英文、土耳其版本中分别译为 Nesaean 或 Nesaion，见 Herodotus of Halicarnassus. *The Histories*, translation of A. D. Godley. Paxlibrorum, 2010, p. 399.
⑥ 常征：《谁是坎儿井的创造者？——兼辨大宛国式师城》，《历史研究》1982 年第 3 期；同见伊本·胡尔达兹比赫：《道里邦国志》，宋岘译注，中华书局 1991 年版，第 33 页。
⑦ S. 卡拉耶夫：《地名学》（乌兹别克文），乌兹别克斯坦哲学家民族协会出版社 2006 年版，第 251 页。

州。乌拉秋别首见于《巴布尔回忆录》，后来成为布哈拉和浩罕汗国辖属区，于1886年被沙俄占领。①

9世纪上半叶，"奥什"一词多次出现在阿拉伯、波斯-伊斯兰舆地文献中。伊本·胡尔达兹比赫的《道里邦国志》叙述从扎敏②到拔汗那的道路时这样写道："再（从拔汗那城）至固巴（Quba）城为10法尔萨赫，再至窝什（Ush）城为10法尔萨赫，再至乌兹干（Uzkand）为7法尔萨赫，乌兹干是胡尔台钦（Khurtakin）的都城。"③《世界境域志》云："鄂什（Osh），是一个繁荣而很美丽的地方，其居民好战。位于山坡上，山上布有斥候，以监视异教的突厥人。"④伊本·豪卡勒在其著作《诸地形胜》中记载了分布在费尔干纳盆地部分城市及其道路："有沙赫里斯坦、子城和拉巴特；宫院、监狱均在子城以内。奥什有三门：（1）山门；（2）河门；（3）穆护凯德门，即拜火寺门。大礼拜寺在诸巴扎尔中间。奥什郊区有一大拉巴特，系各方圣战者们结集之处，此拉巴特容或就是奥什城所依傍之山的山头上的哨所。"⑤10世纪波斯地理学家伊斯塔赫里论及费尔干纳盆地东部的一些城镇时指出："奥什与讹迹邘（乌兹干）相距7法尔萨赫；讹迹邘附近没有其他城镇。但在奥什附近2法尔萨赫处有城名麦德瓦，今为马迪村。"⑥

由上述可知，9—11世纪，奥什与费尔干纳东南部一些重要城镇一样，已经成为一座繁荣的大城市，且在丝绸之路上发挥着重要的作用。从奥什与周边各城镇之间的里程看，当时商队经奥什到达费尔干纳盆地东南两段的各城镇或直接到达中国境内的喀什噶尔并汇入丝绸之路的中道。9世纪始，奥什在丝绸之路上的地位与其附近的乌兹干不相上下，城市规模逐渐扩大。贾玛尔·喀尔施指出"费尔干纳地区肥沃宽广，舒适安宁。那里的牧场肥沃，庭院宽畅。在费尔干纳地区，奥什城是一个古老的城市，空气最好，水源最甜，（动植物）生长最快、果实最熟地方之一，是最吉祥圣地之一。那里有两座吉祥的小山丘，巴剌库赫附近有一些虔诚者或大德的圣地。其他还

---

① 《乌兹别克斯坦民族百科全书》编写组：《乌兹别克斯坦民族百科全书》（第26册），塔什干国立科学出版社2002年版，第190页。
② Зомин一词的音译，指今乌兹别克斯坦占扎克州扎敏区行政中心，参见（乌兹别克斯坦）З. 多斯托夫、Э. 阿尕托夫：《简明地名详解词典》（乌兹别克文），塔什干教师出版社1977年版，第68页。
③ 伊本·胡尔达兹比赫：《道里邦国志》，宋岘译注，中华书局1991年版，第33页
④ 佚名：《世界境域志》，王治来译注，上海古籍出版社2010年版，第112页。
⑤ Ibn Havkal. Suretel-arz（《诸地形胜》），第394页；转引自巴托尔德：《蒙古入侵时期的突厥斯坦》（上），张锡彤、张广达译，上海古籍出版社2007年版，第182页。
⑥ BGA（Bibliotheca Geographorum Arabicorum），I，伊斯塔赫里书，第347页；转引自巴托尔德：《蒙古入侵时期的突厥斯坦》（上），张锡彤、张广达译，上海古籍出版社2007年版，第183页。

有苏莱曼·本·达吾德的瓦齐儿（大臣）阿萨夫·本·巴剌黑牙之墓"①，这从侧面印证了随着东西贸易的发展，奥什在丝绸之路上占据重要位置，吸引了周边地区更多居民迁入该地及所辖村落。

11世纪之后，奥什在东西贸易上仍占重要位置，但部分文献中将奥什与中国新疆境内的乌什相混淆。乌什在文献中写为温宿、预祝②和乌什吐鲁番等，北宋时期的《突厥语大词典》六处提到该地，相反未提及奥什，只论及其附近的乌兹干城：

uč：乌什，一个著名城市的名称（DLT I：40）。

badal-art：勃达岭，乌什和巴尔斯汗之间的一个大板（DLT I：413）。

čaγla：恰格拉，乌什城郊的一个草原名称（DLT I：454）。

tawušγan-ögüz：托什干河，流往乌什城的一条河名（DLT I：537）。

ayköl：阿依库尔，接近乌什的一个地名（DLT III：131）。

bay-yiγač：巴依伊尕奇，在库车与乌什之间，靠近乌什的一个地名（DLT III：153）。

känd：在乌古斯人及与他们相邻的人的语言中，是"乡村"的意思，而在绝大多数突厥人的语言里则指"城市"。据此，称费尔干纳为özkänd，其意思是我们自己的城市（DLT I：363-364）。③

另外，伊思塔赫里、伊德里西等人在其著作中把乌什和奥什混淆在一起并均作Uš，12世纪阿拉伯地理学家伊德里西在其《诸地风土记》中提道："乌什位于吐蕃与西域地区接壤的山坡上，山上有居民设立的防御哨所。"④ 很显然，这里当然是指新疆境内的乌什，此地靠近吐蕃，应在奥什偏东或更远。但后一句与上引《世界境域志》内容相同，可知伊德里西在收集有关中亚地区城镇的信息时，仍受一些学者的中亚历

---

① 华涛：《贾玛尔·喀尔施和他的〈苏拉赫词典补编〉》（下），南京大学历史系元史研究室编：《元史及北方民族史研究集刊》（第11期），1987年12月；同见马赫穆德·艾山：《关于奥什城小史》（乌兹别克文），吉尔吉斯-乌兹别克大学教材中心2000年版，第6页。

② 《新唐书》摘录了唐德宗贞元年间（785—805）宰相贾耽所撰《皇华四达记》，记载了从安西经预祝入碎叶的道路，但未论及奥什。参见欧阳修等：《新唐书》卷43《地理七》下，中华书局1975年版，第1149页。

③ 本文引用有关乌什的记载，均参考《突厥语大词典》汉文版本，但其相关地名的拼写参考该书英文译本的转写。参见 Robert Dankoff James Kelly. *Compendium of The Turkic Dialects*, Part I. pp. 30, 173, 198, 217, 256；Part II. pp. 502, 514；Harward University Press, 1984。

④ 伊德里西（El İdrisi）. 《诸地风土记》（KitābNuzhat al-Mushtāq fi Ikhtirāq），见 Ramazan Şeşen. *Islam Coğrafyacılarına Göre Türkler ve Türk Ülkeleri*（《有关突厥与突厥地区的伊斯兰地理书》），Ankara：Türk Kulturunu Araştırma Enstitusu Yayinlari, 1985, S. 96.

史地理观点的影响。因此，马赫默德·喀什噶里对乌什进行考证，很可能是为了弥补一些学者对上述问题认识的不足之处。但他对奥什相关词条并不重视，可能与费尔干纳盆地政治形势的变化有关，或另有原因。

据《史记·大宛列传》记载，"自大宛以西至安息，国虽颇异言，然大同俗，相知言"①，很明显，张骞两次出使西域后，中原人对中亚河中包括费尔干纳盆地的人种、语言和风俗有了一定的认识。当时占据该地及其周边地区的是操印欧语的塞人、大月氏人和乌孙人等，他们均为欧罗巴人种，其中哈乌马瓦尔加塞人居住在费尔干纳地区②。"这支牧地塞克人被称为费尔干纳-阿赖塞克。他们早期的活动中心在羌阿赖（帕米尔北部），在基依克塔什发现了他们的君长的墓地。"③ 至6世纪中叶，西突厥部落开始从中亚北部草原进入南部的农耕区。657年，唐朝大军在回纥支持下平定了阿史那贺鲁，费尔干纳盆地归属唐朝。709年，阿拉伯名将屈底波占领布哈拉、撒马尔罕和花剌子模，率兵进入费尔干纳盆地。当时拔汗那东端伊斯兰世界的边缘约为乌兹干一带，该地属于广义的粟特区，"广义粟特地区不仅包括撒马尔罕、布哈拉外，还包括深受粟特人影响的东部地区，如费尔干纳和石国"④。这说明阿拉伯军队占领河中和费尔干纳盆地部分地区时，今奥什境内的居民还未接受伊斯兰教。839年，中亚萨曼王朝国王努哈占领拔汗那东部的奥什以西地区后，⑤ 这一地区居民才开始改信伊斯兰教。

9世纪中叶，喀喇汗王朝建立后将奥什地区纳入其统治范围，阿赫穆德托干汗弟弟伊利克纳赛尔常住在乌兹干。1041年，喀喇汗王朝分为东、西两部后，奥什属东喀喇汗王朝，此地为哈桑系的乌兹干家族所拥有。但此时奥什居民主要为葛逻禄人，"分布于费尔干纳、察赤及其附近地区的领土上"⑥，"西迁回鹘进入七河地区后，葛逻禄分为三支：一支东迁阿克苏地区，《西天路竟》所说的'割鹿国'，后被喀喇汗王朝兼并；另一支南迁吐火罗斯坦，还有一支继续留在原地"⑦。可见，回鹘西迁后葛逻禄分布格局有所变动，其中一支迁居今我国新疆阿克苏境内，乌什也被称为预祝，与奥

---

① 司马迁：《史记》卷123《大宛列传》，中华书局1959年版，第3174页。
② Б. Г. 加富罗夫：《中亚塔吉克史》，肖之兴译，中国社会科学出版社1985年版，第18页。
③ 蓝琪主编：《中亚史》（第一卷），商务印书馆2018年版，第135页。
④ R. N. Frye. Thesamanids, 参见 The Cambridge History of Iran, Cambridge Histories Online © Cambridge University Press, 2008, Volume 4, p148。
⑤ 伊本·阿西尔（Ibn al-Athir）.《全史》（Al-Kamil fial-Tarikh）卷6，贝鲁特，1965—1967：509，转引自华涛：《穆斯林文献中的托古兹古思》，《西域研究》1991年第2期。
⑥ 马苏第：《黄金草原》，耿昇译，青海人民出版社1999年版，第174页。
⑦ 魏良弢：《喀喇汗王朝史稿》，新疆人民出版社1986年版，第66页。

什之间只是 š 和 č 之间的区别，这一特点在奥什的古称 Uš 一词中也显示了出来。汉文史料中的预祝和倭赤①，分别是 Uč 和 Oč（Oš）的音译，很可能与该地区民族构成的变化相关联，即16—17世纪之后，叶尼塞吉尔吉斯人陆续迁入费尔干纳盆地东部和伊塞克湖周边，原有地名逐渐被吉尔吉斯语地名所取代，奥什也不例外。

  13—17世纪，奥什先后隶属西辽、帖木儿及其后裔、秃黑鲁帖木儿后裔和浩罕汗国等辖治。哈拉契丹诸君主以及头几位察合台汗都把国库财宝存放在讹迹邗（乌兹干）②。据《拉失德史》和《巴布尔回忆录》记载，秃黑鲁帖木儿后裔羽奴思汗于15世纪80年代分别与帖木儿后裔建成姻亲关系，"当这位汗进入安集延的时候，乌马儿·沙黑·米儿咱备极尊敬地接待了他，把鄂什地区划给了他"③。后乌马儿·沙黑·米儿咱之子巴布尔于1494年做费尔干纳国君时，常住在奥什，对此他说："另有奥什城，位于安集延东南偏东，距其地有四伊尕奇的路程。奥什气候宜人，流水甚多，春天极美。有许多传说讲到奥什的美妙。其城堡东南有一座美丽的山，称为巴拉·库赫。速檀·马哈木汗在该山山顶建了一个亭子（hajra）④。回历九〇二年（1496），我又在这个亭子下面的山肩处建了另一个带门廊的亭子。他建的那一个虽然处在高处，但我建的那一个位置较好，整个城镇和郊区都在其脚下。安集延地区的河流在流过奥什郊区以后，进入安集延城。河流两岸果园广布，所有花园皆临于河上，园中的紫罗兰很美。"⑤ 巴布尔之后，奥什先后隶属于河中地区统治者昔班尼和叶尔羌汗国统治者萨义德汗，此时吉尔吉斯人已经成为蒙兀儿斯坦北部（特别是今天吉尔吉斯斯坦）的主要民族。"16世纪吉尔吉斯斯坦内的吉尔吉斯伯克们的力量日益发展，吸引着许多以前臣属于卫拉特联盟的东吉尔吉斯部落来到这一地区。"⑥ "然而，16—17世纪由于新航路的开辟，这座城市逐渐失去丝绸之路贸易上的光环，加之西方列强对中亚地区的入侵，奥什逐渐沦为浩罕汗国一部分，失去了昔日的辉煌。"⑦ 在此期间，奥什即便

---

① 宋濂：《元史》卷63《地理六》，中华书局1976年版，第1568页。
② 巴托尔德：《蒙古入侵时期的突厥斯坦》（上），张锡彤、张广达译，上海古籍出版社2007年版，第183页。
③ 米尔咱·马黑麻·海达尔：《中亚蒙兀儿史——拉失德史》（第一编），王治来译注，新疆人民出版社1985年版，第321页。
④ 原为 hujra，意为"小房屋"。参见巴布尔：《巴布尔回忆录》，喀山大学印书馆1856年版，第3页。
⑤ 巴布尔：《巴布尔回忆录》，王治来译，商务印书馆1997年版，第5页。
⑥ 恰赫里亚尔·阿德尔、伊尔凡·哈比卜：《中亚文明史》（第五卷），蓝琪译，中国对外翻译出版公司2006年版，第75页。
⑦ Rafis Abazov. *Historical Dictionary of Kyrgyzstan*, Lanham, Maryland, and Oxford: The Scarecrow Press, 2004, p. 203.

受到浩罕对清朝不友好政策的影响，但喀什噶尔与奥什仍然保持着经济联系。据《西域地理图说注》载："自喀什噶尔往西北去十八日路至鄂斯地方，平川三百余里，有小土城一座，大庄四处，园广田多，地界大河一道，……柴草俱好，南北皆山，乃新来投诚之额德格纳部落之布鲁特。"① 上述"鄂斯"即"奥什"，"大河一道"指今奥什市境内的"阿克博拉"（akbuura）河，这说明清朝时期喀什噶尔与奥什之间的交往交流未曾中断。据乌兹别克文历史文献记载，浩罕汗国统治时期奥什及其附近地区农业生产备受重视，奥什和乌兹干等地修建了一些水利设施②。1876年，沙俄灭亡浩罕汗国后，奥什地区归属于费尔干纳省管辖。

三、吉尔吉斯斯坦奥什州行政区划演变

奥什州行政区划始于1876年，当时沙俄兼并浩罕汗国后将其改为费尔干纳省。"费尔干纳省下辖7县：安集延、鄂什、玛尔噶朗、纳曼干、浩罕、楚斯特和伊斯法拉。在沙俄设立的管理机构中，最高的为总督区，设有总督；其次为省，设有省长；第三级为县，设有县长；第四级为乡，设有乡长。"③ 沙俄在奥什老城附近建设军事重镇并称新城，"新城有140多户、约1200名居民，其中大部分是俄罗斯人；老城有6300户、约4.6万居民。新城内设立行政机构和其他机构（邮局、金库等）外，还有士兵营房和带药房的医务室。……同时从19世纪末开始铺设公路，旧的乡村道路得到了改善，第一条铁路线在20世纪初出现了支线。当时的奥什是吉尔吉斯斯坦南部最大的公路交通枢纽"④。1917年十月革命后，许多吉尔吉斯人参与匪军抵抗运动，苏维埃政府用了将近10年时间才控制吉尔吉斯斯坦这块土地⑤。1924年，中亚民族国家划界后，奥什划入卡拉吉尔吉斯（Kara-Kyrgyz）自治州。1939年11月21日，

---

① 佚名：《西域地理图说注》，阮明道等校注，延边大学出版社1992年版，第129—130页。
② 库力达舒夫·西尔艾力·铁木尔利维奇：《18—19世纪中期浩罕汗国与中国新疆政治经济及文化关系》（学位论文，Д.015.09.01），乌兹别克斯坦科学院历史研究所，2009年。
③ 马大正、冯锡时：《中亚五国史》，新疆人民出版社2005年版，第117页。
④ 参见 Софья НУРМАТОВА. 130 - летию со дня строительства Нового городаОш，网址：https://foto.kg//istoricheskaya-spravka/3654-k-130-letiyu-so-dnya-stroitelstva-novogo-goroda-osh.html，访问日期：2023年11月2日。
⑤ Rafis Abazov. *Historical Dictionary of Kyrgyzstan*, Lanham, Maryland, and Oxford: The Scarecrow Press, 2004, p. 204.

苏联最高苏维埃主席团下令组建奥什州①，并将奥什市定为州中心，当时该州设 17 个区（见表1）。1959 年 1 月 27 日，贾拉拉巴德州并入后建立统一的奥什州，辖区增加为 23 个。1962 年，天山州（纳伦州）成为直辖区后，奥什是吉尔吉斯苏维埃社会主义共和国唯一的州。1980 年 10 月 5 日，奥什州的卡拉库尔市、托克托古尔区和新组建的恰特卡尔区划归新建的塔拉斯州。由于 1988 年 10 月 5 日撤销塔拉斯州和纳伦州，卡拉库尔市、托克托古尔区和托古斯托罗斯克区又归入奥什州，其辖区增加为 26 个②。

表 1　1939 年奥什州辖区③

	辖区
奥什州	阿赖、阿拉万、巴特肯、库勒加、卡拉苏、库尔莎布、雷列科、莫洛托夫、诺卡特、奥什、苏伟特、乌兹干、哈迷勒通、涌阿赖、克孜勒基亚市、奥什市、苏卢克图

苏联解体前，吉尔吉斯苏维埃共和国进行了一次行政区划调整，1990 年 12 月 14 日建立了一些新州，从奥什州划分出贾拉拉巴德州④。1999 年 10 月 12 日，吉尔吉斯斯坦共和国最高会议人民代表会议审议通过在奥什州西部另设巴特肯州的决议。"在吉尔吉斯斯坦共和国奥什州巴特肯区、卡达姆热伊区、列伊列克区和克孜勒基亚市现行行政疆界内设立吉尔吉斯斯坦共和国巴特肯州。"⑤ 可见，奥什州行政疆界在过去的 60 年（1939—1999）内不断变动，一度成为吉尔吉斯斯坦最大的行政区域。

奥什市是吉尔吉斯斯坦第二大城市，称"南部首都"。据 2023 年 1 月人口统计，奥什城市居民户籍人口有 36.13 万人。奥什市辖属 11 个村，分别是：克热梅陶（Керме-тоо）、阿热柯（Арек）、贾帕拉克（Джапалак）、克涅什（Кенеш）、奥兹古尔（Озгур）、奥热克（Орке）、皮亚提列特卡（Пятилетка）、托罗依坤（Толойкон）、铁克（Теке）、古丽巴尔托罗依坤（Гулбартолойкон）、阿力麻里克（Алмалык）等，常

---

① Б. О. Орузбаева. Киргизская Советская Социалистическая Республика, Фрунзе: Гл. ред. Киргизской Советской Энциклопедии, 1982, c 29 - 30.
② СССР. Административно-территориальное деление союзных республик. "Известия Советов Народных Депутатов СССР", 1987, c. 496 - 503, 672.
③ Киргизская Советская Социалистическая Республика / Б. О. Орузбаева. Фрунзе: Гл. ред. Киргизской Советской Энциклопедии, 1982, c30.
④ 蒋炬婷、刘庚岑：《吉尔吉斯共和国奥什州》，《俄罗斯中亚东欧市场》2003 年第 5 期。
⑤ 刘庚岑：《吉尔吉斯斯坦共和国关于设立巴特肯州的法律》，《中亚信息》2001 年第 1 期。

住居民为 3.67 万人。① 奥什州现设 7 个区（阿赖区、阿拉万区、卡拉库勒加区、卡拉苏区、诺卡特区、乌兹干区和涌阿赖区）；4 个市，其中 1 个直辖市（奥什市）、3 个州辖市（卡拉苏市、诺卡特市和乌兹干市）；2 个市级镇（萨热塔什和奈曼）；区行政公署下设基层政府机构乡级村镇，有 88 个村镇（айылный аймак 见表 2），529 个农村居民点（айыл окмоту）。当然，这些农村居民点规模有限，大型的居民点分布在卡拉苏区、乌兹干区和阿拉万区，其中卡拉苏区有 137 个农村居民点。从人口结构看，大部分村庄居民以乌兹别克等传统农业民族为主。

表 2　奥什州辖村镇②

区	序号	村镇名（俄文）	村镇名（汉文）	备注
АЛАЙСКИЙ РАЙОН（阿赖区）	1	Алайский	阿赖斯基	
	2	БУДАЛЫКСКИЙ	布达勒克斯基	
	3	БЮЛЕЛИНСКИ	布雅列宁斯基	
	4	ГУЛЬЧИНСКИЙ	古力夏斯基	
	5	ДЖОШОЛУНСКИЙ	卓缓伦斯基	
	6	КОНУР-ДОБОНСКИЙ	阔努尔大板斯基	
	7	КАБЫЛАН-КОЛСКИЙ	哈布郎库依斯基	
	8	КОРУЛЬСКИЙ	卡伦勒斯基	
	9	ЛЕНИНСКИЙ	列宁斯基	
	10	ТАЛДЫ-СУУСКИЙ	塔勒德苏斯基	
	11	САРЫ-МОГОЛСКИЙ	萨热蒙兀儿斯基	
	12	УЧ-ДЕБЕНСКИЙ	乌赤迭文斯基	
	13	ЖАНЫ-АЛАЙСКИЙ	加纳阿赖斯基	
	14	Сары-Ташский	萨热塔什斯基	

---

① 奥什市辖属行政村和最新人口数据分别见吉尔吉斯斯坦国家统计委员会：Национальный статистический комитет Кыргызской Республики. Перепись населения и жилищного фонда Кыргызской Республики 2009 года. Книга III（в таблицах）. Регионы Кыргызстана. Город Ош. Бишкек，2010，с. 18 和 2023 年 1 月吉尔吉斯斯坦各州、区、市、村镇和村居民点人口统计数据，网址：https：//www. stat. kg/ru/statistics/naselenie/，访问日期：2023 年 11 月 2 日。
② 吉尔吉斯斯坦各州、区、市、村镇和村居民点人口统计数据，网址：https：//www. stat. kg/ru/statistics/naselenie/，访问日期：2023 年 11 月 2 日。

续表

区	序号	村镇名（俄文）	村镇名（汉文）	备注
АРАВАНСКИЙ РАЙОН（阿拉万区）	15	АЛЛЯ АНАРОВСКИЙ	阿良阿纳热斯基	
	16	С. ЮСУПОВСКИЙ	С. 亚苏颇夫斯基	
	17	МАНГЫТСКИЙ	曼格特斯基	
	18	КЕРМЕ-ТООСКИЙ	克热梅陶斯基	
	19	ТЕПЕ-КОРГОНСКИЙ	库尔干帖帕斯基	
	20	НУРАБАДСКИЙ	努尔阿巴德斯基	
	21	ТЕО-МОЮНСКИЙ	土约莫云斯基	
	22	ЧЕК-АБАДСКИЙ	切克阿巴德斯基	
КАРА-СУУСКИЙ РАЙОН（卡拉苏区）	23	АК-ТАШСКИЙ	阿克塔石斯基	
	24	ЖАНЫ-АРЫКСКИЙ	加纳阿热克斯基	
	25	Жоошский	卓修斯基	
	26	КАТТА-ТАЛДЫКСКИЙ	卡塔塔勒德克斯基	
	27	КАШГАР-КЫШТАКСКИ	喀什噶尔克什塔克	其辖 8 村
	28	КЫЗЫЛ-КЫШТАКСКИЙ	克孜勒克什塔克斯基	
	29	КЫЗЫЛ-СУУСКИЙ	克孜勒苏	
	30	МАДЫНСКИЙ	马德斯基	其辖 11 村
	31	НАРИМАНОВСКИЙ	纳立曼斯基	其辖 14 村
	32	ОТУЗ-АДЫРСКИЙ	奥图兹阿德尔斯基	
	33	САРЫ-КОЛОТСКИЙ	萨热库罗特斯基	
	34	ПАПАНСКИЙ	帕万斯基	
	35	САВАЙСКИЙ	萨瓦斯基	
	36	САРАЙСКИЙ	萨赖斯基	
	37	ТЁЛЁЙКЕНСКИЙ	特雷肯斯基	
	38	ШАРКСКИЙ	莎尔克斯基	
НООКАТСКИЙ РАЙОН（诺卡特区）	39	БЕЛЬСКИЙ	别勒斯基	
	40	ГЮЛЬСТАНСКИЙ	戈雅力斯坦斯基	
	41	КАРА-ТАШСКИЙ	卡拉塔石斯基	
	42	КУЛАТОВСКИЙ	库拉托夫斯基	
	43	ДЖАНЫ-НООКАТСКИЙ	加纳诺卡特斯基	其辖 9 村
	44	КЕНЕШСКИЙ	克涅什	
	45	КЫРГЫЗ-АТИНСКИЙ	柯尔克孜阿塔	

续表

区	序号	村镇名（俄文）	村镇名（汉文）	备注
НООКАТСКИЙ РАЙОН（诺卡特区）	46	ТОКТОМАТА ЗУЛПУЕВА	托克托马塔·祖普也哇	
	47	ИСАНОВСКИЙ	伊山诺夫斯基	
	48	КЁК-БЕЛЬСКИЙ	阔克别勒斯基	
	49	КЫЗЫЛ-ОКТЯБРЬСКИЙ	克孜勒奥库托比尔	红十月村
	50	ОН ЭКИ-БЕЛЬСКИЙ	翁克别勒斯基	
	51	ТЁЁЛЁС	铁勒斯	
	52	МИРМАХМУДОВСКИЙ	米尔马赫木德斯基	
	53	ЫНТЫМАКСКИЙ	恩特马克斯基	
	54	Найманский	奈曼	
КАРА-КУЛЖИНСКИЙ РАЙОН（卡拉库勒加区）	55	АЛАЙКУУСКИЙ	阿赖库斯基	
	56	КАПЧЫГАЙСКИЙ	卡普奇盖斯基	
	57	КЕНЕШСКИЙ	克涅什	
	58	КАРАГУЗСКИЙ	卡拉古兹斯基	
	59	КАРА-КОЧКОРСКИЙ	卡拉阔什卡尔斯基	
	60	КАРА-КУЛЬДЖИНСКИЙ	卡拉库勒加斯基	亦作喀喇固勒扎
	61	КЫЗЫЛ-ЖАРСКИЙ	克孜勒扎尔斯基	
	62	ЫЛАЙ-ТАЛА	鄂赖塔拉	
	63	ОЙ-ТАЛ	奥依塔拉	
	64	САРЫ-БУЛАКСКИЙ	萨热布拉克斯基	
	65	ЧАЛМИНСКИЙ	恰勒民斯基	
	66	КАШКА-ЖОЛСКИЙ	卡什卡桌勒斯基	
УЗГЕНСКИЙ РАЙОН（乌兹干区）	67	АК-ДЖАРСКИЙ	阿克贾尔斯基	
	68	БАШ-ДЕБЕНСКИЙ	巴什大板斯基	
	69	ДЖАЛПАК-ТАШСКИЙ	加勒帕克塔石	
	70	ДЖЫЛАНДЫНСКИЙ	基兰德斯基	
	71	ДЕН-БУЛАКСКИЙ	登布拉克斯基	
	72	ЗАРГЕРСКИЙ	杂尔格尔斯基	
	73	ЖАЗЫСКИЙ	扎泽斯基	
	74	ИЙРИ-СУУСКИЙ	伊日苏斯基	
	75	ЧАНГЕТСКИЙ	缠格特斯基	

续表

区	序号	村镇名（俄文）	村镇名（汉文）	备注
УЗГЕНСКИЙ РАЙОН（乌兹干区）	76	КАРА-ТАШСКИЙ	卡拉塔石	
	77	КАРООЛСКИЙ	卡罗尔斯基	
	78	КЕЛЬДЮКСКИЙ	阔利杜克斯基	
	79	КЫЗЫЛ-ОКТЯБРЬСКИЙ	克孜勒奥库托比尔	红十月村
	80	КЫЗЫЛ-ТООСКИЙ	克孜勒陶	
	81	КУРШАБСКИЙ	库尔莎布斯基	
	82	МЫРЗА-АКИНСКИЙ	米尔扎阿肯斯基	
	83	АЛТЫН-БУЛАКСКИЙ	阿勒腾布拉克	
	84	САЛАМАЛИКСКИЙ	萨拉马力克斯基	
	85	ТЁРТ-КЁЛЬСКИЙ	杜热特库勒斯基	
ЧОН-АЛАЙСКИЙ РАЙОН（涌阿赖区）	86	ЖЕКЕНДИНСКИЙ	杰肯地斯基	
	87	КАШКА-СУУСКИЙ	卡什卡苏斯基	
	88	ЧОН-АЛАЙСКИЙ	涌阿赖斯基	其辖11村

据2023年1月统计，奥什州共有户籍人口146.04万人（包括常住人口），其中城市人口10.59万人（不包括奥什市人口），非农业人口135.45万人①。该州有吉尔吉斯、乌兹别克、俄罗斯、维吾尔、乌克兰、土耳其、塔吉克、鞑靼、阿塞拜疆、东干、土库曼、哈萨克、朝鲜、巴什基尔、保加尔、车臣、亚美尼亚等民族。据吉尔吉斯斯坦统计委员会公布的数据，截至2023年1月，吉尔吉斯斯坦全国总人口已达到703.76万人，其中吉尔吉斯族占73.3%，乌兹别克族占14.7%，俄罗斯族占5.6%，东干族占1.1%，维吾尔族占0.9%，塔吉克族占0.9%，土耳其族占0.7%，哈萨克族占0.6%，其他为鞑靼、阿塞拜疆、朝鲜、乌克兰等民族②。笔者认为自苏联解体以来，中亚国家各地区主体民族人口明显增加，奥什也不例外，如2000年10月吉尔吉斯斯坦庆祝奥什建城3000周年时，将奥什市定为共和国第二首都，人口约28.2万，由吉尔吉斯、乌兹别克、俄罗斯、塔吉克和其他小民族组成。其中乌兹别克族约占

---

① 全州非农业人口主要分布在卡拉苏、诺卡特和乌兹干区，网址：https://www.stat.kg/ru/statistics/naselenie/，访问日期2023年11月2日。
② 参见《吉尔吉斯斯坦国家概况》，网址：https://www.fmprc.gov.cn/web/gjhdq_676201/gj_676203/yz_676205/1206_676548/1206x0_676550/，访问日期：2023年12月6日。

46%，吉尔吉斯族约占 24%。① 2009 年全国人口普查资料显示，吉尔吉斯族占奥什市居民总数 47.9%，乌兹别克族占 44.2%，俄罗斯族占 2.5%，土耳其族占 2.2%，鞑靼族占 1.1%，东干等其他民族占 2.1%。② 但是从吉尔吉斯斯坦第三次人口普查信息看，比什凯克和奥什的人口增长率最高。以 2021 年为例，奥什人口增幅为 3.5%③，这很可能是近年来该国经济发展和向外移民，奥什州非主体民族人口减少，其他地区主体人口向奥什方向流动所导致的。移往国外的人口大多数前往俄罗斯（占迁往国外人口总数的 53.2%），还有的迁往乌兹别克斯坦（占 40.6%）和哈萨克斯坦（占 3.4%）以及非独联体国家（占 2.2%）。④

表 3　奥什州常住人口数据统计表⑤

	2023 年常住人口总数（万）		
	人口总数	城市居民	农村居民
奥什州	125.41	8.92	116.49
阿赖区	6.98	—	6.98
阿拉万区	11.16	—	11.16
卡拉库勒加区	8.24	—	8.24
卡拉苏区	42.24	2.45	39.79
卡拉苏市	2.45	2.45	—
诺卡特区	28.38	1.32	27.06
诺卡特市	1.32	1.32	—
乌兹干区	25.29	5.15	20.14
乌兹干市	5.15	5.15	—
涌阿赖区	3.12		3.12

---

① 参见西安市外事办《奥什市》，网址：http://wqb.xa.gov.cn/zhyw/yhcs/5dad7e64f99d6527b6c5db1a.html，访问日期：2023 年 12 月 6 日。
② Национальный статистический комитет Кыргызской Республики. Перепись населения и жилищного фонда Кыргызской Республики 2009 года. Книга III（в таблицах）. Регионы Кыргызстана. Город Ош. Бишкек, 2010, с. 27.
③ 参见《一文了解吉尔吉斯斯坦人口状况》，网址：http://k.sina.com.cn/article_6556793383_186d0ba270190161p7.html，访问日期：2023 年 12 月 6 日。
④ 蒋炬婷、刘庚岑：《吉尔吉斯共和国奥什州》，《俄罗斯中亚东欧市场》2003 年第 5 期。
⑤ 此表未包括奥什市常住人口，参见 2023 年 1 月吉尔吉斯斯坦各州、区、市、村镇和村居民点人口统计数据，网址：https://www.stat.kg/ru/statistics/naselenie/，访问日期：2023 年 11 月 2 日。

四、结语

　　穿过历史的烽烟，因丝绸之路的开通与兴起，历史上奥什一度成为东西方贸易往来的集散地和文明交融的汇聚地。奥什与汉代"贰师城"无关，很可能与西迁葛逻禄存在某种关联。奥什自古是一个多民族聚居的地区，各民族在这片广袤的土地上生息繁衍、杂居共处、融合共生，共同开发建设美丽家园。近代以后，奥什逐渐走向衰落。1876年，沙俄灭亡浩罕汗国之后，奥什地区归属于费尔干纳省管辖。此后，奥什历经100多年行政区划调整建成奥什州，州府驻奥什市，成为吉尔吉斯斯坦南部地区人口最多且具有一定影响力的地区。奥什的历史沿革和行政区划变迁既见证了古丝绸之路上多种文明的交流与互鉴，也反映了近代以来因历史人文、地理区位、地缘政治等影响下民族之间的互动与融通。就地缘关系而言，奥什州与中国新疆南部地区具有特殊的文化联系，成为今天新疆地区建设丝绸之路经济带核心区、发展与吉尔吉斯斯坦奥什州友好关系的历史文化基础。

北魏武川镇地望补证

石坚军

(陕西师范大学西北历史环境与经济社会发展研究院)

【摘 要】 《元和郡县图志》"东受降城"条下"武川城,今名黑城,后魏六镇从西第三镇,在军北三百里"之"军"并非前人普遍以为之"天德军",而当为东受降城所驻振武军,则北魏武川镇位于唐代振武军城(东受降城)北三百唐里(约合今318.6华里)。武川镇地望目前主要集中在武川县二份子古城、包头市希拉穆仁城圐圙古城两说,两城分别位于振武军城北约370华里、310华里,武川镇当即今希拉穆仁城圐圙古城。武川镇唐代别称黑[黑?]城,二份子古城唐代城名盖为"古可汗城"。武川镇当得名于"武川"或"女水",今召河。武川镇主要控扼出白道岭经黑砂碛口至漠北"阴山路",此路乃北魏隋唐辽金元明清时期漠南至漠北最主要的交通线,故武川镇在北魏六镇中交通地位最为重要。

【关键词】 武川镇 女水 东受降城 振武军 古可汗城

关于北魏武川镇地望及建置沿革,学界长期以来聚讼纷纭,迄无定论。前人对有关武川镇史料记载已基本搜罗完备,但对其地望的论述多缺乏文献依据或确凿实证,故难以达成一致定论。笔者在梳理唐代"中受降城入回鹘道""夏州塞外通大同、云中道"时,偶然自《元和郡县图志》《新唐书》中发现两则与武川城、古可汗城相关史料,可为最终确定北魏武川镇地望提供关键线索。本文拟按时间顺序对前人有关武川镇地望研究成果进行简单梳理、述评,并在前人研究基础上,对武川镇地望做一补充探讨。不当之处,敬请方家批评指正。

一、有关武川镇地望主要观点

关于北魏武川镇地望,目前尚无研究专文,前人有关武川镇地望的论述多散见于相关论著中。总体而言,前人对武川镇地望主要有下列几种观点:

1. 武川县土城梁古城

1956年,内蒙古自治区文物工作队张郁调查了大青山后五处汉魏古城遗址,其根据《绥远省调查概要》所载武川县西南古城湾或即北魏武川镇、《绥远通志采访录》所载武川县西南土城湾古城遗址殆为拓跋魏或盛唐所筑,而推断土城梁即古城湾、土城湾,乌兰不浪乡土城梁古城即北魏武川镇。①

李逸友先生以为《水经注》"芒干水又西南,径云中城北,白道中溪水注之,水发源武川北塞中,其水南流,径武川镇城。城以景明中筑,以御北狄矣"②之"芒干水"即今大黑河;"白道中溪水"并非有的学者所言乌素图沟,而当指今水磨沟,水磨沟上源为枪盘河。今希拉穆仁城圐圙古城所在地为希拉穆仁河,位于枪盘河上游正北方,如果希拉穆仁城圐圙古城为武川镇遗址,证明郦道元记载的大致方位准确,但误记于白道中溪水旁侧;希拉穆仁城圐圙古城所处地理位置重要,但是否为北魏武川镇遗址,尚待进一步证明。乌兰不浪古城为武川镇之说多年来几为定论,但二份子古城、希拉穆仁城圐圙古城调查人员均以为乌兰不浪古城非武川镇,因为乌兰不浪古城所处纬度偏南,城垣规模狭小,且发现有"富贵万岁"文字瓦当与莲瓣纹石柱础,故认定乌兰不浪古城为北魏行宫较有见地,武川镇地望不得不重新探讨。二份子古城有可能并非武川镇,而为武川镇下属的戍堡。③ 因此,乌兰不浪乡土城梁古城性质当为北魏行宫遗址。

2. 武川县东土城古城之说

1982年版《中国历史地图集》第四册"武川 御夷等镇"一图,将"武川镇"标注于武川县西约三十里今内蒙古武川县东土城乡乡政府驻地东北侧东土城古城。④《内蒙古历史沿革地图集》"北魏时期图""北魏时期中南部图""东魏西魏时期图""北齐

---

① 张郁:《内蒙古大青山后东汉北魏遗址调查记》,《考古通讯》1958年第3期。
② 郦道元:《水经注校证》,陈桥驿校证,中华书局2007年版,第79页。
③ 李逸友:《中国北方长城考述》,《内蒙古文物考古》2001年第1期。
④ 谭其骧:《中国历史地图集》第四册(东晋十六国南北朝时期),中国地图出版社1982年版,第53页。

北周时期图"亦均将"武川"标注为东土城古城。① 东土城古城属金元时期城址，平面呈长方形，东西约130米，南北约120米，② 显然并非北魏武川镇遗址。

3. 武川县二份子古城之说

1991年，乌盟文物站李兴盛、赵杰详细调查了1986年发现的武川县二份子乡古城：古城平面呈方形，东西宽690米，南北长744米，形制、规模与包头市固阳县白灵淖尔古城（怀朔镇）、四子王旗乌兰花土城子古城（抚冥镇）相近，夯层与构筑情况一致，故上述三座古城为同一时期古城。从城址规模、城内遗物来看，乌兰不浪古城（即土城梁古城，北城东西300米，南北400米，南城东西130米，东西90米）规模比怀朔镇、抚冥镇小，城内"富贵万岁"瓦当与大型覆盆式莲花柱础在已考订的北魏六镇城址中几乎见不到，且乌兰不浪古城位于山巅之上，起不到扼守交通要塞的作用，故乌兰不浪古城当并非武川镇，而可能为北魏行宫之一。《元和郡县图志》载"武川城，今名里城，后魏六镇从西第三镇，在（天德）军北三百里"，二份子古城位于天德军东北，乌兰不浪古城位于天德军正东，1唐里约合今450米，三百唐里约合270华里，此与二份子古城、天德军之间直线距离基本吻合。二份子古城位于土默川平原经白道至达尔罕草原最主要的交通孔道上，是柔然从达尔罕草原南下最近的必经之路，且为今呼和浩特至百灵庙之交通干线，因此二份子古城当即北魏武川镇。③

需要指出的是，上文"1唐里约合今450米，三百唐里约合270华里，此与二份子古城、天德军之间直线距离基本吻合"，显然有误。唐代1大里约合今531米，1小里约合今442.5米，《元和郡县图志》所载里程基本为大里。据百度地图，二份子古城实际位于天德军城东北，步行距离约410华里（直线距离约340华里），与武川城"在（天德）军北三百里"记载里程明显不符。因此，即使将《元和郡县图志》载"武川城，今名里城，后魏六镇从西第三镇，在军北三百里"之"军"理解为天德军，但根据二份子古城、天德军城之间实际里程，引文记载并不能反映或证明武川城位于二份子古城。

鲍桐（按：若干长城遗迹考察与研究民间学者集体笔名）以为土城梁古城、东土

---

① 内蒙古自治区测绘地理信息局、内蒙古自治区测绘学会编：《内蒙古历史沿革地图集》，中国地图出版社2018年版，第88、93、96、100页。
② 国家文物局：《中国文物地图集·内蒙古自治区分册》（下），西安地图出版社2003年版，第52页。
③ 乌兰察布博物馆：《武川县二份子北魏古城调查记》，载内蒙古文物考古研究所编：《内蒙古文物考古文集》，中国大百科全书出版社1994年版，第438—442页。

城古城两说都不准确,而采纳了武川镇即二份子古城之说。① 此外,学者魏坚、谌璐琳以为北魏六镇即沃野、怀朔、武川、抚冥、柔玄、怀荒,最西部沃野镇控扼狼山鸡鹿塞、高阙塞南下之路,怀荒镇扼守阴山尾闾孔道,武川镇、怀朔镇位于平城出塞北的交通要道"白道"与"椆阳道"上;关于武川镇地望,列举了前人有关武川镇地望三种主要观点:土城梁古城、二份子古城、希拉穆仁城圐圙古城,罗列了一系列前人有关三处古城调查资料,并对二份子古城说补充道"目前随着研究的广泛深入,此观点已得到广泛认可"②,却没有列举认可此说相关论著或具体理由。

需要指出的是,沃野镇并非控扼鸡鹿塞、汉高阙塞南下之路,沃野镇位于鸡鹿塞东(稍偏北)约440华里、汉高阙塞(今内蒙古乌拉特中旗石兰计沟障址)东南约245华里,沃野镇应主要控扼高阙塞、木剌山北碛口南下之路。此外,魏坚所言高阙塞位于今内蒙古乌拉特后旗那仁宝力格苏达巴图沟口之说,③ 显然有误,此说始倡者为原巴彦淖尔盟地方志办公室王治国,鲍桐、张海斌等学者早已论证高阙塞位于大巴沟说不予成立。

4. 希拉穆仁苏木城圐圙古城之说

达茂旗文物管理所、包头市文物管理处与达茂旗文物管理所先后于1986年、1996年两次调查了今希拉穆仁镇西约3公里城圐圙古城,发现较多北魏时期遗物,确认古城为北魏城址;古城位于希拉穆仁河上游召河、哈刺兀素河交汇处河洲地带,由大城、小城组成,大城平面略呈方形,东西长452米,南北宽426米,小城平面呈"日"字形,东西宽89米,南北长238米。二份子古城距阴山山脉两个重要通道石门水(昆都仑沟)、白道(蜈蚣坝)均有一定距离,地理位置并非特别重要,其为武川镇值得商榷。二份子古城可以左右呼应怀朔镇与希拉穆仁城圐圙古城,二份子古城修筑可能与《魏书·源怀列传》载正始元年(504)"(源)怀旋至恒、代,案视诸镇左右要害之地,可以筑城置戍之处,皆量其高下,揣其厚薄,及储粮积仗之宜,犬牙相救之势,凡表五十八条"有关。《水经注》对怀朔镇、武川镇位置的记载不甚准确,但可以肯定怀朔镇与石门水有关、武川镇与白道有关;怀朔镇位于石门水上游支流五金河上,控扼昆都仑沟北口;与白道相近古城,除土城梁古城之外,仅有希拉穆仁城

---

① 鲍桐:《北魏北疆几个历史地理问题的探索》,《中国历史地理论丛》1999年第3期。
② 魏坚、谌璐琳:《北魏六镇城址的考古学观察》,载魏坚、武燕主编:《北魏六镇学术研讨会论文集》,内蒙古人民出版社2015年版,第5—8页。
③ 魏坚:《河套地区战国秦汉塞防研究》,载教育部人文社会科学重点研究基地、吉林大学边疆考古研究中心编:《边疆考古研究》第6辑,科学出版社2007年版,第214—226页。

圐圙古城，其为武川镇，正好控扼白道北口。《元和郡县图志》载武川镇位于天德军北300唐里，与希拉穆仁城圐圙古城方位大致相符。希拉穆仁城圐圙古城与沃野镇（今内蒙古乌拉特前旗根子场古城）、怀朔镇所处纬度相近，且相邻两城距离均在88公里，从侧面证实了希拉穆仁城圐圙古城为武川镇的可能性。①

沃野镇、怀朔镇、二份子古城、希拉穆仁城圐圙古城所处纬度确实大致相近，怀朔镇位于沃野镇东约270华里，二份子古城、希拉穆仁城圐圙古城分别位于怀朔镇东约130华里、210华里，则怀朔镇并非位于沃野镇与二份子古城或希拉穆仁城圐圙古城中点，根据沃野镇、怀朔镇、希拉穆仁城圐圙古城相邻两城距离，难以确证希拉穆仁城圐圙古城为武川镇。

日本学者佐川英治以为《水经注》对武川镇位置记载过于简略，其位置目前有二份子古城、希拉穆仁城圐圙古城两个候补，虽然当地考古学者更倾向于后者，但作为武川镇城址似乎又规模稍小。② 在此不得不指出的是，佐川英治对武川镇乃至御夷故城等北魏军镇地望素无研究，读者并不能据二份子古城、希拉穆仁城圐圙古城两城城址规模直接判定二者孰为武川镇遗址；且其所列《北魏六镇研究文献目录》良莠不齐，而多为缺乏学术价值之论著。

此外，张文平、苗润华先生2010年调查北魏长城时，对土城梁古城、二份子古城、希拉穆仁城圐圙古城、下南滩遗址展开重新调查，或凿实前人研究，或产生新的认识，二人以为《水经注》"白道中溪水"即今蜈蚣坝一带最大溪水乌素图水，土城梁古城位于乌素图水西山上，土城梁古城南城与阿计头殿"其城圆角而不方，四门列观，城内唯台殿而已"记载相符，故土城梁古城南城当为北魏行宫阿计头殿遗址。下南滩遗址前人曾以为属古城遗址，但经调查，遗址周边没有发现城墙遗迹，下南滩遗址主体为三个东西并列的夯土高台遗迹，下南滩遗址当为北魏孝文帝阴山讲武台。今武川县、达茂旗境内，只有希拉穆仁城圐圙古城规模可与武川镇相比拟，希拉穆仁城圐圙古城位于召河上游一带，该河北魏时期原名女水，皇兴四年（470）北魏在女水大破柔然，武功威震塞外，于是水以镇名，改女水为武川；郦道元对于武川镇位于白

---

① 包头市文物管理处、达茂旗文物管理所：《达茂旗希拉穆仁苏木城圐圙古城调查记》，载《内蒙古文物考古》第二集，中国大百科全书出版社1997年版，第474—477页。
② 佐川英治：《北魏六镇史研究》，载《中国中古史研究》编委会：《中国中古史研究》第5卷，中西书局2015年版，第76—77页。

道中溪水旁侧的描述，与考古调查不符。① 之后张文平另文论证武川镇设于"女水之战"后；武川镇城位于希拉穆仁城圐圙古城最具可能性；《水经注》所载"武川镇城"可能为武川镇下属戍城，或神武郡郡治尖山县，而当位于乌素图水流域、今武川县城可可以力更镇附近。② 笔者赞同土城梁古城南城、下南滩遗址、希拉穆仁城圐圙古城分别为阿计头殿、讲武台、武川镇遗址。

5. 武川镇早期、晚期城址分别为希拉穆仁城圐圙古城、下南滩遗址之说

学者塔拉以为北魏武川镇分为早、晚二城，希拉穆仁城圐圙古城为早期武川镇城；武川镇景明年间（500—504）迁至"白道中溪水"上游一带，今下南滩遗址为晚期武川镇镇城。③ 笔者以为《水经注》武川镇城"景明中筑"记载并不准确，其并不能准确反映武川镇有早、晚二城或新、旧二城。

6. 乌兰花土城子之说

日本学者松下宪一以为今内蒙古四子王旗乌兰花镇土城子东、西二城相当于武川镇早、晚二城；希拉穆仁城圐圙古城、二份子古城为北魏时期城堡遗址。④ 然而，此说纯属主观推测，国内学界主流观点以为乌兰花镇土城子古城为北魏抚冥县遗址。乌兰花镇土城子古城位于塔布河支流乌兰花河流域，广义上其城位于女水（武川）流域，但与《元和郡县图志》武川城"在（振武）军北三百里"记载不符。

北京大学考古文博学院周杨博士简单列举了李逸友、魏坚、张文平、松下宪一、苏哲、塔拉等人有关武川镇地望观点，总结出武川镇地望主要有二份子古城（李逸友、魏坚）、希拉穆仁城圐圙古城（张文平）、先在希拉穆仁城圐圙古城后迁至下南滩（塔拉）之说，最终以为武川镇城址为松下宪一所倡乌兰花土城子古城之说，二份子古城、希拉穆仁城圐圙古城可能为早期武川镇。⑤ 需要指出的是，周杨对有关武川镇地望论著或前人成果没有认真仔细梳理，因其不明二份子古城说、希拉穆仁城圐圙古城说的真正首倡者。此外，周杨未考虑抚冥镇遗址国内学者已确定位于乌兰花土城子古城，而采纳了松下宪一武川镇为乌兰花土城子古城之错误观点，从而将武川镇地望

---

① 张文平、苗润华：《北魏长城与六镇镇戍遗址调查新识》，载魏坚、武燕主编：《北魏六镇学术研讨会论文集》，内蒙古人民出版社 2015 年版，第 81—106 页；张文平、苗润华：《长城资源调查对于北魏长城及六镇镇戍遗址的新认识》，《阴山学刊》2016 年第 6 期。
② 张文平：《北魏武川镇若干问题考辨》，《内蒙古社会科学》2022 年第 2 期。
③ 塔拉：《草原考古学文化研究》，内蒙古教育出版社 2007 年版，第 195 页。
④ 松下宪一：《试论北魏六镇地望》，载中国人民大学北方民族考古研究所、历史学院考古文博系编：《北方民族考古》第 3 辑，科学出版社 2016 年版，第 233—242 页。
⑤ 周杨：《北魏六镇防线的空间分析》，《中国国家博物馆馆刊》2007 年第 12 期。

研究较前人倒退了一大步。

综上所述，学界关于武川镇地望主要有上述六种观点：武川县土城梁古城说、东土城古城说、下南滩遗址说、四子王旗乌兰花土城子古城说均已被否定排除；土城梁古城（南城）、下南滩遗址分别为张文平与苗润华所言北魏行宫（阿计头殿）遗址、讲武台遗址，乌兰花土城子古城当为北魏抚冥镇遗址。总体而言，学界对武川镇地望已取得一系列相关可喜成果，武川镇地望目前主要集中在二份子古城、希拉穆仁城圐圙古城两说之争；但前人对武川镇位于二份子古城或希拉穆仁城圐圙古城的考订多缺乏文献依据。武川镇地望之所以长期聚讼纷纭、悬而未决，主要因前人未对《元和郡县图志》有关武川城记载进行辨析。

二、有关武川镇地望相关记载解读

1. 武川镇所处水系

《水经注》卷二"河水"条载：

> 芒干水又西南径白道南谷口，有城在右，萦带长城，背山面泽，谓之白道城。自城北出有高阪，谓之白道岭。沿路惟土穴，出泉，挹之不穷。……芒干水又西南，径云中城北，白道中溪水注之，水发源武川北塞中，其水南流，径武川镇城。城以景明中筑，以御北狄矣。其水西南流，历谷，径魏帝行宫东，世谓之阿计头殿。官城在白道岭北阜上，其城圆角而不方，四门列观，城内惟台殿而已。其水又西南历中溪，出山西南流，于云中城北，南注于芒干水。芒干水又西，塞水出怀朔镇东北芒中，南流径广德殿西山下。余以太和十八年（494），从高祖北巡，届于阴山之讲武台，台之东，有高祖《讲武碑》，碑文是中书即高聪之辞也。自台西出南上山，山无树木，惟童阜耳，即广德殿所在也。①

可见"芒干水"位于"白道城"左，当指白道城东部今小黑河或大黑河。

据《水经注》记载，白道中溪水"发源武川北塞中"，南流径武川镇城、阿计头殿，注入云中城北侧芒干水，但未载武川镇城所在"女水"，且女水流向为北流。"白道中溪水"当狭义指白道城西部今乌素图沟或水磨沟，后者可能性更大，因为水磨沟

---

① 郦道元：《水经注校证》，陈桥驿校证，中华书局2007年版，第79页。

流域更为广阔,水磨沟上源枪盘河。今枪盘河上源西北距塔布河支流布连河约 25 华里,不排除北魏时期白道中溪水、女水水域相连,以致《水经注》将武川镇城畔女水、阿计头殿旁侧白道中溪水糅合为一,而以为白道中溪水南流。

据《魏书》,武川镇位于女水之滨或女水流域;据《水经注》,武川镇城位于白道中溪水流域。结合二者记载,武川镇当位于阿计头殿(今武川县土城梁古城南城)北部白道中溪水或女水之滨。武川县二份子古城位于今巴拉干河流域,巴拉干河属艾不盖河水系,则二份子古城并非位于白道中溪水或女水之滨。因此,自《魏书》或《水经注》所载武川镇所处水系,可排除二份子古城为武川镇遗址。

2.《元和郡县图志》武川城与振武军城方位道里关系

《元和郡县图志》"天德军"条下载"沃野故城,在军城北六十里,即是后魏时六镇从西第一镇也";"东受降城"条下载"武川城,今名里城,后魏六镇从西第三镇,在军北三百里。自北出石门障即光禄城,右入匈奴大路。光禄城东北有怀朔古城,其城即后魏六镇从西第二镇,在今中城界向北化栅侧近也",《元和郡县图志》点校者对后一引文注曰:

> 《考证》:"武川城"、"光禄城",此二条文义未析,语多凌躐。《通鉴地理统释》引此云"沃野故城在天德军城北六十里,即后魏六镇从西第一镇也。自北出石门障即光禄城,城东北有怀朔古城,即后魏六镇从西第二镇也。武川城,今名里城,后魏六镇从西第三镇,在军北二(笔者按:当作"三")百里"云云,近似原文。传抄错乱,宜改正。①

在此,需要指出的是,今本《元和郡县图志》对北魏六镇从西第一、第二、第三镇记载明显存在错简现象,笔者以为"沃野故城"确实当附于"天德军"条下,沃野镇"在(天德)军城北六十里",沃野镇位于今乌拉特前旗苏独仑镇根子场古城,与沃野镇"在(天德)军城北六十里"里程、方位吻合。"怀朔古城"不当附于"东受降城"条下,而应附于"中受降城"条下,因为"自北出石门障即光禄城"之"石门障"位于中受降城正北,而并非东受降城正北。"自(中受降城)北出石门障即光禄城,城东北有怀朔古城"文意为自中受降城北出石门障即光禄城,光禄城城东北有怀朔古城,怀朔古城即今包头市固阳县白灵淖乡城圐圙村怀朔镇。怀朔古城"在今中城

---

① 李吉甫:《元和郡县图志》卷 4《关内道四》,贺次君点校,中华书局 1983 年版,第 115、128 页。

界向北化栅侧近也"当校正为"在中城界北向化栅侧近也","向化栅"盖即《新唐书·地理志》"中受降城正北如东八十里有呼延谷,谷南口有呼延栅,谷北口有归唐栅,车道也,入回鹘使所经"之"归唐栅"。

"武川城"确实当附于"东受降城"条下,但武川城"在军北三百里"(约合今318.6华里,唐代1大里约合今531米)之"军"并非前人普遍以为之"天德军",而当指东受降城所曾屯驻振武军(后迁驻单于都护府)。因为二份子古城位于天德军城东北约410华里,希拉穆仁城圐圙古城位于天德军城东北约500华里,与前人所言二份子古城或希拉穆仁城圐圙古城位于天德军北三百里均明显不符。自天德军东北经今大佘太镇、小佘太镇、西斗铺镇至北魏怀朔镇约300华里(约合282唐里),自天德军东经明安镇、固阳县城至北魏怀朔镇约320华里(约300唐里),则天德军东北300唐里之城勉强可视为怀朔镇;而天德军西180唐里为西受降城,天德军东北200唐里为横塞军城(今内蒙古乌拉特中旗新忽热古城)。

《元和郡县图志》载单于都护府下辖金河县,"金河县,中。郭下。天宝四年(745)置。初,景龙二年(708),张仁愿于今东受降城置振武军。天宝四年,节度使王忠嗣移于此城内,置县曰金河,即后魏什翼犍所都盛乐之地"[①],可知振武军原驻东受降城,天宝四年迁驻东受降城东北120里单于都护府(治定襄城,今内蒙古和林格尔县土城子古城),并附郭置金河县。虽然《元和郡县图志》成书于元和八年(813),但所载武川城"在军北三百里"之"振武军"当指其旧驻地东受降城,因为武川城附于"东受降城"条下,并非"单于都护府"条下。因此,武川城"在军北三百里"之"军"不可以理解为天德军,天德军北300唐里之城显然并非武川城;武川城"在军北三百里",所言乃武川城位于东受降城所驻振武军北300唐里。

北魏沃野故城、怀朔古城、武川城分别位于(或邻近)唐代天德军、中受降城、东受降城境内,三者依次从西到东排列,因而分别称北魏六镇从西第一、第二、第三镇;据三者方位顺序,武川镇当位于怀朔镇东、抚冥镇西。上文太和十八年(494)魏高祖依次巡幸怀朔镇、武川镇、抚冥镇、柔玄镇之事,亦反映武川镇位于怀朔镇东、抚冥镇西。怀朔镇东、抚冥镇西现存北魏古城遗址主要有二份子古城、希拉穆仁城圐圙古城两处。据百度地图可测,自振武军驻地东受降城经白道岭至二份子古城全程约370华里(不路经希拉穆仁城圐圙古城),自东受降城经白道岭至希拉穆仁城圐圙古城全程约310华里。考虑到道路迂回曲折等因素,希拉穆仁城圐圙古城实际当位

---

① 李吉甫:《元和郡县图志》卷4《关内道四》,贺次君点校,中华书局1983年版,第108页。

于振武军驻地东受降城北300唐里，而与武川城"在（振武）军北三百里"记载相符，因此，东受降城所驻振武军北300唐里武川城，当即今达尔罕茂明安联合旗希拉穆仁城圐圙古城，而并非武川县二份子古城。

此外，《中国历史地图集》所标注"武川镇"之今武川县东土城乡东土城城址位于东受降城北部约265华里，四子王旗乌兰花土城子位于东受降城北部约350华里，与《元和郡县图志》所载武川城"在（振武）军北三百里"里程均不相符。

总之，《元和郡县图志》"东受降城"条下"武川城，今名里城，后魏六镇从西第三镇，在（振武）军北三百里"之"军"，当理解为东受降城所驻振武军，根据引文所反映武川镇与振武军城（东受降城）方位道里关系，可确定武川镇位于振武军城北三百唐里，今希拉穆仁城圐圙古城。

假设武川镇城有早、晚二城，《元和郡县图志》"东受降城"条下"武川城"显然当为晚期武川镇城。郦道元言"余以太和十八年，从高祖北巡，届于阴山之讲武台"，史载当年"八月癸卯（初一），皇太子朝于行宫（阿计头殿宫城）。甲辰（初二），行幸阴山（祭坛遗址处），观云川。丁未（初五），幸阅武台（即讲武台，今下南滩遗址），临观讲武。癸丑（十一日），幸怀朔镇。己未（十七日），幸武川镇。辛酉（十九日），幸抚冥镇。甲子（二十一日），幸柔玄镇。乙丑（二十二日），南还"①。因此，太和十八年（494）郦道元当扈行讲武台、武川镇，此与其《水经注》武川镇城"城以景明中筑"记载自相矛盾。笔者以为武川镇城"城以景明中筑"记载不足为据，并不存在武川镇城一位于希拉穆仁城圐圙古城，一位于白道中溪水上游今武川县城可可以力更镇附近的可能。因为武川镇至迟太和十八年时已经修筑，假设此武川镇为早期武川镇，而位于女水之滨今希拉穆仁城圐圙古城；景明年间所筑晚期武川镇位于白道中溪水今武川县城可可以力更镇附近，则《元和郡县图志》不可能记载早期武川城位于希拉穆仁城圐圙古城。因此，北魏武川镇当仅有一处。《周书·杨忠传》载"高祖元寿，魏初，为武川镇司马，因家于神武树颓焉"，暗示武川镇城后改为神武郡树颓县。因此，希拉穆仁城圐圙古城当为武川镇、神武郡树颓县遗址。

3. 武川镇得名与所控扼交通路线

《魏书·蠕蠕传》载：

皇兴四年（470），予成犯塞，车驾北讨。京兆王子推、东阳公元丕督诸军出

---

① 魏收：《魏书》卷7《高祖本纪下》，中华书局2017年版，第207页。

西道，任城王云等督军出东道，汝阴王赐、济南公罗乌拔督军为前锋，陇西王源贺督诸军为后继。诸将会车驾于女水之滨，显祖亲誓众，诏诸将曰："用兵在奇不在众也，卿等为朕力战，方略已在朕心。"乃选精兵五千人挑战，多设奇兵以惑之。虏众奔溃，逐北三十余里，斩首五万级，降者万余人，戎马器械不可称计。旬有九日，往返六千余里，改女水曰武川，遂作《北征颂》，刊石纪功。①

关于其时"改女水曰武川"之"女水"，鲍桐以为乃蒙古国土拉河支流喀鲁喀河，"旬有九日，往返六千余里"说明女水与平城的距离约为三千里；胡三省所曰"改女水曰武川"之"武川"为武川镇显然有误。②

然而，《魏书·高允传》载"皇兴中，诏（高）允兼太常，至兖州祭孔子庙，谓允曰：'此简德而行，勿有辞也。'后允从显祖北伐，大捷而还，至武川镇，上《北伐颂》"③，"北伐颂"即"北征颂"，"武川镇"当即"改女水曰武川"之"武川"。因此，"改女水曰武川"之"女水"显然并非为漠北喀鲁喀河，而当为张文平、苗润华所言武川镇希拉穆仁城圐圙古城附近之召河。确定"女水"改称"武川"之事，可知"武川镇"之"武川"得名于皇兴四年北魏北伐柔然凯旋班师至女水之滨后。

此外，《魏书·蠕蠕传》"虏众奔溃，逐北三十余里，斩首五万级，降者万余人，戎马器械不可称计。旬有九日，往返六千余里，改女水曰武川"，"逐北三十余里""往返六千余里"似乎前后对仗，"三十"很可能当为"三千"之误。因此，皇兴四年很可能并不存在前人所言"女水之战"，其时女水为北魏大军会师与班师地点，当年北魏与柔然交战地点应位于北魏都城（或女水）北约三千里柔然境内。

《魏书·蠕蠕传》"车驾北讨。京兆王子推、东阳公元丕督诸军出西道，任城王云等督军出东道，汝阴王赐、济南公罗乌拔督军为前锋，陇西王源贺督诸军为后继。诸将会车驾于女水之滨"，反映其后武川镇城位于"女水之滨"，且"女水之滨"武川镇乃皇兴四年秋九月显祖献文帝"中道"大军集合之地。虽然《魏书》武川镇位于"女水之滨"记载与《水经注》武川镇城位于"白道中溪水"河畔矛盾，需要承认《水经注》此记载可证武川镇位于白道岭北。白道岭北部地区北魏古城遗址由南至北依次为土城梁古城南城（阿计头殿）、希拉穆仁城圐圙古城、乌兰花土城子古城（抚冥镇）、

---

① 魏收：《魏书》卷103《蠕蠕传》，中华书局2017年版，第2493—2494页。
② 鲍桐：《北魏北疆几个历史地理问题的探索》，《中国历史地理论丛》1999年第3期。
③ 魏收：《魏书》卷48《高允传》，中华书局2017年版，第1195页。

二份子古城，此亦证武川镇位于希拉穆仁城圐圙古城。

《旧唐书·李勣传》载"贞观三年，（李勣）为通汉〔漠〕道行军总管，至云中，与突厥颉利可汗兵会，大战于白道"；① 贞观十五年（641）十一月"癸酉，薛延陀以同罗、仆骨、回纥、靺鞨、霫之众度漠，屯于白道川。命营州都督张俭统所部兵压其东境；兵部尚书李勣为朔方行军总管，右卫大将军李大亮为灵州道行军总管，凉州都督李袭誉为凉州道行军总管，分道以御之。十二月戊子朔，至自洛阳宫。甲辰，李勣及薛延陀战于诺真水，大破之"，② 可推知北魏与唐代时期自云中城北经白道城、白道岭（或白道川）、武川镇可至诺真水。此外，《太白阴经》卷3《杂仪类·关塞四夷篇》"黄河北道"条载"道历阴山、牟那山（今内蒙古乌拉特前旗乌拉山）、龙门山、牛头山、铁勒山、北庭山、真檀山、木剌山、诺真山，涉黑沙，入十部落三窟故居地"，"诺真山"当位于诺真水之今艾不盖河流域，"黑沙"当指《元和郡县图志》单于大都护府"北至黑砂碛口七百里"③ 之"黑砂碛口"，亦即《元和郡县图志》东受降城"北至碛口八百里"④ 之碛口。因东受降城北至单于大都护府一百二十唐里，故东受降城"北至碛口八百里"之"八百里"为约数，实际为820唐里。

上文已言振武军驻地东受降城北至武川镇城300唐里，则武川镇北至黑砂碛口520唐里，武川镇主要职能为"御北夷"，其城当主要控扼唐代出白道岭、诺真水经黑砂碛口至漠北之"阴山道"，唐代时期此路线当沿袭北魏时期。

三、二份子古城唐代称呼

《新唐书·地理志》载有贾耽所言边州"入四夷之路与关戍走集最要者七"，"三曰夏州塞外通大同、云中道"：

> 夏州（今陕西省靖边县白城子统万城遗址）北渡乌水，经贺麟泽、拔利干泽，过沙，次内横刬、沃野泊、长泽、白城，百二十里至可朱浑水源。……今大同城（即天德军城）故永济栅也。北经大泊，十七里至金河。又经故后魏沃野镇城，傍金河，过古长城，九十二里至吐俱麟川。傍水行，经破落汗山、贺悦泉，

---

① 刘昫等：《旧唐书》卷67《李勣传》，中华书局1975年版，第2485页。
② 刘昫等：《旧唐书》卷3《太宗本纪下》，中华书局1975年版，第53页。
③ 李吉甫：《元和郡县图志》卷4《关内道四》，贺次君点校，中华书局1983年版，第108页。
④ 同上书，第115页。

百三十一里至步越多山。又东北二十里至缅特泉。又东六十里至贺人山，山西碛口有诘特犍泊。吐俱麟川水西有城，城东南经拔厥那山，二百三十里（约合今244华里）至帝割达城。又东北至诺真水汊。又东南百八十七里（约合今199华里），经古可汗城至咸泽。又东南经乌咄谷，二百七里（约合今220华里）至古云中城（今内蒙古托克托县古城乡古城村城址）。又西五十五里有绥远城。皆灵、夏以北蕃落所居。①

上述引文"吐俱麟川"后所载为两路，"傍水行，经破落汗山、贺悦泉，百三十一里至步越多山。又东北二十里至缅特泉。又东六十里至贺人山，山西碛口有诘特犍泊"，乃东北行之路；吐俱麟川东南经拔厥那山、帝割达城、古可汗城、咸泽、乌咄谷至古云中城，乃东南行之路。北魏沃野镇北部古城遗址主要有二：一为摩楞河东岸新忽热古城（唐代横塞军驻地可敦城），一为海流图河及其支流乌兰额日格音高勒东岸德岭山古城。德岭山古城位于摩楞河西，疑"吐俱麟川"即今摩楞河，"吐俱麟川水西有城"之"城"即今德岭山古城，其城东南230唐里"帝割达城"即德岭山古城东南约240华里今乌拉特前旗小佘太镇增隆昌古城。"诺真水"即今艾不盖河，诺真水汊经古可汗城至咸泽全程187里，咸泽经乌咄谷全程207里至古云中城，则古可汗城位于诺真水汊东南187里之内、古云中城西北207里之外。

登国六年（391）秋七月，"卫辰遣子直力鞮出椆杨塞，侵及黑城"②；严耕望先生以为《元和郡县图志》"武川城，今名里城，后魏六镇从西第三镇，在军北三百里"之"里城"为"黑城"之讹，武川镇前身为"黑城"。③ 笔者以为"里城"之"里"确实有可能为"黑"形近之误，但未必为直力鞮所侵掠"黑城"，因为北魏登国三年（388）冬十二月至次年春二月期间，始讨平女水解如部、叱突邻部（一作吐突邻部），登国六年七月时女水未必存在一座（汉代）"黑城"。

希拉穆仁城圐圙古城位于诺真水汊东南187里之外、古云中城西北207里之外，且上文已考希拉穆仁城圐圙古城为北魏武川镇，其唐代别称为"里（黑？）城"。诺真水汊东南187里之内、古云中城西北207里之外这一区域范围内古城遗址仅有二份子古城一处，则二份子古城唐代城名当为"古可汗城"。古可汗城盖得名于某可汗在位

---

① 欧阳修、宋祁：《新唐书》卷43《地理志七》，中华书局1975年版，第1147—1148页。
② 魏收：《魏书》卷2《太祖本纪》，中华书局2017年版，第27页。
③ 严耕望：《唐代交通图考》第二卷，上海古籍出版社2007年版，第611页。

期间或在位之前曾驻于其城,甚至不排除其城即突厥阿史那骨笃禄永淳元年(682)十二月所屯驻"黑沙城"。

四、结语

前人有关武川镇地望主要有六种观点,主要集中在二份子古城、希拉穆仁城圐圙古城之争。包头市文物管理处与达茂旗文物管理所、张文平与苗润华所言武川镇位于希拉穆仁城圐圙古城之说,准确可从。《元和郡县图志》"东受降城"条下所载"武川城,今名里城,后魏六镇从西第三镇,在军北三百里"为确定武川镇地望最为权威记载,即使笔者未实地考察二份子古城、希拉穆仁城圐圙古城,据此记载可直接确定武川镇位于振武军北三百唐里,"在军北三百里"之"军"并非前人所普遍以为之天德军。前人长期不明武川镇地望,主要因未准确解读《元和郡县图志》"在军北三百里"之"军"。北魏武川镇得名于"武川"(即女水),唐代别称里〔黑?〕城;二份子古城唐代称呼盖为"古可汗城"。

神䴥二年(429)冬十月,"列置新民于漠南,东至濡源,西暨五原、阴山,竟三千里。诏司徒平阳王长孙翰、尚书令刘洁、左仆射安原、侍中古弼镇抚之"[1];延和"三年(434)春正月乙未,车驾次于女水,大飨群臣,班赐各有差"[2]。因此,武川镇城修筑之前神䴥二年,北魏可能已驻军女水之滨。魏太武帝拓跋焘延和三年正月(出阴山白道岭)巡幸女水,当因其地为军事要地,武川镇控扼柔然经(唐代)黑砂碛口、诺真水南下白道岭之"阴山路"。北魏六镇从西第一、第二、第三镇所控扼道路,与唐代朔方道三受降城通往漠北道路大致相当,沃野镇主要控扼高阙戍与鹈鹕泉北碛口(此路即唐代回鹘西路),怀朔镇主要控扼木剌山北碛口(中受降城北五百里碛口,此路即唐代回鹘东路),武川镇主要控扼黑砂碛口(此路当即唐代参天可汗道)。唐代朔方道三受降城城址选择,显然充分借鉴并延续了北魏六镇从西第一、第二、第三镇各自所控扼交通路线。北魏至隋唐辽金元明清,出白道岭经黑砂碛口至漠北之路长期为漠南至漠北最主要交通线,因而武川镇可谓北魏防范柔然六镇中交通地位最为重要之军镇。

---

[1] 魏收:《魏书》卷4《世祖本纪上》,中华书局2017年版,第88页。
[2] 同上书,第97页。

大唐西市博物馆藏《回鹘米副使墓志》墓主摩尼教身份再考
——兼论粟特人、摩尼教与唐回关系[*]

孟佩君

(兰州大学敦煌学研究所)

【摘　要】　本文通过对西安出土的大唐西市博物馆藏唐代《回鹘米副使墓志》的再考释，确定了墓主米副使的身份为以摩尼教听者身份担任回鹘使臣出使唐朝的粟特人，并通过对其身份的解读，厘清了粟特人如何利用摩尼教参与唐朝中央政权与回鹘之间的交际事务，并借机扩展商业版图。在回鹘势力强盛时期，唐政府迫于回鹘方面的压力接受了回鹘传播摩尼教的要求，助长了境内胡商之势；但在回鹘衰落后，唐政府即对摩尼教实行驱逐和禁断。回鹘米副使的多重身份见证了公元八、九世纪之交东亚大陆上的政治多元格局，以及丝绸之路沿线政治、经济与文化，尤其是宗教的大交流、大繁荣局面。

【关键词】　回鹘米副使墓志　摩尼教　回鹘　粟特　唐回关系

一、墓志概况与录文

关于粟特人和摩尼教与唐回关系之间的种种问题，前辈学者早有谈及。大唐西市博物馆藏的一方墓志《回鹘米副使墓志》或许能为讨论这一问题提供一些新的线索。

---

[*] 本文系国家社会科学基金重大招标项目"海外藏回鹘文献整理与研究"(20&ZD211)和兰州大学战略发展专项项目"中央高校基本科研业务费专项资金"(2023jbkyzx017)的阶段性成果。

杨富学在文章《大唐西市博物馆藏〈回鹘米副侯墓志〉考释》①中谈到他曾对西安出土的这一方回鹘人墓志进行了细致考察。在文章中，杨富学对该墓志的保存情况进行了描述并给出了录文，最初识读的墓志首题为《唐故回鹘云麾将军试左金吾卫大将军米副侯墓志记》，后在《儒家孝道思想在回鹘中的流播与影响》一文中，他提出，"侯"字应为"使"字之误，改之。②其后，在氏著《北国石刻与华夷史迹》中，收录了《大唐西市博物馆藏〈回鹘米副使墓志〉考释》③一文的修订版，其对录文作出了一些订正，并提供了墓志拓片。该志石为正方形，边长为48厘米，全文18行，满行19字，共323字。④志石保存较为完好，文字大部分可以看清，右下角与左下角略有缺损。

录文⑤如下：（漫漶不可识别的字，每字标"□"，通假或猜测的字在括号中标出）

1. 唐故回鹘云麾将军试左金吾卫大将军米副使⑥

2. 墓志记

3. 盖闻四海枯渴之想，日月有盈亏之时，五山尚有

4. 崩摧，人命刹那，焉能久住？光同尘内，花出淤泥。处

5. 俗流时，依师暮（慕）道，是我清净光明大师之也。净惠

6. 严洁，虚堂听而不掇，是我大哉之严师也。唯米公年

---

① 杨富学：《大唐西市博物馆藏〈回鹘米副侯墓志〉考释》，《民族研究》2015年第2期。
② 杨富学、张海娟：《儒家孝道思想在回鹘中的流播与影响》，《内蒙古社会科学（汉文版）》2017年第5期。另有王玉萍《新刊墓志所见唐回鹘关系二题》一文，亦据此墓志讨论唐回关系和回鹘人受汉文化影响而形成的儒家孝道观念，见《河西学院学报》2016年第6期。
③ 杨富学：《大唐西市博物馆藏〈回鹘米副使墓志〉考释》，载氏著：《北国石刻与华夷史迹》，光明日报出版社2020年版，第76—87页。
④ 杨富学作321字，经笔者重新计数，应为323字。亦见杨富学：《大唐西市博物馆藏〈回鹘米副使墓志〉考释》一文。
⑤ 录文内容主要依据杨富学《大唐西市博物馆藏〈回鹘米副使墓志〉考释》一文。笔者于2023年2月18日前往大唐西市博物馆对志石进行考察，对录文中个别字进行了改订。
⑥ 经考察笔者认同杨富学把"侯"字修正为"使"字。图1 "米副使"放大图，由笔者在大唐西市博物馆允许下拍摄并使用，无版权问题。

7. 七十有三，住于唐国，奉于 诏命，遂和而相滋。一①
8. 从远蕃，质于信息。身虽蕃目，内典是常。闾里之间，
9. 敬奉如严师也。内外传则，共守典章，规门斋②仪，示
10. 以训而不暇。四息二女，传孝道于盈街，处众推管，
11. 赞能好述，满路长月，诚次月晏，进直推亮。居家侍
12. 奉，曾参之不及；女事罗门，街公贵之不失。苍旻何
13. 负，忽降疾兮，寻师百度，恁（荏）苒难愈，转归宇。是日也，
14. 择兆良晨，安于邦国，迁布政乡静安里，庚土上
15. 地，施设千功，鸣沙氏之对棺，连玉堂而杳寘，握于
16. 丈余，广施妙矣。亲戚同悲。长庆癸卯十二月十六
17. 日。奉敕京兆府长安、万年两县，官供棺儭、輗□（车），
18. 设馔列于街，给仰街事，女（安）能不嗟兮？故隽（镌）记矣。

根据墓志题名"唐故回鹘云麾将军试左金吾卫大将军米副使墓志记"可见该墓志主人米副使的身份是回鹘人；从其姓氏可以推测其族属应是粟特人，志文中提到他"身虽蕃目"也可印证；志文中写到他"质于信息"，可见他应该是出质唐朝，因此留居于唐：这三点与杨富学所说无异。此外，还可从墓志中发现，墓主有明显的宗教信仰："是我清净光明大师之也。净惠严洁，虚堂听而不掇，是我大哉之严师也。"经杨富学考证，他所信仰的应该正是当时流行于漠北回鹘汗国的摩尼教。且根据对"清净光明"等表述的考证，杨富学认为，米副使是一位出使唐朝的回鹘摩尼教的法师和高僧。

---

① 杨富学对该字存疑，经笔者考察，认为该字应为"一"字。 图 2 "一"放大图，由笔者拍摄。

② 杨富学作"肃"字，经笔者考察，认为该字应为"斋"字，也许与摩尼教的斋节有关。图 3 "斋仪"放大图，由笔者拍摄。

但仔细考察墓志内容，笔者发现米副使的生平事迹中存在着几处明显违背摩尼教教规的地方，这使得笔者对米副使的身份产生了较大的疑问，下文试分析之。

二、米副使的身份：以摩尼教听者身份担任回鹘使臣出使唐朝的粟特人

首先，关于米副使的婚育问题，墓志中虽然有提及"清净光明大师""严师"这样的宗教用词，似乎是在暗示米副使的出家信徒"选民"身份，但志文中也提到他有"四息二女"，摩尼教有着严格的禁欲教规，若他真是摩尼僧，为什么会有婚姻生活呢？

对性、婚姻、繁衍等行为，摩尼教的教义中有着明确的反对观念，这与摩尼教的世界观密切相关。摩尼教认为，人的肉身是暗魔所造的牢笼，人的灵魂则是被囚禁的光明。若人进行交配然后繁衍，就会令作为牢笼的肉身继续繁衍，并继续囚禁明性，因此摩尼教的选民是禁欲的。①

对于摩尼教来说，禁欲是出家的选民必须遵守的教规，是否禁欲也是一个人能否成为选民的重要标准。汉文摩尼教文献《摩尼教残经》中便有提到摩尼教选民应不近色欲：

> 若有清净电那勿等内怀俱明性者，当知是师有五记验：一者拔秽心，不令贪欲，使己明性，常得自在；能于女人处作虚假想，不为诸色之所留难，如鸟高飞，不殉罗网。②

吐鲁番地区出土的中古波斯文文书 M8251R 中也明确写到了摩尼教出家选民和在家听者之间的区别之一就是在于是否禁欲：

> 在戒律和行为方面他们（听者）仍然比较低下；因为他们出于尘世活动、贪

---

① 对摩尼教世界观的阐述可参见敦煌莫高窟出土汉文摩尼教文书《摩尼教残经》，编号为 BD00256，图版见任继愈主编：《国家图书馆藏敦煌遗书》第 4 册，北京图书馆出版社 2005 年版，第 357 页上—366 页下。录文参见芮传明：《〈摩尼教残经〉校释》，载氏著：《摩尼教敦煌吐鲁番文书译释与研究》，兰州大学出版社 2014 年版，第 5—8 页。另可参见马小鹤：《光明的使者——摩尼与摩尼教》，兰州大学出版社 2013 年版，第 45—52 页。
② 参见芮传明：《〈摩尼教残经〉校释》，载氏著：《摩尼教敦煌吐鲁番文书译释与研究》，兰州大学出版社 2014 年版，第 20 页。

婪、男女之欲壑怀孕生殖的缧绁之中……听者比纯善人（选民）低下……这是因为他们没有像纯善人一样完全摒弃尘世及其邪恶。纯善人摒弃了尘世及其贪婪，通过对神性的追求变得完美。①

由此出发，米副使结婚生子的行为就非常不符合摩尼教的观念，他即便是摩尼教信仰者，应该也无法成为出家的选民，只能成为在家的听者。

在生活方面，除了禁欲，米副使还违背了摩尼教选民不得别居的教规。《摩尼教残经》中提道：

> 若有清净电那勿等内怀齐心性者，当知是师有五记验：一者法主、慕阇、拂多诞等所教智惠、善巧、方便、威仪进止，一一依行，不敢改换，不专己见。二者常乐和合，与众同住，不愿别居，各兴异计。②

根据《僧史略》的记载，长安在大历三年（768）便置摩尼教寺院"大云光明寺"③，直到唐武宗时，长安的摩尼寺才遭禁断④，因此若米副使是摩尼教高僧，他本该居住在长安的摩尼寺内，但他却住在坊里之间的私宅之中。摩尼僧作为一国使者出使别国，一是为了巩固两国邦交，二是为了传播宗教，米副使种种违背教规、贪图世俗享乐的举动对摩尼教的形象应该会造成很大的负面影响。尤其在当时的唐朝，佛教盛行，本就对摩尼教等外来异教多有排斥，摩尼教僧侣应该更谨言慎行才对，米副使为何长期与家人子女居住在私宅之中呢？

---

① 原文录文参见 M. Boyce, *A Reader in Manichacan Middle Persian and Parthian*, Acta Iranica 9, Leiden, 1975, pp. 55-56. 翻译见马小鹤：《光明的使者——摩尼与摩尼教》，兰州大学出版社 2013 年版，第 234—235 页。
② 参见芮传明：《〈摩尼教残经〉校释》，载氏著：《摩尼教敦煌吐鲁番文书译释与研究》，兰州大学出版社 2014 年版，第 19 页。
③ 赞宁：《大宋僧史略校注》卷下之五十五"大秦末尼"条，富世平点校，中华书局 2015 年版，第 217 页。
④《旧唐书·武宗纪》："回纥既以破灭……应在京外宅及东都修功德回纥，并勒冠带，各配诸道收管。其回纥及摩尼寺庄宅、钱物等，并委功德使与御史台及京兆府各差官点检收抽，不得容诸色人影占。" 刘昫等：《旧唐书》卷 18 上《武宗纪》，中华书局 1975 年版，第 594 页。《大宋僧史略·大秦末尼》："武宗会昌三年（843），勒天下摩尼寺并废入宫，京城女摩尼七十二人死，及在此国回纥诸摩尼等配流诸道，死者大半。"赞宁：《大宋僧史略校注》卷下之五十五"大秦末尼"条，富世平点校，中华书局 2015 年版，第 217 页。

关于米副使的私宅所在，根据墓志或可做出简单推测。从墓志中看，米副使葬于"布政乡静安里"，布政乡在长安城西的开远门外①，开远门是离西市最近的一个城门。葛承雍根据《长安志》与《续高僧传》及《金石续编》等文献的记载，以及1965年在天子峪国清寺（唐至相寺旧址）附近残塔发现的贞观以后白瓷骨灰钵中的小银盒内，装有六枚波斯萨珊朝库思老二世（590—628年在位）银币和一枚萨珊朝布纶女皇（630—631年在位）银币推测，《长安志》记载的长安怀远坊中的光明寺很有可能就是摩尼教寺院。②怀远坊就在西市正南，因此米副使的居住地应该亦不出西市周边的坊里，最有可能靠近怀远坊。西市本就为胡人聚集地，长安城中的祆祠大都在西市附近③，唐太宗敕建的大秦寺亦在距离西市不远的义宁坊，西安碑林所藏的《米继芬墓志》的墓主为米国质子，其子为景僧，其住所就在与义宁坊斜角相邻的醴泉坊。④

其次，摩尼教选民有不事俗务"唯使听人，勿畜奴婢及六畜等非法之具"⑤的教规，因此米副使所拥有的世俗身份似乎也不符合他摩尼教高僧的身份。从志文中可以看出，他被回鹘派往唐廷为质。质子制度是中原王朝维系与周边各民族政权关系的一项重要制度，此制由来已久，可上溯至秦汉时期。唐代的质子主要为周边各邦王室、君长、酋长子弟，入质后，在京中担任宿卫之职。《唐会要》卷七一《十二卫》载：

> 初，显庆三年（658），以四夷君长来朝者多，乃置怀德归化将军以授之，仍隶诸卫。至是，上以降附者名位有差，故增置中郎将以下员。⑥

《资治通鉴》亦载贞观时温彦博对安置突厥的议论：

---

① 杜文玉：《唐长安县、万年县乡里补考》，载氏著：《中国中古政治与社会史论稿》，三秦出版社2010年版，第310页。
② 葛承雍：《两京摩尼教寺院探查》，载氏著：《胡汉中国与外来文明：宗教卷·番僧入华来》，生活·读书·新知三联书店2020年版，第115—128页。
③ 长安祆祠位于布政、醴泉、普宁、崇化、靖恭五坊中，除靖恭坊，其余皆在西市四周。参见向达：《唐代长安与西域文明》，重庆出版社2009年版，第98页。长安城坊市布局参见徐松：《增订两京城坊考（修订版）》，李健超增订，三秦出版社2006年版，第17页。
④ 参见葛承雍：《唐代长安一个粟特家庭的景教信仰》，《历史研究》2001年第3期。
⑤ 语出敦煌莫高窟所出汉文摩尼教文书《摩尼光佛教法仪略》，编号为P.3884，图版见上海古籍出版社、法国国家图书馆编：《法藏敦煌西域文献》，上海古籍出版社2003年版，第86页下。录文参见芮传明：《〈摩尼光佛教法仪略〉校释》，载氏著：《摩尼教敦煌吐鲁番文书译释与研究》，兰州大学出版社2014年版，第52页。
⑥ 王溥：《唐会要》卷71《十二卫》，上海古籍出版社2006年版，第1524页。

若救其死亡，授以生业，教之礼义，数年之后，悉为吾民。选其酋长，使入宿卫，畏威怀德，何后患之有。①

从米副使所任之职"回鹘云麾将军试左金吾卫大将军"便更能证实他的质子身份。摩尼教选民受供养于听者，并不从事世俗社会中的生产活动，又怎么会担任唐廷的官职呢？对于有出家和世俗之分的宗教来说，出家便指脱离世俗体系，进入到另一个纯粹的宗教体系之中，类比佛教的高僧，朝廷即便有所封赐，也应在宗教体系之内。且《摩尼光佛教法仪略》中还明确要求僧徒要居住在一起："右置五堂，法众共居住，精修善业，不得别立私室厨库。"② 因此笔者认为，摩尼僧来唐朝后若要久居，理应安置在长安的摩尼寺中，从事宗教事务，而不是像米副使这样住于私宅之中并在朝为官。

且米副使的名字本身也能说明一些问题：他名为"副使"，但这应该并非其本名，而是官号，或者是以官号取了一个汉文名，说明他是以副使的身份代表回鹘出使唐朝，地位仅次于正使，是非常正式的使臣。回鹘摩尼僧来朝在两唐书中虽然有载，但并没有见到其担任正式使臣的记载，大多情况下是作为使团中的陪同人员，如《佛祖统记》中便明确提道："元和元年（806），回纥遣使同摩尼伪人来朝。"③《旧唐书·回纥传》中亦有载："长庆元年（821）……五月，回鹘宰相、都督、公主、摩尼等五百七十三人入朝，迎公主，于鸿胪寺安置。"④ 使团成员和使臣是有明确区别的，汉文史籍中多次提到各国包括回鹘来使的具体名字和官职，但对于摩尼僧从来只以"摩尼"二字代替，没有提到过他们任何一个人的姓名和职务，足以说明摩尼僧并不是使团中领头的正、副使。

像米副使一样以官号为名的在华粟特人还有一例，是同样出土于西安的《唐故米国大首领米公墓志铭并序》的墓主米萨宝："公讳萨宝，米国人也。"⑤ 在唐朝，"萨宝"⑥

---

① 司马光编撰：《资治通鉴》卷193《唐纪九》，"贞观四年夏三月"条，中华书局2011年版，第6188页。
② 参见芮传明：《〈摩尼光佛教法仪略〉校释》，载《敦煌吐鲁番摩尼教文书释译与研究》，兰州大学出版社2014年版，第52页。
③ 志磬：《佛祖统记校注》下，卷42，释道法校注，上海古籍出版社2012年版，第968页。
④ 刘昫等：《旧唐书》卷195《回纥传》，中华书局1975年版，第5211页。
⑤ 向达：《唐代长安与西域文明》，重庆出版社2009年版，第126—129页。
⑥ "萨宝"，粟特语 s'rtp'w，来自梵语 sārthavāha，意为商队首领，参见《古代回鹘语简明词典》，Wilkens J, zu Göttingen A W. *Handwörterbuch des Altuigurischen, Altuigurisch-Deutsch-Türkisch*, Universitätsverlag Göttingen, 2021, pp. 587–588。

是与祆教有关的官号应无异议。① 对比他的名字，米副使的名字也许就更能说明他最重要的身份就是他作为副使的政治身份。粟特人作为回鹘的使者出使唐朝并不少见，《旧唐书》中便记载了一例粟特人作为回鹘使者入唐的情况："遣散支将军康赤心等随休来朝，休竟不得见其可汗。寻遣赤心等归，与之帛十万匹、金银十万两，偿其马直。"② 此外，白居易所著《与回鹘可汗书》也提到一位和米副使一样信奉摩尼教的来自回鹘的粟特人："所令帝德将军安庆云，供养师僧，请住外宅。"③

再次，关于墓志中提到的米副使一家的忠孝言行，也有违摩尼教的观念。虽然志文中有提到"净惠严洁，虚堂听而不掇"，似乎是在说他传教布道之事，但下文又说"身虽蕃目，内典是常"，这个"内"应该是与"蕃"相对，指的应该是"唐朝"的意思，"内典"应指唐朝的典章制度，证据则是他的儿女"传孝道于盈街""居家侍奉，曾参之不及；女事罗门，衔公贵之不失"。虽然墓志的书写有溢美嫌疑，但撰者着重提到这一点，说明米副使一家平日很有可能多有标榜，然摩尼教并不鼓励生育，自然也不谈孝道，这种思想必不会来自摩尼教。这种类似的夸赞之词还出现在《米继芬墓志》中："公承质子，身处禁军。孝以敬亲，忠以奉国。四善在意，七德居心。信行为远迩所称，德义实闾里咸荷。"④ 米继芬之子为景僧，住在大秦寺中，因此米继芬本人很有可能也信仰景教⑤，但他住在私宅之中，并未出家为僧。墓志中这种言辞很可能也是一种用以彰显汉家儒家文化的套话，是唐廷为胡人撰写墓志时的惯用笔法，但也能间接说明墓主仍生活在俗世之中，而并非出家之人。

综上，米副使很有可能并不是杨富学所说的宗教法师，而是一位摩尼教的听者。墓志中出现的"清净光明大师""严师"等词或许是一种溢美之词，亦或许是在暗示他在听者之中地位较高。从吐鲁番出土的中古波斯语《摩尼教赞美诗集》（Mahrnāmag，文书编号 M1）的跋文中可以看到，一个地区的摩尼教听者之中是会有首领存在的，如龟兹的"听者首领李副都司"、于术的"听者首领辛压衙"等。其中，对于回鹘的可汗，既称他为"虔诚的听者"，又称他为"选民"，并以非常隆重的形容

---

① 《通典》"视正五品：萨宝"及"视从七品：萨宝府祆正"，其后小字注曰："祆，呼烟反。祆者，西域国天神，佛经所谓摩醯首罗也。武德四年，置祆祠及官，常有群胡奉事，取火咒诅。"杜佑：《通典（点校本）》卷 40《职官二十二》，中华书局 1988 年版，第 1103 页。
② 刘昫等：《旧唐书》卷 127《源休传》，中华书局 1975 年版，第 3575 页。
③ 白居易：《白居易文集校注》卷 20，思炜校注，中华书局 2011 年版，第 1174—1175 页。
④ 阎文儒：《唐米继芬墓志考释》，《西北民族研究》1989 年第 2 期。
⑤ 参见葛承雍：《唐代长安一个粟特家庭的景教信仰》，《历史研究》2001 年第 3 期。

词形容可汗和诸位听者首领为"光明使者光辉的肢体"①，更有一位女听者首领公主名为"都信思力"，"思力"为"清净"之意②，可见当政治介入时，有一些宗教概念也会随之而模糊。因此米副使很可能也是长安的一位听者首领，而并非如杨富学所说以摩尼教高僧的身份作为使者入唐。但不可否认的是，米副使的身份是非常特殊的，他既是粟特人，又是回鹘派到唐朝的使者，还是一位摩尼教听者，这三重身份的叠加，使得这位米副使身上笼罩着复杂的色彩，因此他也分别代表着这三种势力触角的延伸，包括和他身份类似的人，如上文中提到的"帝德将军安庆云"，他们的经历无疑具有特殊性。这篇墓志的价值就在于，能通过对米副使特殊身份和生平事迹的分析，补充或加深我们对于粟特人、摩尼教、回鹘和唐朝四者之间关系的认识。

三、粟特人、摩尼教与唐回关系

在回鹘、粟特人、摩尼教和唐朝这四者之中，粟特人扮演着一个极为特殊的角色。粟特人善经商，且为了能更好地拓展商业版图，会参与到商道周边各政权的政治活动中，为自己的经商活动谋取便利。他们的足迹到达了西域、漠北草原和唐朝，实现了物质文明上的交流和传播，也实现了精神文化的传播：粟特人所信仰的各种宗教如祆教、摩尼教等，都在他们行经的商道周围传开。其中，摩尼教受到了漠北回鹘汗国统治者的接受，成为回鹘的国教。根据《九姓回鹘可汗碑》汉文面的记载，牟羽可汗助唐克复两京，从洛阳带走四位摩尼僧，因而改宗摩尼教③，但通过吐鲁番地区出土的文书，如圣彼得堡藏粟特语文书（残片编号L44）④及柏孜克里克千佛洞出土回鹘文残片81TB10:06-3a⑤来看，牟羽可汗在此之前很可能已经接触到了来自西边的

---

① 王媛媛：《从波斯到中国：摩尼教在中亚和中国的传播》，中华书局2012年版，第43—70页。
② 同上书，第63页，词注[4]。
③ 《九姓回鹘可汗碑》："可汗乃顿军东都，因熏风……法师，将睿息等四僧入国……故能开正教于回鹘。"森安孝夫、吉田丰：《喀剌巴剌噶孙碑文汉文版的新校订与译注》，乔玉蕊、白玉冬译，载罗丰主编：《丝绸之路考古》第5辑，科学出版社2021年版，第172页。
④ 根据荣新江《西域粟特移民聚落考》："该文书是一封写着可敦致摩尼教慕阇的信，似为7世纪初产物。"参见氏著：《中古中国与外来文明（修订版）》，生活·读书·新知三联书店2014年版，第32页。
⑤ 该文书内容涉及公元760年前后摩尼教传到回鹘王国的事迹，这篇文书首先由茨默释读和刊布，参见茨默：《有关摩尼教开教回鹘的一件新史料》，王丁译，《敦煌学辑刊》2009年第3期。后日本学者森安孝夫再次对这篇文书进行释读，提出茨默的释读存在的问题，并指出文书中的一行摩尼教徒是从西域温宿地区翻越阿尔泰山，经过额尔齐斯河流域到达漠北草原。参见森安孝夫：《东回鹘帝国摩尼教史新开展》，玄花译，载余太山、李锦绣主编：《欧亚译丛》第四辑，商务印书馆2018年版，第177页。

粟特摩尼教徒。

粟特人是摩尼教东传的重要媒介。公元600年前后，摩尼教东传到中亚地区，随后成立了一个独立的派别"电那勿派"，在这个时期，索格底亚那地区在摩尼教世界里已是一个重要的宗教中心，粟特信徒也渐渐成为教会主力。作为一个新派别，它在成立后自然要大力发展传教事业。① 因此日本学者森安孝夫认为："在考虑摩尼教在回鹘中的传播时，不应该只考虑从《九姓回鹘可汗碑》中所预期的从中国出发的路线，也应该考虑从中亚出发的路线。"且他也提到了粟特人与回鹘的关系：

> 与其他内陆亚细亚游牧国家的方式比较以后，我认为牟羽可汗必定也是在其维持权力基础的骑兵军事力量之上，要利用当时掌控丝绸之路贸易的粟特人的经济能力，尤其是寻求超越传统萨满教的稳固宗教权威。那么，可以认为自打掌握权力的那时起，他就在物色适合成为国教的宗教。那么，也可以认为，762/763年牟羽可汗远征中国以前，已经在回鹘本土会见很多粟特摩尼教徒，并与之构建私人交情。②

种种证据都表明，在此之前回鹘已有摩尼教，且摩尼教的传入与从中亚经西域地区来的粟特人有莫大的关系。关于牟羽可汗选择摩尼教的原因很可能是，如日中升的回鹘汗国正经历由原来的部落联盟转向权力更集中的封建国家，原有的萨满教信仰已经不足以为一个封建集权统治者提供有力的支持。③

粟特人进入回鹘政权后，为回鹘统治者提供政治、经济等方面的智谋和协助，逐步进入其政权中枢，出任官职。同时，摩尼教经由粟特人为回鹘统治者接受并成为回鹘国教后，被赋予了更多的政治地位，突出表现在与唐朝的交往之中。据《新唐书·回鹘传》记载"元和初，再朝献，始以摩尼至"，并称摩尼僧为"可汗常与共国者"④。《册府元龟·外臣部·请求》中还记载："元和二年（807）正月庚子回鹘使者请于河南府太原府置摩尼寺三所，许之。"⑤《旧唐书·回纥传》也记载了两则摩尼僧代表回

---

① 王媛媛：《从波斯到中国：摩尼教在中亚和中国的传播》，中华书局2012年版，第89页。
② 森安孝夫：《东回鹘帝国摩尼教史新开展》，玄花译，载余太山、李锦绣主编：《欧亚译丛》第四辑，商务印书馆2018年版，第177页。
③ 杨富学认为："为了适应汗国统一的需要，在意识形态上就需要有一个统一的神来集中汗国的政权，摩尼教由是而得以在回鹘骤兴。"《回鹘摩尼教研究》，中国社会科学出版社2016年版，第88页。
④ 欧阳修、宋祁：《新唐书》卷217上《回鹘传上》，中华书局1975年版，第6126页。
⑤ 王钦若等编：《册府元龟》卷999《外臣部·请求》，中华书局1960年版，第11724页。

鹘来往两国的事迹："（元和八年［813］）十二月二日，宴归国回鹘摩尼八人。令至中书见宰官。先是回鹘请和亲，宪宗使有司计之，礼费约五百万贯。方内有诛讨，未任其亲。以摩尼为回鹘信奉，故使宰臣言其不可。"① 以及前文中提到的长庆元年（821）五月回鹘公主来朝时摩尼僧陪同的事迹。可以合理推断的是，宗教交际政策是粟特人献给回鹘可汗的一个重要的计策。一方面，利用政治手段推行宗教符合传播教义、推广宗教、拯救世人的宗教理想；另一方面，利用交际手段实现政权间的博弈以获取更大利益是粟特人的拿手好戏。更重要的是，粟特人的商业贸易活动得以借助回鹘的政治力量以及摩尼教的宗教力量更顺利地开展，回鹘人亦可从中抽取利益。这几种因素的叠加也就导致了本文的主人公米副使的出现，一位代表回鹘出使唐朝的粟特人，同时也是一位摩尼教听者。他成为回鹘使者与他的摩尼教信仰是否有关难以判断，但拥有多重身份的他出使唐朝绝对不是一种巧合。

粟特胡商借助回鹘之势在唐经商的事迹屡见于汉文史籍。据《资治通鉴》记载，代、德两朝，回鹘派遣使者来京时，常杂以九姓胡："先是，回纥留京师者常千人，商胡伪服而杂居者又倍之，县官日给饔饩，殖资产、开第舍，市肆美利皆归之，日纵贪横，吏不敢问。或衣华服，诱娶妻妾，故禁之"②，"代宗之世，九姓胡常冒回纥之名，杂居京师，殖货纵暴，与回纥共为公私之患"③。而据《僧史略》载："大历三年（768）六月，敕回纥置寺，宜赐额大云光明之寺。大历六年（771）正月，又敕荆、越、洪等州各置大云光明寺一所。"除长安外，荆州、越州、洪州等地都是商贸发达之地，是粟特胡商最活跃的地区，可知回鹘方面对摩尼寺选址的这些要求与粟特人的利益密不可分。④ 从元和朝始，摩尼僧更晋升为回鹘出使唐朝的使者，粟特胡商无疑又有了靠山。《新唐书·回鹘传》中记载"摩尼至京师，岁往来西市，商贾颇于囊橐为奸"⑤，《唐国史补》中亦言"摩尼数年一易，往来中国，小者年转江岭。西市商胡橐，其源生于回鹘有功也"⑥，可见回鹘对唐的宗教交融逐步展开，粟特胡商从中得

---

① 刘昫等：《旧唐书》卷 195《回纥传》，中华书局 1975 年版，第 5210 页。
② 司马光编著：《资治通鉴》卷 225《唐纪四十一》，"代宗大历十四年秋七月庚辰"条，中华书局 2011 年版，第 7384 页。
③ 司马光编著：《资治通鉴》卷 226《唐纪四十二》，"德宗建中元年八月甲午"条，中华书局 2011 年版，第 7406 页。
④ 王媛媛：《唐大历、元和年间摩尼寺选址原因辨析》，《西域研究》2011 年第 3 期；另参见杨富学：《回鹘摩尼寺的形成及其功能的异化》，《吐鲁番学研究》2012 年第 2 期。
⑤ 欧阳修、宋祁：《新唐书》卷 217 上《回鹘传上》，中华书局 1975 年版，第 6126 页。
⑥ 李肇：《唐国史补》卷下，上海古籍出版社 1979 年版，第 66 页。

利。通过米副使的墓志，我们还可以看出，除了摩尼僧与西市的粟特胡商勾连在一起，就连回鹘的正式使臣也是信仰摩尼教的粟特人，他们之间必然有着千丝万缕的联系，说一句"官、商、教勾结"并不过分。

从现有的一些史料来看，作为摩尼教信徒并在唐政府中任职的回鹘粟特人可以为胡商提供的便利并不少。

（1）为商队办理过所提供帮助：《唐律·卫禁律》中规定，过所有的关津渡口都需要过所，"诸私度关者，徒一年，越度者，加一等"①。《旧唐书》卷43载："关所以限中外、隔华夷、设险作固、闲邪正禁者也。凡关呵而不征，司货贿之出入，其犯禁者，举其货，罚其人。凡度关者，先经本部本司请过所，在京则省给之，在外则州给之。而虽非所部，有来文者，所在亦给。"②新疆阿斯塔那29号墓所出的《唐垂拱元年（685）康尾义罗施等请过所案卷》③记录的正是一队要去长安进行市易的胡商，并且是拖家带口的："请将家口入京。"从这卷申请过所的案卷中可以看出，商人带着商队和货物入关时，需向当地州府申领过所，除需申报人员和货物外，还需要由保人写下担保证明，证明这些人是良民，没有做过"压良、訹诱、寒盗、冒名假代"等坏事。这种保人一般会由在大唐境内获得合法身份的粟特胡人担任，他们和商队应该本是旧识，提前有联系，其中甚至有官府吏员，如该案卷中的保人——"庭州百姓康阿了、伊州百姓石保、庭州百姓康小儿、焉耆人曹不那遮、高昌县吏康史"。米副使在朝为官，必然能为回鹘来的胡商提供这方面的便利。

（2）打通经商环节：唐朝设太府寺"掌邦国财货之政令"，下设两京诸市署，"掌百族交易之事"。在西市经商的胡商自然也在被管辖之列。西市署的职权范围相对来说是比较大的，除了物价管理和经营时间管理等，最重要的还有对货物质量"以伪滥之物交易者没官，短狭不中量者还主"和非法交易"若参了市而规自入者，并禁之"等具有监管权④。对于经商的人来说，这里面就代表着一些官商之间沟通协调的问题。《朝野佥载》记载了这样一件事："唐魏伶为西市丞，养一赤嘴乌，每于人众中乞钱，人取一文，而衔以送伶处，日收数百。时人号曰'魏丞乌'。"⑤虽然这个故事本身看

---

① 《唐律疏议》卷8《卫禁》，"私度关"条，岳纯之点校，上海古籍出版社2013年版，第139页。
② 刘昫等：《旧唐书》卷43《职官志二》，中华书局1975年版，第1839页。
③ 唐长孺主编：《吐鲁番出土文献》第三册，文物出版社1996年版，第346—350页。参见程喜霖：《唐代过所研究》，中华书局2000年版，第246—248页。
④ 李林甫等：《唐六典》卷20《太府寺》，陈仲夫点校，中华书局2014年版，第542—544页。
⑤ 张鷟：《朝野佥载》，赵守俨点校，中华书局1979年版，第166—167页。

不出什么,但也能从中看出一些魏伶借西市丞的身份牟利的迹象。打通关节除了靠钱财,还依赖人际关系。回鹘胡商若有在朝为官的使臣作为他们的后盾,很多经商环节或许可以较为畅通。

(3) 处理商业纠纷:《册府元龟》中记载了京中官宦子弟等从胡商处借钱的事情:"京城内衣冠子弟及诸军使并商人百姓等,多有举诸蕃客本钱。"① 既然有借贷,自然会有纠纷,《旧唐书·李晟传》中记载:李晟的儿子李愻"累官至右龙武大将军,沉湎酒色,恣为豪侈,积债至数千万。其子贷回鹘钱一万余贯不偿,为回鹘所诉,文宗怒,贬愻为定州司法参军"②。这里指的应该就是李愻的儿子借了回鹘商人的钱不还,被回鹘方面告到了文宗面前,能替回鹘商人告状至御前的很有可能就是在朝的使臣。

此外,从米副使的墓志或可推断,他的身份让他在邻里之间有着较高的地位和声望,他的宗教信仰便很有可能对周围的人有着一定的影响。他每日接触到的人肯定多是达官贵人,若能令他们都对摩尼教有所同情,势必也会在无形中对摩尼僧和胡商的处境有所助益。

摩尼教寺院和摩尼僧能为胡商提供的便利也有很多:

(1) 聚集联络的地点:西市本就为胡商聚集地,异域来的胡人各有信仰,长安城中的几所祆祠和大秦寺都在西市附近,这种设置显然与西市的胡商有着密切的关系。如上文葛承雍推测,《长安志》中记载的长安怀远坊中的光明寺很有可能就是摩尼教寺院。怀远坊紧邻西市,若摩尼寺坐落于此,必然会成为胡商中摩尼信众的集会地。且林悟殊先生也提出,回鹘要求在荆、扬、洪、越等州建寺,这种从南到北的布局,很有可能不只是为了传教,更是经商的落脚点③。

(2) 敛财根据地:根据《旧唐书》的记载,我们知道在会昌三年(843)灭法前夕,唐武宗下诏收缴京中摩尼寺的钱物,曰"其回纥及摩尼寺庄宅、钱物等,并委功德使与御史台及京兆府各差官点检收抽,不得容诸色人影占"④,说明当时的摩尼寺拥有庄宅和钱物,并不符合摩尼教"不得别立私室厨库,每日斋食,俨然待施,若无施者,乞丐以充"⑤ 的教义,显然与胡商脱不了干系,杨富学先生也认为,摩尼教寺院

---

① 王钦若等编:《册府元龟》卷999《外臣部·互市》,中华书局1960年版,第11727页。
② 刘昫等:《旧唐书》卷133《李晟传》,中华书局1975年版,第3686页。
③ 参见林悟殊:《回鹘奉摩尼教的社会历史根源》,载氏著:《摩尼教及其东渐》,中华书局1987年版,第95页。
④ 刘昫等:《旧唐书》卷18上《武宗纪》,中华书局1975年版,第594页。
⑤ 芮传明:《摩尼光佛教法仪略·寺宇仪第五》,载氏著:《摩尼教敦煌吐鲁番文书译释与研究》,兰州大学出版社2014年版,第52页。

已经变成了殖财的工具①。再往前翻检可以发现，《旧唐书·食货志》中还记载了（元和）十二年（817）正月，由于当时市面现钱流通变少，朝廷下敕令："宜令京城内自文武官僚，不问品秩高下，并公、郡、县主、中使等，下至士庶、商旅、寺观、坊市，所有私贮见钱，并不得过五千贯。如有过此，许从敕出后限一月内任将市别物收贮。"当时很多方镇节度使的钱都积聚在京，如王锷、韩弘、李惟简等，少者不下五十万贯，于是这些人都争相买房子把钱花出去，而一些有钱的富商则另行他法："高赀大贾者，多依倚左右军官钱为名，府县不得穷验，法竟不行。"②这个时候摩尼寺很有可能也把囤积的财物置换成了庄宅。同时，无论是摩尼教寺院还是胡商，都有可能借助在朝为官的使臣身份遮掩财物。关于长安的摩尼寺到底在哪里，难以考证，但李德裕的《幽州纪圣功碑铭并序》提到回鹘贵族"其在京师也，瑶祠云构，甲第棋布"③，可见规模，亦可见回鹘人之富庶。

（3）往来两国引路人：无论是《新唐书》中所说的"岁往来西市，商贾颇于囊橐为奸"④，还是《唐国史补》中所说的"其大摩尼数年一易，往来中国，小者年转江岭。西市商胡橐，其源生于回鹘有功也"⑤，都提到了回鹘的摩尼教高僧是会在回鹘和唐朝之间频繁往来的，并且正因如此，西市胡商与之互相勾连。摩尼僧频繁来往回鹘和唐，可挟带商队、货物、来往信笺、钱财等，为胡商往来贸易提供便利。

经商的粟特人虽然都被称为"胡商"，但代表不同势力的胡商会有属于自己的商业门路，显然借助摩尼教搭上回鹘这艘快船的胡商肯定是其中浓墨重彩的一笔。

摩尼教的这种功利性，唐王朝不可能无所察觉，因此摩尼身上被打上了沉重的政治烙印，其在唐的命运也就与回鹘的命运紧密地捆绑在了一起。前期回鹘强盛时，摩尼教在唐朝受到优待，但到了后期回鹘开始衰落时，摩尼教在唐朝的待遇便大不如前。《资治通鉴》记载，元和十二年（817）二月，"辛卯朔，遣回鹘摩尼僧等归国"，胡注云："摩尼至京师，岁往来西市，商贾颇与囊橐为奸，至是遣归国也。"⑥白居易所撰《与回鹘可汗书》中也提到放归摩尼僧的事情：

---

① 杨富学：《西域敦煌宗教论稿续编》，甘肃教育出版社2015年版，第164—165页。
② 刘昫等：《旧唐书》卷48上《食货志》，中华书局1975年版，第2103—2104页。
③ 李德裕：《李德裕文集校笺上》卷2，傅璇琮、周建国校笺，中华书局2018年版，第14页。
④ 欧阳修、宋祁：《新唐书》卷217上《回鹘传上》，中华书局1975年版，第6126页。
⑤ 李肇：《唐国史补》卷下，上海古籍出版社1979年版，第66页。
⑥ 司马光编著：《资治通鉴》卷240《唐纪五十六》，"宪宗元和十二年二月"条，中华书局2011年版，第7852页。

又有彼国师僧，不必更劳人检校。其见撚拓勿施邬达干等，今并放归。所令帝德将军安庆云，供养师僧，请住外宅。又令骨都禄将军充检校功德使。其安立请随般次放归本国者，并依来奏。想宜知悉。今赐少物，具如别录。内外宰相及判官摩尼师等，并各有赐物。至宜准数分付。内外宰相官吏师僧等，并存问之。遣书指不多及。①

这里还出现了一个身份和米副使非常相似的人，同样拥有摩尼教信仰的回鹘使者安庆云，这个姓氏代表着他很有可能也是一个粟特人。这个时候把摩尼僧安置在回鹘使者的外宅而不是摩尼寺，原因值得深思，由此实际上也能隐约看出唐王朝对粟特胡商与摩尼教以及回鹘使臣之间的关系并非毫无所觉。李德裕所撰《赐回鹘可汗书意》虽未提到放归摩尼僧，但却提到了停开江淮地区的摩尼寺：

摩尼教天宝以前，中国禁断，自累朝缘回鹘敬信，始许兴行。江淮数镇，皆令阐教。近各得本道申奏，缘自闻回鹘破亡，奉法者因兹懈怠。蕃僧在彼，稍似无依。吴楚水乡，人性嚣薄。信心既去，禽习至难。且佛是大师，尚随缘行教，与苍生缘尽，终不力为。朕深念异国远僧，欲其安堵。且令于两都及太原信响处行教，其江淮诸寺权停。待回鹘本土安宁，即却令如旧。②

这篇文书应写在会昌法难之前，文中提到"奉法者"懈怠，原因应是因为回鹘国乱，回鹘的摩尼高僧不再前来，唐朝本地的摩尼僧失首而乱。这也说明唐朝内部的摩尼教一直以来都是回鹘摩尼教的附属，并未建立自己的教区，也并没有有力的领导者，而唐廷此举或更有意在限制诸经济要冲之胡商。

四、结语

经过对大唐西市博物馆藏《回鹘米副使墓志铭》的再考释，笔者认为，墓主人米副使是一位拥有摩尼教信仰的作为回鹘使臣出使唐朝的粟特人。从他拥有婚姻生活、与家人共居于私宅、拥有世俗官职并以官职为名等情况可以看出，他应该并不是一位

---

① 白居易：《白居易文集校注》卷20，思炜校注，中华书局2011年版，第1174—1175页。
② 李德裕：《李德裕文集校笺上》卷5，傅璇琮、周建国校笺，中华书局2018年版，第80—81页。

摩尼教的选民，而是一位听者。粟特人、摩尼教听者、回鹘使臣、唐朝官员，他身上这四重身份的叠加绝非偶然，是各方势力为了实现自身利益做出选择后的结果。更可设想回鹘内部存在一个粟特集团，以共同的摩尼教信仰团合在一起，通过摩尼教获得统治者的认可，获得进身之阶，因此作为摩尼教听者的米副使得以作为使者出使唐朝。在长达百年的唐与漠北回鹘交往之中，回鹘方面提出的绢马贸易和推行摩尼教等政策甚至一度意图南侵，背后都可以看到粟特人的身影。因此，大批的粟特人得以借助回鹘的力量进入唐朝经商，并在摩尼教成为回鹘国教后充任使者，唐朝不得不优待摩尼教，使得原本就受粟特人控制的摩尼教更加成为粟特人经商的助力。

　　对于粟特人而言，这一利益链条的一步步构建，并没有在事前有一个总体性的规划和分工，有的只是趋利而往的敏锐和手腕以及齐心协力的民族情感。这一切都是他们在有意无意之中所做出的最优选择，为了他们共同的延续和发展的目标，他们各自去做各自的努力，就像涓涓细流从四面八方涌来，最终汇聚成河，达成了这样一种无往而不利的局面。这位兼数重身份于一身的米副使正是生活在八、九世纪之交唐、回对峙格局下纵横捭阖的粟特人的一个绝佳的缩影，从他的身上，正可以看到他们所走过的路是何等壮阔。

西属菲律宾书信中的"生理人"与16世纪中欧文明交流*

张艺莹

(四川大学外国语学院西班牙文系)

【摘　要】　16世纪西班牙人占据菲律宾后,将在菲经营的福建、江浙、广东等籍海商均称作sangley,意指"流落海外的中国商人"。实际上,sangley由闽南方言"生理"音译而来,泛指从商之人,是闽语词汇经他加禄语与西班牙语接连转述后的结果。菲律宾综合档案馆藏大量书信文献中,详细记录了驻菲西班牙人与"生理人"的多次接触,其规模可观,触及中国文化的多个侧面。西属菲律宾生理人总数庞大,受驻菲统治者指令聚居一处,称"巴里安"。该聚居区于16世纪70年代由时任总督拉维萨雷斯或桑德创办,在继任的总督维拉任期内达到繁荣。西属菲律宾生理人聚居活动是16世纪中欧政府间交往的桥梁,也是中欧民间文化早期交流的重要环节,其中涉及的中国国家名称、地理位置、民情等信息,具有重要的研究价值。

【关键词】　西属菲律宾　生理人　聚居　早期现代　文化交往

位于西属菲律宾的华侨聚居区名为"巴里安"(Parián),居住其中的多为福建、广东、江浙籍商人,被统称作sangley。有关这一群体的记述,频繁出现于菲律宾综合档案馆藏书信文献中。西班牙拓殖菲律宾的主要目的之一,便是通过接近这些海外华人,找寻进入中国的方式。一方面,西班牙人与sangley相互贸易,促成了欧洲与亚洲两大经济圈的商品联结;另一方面,西班牙统治阶层有意识地向后者搜集中国民间

---

*　本文系国家社科基金项目"1492—1732年西班牙涉华书信的中国书写及其当代价值研究"(23CWW002)的阶段性成果。

风土、经济政治、社会信仰等信息，为中欧文化互通奠定了必要而良好的基础。

中国与西菲的交往，是早期现代文明交流史上的重要问题，始终为中国、菲律宾、西班牙语国家所讨论。各国学界在明清中国与西属菲律宾的历史交往、福建华侨对中菲经贸交流的贡献、闽南方言在菲律宾语形成中的作用等方面取得了丰富研究成果①，然而在相关馆藏史料的挖掘、sangley身份群体的判定等问题上，仍有可推进之处。基于此，本研究参考菲律宾综合档案馆藏书信，结合中文史料，进一步梳理sangley的词源②及含义，探寻其籍贯构成与聚居情况，讨论这一群体在16世纪中欧文明交流中的地位与价值。

一、sangley的词源及含义

sangley是西菲统治阶层对该地华侨的统称。现存最早一批提及这一群体的西班牙语文献，产生于菲岛第三任总督桑德（Francisco de Sande）任期（1575—1580）内，是桑德及其同僚向宗主国述职信中的重要议题。这一名称可能是西班牙人亲身接触当地华商而得知，也可能是他们向菲岛原住民打探而来。③ 菲律宾学者德米安（Luis

---

① 其中的代表性成果有洪惟仁《16、17世纪之间吕宋的漳州方言》（《历史地理》2014年第2期）、陈丙先与方园园《帝国相接与文化融合：明后期中国与西属菲律宾的文化互动》（《广西社会科学》2015年第5期）、王志红《近代早期的传教士与马尼拉大帆船贸易》（《南亚东南亚研究》2017年第3期）、李庆《明万历初年中国与西属菲律宾首次交往考述》（《历史研究》2021年第3期）、李晨光《海盗·富商·侨领：西属菲律宾华人长官黄康的生命史考察》（《全球史评论》2022年第1期）等。其中，汤锦台《西班牙人占菲初期文书中的闽南"生理人"》（《中华文化与地域文化研究——福建省炎黄文化研究会20年论文选集［第二卷］》，2011年）转译和介绍了一系列西菲文献，展现了生理人在菲的多个片段，为本研究提供了重要参考。国外学界的优秀相关研究主要有：Cano Borrego & Pedro Damián, "Sangleyes: Los Residentes Chinos en las Filipinas Españolas", *Revista de la Inquisición*, 2016(20); Sales-Colín Kortajarena, "Sangleyes en Manila. Algunas percepciones de las autoridades capitalinas, 1603 - 1630", *México y la Cuenca del Pacífico*, 2016; Elizalde, "España, Asia, Filipinas, Un Nuevo Horizonte en la Política Exterior Española", *Comillas Journal of International Relations*, 2019(14); Béguelin-Argimón, "The Image of the Interpreter in the First Sino-Spanish Contacts (16th Century)", *Sinología hispánica*, 2019(8); Li Chenguang, eds., "El Dorado de Wanli. La embajada imperial a las Filipinas de 1603", *Anuario de estudios americanos*, 2021(2).

② 国内学界对于sangley词源的研究，现有赖林冬《菲律宾语Sangley的汉语词源及翻译研究》（《兰州文理学院学报》2016年第5期）与范启华、吴建君《浅析西菲时期闽南话音译词"Sangley"的汉语词源问题》（《福建史志》2021年第2期）两篇。已有研究探讨了sangley词源的多种可能性，然而未对此给出确切推断。以此为基础，本研究继续讨论这一问题。

③ E. H. Blair & J. A. Robertson, *The Philippine Islands*, Cleveland: The Arthur H. Clark Company, 1903 - 1909, Vol. 3, p. 74.

Dmian）认为，sangley 为"菲律宾本地人为外来的中国商人取的他加禄语名"①，这一观点可间接指向上述第二种情况。

另一方面，16 世纪他加禄语体现为口传形式，因此无论他加禄语是否参与了 sangley 概念的跨文化传播，其影响仍局限于该词汇的语音转述。sangley 的拉丁化仍出自西班牙人之手，其首次正式出现在西班牙汉学家圣卢卡（Juan de Noceda and Pedro de Sanlucar）编纂的《他加禄语词典》（1860）中，标注 sangley 同 sanglay②，更加显示此名由"听译"而来。当被回译至中文时，学者多采用"常来人"译法，如何高济译《中华大帝国史》、周安邦《〈明心宝鉴〉研究》。此外，sangley 中译名另有"商旅""商人""生意"等。

事实上，sangley 一词出自闽南语。福建方言中，商民常被称作"生理人"，其中的"生理"意为"生意"③，在"外传"的过程中接连经历他加禄语与西班牙语的转述，成为驻菲西班牙人信件中的 sangley。

自古因土壤环境、陆路交通等条件限制，闽人以商为业者甚多，为此类职业者单独命名十分必要。闽语中，"生理人"的范围较大：既包含独立经营的买卖所有人，也包括受雇于东主的实际打理者；既包含在城镇内、省内、省际倒转的贩卖商，又涉及出洋谋生的海商。同时，因江浙闽三地频繁的贸易往来与移民迁徙，"生理"一词常出现于东南沿海文献中，尤其多出现在民间话本故事里。较早的如南宋苏州龚明之的记载"朱冲微时以常卖为业，后其家稍温，易为药肆，生理日益进"（《中吴纪闻·朱氏盛衰》），明苏州文人冯梦龙的小说"不上街做生理，一直奔回家去"（《古今小说·沈小官一鸟害七命》），都频繁使用"生理"一词。

至清中后期，随着国内贸易的繁荣与人口流动的增加，"生理"一词的使用范围逐渐扩大，如《国朝名世宏文》中的"天妃闸，地名清江浦，向来载船过埧，原有各行生理人等"④，《汕头埠老报馆》中的"致意服饰，潮州解足会，难得做个生理人"⑤，等等。同时，北方文献中也频频出现这一词汇，如"行至兴隆街，偶有羊肉铺

---

① Luis Dmian, *Legends of the Pasig*, Manila: Tagalog Ethnography Paper, 1916, pp. 1－5.
② Juan de Noceda & Pedro de Sanlucar, *Vocabulario de la lengua tagala*, Manila: Imprenta de Ramírez y Gilaudier, 1860, p. 410.
③ 参见周长楫编：《闽南方言大词典》，福建人民出版社 2006 年版，第 981 页。
④ 平汉英辑：《国朝名世宏文》卷八工集，清康熙刻本。
⑤ 曾旭波：《汕头埠老报馆》，暨南大学出版社 2016 年版，第 47 页。

作生理人"①,"开设当铺生理人李瑞山,系山西太原府汶水县民"② 等史料记载,均为明证。

闽语中"生理"与"生理人"之称呼古已有之,是中国本土语而非外来语。西班牙学者常将 sangley 解释为"来往的人"③,实则并无依据。其中的"来往"意涵,显然是根据古代中国与周边海域的早期贸易活动比附而来,将"生理"的原有语义缩限至仅"海商"一类。事实上,虽然福建海商数量庞大,但在闽语中并无对应的专门词汇。

二、西属菲律宾生理人的籍贯构成

对 16 世纪登岛的西班牙人而言,sangley 首先是在这片土地上生活的、与菲岛原住民有着明显差异的人群。这是由西班牙人对亚洲各主要族群的了解程度决定的。最早一批西班牙人于 1521 年便已抵达菲律宾,后于 1569 年建立菲律宾总督辖区、1571 年占领马尼拉,开始统治当地的原住民与中、日等国侨民。自沙勿略时代起,西班牙方面一直努力与日本维持联系。④ 因此有理由认为,他们已对日本人的服貌、举止特征有一定了解,不会轻易将之与其他族群相混淆,也不必为其另取名称。而彼时东南亚海岛上物质条件匮乏,其原住民应不难由外观辨认,那么西班牙人在此遭遇的"陌生人"无疑就是中国人。如此,西班牙文献中为何不直接将在菲生理人记作"中国人"或"华人",而要采取闽人地方话的名称?

海外生理人群体的形成,意味着以西属菲律宾为中心的东南亚旅居华人的民族共同体意识的相对缺失。在长达两个多世纪的时间里,"生理人"与居住于中国内陆的"华人"(或"中国人")在西班牙文献中始终被分别记载,存在身份之别。本尼迪克特·安德森将这一情形与 17 世纪东印度公司统治下华工的强烈身份意识相比,评价

---

① 中华书局编:《清末教案》第一册,中华书局 1996 年版,第 804 页。
② 中国第一历史档案馆满文部编:《清代黑龙江历史档案选编》光绪朝元年—七年,黑龙江人民出版社 1988 年版,第 291 页。
③ E. H. Blair & J. A. Robertson, *The Philippine Islands*, Cleveland: The Arthur H. Clark Company, 1903-1909, Vol. 4, p. 74.
④ 塞尔日·格鲁金斯基:《鹰与龙:全球化与 16 世纪欧洲在中国和美洲的征服梦》,崔华杰译,中国社会科学出版社 2018 年版,第 210 页。

道"西班牙人和闽南人那时都还无法想象'华人'的概念"①。安德森本意在于批判东印度公司对华工的苛刻待遇,称正是此种境遇促成了海外华人对汉民族群体身份的认同。然而这一对比暗示了,16世纪西菲"生理人"与"华人"之隔,不仅在于前者被中国朝廷视为"海盗"而自我放逐,还在于在菲生理人基本没有受到当地统治阶层的压迫。确有研究提出西菲统治者一度善待生理人②,然而其统治史上的五次屠华运动无疑是对此说的有力申辩。可以说,正是明清海禁与西菲统治的双重夹击,促成了在菲生理人成为与"华人"并立的独立群体。

可以推测,西菲统治阶层对"生理人"的理解类似于"流落海外的中国商人",而止步于对其地区来源的限定与追问。从方言学角度看,"生理人"一称仅适用于闽南文化圈,指籍贯为这一地区的经商者,然而,我们却不宜直接根据其名称的语言由来,判定活动于西属菲律宾的生理人全部由福建闽南人构成。"生理人"称谓进入世界语境,主要因为中欧文化交流过程中西班牙人的多次描绘与转述。因此,"西属菲律宾生理人"的内涵,并不止于直接在原本的"生理人"概念上添加地理范围的限定条件,更取决于西班牙书写者究竟接触到哪些省份的海外华商。事实上,16世纪西班牙人对亚洲各国的了解仍十分有限,对各国省情及方言的认识更加粗浅。中国语境中的"生理人"与西属菲律宾的"生理人"分别指涉两类群体,前者指闽南商人,而后者指侨居于西菲的所有中国商人。

在菲生理人中,首先必然包括大量闽人。闽商驻留菲岛的历史久远,其规模起初并不可观。"虽然在宋代就有闽商因各种原因居留当地,成为住藩,但人数极为有限。从元开始,因不堪遭受封建政府各种名目的盘剥和色目商人的排挤,闽商定居海外经商的人数开始增加。"③ 至明清时期,受日本兵库银矿发掘及大帆船贸易的利益驱动,福建海商逐渐成为太平洋沿岸华侨活动的主要力量。

此外,福建以外的其他地区同样参与了西属菲律宾生理人群体的形成,主要便是广东与江浙人。

上文叙及,江浙闽三地的贸易联系自古紧密,这一情形同样体现于出海经商。"在16世纪后期西班牙占领菲律宾群岛以前,中国商人早已有侨居菲律宾的,这些商

---

① 本尼迪克特·安德森:《比较的幽灵:民族主义、东南亚与世界》,甘会斌译,译林出版社2012年版,第252页。
② 参见 E. H. Blair & J. A. Robertson, *The Philippine Islands*, Cleveland: The Arthur H. Clark Company, 1903-1909, Vol. 3, pp. 180-181。
③ 徐淑华:《海外浙商与海外闽商的比较研究》,中国社会科学出版社2020年版,第235页。

侨主要来自泉州、漳州和江浙一带，散居于菲律宾岛屿之间。"① 而至西班牙统治后，又有江浙海商"通过与福建海商的合作，并在当地官府的默许之下，偷梁换柱，买通'船引'，从宁波港出发，经月港前往吕宋等处就地贸易或转口前往日本"②，以至于"明代中后期，以浙江为主要产地的中国丝绸从宁波港出发，经月港或澳门中转吕宋运往美洲的总值每年达到300万甚至400万比索"③。江浙海商出洋必经漳州月港，与福建生理人的"合流"早已有之。在西菲时期，受到美洲白银贸易的吸引，这种合作关系得到进一步加强。

另一方面，闽粤早有移民联结，尤其泉州与潮州两城的流动最为可观。广东与菲岛的贸易往来，于公元10世纪便已现于史载，即有宋太平兴国七年，麻逸商船载货到广州贸易④。结合宋神宗言"福建、广南人因商贾至交趾，或闻有留于彼用事者"⑤，可进一步得知广东人常与福建人同行至东南亚，并时有驻留。因此，出行至西菲并侨居的闽南商队中，有极大可能包含一定数量的广东籍生理人。在这一方面，傅衣凌先生甚至认为："（福建海商）与徽、浙、粤商人共同参加海上贸易的活动，它的活动地点，首为广东。"⑥

由此观之，居住于西属菲律宾的生理人主要由福建、江浙、广东人构成，其中闽南人仍占大部分。西班牙人将这些来自各省的中国商人统称为"生理人"，而随着在菲生理人经贸活动的蓬勃，这一名称内"中国人"的身份属性也逐渐淡化，而演变成（或说，回归到）纯粹的"商人"含义。例如，西班牙军官李奥斯（Hernando de los Ríos）致信国王时谈及"中国、日本的商人"⑦，其中的"商人"便以 sangley 指称。事实上，在中国以外的地方，"生理人"似乎确实成了广义商贩的代名词。至 21 世纪初，由菲律宾大学出版的《菲律宾词典》中 sanglay 一条，释义便为"商人、流动商贩"⑧，其国籍限定已消失无踪。

---

① 王铭铭：《刺桐城：滨海中国的地方与世界》，生活·读书·新知三联书店 2018 年版，第 239 页。
② 白斌等：《宁波海洋经济史》，浙江大学出版社 2018 年版，第 89 页。
③ 贡德·弗兰克：《白银资本：重视经济全球化中的东方》，刘北成译，中央编译出版社 2005 年版，第 154 页。
④ 参见脱脱等：《宋史》卷 489 列传二四八外国五·阇婆，中华书局 1977 年版，第 14093 页。
⑤ 李焘：《续资治通鉴长编》卷 273 熙宁九年三月壬申，中华书局 1986 年版，第 6692 页。
⑥ 傅衣凌：《明清时代商人及商业资本》，人民出版社 1956 年版，第 114 页。
⑦ E. H. Blair & J. A. Robertson, *The Philippine Islands*, Cleveland: The Arthur H. Clark Company, 1903-1909, Vol. 9, p. 301.
⑧ Virgilio S. Almario, *UP Diksiyonaryong Filipino*, Manila: AnilPubishing Inc, 2001, p. 781.

三、西属菲律宾生理人聚居区的产生

由驻菲西班牙人信件可知,16—17世纪驻菲生理人数量众多,且常聚居于一处,称Parián。中国古代史料中,这一地区被称作"涧内",源自明张燮《东西洋考》"华人既多诣吕宋,往往不归,名为压冬,聚居涧内为生活,渐至数万"①,又有何乔远"闽漳人多往焉,率居其地曰涧内"②。可知17世纪初年,明人已了解闽南海商的出洋习惯、侨居地点与大致数量。在中国近现代文献中,这一地区通常被译作"巴里安",此外另有"八连""帕利安""帕尼安"等译名。当代研究中,也有学者将该区直接称作"唐人街"。

据驻菲主教萨拉查(Salazar)所说,巴里安常住有三至四千生理人,另有两千多名往返于中菲海域的流动人口。③ 这一估算出的数据,在同期其他文本中各不相同。如总督维拉1585年的信件显示,巴里安有超过四千名生理人④;而据迭戈·阿杜亚特记载,该地华人一般来说有五千,通常可达八千至一万人⑤。对巴里安人口数量的记载言人人殊,博纳尔(Bernal)甚至提出,至17世纪初年,巴里安或许已有多达三万的中国人。⑥ 相关中文文献可为这一问题提供参照。中国史料最早记载西属菲律宾生理人的人数,出自时任福建巡抚的许孚远(1535—1604),其称:"东西二洋,商人因有风涛不齐,压冬未回者,其在吕宋尤多。漳人以彼为市,父兄久住,子弟往返,见留吕宋者盖不下数千人。"⑦ 结合国内外史料可知,生理人驻留西菲,起先是由于季风阻隔的暂居,而后发展为固定的逐利活动,其数目也逐年增多。西菲生理人数量应至少有三千人,其上限尚不能确定,至17世纪上半叶起曾有侨居高峰,总数或以万计。

---

① 张燮:《东西洋考》卷5吕宋,中华书局1981年版,第89页。
② 何乔远:《名山藏》卷107王享记,《续修四库全书》第427册,上海古籍出版社2002年版,第637页。
③ Wenceslao E. Retana, *Archivo del Bibliófilo Filipino. Recopilación de documentos históricos, científicos, literarios y políticos, y estudios bibliográficos, Tomo III*, Madrid: Imprenta de la Viuda de M. Minuesa de los Ríos, 1897, p. 70.
④ Juan Gi. *Los chinos de Manila. Siglos XVI y XVII*, Lisboa: Centro Científico e Cultural de Macau, 2011, p. 127.
⑤ Diego de Aduarte, *Historia de la Provincia del Santo Rosario de la Orden de Predicadores en Filipinas, Japón y China, Manila*, Vol. 1, Madrid: Consejo Superior de Investigaciones Científicas, Departamento de Misionología Española, 1962, p. 171.
⑥ Bernal, "The Chinese Colony in Manila, 1570–1770", in Alfonso Felix, *The Chinese in the Philippines, 1570–1770*, Manila: Solidaridad Publishing, 1966, pp. 40–66.
⑦ 许孚远:《疏通海禁疏》,《明经世文编》卷400,中华书局1962年版,第4332页。

那么，如此庞大的异族聚居，是自发而成还是某种外力使然？

闽粤聚族而居的习性由来已久。然而，身居境外的闽南海商并无条件保持这一习惯。闽人出航经商，常显现出分散活动、网状联结的特点。如泉州安海《颜氏族谱》记载，颜氏族人的商贸脚步遍及东南亚、东亚的各大海港，不仅包括较为著名的马尼拉、日本、槟榔屿，还涉及曼谷、占城、文莱、巴达维亚等众多南洋地区，他们并非举族前往某一特定区域。因此，有关西属菲律宾生理人的记述虽多，但这一海外身份群体的组成单位却是个人，而不再是家族。那么，既无家族联结，陆续抵达西菲的生理人又因何聚集起来？

首先，我们可从他加禄语词汇中看出端倪。他加禄语中，存有 Kasanglayan 一词，意义为"中国人聚居之地"。这一词汇由上文所述 sanglay 与西班牙语 casa（意为"房屋"）缀合派生而来，便必然有"中国商贩居所"之意。西班牙语前缀的参与，暗示出此种现象的产生时间必在西班牙占领之后。那么，我们有理由推测，在菲闽南人的聚居行为与西菲统治者的活动密切相关。

其次，西班牙文献中，"巴里安"一名的出现，也常与当地统治阶层有关。据张星烺研究："1571 年，雷喀斯皮初至马尼拉时，中国人口仅有一百五十人。至 1588 年，增至一万人。人数激增，西班牙人渐怀疑，惧喧宾夺主，将成不可抑制之势。于是设法限制来数，种种为难，使中国人住居城外营业。夜间使居一处曰阿尔开塞拉（Alcaiceria），又曰帕利安（Parian）者，乃专为中国人而建筑者也。"① 此处的"雷喀斯皮"为首任菲岛总督黎牙实比（Legazpi）②，然而"巴里安"是否由其创建，仍不能看出。

此外，亨利·卡门表达了相似观点，称："西班牙政府对涌入的移民感到震惊，并于 1582 年在马尼拉城中建立了一个特殊的街区，称之为'八连'，中国人的主要活动都被限定在这一区域内。"③ 牟复礼等学者的相关研究，除去始设时间稍有不同，海外华人的被动处境同样被点明，即："最早的帕尼安（Parian），即后来所说的中国城，

---

① 张星烺：《欧化东渐史》，商务印书馆 2017 年版，第 99 页。
② 有关黎牙实比占领并统治菲岛事迹详见 Antonio Francisco García-Abásolo, "La Expansión Hacia el Pacífico: La Primera Colonización de Filipinas (1570 – 1580)", *Historia Mexicana*, Vol. 125, 1982, pp. 55 – 88.
③ 亨利·卡门：《西班牙帝国：走向全球霸权之路，1492—1763》，罗慧玲译，中信出版集团 2022 年版，第 104 页。

位于该城的外墙内。1583年，中国人被迁移至城墙外东北方的沼泽地带。"① 有关"巴里安"的设立时间，上述文献提供1582年、1583年、1588年三种。然而，同期在菲的萨拉查，对"巴里安"却表现出相当陌生的意味。这足以证明，萨拉查从未参与"巴里安"的建设，那么这一聚居区应在他抵菲前便已形成。

萨拉查于1581年到任菲律宾主教，1592年离任。而在1590年，萨拉查致信菲利普二世，特地介绍他的"发现"："巴里安"位于马尼拉城的汤都区（Tondo），是该地生理人群居之处。② 考虑到西班牙帝国紧密的政教关系，无论"巴里安"设立于16世纪80年代中的哪一年，都必然经由萨拉查，他断然不会意外得知这一地区的存在。那么，可进一步推测，"巴里安"由萨拉查之前的西菲统治者设立，于16世纪70年代已成气候，且建成后便平稳运行。如此所涉及的菲岛总督中，黎牙实比仅在马尼拉居住一年，至1572年便卸任，真正设立并推行"巴里安"的应为1572—1575年在任的拉维萨雷斯，或1575—1580年在任的桑德。

综合各方信息，可推论："巴里安"于16世纪70年代创设，于80年代繁荣发展，由此频繁地出现于早期现代西班牙人的亚洲书写中。生理人散居于海外各处，然而拥有特定居所名称的却仅有西菲的"巴里安"，这足见16世纪马尼拉生理人活动的规模之大、影响之广、研究价值之丰富。

四、西属菲律宾生理人与16世纪中欧文明交流

因其独特的地理位置，菲律宾在欧人眼中犹如通往亚洲财富的大门——如黎牙实比所说的，"最富裕的国家的门口，还有其他富裕的国家的门口"③。对驻菲西班牙人而言，生理人活动的首要价值，在于推动帝国的跨洋贸易。来自中国的货物被生理人

---

① 牟复礼、崔瑞德编：《剑桥中国明代史（1368—1644年）》，张书生等译，中国社会科学出版社1992年版，第254页。
② Wenceslao E. Retana, *Archivo del Bibliófilo Filipino. Recopilación de documentos históricos, científicos, literarios y políticos, y estudios bibliográficos*, Tomo III, Madrid: Imprenta de la Viuda de M. Minuesa de los Ríos, 1897, p. 59.
③ Oskar Spate, *The Spanish Lake*, Canberra: Australian National University Press, 2010, p. 104. 此外，有关菲岛征服的综合历史动因，可见 John Leddy Phelan, *The Hispanization of the Philippines. Spanish Aim and Filipino Responses, 1565-1700*, Madison: University of Wisconsin Press, 1959, 以及 Juan Carlos Solórzano Fonseca, "Los Españoles en las Filipinas y la Primera Globalización Económica: Comercio, Migraciones e Influencias Culturales en el Pacífico（1565 - 1815）", *Revista de Historia*, Vol. 79, 2019, pp. 41-68.

输送至马尼拉,继续运送到墨西哥总督辖区,美洲白银也由此参与着全球资本的首次大规模循环。在这一过程中,生理人开展的经营活动,也逐渐进入驻菲西班牙人的书写。萨拉查曾向其同僚致信,讲述生理人贩卖的物品:"他们卖各式各样的麻布、丝绸、弹药、补给品、麦子、面粉、糖、各种水果,这些东西我们在西班牙从未见过。"① 其中,萨拉查对于亚洲的小麦制品表现出格外的关注,屡次提及:"生理人以他们由中国带来的小麦和面粉烤制面包,在广场和街道上售卖,因成本小而盈利较多。这些面包他们以前从未做过。"② 明清中国百姓以小麦制出的食品,多为面条、馒头、饼之类,而未见史籍中有关类似欧洲"面包"之物的表述。现代人也较难想象,一位16世纪的中国古人能够烘烤出近几十年风行的面包。然而,接触西班牙人之后,生理人竟也移风易俗,制作起中国内陆从未有过的欧式面包。可见,在菲律宾群岛,中欧双方首先发生的是食品与物资之间的交流,其次是风俗、知识与思想的交流。

16世纪西班牙信件与回忆录③是探究西属菲律宾生理人聚居活动及其影响的重要资料,其中展现出丰富的中欧早期文化交往内容,主要体现为两方面。首先,西属菲律宾生理人是16世纪明清中国与西班牙两大帝国政府间交往的桥梁。其次,西菲生理人聚居活动构成早期现代中欧民间文化交流的重要环节。

(一) 中欧政府间交往的桥梁

欧洲知识界早有流传的"长老约翰王"传说,这使得西班牙政府于建国初期便将进入中国设定为联络目标之一。尤其在葡萄牙人占据澳门之后,略晚一步抵达亚洲的西班牙频繁地徘徊于中国沿海岛屿与东南亚一带,企图在海禁政策之下觅得突破口。④

---

① Wenceslao E. Retana, *Archivo del Bibliófilo Filipino. Recopilación de documentos históricos, científicos, literarios y políticos, y estudios bibliográficos*, Tomo III, Madrid: Imprenta de la Viuda de M. Minuesa de los Ríos, 1897, p. 60. 事实上,有关欧人对中国丰饶物产的叙述,自游记汉学时期起便不在少数。详见张星烺:《中西交通史料汇编》第1册,中华书局1997年版,第236—275页。

② Wenceslao E. Retana, *Archivo del Bibliófilo Filipino. Recopilación de documentos históricos, científicos, literarios y políticos, y estudios bibliográficos*, Tomo III, Madrid: Imprenta de la Viuda de M. Minuesa de los Ríos, 1897, p. 67.

③ 参见 Antonio de Morga, *Sucesos de las Islas Filipinas*, Madrid: Librería General de Victoriano Suárez, 1909, pp. 21、159、382。

④ 例如,于1594年起长期驻扎该地的西班牙士兵安东尼奥·德·莫尔加(Antonio de Morga)写就的《菲律宾群岛诸事记》(*Sucesos de las islas Filipinas*, 1609),不仅记述西班牙远航,更有菲岛地貌风物、住民情况等纪实,有关生理人饮食起居、经营贸易、往来迁徙的记载频繁出现。Antonio García-Abásolo, "Los Chinos y el Modelo Colonial Español en Filipinas", *Cuadernos de Historia Moderna*, Vol. 10, 2011, pp. 223 - 242.

菲律宾自此成为西班牙政府"观望中国"的战略要地,马尼拉更是被视为"据点"。由明至清,驻守于外围的西班牙人"以澳门为依托,以马尼拉为大本营"①,有机会时便潜入内陆与中国地方政府甚至中央政府沟通,但大部分时间内仍只得受挫于明清海防。然而,依靠在此聚居的生理人,西菲统治阶层得以窥得中国之侧面,并通过生理人所透露、传达的文化信息,形成对"中国"的初印象。

首先,通过在菲生理人所携带的"中国物资",驻菲西班牙统治者得以远距离获得与中国有关的许多讯息,也终于正式确认了中国的具体位置。中世纪起的几个世纪中,欧洲远航者只知"中国",然而却始终无法获知这一国家的精确海陆位置,也因此造就了美洲的"发现"。欧亚距离甚远,要找到"中国",必须进一步探索美洲与亚洲海陆位置关系、洋流与风向等至关重要的航海信息,路途中稍有不慎便会葬身大海。长久以来,"赛里斯""契丹""唐""宋"等有关中国的多种称呼已令欧洲疑惑。②例如鲁布鲁克称"大契丹,我认为其民族就是古代的'丝人'"③,而地理学家墨卡托(Mercator)却认为中国与契丹是两个国家,海林(Peter Heylin)称中国是契丹王国的一部分。④由此,直至16世纪中叶,中国的位置及"身份"在欧洲仍处于混沌状态。正在此时,西班牙人拉达(Martín de Rada)于1574年途经马尼拉,由生理人处购得明喻时《古今形胜之图》,进奉给拉维萨雷斯。拉维萨雷斯则命人将图译为西文后,上报予西王菲利普二世。⑤通过这张地图,驻菲西班牙人对中国的位置、海岸线、境内官道等信息有了一定的掌握。如李毓中所说的,"该图除了让西班牙人对于中国有所了解外,同时也增进了他们'建构'东亚地理知识的速度,进而为十六世纪西班牙的中国研究,取得了杰出的成果与领先的地位"⑥。

与此同时,在菲生理人也是西班牙统治阶层观察与接近中国的一个窗口。"巴里

---

① 张铠:《西班牙的汉学研究(1552—2016)》,中国社会科学出版社2017年版,第407页。
② 可见 Bibliotheque Nationale de Francia en Paris, Fondos Espagnol. 325.9 (MF 13184), p. 21. 早期现代西班牙文献中常同时出现与"中国"相关的多种名称。
③ 柏朗嘉宾、鲁布鲁克:《柏朗嘉宾蒙古行纪 鲁布鲁克东行纪》,耿昇、何高济译,中华书局2002年版,第254页。
④ 吴梦雪、曾丽雅:《明代欧洲汉学史》,东方出版社2000年版,第10页。
⑤ 此事另有一说,即拉维萨雷斯信中自称的"此次来菲的华人给了我一张中国海岸图"(Archivo General de Indias, Filipinas 6, R. 2, N. 21.),并未提及拉达功劳。然而该图仍通过生理人得来。
⑥ 李毓中:《"建构"中国:西班牙人1574年所获大明〈古今形胜之图〉研究》,《明代研究》2013年第12期。此外,方豪对此图亦有提及。参见方豪:《流落于西葡的中国文献(上)》,《学术季刊》1952年第2期。

安"位置绝佳,一两天内便可抵达中国边境。因此,如何接近、拉拢这些定期往返于两地的华人,成为在菲活动者的新问题。许多驻菲官员与汉学家开始雇佣生理人译官,亲自学习汉语者也不在少数。上述拉达到菲时,便雇佣福建籍人林必秀随行翻译。① 这一努力很快见效——与欧人结交的生理人在返乡探亲时,常与通得汉语的驻菲人士保持联络,将中国内陆的信息咨询与社会情况传递给西班牙一方。② 由此,这些从未踏足中国的西班牙人,得以通过较为少量但极其难得的"中国资料",增加对中国的认识。相关书写必然含有臆造成分,所传达的信息未必全部真实,然而却是早期现代欧洲对华最初、最直接的印象。这些信息传回欧洲本土后,推进了一系列中国研究书籍与对华文化交往政策的诞生,对当代欧洲的"中国观"仍有影响。

(二)民间文化交流的重要环节

前往西菲的生理人通常仅为普通百姓,驻菲西班牙人从生理人处获得的"中国信息"虽可观,然而时常流于表面。在此之外,西班牙人所捕捉到的,更多是生理人所表现出来的性情、外貌与生活方式。在此类记载中,西班牙人不再以"帝国之眼"窥视生理人,而是以普通欧洲居民的心理,对在菲生理人的活动加以探究。

在与生理人的交往中,萨拉查发现"中华民族在全世界之中最为拘谨"③。这一"拘谨"论断在其后又有出现,然而这次,却是有关其同胞西班牙人的"拘谨":"巴里安地区有各式各样的职业者与手工业者,他们的产品比西班牙物事更为有趣,也便宜得令我们羞愧。如果卡斯蒂利亚人不愿与他们交谈,他们会将货品再次降价。生理人依能获利,因为中国物价十分低廉,他们可以从中得些微利。"④ 由这一双向"拘谨"可见,生理人出于对持有武器的西班牙统治者的惧怕而小心生存,而西班牙人心中同样存有对中华文明的"惧怕"。这种"惧怕"并非双方武力相较而来的结论,而是出自一种对于"陌生"与"未知"的人类原始的深层敬畏。与在菲生理人的接触,使西班牙教士们拾起了从前面对美洲原住民的无措感。他们在紧锁门关的中国面前,

---

① 林必秀为自马尼拉陪同西国使团进入福建的华商,在拉达书信中有简要提及,被称呼为 Sinsay,音同"先生"。拉达信件中出现的"先生",均指林必秀。有关林必秀,又见 Menghsuan Ku, "Los Intérpretes de la Época de la Conquista Español en Taiwán", *Estudios de los Documentos de esa Época*, E-Aesla, Vol. 4, 2018, p.457。
② Wenceslao E. Retana, *Archivo del Bibliófilo Filipino. Recopilación de documentos históricos, científicos, literarios y políticos, y estudios bibliográficos, Tomo III*, Madrid: Imprenta de la Viuda de M. Minuesa de los Ríos, 1897, pp.76-77.
③ 同上书,p.54。
④ 同上书,pp.64-65。

产生出一种焦灼的自我怀疑。如萨拉查信中所说，在菲西班牙人常目无法纪，行止由心，而华人却行事端正，能力卓然，富有智慧。① 此外，他又发现生理人并非仅通晓商贾之事，而是对艺术也颇有造诣。② 骄傲于自身文明的西班牙人，身处东南亚时初尝羞愧与自惭。

驻菲西班牙人对于生理人的另一关注点，便是他们的长发。事实上，对这一问题的讨论还将持续百余年。拉达最早记述道："中国人以长发为傲。中国百姓将长发盘成发髻，固定在头顶，然后罩以发网，再戴上鬃毛帽。"③ 桑德同样有此感触，然而是以略带讽刺口吻讲述，"中国男人蓄长发，用类似女性发网的帽饰收于头顶"④。与此同时，驻菲汉学家高母羡也在信中提及，"（中国人）留极长的发，在头顶束拢，以银制或金制、玳瑁的钉状物固定"⑤ 此处可见高母羡对于中国发簪尚无认识，而仅能将其描述为"钉状物"。

西班牙人对生理人发式的关注，有其深刻的文化根源，即蓄发与接受统治、受洗之间不可调和的矛盾。西班牙教会提倡归信生理人须剃发，以便为其施洗，同时可在外表上进一步强调这种"同质联系"。高母羡对此详细记述，称生理人剃发皈依后返乡，将达到极为正面的宣传效果，帮助西班牙文化被更多中国人接受。萨拉查则认为，生理人一旦更变了发型，再回到中国时就难以为社会所容，如此便能安心接受西班牙管辖，甚至还可能因无法回乡而索性举家搬迁至菲岛。⑥ 萨拉查到菲不久便下令生理人剪去头发。⑦ 这一政令后来引发了萨拉查与维拉的矛盾，后者认为此举极易引发生理人的反感，并在西王的支持下于1587年将这一命令废除。⑧

---

① Wenceslao E. Retana, *Archivo del Bibliófilo Filipino. Recopilación de documentos históricos, científicos, literarios y políticos, y estudios bibliográficos*, Tomo III, Madrid: Imprenta de la Viuda de M. Minuesa de los Ríos, 1897, p. 65.
② 同上书，p. 66。
③ Bibliotheque Nationale de Francia en Paris, Fondos Espagnol. 325.9 (MF 13184), p. 25.
④ Juan Gil, *Los Chinos de Manila, Siglos XVI y XVII*, Lisboa: Centro Cientifico e Cultural de Macau, 2011, p. 399.
⑤ José Antonio Cervera, *Cartas del Parián. Los Chinos de Manila a Finales del Siglo XVI a Través de los Ojos de Juan Cobo y Domingo de Salazar*, México D. F.: Palabra de Clio, 2015, p. 258.
⑥ Wenceslao E. Retana, *Archivo del Bibliófilo Filipino. Recopilación de documentos históricos, científicos, literarios y políticos, y estudios bibliográficos*, Tomo III, Madrid: Imprenta de la Viuda de M. Minuesa de los Ríos, 1897, p. 72-73.
⑦ José Antonio Cervera, *Cartas del Parián. Los Chinos de Manila a Finales del Siglo XVI a Través de los Ojos de Juan Cobo y Domingo de Salazar*, México D. F.: Palabra de Clio, 2015, p. 132.
⑧ Juan Gil, *Los Chinos de Manila, Siglos XVI y XVII*, Lisboa: Centro Cientifico e Cultural de Macau, 2011, p. 429.

另一方面，随着清代明的时代更迭，"汉人长发"逐渐演变为"金钱鼠尾"，在菲西班牙人笔下新的"发式书写"随之产生。驻留新西班牙的学者帕拉福克斯（Palafox）积极与菲岛通信，搜集资料并如此记载："（顺治帝）下诏叫中国人剃发，像鞑靼人一样把头剃光，仅在头顶留一大簇以视区别于土生的鞑靼人。"[①] 因此便知至17世纪中期，中国"长发问题"新的动向已及时为驻菲西班牙人知晓，并将其传播给更大范围的欧洲、美洲。由此，中国发式的"民族身份标志"意味进一步被西班牙书写所强化。

五、结语

中国境内普通平凡的"生理人"群体，在早期全球化语境中则有着至关重要的地位和不可或缺的意义。在跨洋经贸领域，他们深度参与了世界白银资本的流转，推动着商品与物种的交换。在文化领域，海外生理人扮演着"中国"的代言人，传递着具有代表性的中国形象、真实而宝贵的中国信息，也由此成为明清海禁时期欧洲了解中国的重要途径。西班牙人与在菲生理人的接触，是早期现代欧洲探究中国的首次尝试，其规模可观，触及中国文化的多个侧面。这些书写直接影响了《中华大帝国史》《鞑靼征服中国史》《中国近事报道》等欧洲早期汉学书写的形成，也始终构成着欧人"中国观"的精神根源。有关西属菲律宾生理人聚居及活动的记载，多存于马尼拉的西印度综合档案馆，现部分开源可查，亟待挖掘，而更多馆藏文献则仍需实地考察。本研究以西菲馆藏书信为主要文献，参照相关中文史料，望能以历史档案之互鉴，探究中欧跨文化书写之脉络，为早期现代文明交流研究的推进提供有益启示。

---

① 帕莱福：《鞑靼征服中国史　鞑靼中国史　鞑靼战纪》，何高济译，中华书局2008年版，第171页。

奥登堡中国西北考察史新探
——考察日记整理研究报告*

郑丽颖　米哈伊尔·德米特里耶维奇（М. Д. Бухарин）

（敦煌研究院敦煌学信息中心　俄罗斯科学院）

【摘　要】　新见俄罗斯科学院圣彼得堡档案馆藏奥登堡中国西北考察日记记录了考察队途经驿站的位置冲僻，展现了清代新疆完备的邮驿制度；记载了汉族与少数民族的交流和文化融合以及清代新疆多民族的贸易往来和民间交往，为研究清末新疆城镇、地理、水文、交通、贸易、民族交往提供了新材料。本文兼谈奥登堡新疆考察日记与 1914 年新疆考察简要报告异同，可望为国内学者提供资料使用便利。

【关键词】　奥登堡　新疆考察　日记　简要报告　文化交融

奥登堡首次中国西北考察（1909—1910）在考古学界影响深远，但回国后仅在 1914 年公布了《中国新疆考察简要报告》[①]。随着奥登堡档案的不断整理刊布，雪藏百年的奥登堡涉华档案资料重见天日。俄罗斯科学院圣彼得堡档案馆保存着奥登堡中国西北考察日记（1909—1910，以下简称《奥登堡日记》）和中国西北考察笔记

---

* 本文系中国敦煌石窟保护研究基金会项目"俄藏奥登堡敦煌考察档案的数字化"、中国博士后特别资助项目"新见俄藏喀什总领事彼得罗夫斯基信札档案整理与考释（1892—1903）"的阶段性成果。

① Ольденбург С. Ф. *Русская туркестанская экспедиция 1909 - 1910 г. Снаряженная по Высочайшему повелению состоящим под Высочайшим Его Императорского Величества покровительством русским Комитетом для изучения Средней и Восточной Азии. Краткий предварительный предварительный отчет.* СПб: Издание Императорской Академии наук. 1914.

(1909—1910，以下简称"奥登堡笔记"）两份重要档案。① 奥登堡笔记手写稿，全宗号208，卷宗号1，存储单元193，记录了考察队从1909年8月4日离开乌鲁木齐至1910年9月24日到登齐尔的碎片化记录，包括考察路程、抵离城市和抵离时间等元素，但内容不够连贯，部分日期只记录了关键词或古废墟草图。回国后，奥登堡在笔记基础上完成《奥登堡新疆考察日记》（以下简称"日记"），始于1909年6月6日，止于1910年3月5日进入俄境，现存于圣彼得堡档案馆奥登堡档案1号目录下，全宗号208，存储单元162。日记详尽记录了俄国考察队在新疆200余天的考古生活，对百年前新疆古代遗迹的状态和百年前新疆地理地貌做了详细的描述，同时也谈及德国考察队对古遗址的考察挖掘，是了解外国探险家中国西北考察的重要档案，也可作为边疆史地研究的补充资料。

一、日记概述

考察日记全称为《俄国中亚东亚研究委员会指导下的中国新疆考察日记》，这是一份带有强烈公文色彩的日记，每篇日记包含俄国委员会要求记录的抵离时间、抵离地点、人物状态、路况、骑行公里数、花销明细等，语言简练，但无考察细节描写。日记计86页，大部分用墨水笔书写，少量用铅笔书写，经过一百多年已褪色，且奥登堡手写稿字体非常小，并用了大量缩写词，个别字体因笔头用力过度，过粗的字体遮染了两侧的字母，第5页、第10—12页、第43页背面、第64页、第75页背面和第81页因上述问题保存状态较差，难以辨识。日记中还有上下页码不符的情况，似乎可以猜测日记手稿仍有遗失。此外，日记中还出现了标点符号使用不当、缺少时间状语、页码标注错误等问题。第三人称叙事是奥登堡新疆考察日记的写作特点之一。奥登堡在日记中用姓氏称呼自己。当提到全体考察队员时，常用的句式是："奥登堡、杜丁、斯米尔诺夫骑着马，鲍苏克和他们在一起。"② 日记虽用俄文书写，但却使用法语句法结构进行表达，比如"晚上乘马车到乌鲁木齐"③，标点符号也遵循了法语语法

---

① 原件保存于俄罗斯科学院圣彼得堡档案馆，档案编号：СПбФ АРАН. Ф. 208. Оп. 1. Д. 193。
② 档案现存于俄罗斯科学院圣彼得堡档案馆，档案编号：СПбФ АРАН. Ф. 208. Оп. 1. Д. 162. Л. 3об。
③ 档案现存于俄罗斯科学院圣彼得堡档案馆，档案编号：СПбФ АРАН. Ф. 208. Оп. 1. Д. 162. Л. 36。俄语习惯表达为"晚上去乌鲁木齐乘马车"。

规则,如"四点起床,整理行李"①。

（一）日记所见新疆地理

考察队从塔城出发,途经塔城厅、库尔喀喇乌苏厅、迪化府、吐鲁番厅,而后向南到达库车州,最后经喀什出境。日记提到了考察队途经或停歇的新疆古城镇,特别是从塔城托里县到迪化府的交通道路,记录了途经18个驿站的位置冲僻,展现了清代新疆完备的驿站体系,为研究清末新疆城镇、地理、水文、交通提供了新材料。

日记记录了晚清丝绸之路沿线的古城镇名称。如雅玛图台（Ямату）,《嘉庆重修一统志》塔尔巴哈台:"雅玛图台在色拉和洛苏台南一百二十里。"② 据《中国历史地名大辞典》,"雅玛图台,即今新疆托里县南加马特",今位于托里县南庙尔沟镇加玛特村。如鄂伦布拉克（Олон-булак）,清乾隆年间置,清道光《新疆识略》卷二记载鄂伦布拉克"北至塔尔巴哈台所属之乌尔克图布拉克台九十里"③,距离塔尔巴哈台有90里。清《塔尔巴哈台事宜》卷三记鄂伦布拉克卡伦"在乌里雅苏图北稍东八十里"④,约在今新疆克拉玛依市西南前山涝坝一带。如库尔喀喇乌苏（Кур-караусу）,《中国历史地名大辞典》载"库尔喀喇乌苏厅:清光绪十二年（1886）置,属新疆"⑤,又查《西域地名考录》,曰"库尔喀喇乌苏,军台名。位于乌苏市区东"⑥。日记对这些古城镇名称的记录,反映了当时的人文气息和历史脉络,可与中文史料互为参照。

日记记录了驿站间的距离和骑行所用时间,详细记录了驿道的具体走向、路途远近和相互距离。整体而言,奥登堡的测算相对准确。日记称"很难确定从托里到雅尔图的距离",因为"地图也不是很精准","6月6日3点从托里出发……8:30到达雅玛图……走大路大概30俄里"⑦。手里的地图不够准确困扰了奥登堡,他推断从托里到雅玛图有31公里⑧,这一判断和现代经335国道到加玛特村35公里距离相符。1909年7月3日,考察队"5:30动身……9:55到达昆都仑",历时约4.5小时。关于

---

① 档案现存于俄罗斯科学院圣彼得堡档案馆,档案编号:СПбФ АРАН. Ф. 208. Оп. 1. Д. 162. Л. 69。俄语习惯表达为"四点,起床整理行李"。
② 穆彰阿、潘锡恩等纂修:《嘉庆重修一统志》卷519,上海古籍出版社2008年版。
③ 徐松:《钦定新疆识略》,文海出版社1965年版,第621页。
④ 《塔尔巴哈台事宜》卷三,成文出版社1969年版,第262页。
⑤ 中国社会科学院历史研究所史地研究室编:《中国历史地名大辞典》,中国社会科学出版社2005年版,第1330页。
⑥ 钟兴麒:《西域地名考录》,北京图书馆出版社2008年版,第550页。
⑦ 档案现存于俄罗斯科学院圣彼得堡档案馆,档案编号:СПбФ АРАН. Ф. 208. Оп. 1. Д. 162. Л. 3об。
⑧ 1俄里＝1.06公里。

昆都仑,《清代驿站考》记录"昆都仑乌素台,今新疆塔城市托里县南庙尔沟镇昆都仑村",按现代交通从加玛特村经国道到昆都仑村接近26公里,奥登堡判断"从雅玛图到昆都仑有25俄里"①,再次证明奥登堡的判断是正确的。"从沙尔扎克……到鄂伦布拉克,地图上标注的是10俄里,但实际有25俄里",奥登堡判断从沙尔扎克到鄂伦布拉克有26公里,也与实际相符。日记中所记古城方位及相互间的距离可为研究新疆古代交通提供佐证和材料。

日记提到了途经的大小河流,如:"雅玛图河,很少有人知道,水很清澈,很甘甜,非常冰冷,水流很快"②;鄂伦布拉克河"水质不错,只是有点咸"③。日记写到了交通的便利,"从木头沟到喀喇和卓的交通非常方便"④。日记中还有一些河流的名称不清,如格伦威德尔报告提到的乌普林格河(Упренг),奥登堡寻求无果,"没人知道乌普林格河或者听说过相似发音的河流"⑤,根据日记前后内容可判断该河流位于高昌故城和木头沟之间,不太可能是众所周知的木头沟河,也许为其支流,今已消失,尚待考释。

(二)日记所见清政府安抚回民政策

日记记录了1903年焉耆知府刘嘉德为改善民生兴修水利,发展农业,迁库尔勒回民至水草丰美的官办马场台(奥登堡日记作"大墩子附近"),并定名"抚回庄"的史实。1909年12月14日,奥登堡结束在库尔勒的考察,临行前给库尔勒阿克萨卡尔留下200两银子购买手稿,并得到了关于沿途驿站的记录。12月14日下午1点,奥登堡来到杜尔布里克(Дурбулик),因附近有墙壁残垣,奥登堡称之为大墩子,"这里有墙壁残垣,有点像唐代的墩"。日记手稿记录了奥登堡在大墩子附近所见的沟渠状态和焉耆官员采取的措施。

> 靠近大墩子村时,见到一个今年夏天新建的村子,村民刚刚完成搬迁。这里的地方官,利用当地的沟渠翻建农田,将库尔勒贫苦的居民搬迁到这里。我

---

① 档案现存于俄罗斯科学院圣彼得堡档案馆,档案编号:СПбФ АРАН. Ф. 208. Оп. 1. Д. 162. Л. 5.
② 档案现存于俄罗斯科学院圣彼得堡档案馆,档案编号:СПбФ АРАН. Ф. 208. Оп. 1. Д. 162. Л. 3об.
③ 档案现存于俄罗斯科学院圣彼得堡档案馆,档案编号:СПбФ АРАН. Ф. 208. Оп. 1. Д. 162. Л. 5.
④ 档案现存于俄罗斯科学院圣彼得堡档案馆,档案编号:СПбФ АРАН. Ф. 208. Оп. 1. Д. 162. Л. 27.
⑤ 档案现存于俄罗斯科学院圣彼得堡档案馆,档案编号:СПбФ АРАН. Ф. 208. Оп. 1. Д. 162. Л. 27об.

和鲍苏克看到了很多旧沟渠的残留，从库尔勒延伸过来。因为沟渠低于河床，只能废弃了，沟渠应该是光绪二十七年至二十九年建造。两年前，新任地方官继续建造沟渠，从大墩子向南修建了有5公里，因附近有个唐代的墩子而得名。①

大墩子村位于库尔勒至轮台的路上，拉夫罗夫考察报告（1902—1906）中将大墩子村称为杜尔布里克，到1909年奥登堡考察时"这个名称已经不存在了"②。《新疆图志》记载了清政府官员修建这段沟渠的历史。

> 西尼尔渠在城北五十里，导源哈莽沟河。长一百四十里，宽四丈。今灌田二千一百九十亩，枝渠一。
> 谨案，此渠光绪二十七年支付刘嘉德请款创修。导源哈莽沟，流经库尔勒东南戈壁，又曲流五十里，入西尼尔庄地，分枝渠十二道，除喀喇洪有地亩灌溉外，余皆渗入沙碛。喀喇洪渠在城北五里，由西尼尔渠分枝。长四十里，宽二丈。今灌田五百四亩。

以上可以证实奥登堡日记中记录的沟渠为西尼尔渠，在库尔勒城北五十里，系光绪二十九年（1903）焉耆知府刘嘉德向政府请款修建。源头在哈莽沟，流经库尔勒东南戈壁，枝渠十二条，仅剩一条喀喇洪渠用于农田灌溉，其余十一条皆渗入沙碛，因此1909年底奥登堡沿途看到了很多废弃的旧沟渠。1907年当地政府延续了前任知府刘嘉德的做法，将仅剩的喀喇洪渠向南修建5公里，迁居库尔勒的贫困回民到沟渠附近定居，日记生动地记录了清政府安抚回民采取的民族政策，反映了清政府对边疆地区水利建设、经济发展和民族团结的重视。

（三）日记所见新疆民俗文化

从1909年8月4日至1910年2月7日，日记手写稿中记录了奥登堡在焉耆、吐鲁番、库车的考古工作。1910年2月7日考察接近尾声，奥登堡离开库车的返程路上对古遗址的记录相比去程减少了很多，对新疆民俗文化和节日的记录占了较大篇幅。

---

① 档案现存于俄罗斯科学院圣彼得堡档案馆，档案编号：СПбФ АРАН. Ф. 208. Оп. 1. Д. 162. Л. 47。
② 档案现存于俄罗斯科学院圣彼得堡档案馆，档案编号：СПбФ АРАН. Ф. 208. Оп. 1. Д. 162. Л. 46об。

奥登堡日记手写稿中记录了乌沙克塔勒居民有清理壁炉烟道的风俗，"这样神灵才会钻进房间显灵"①。在库尔勒，奥登堡"了解到关于节日彩蛋的细节"②。关于新疆的婚葬习俗，关于那吾肉孜节的来历，关于塔格麻扎的传说，关于哈密梦游者的故事，日记都有详细记录。日记坦言"库尔勒生活的汉族人占多数，他们受过的教育确实要比当地其他民族要好"③，记录了汉族与少数民族的交流和文化的融合。

翻译侯侯陪同奥登堡完成库车考察并护送奥登堡出境，二人单独相处了三个多月，在结束考察的返程路上，侯侯哼唱了哈密、库车、库尔勒等地传唱的民歌，这些民歌历史悠久，保留了浓厚的民族特色。奥登堡在日记中记下了 20 余首新疆民歌，包括爱情歌、劳动歌、历史歌、生活习俗歌、叙事歌等。侯侯一路歌唱一路行，这些民歌成为奥登堡缓解旅途孤独的良药和宝贵记忆，有吐鲁番的、库车的、阿克苏的、喀什的、多兰的、和田的，奥登堡惊讶于侯侯"总是能听出各种音乐的细微差别"④。日记记录了哈密民歌"Атам мене чеху келип; Ямбо тапамдур; Бiј бенде öлип калсан; Кумдын тапамдур"⑤，采用了自问自答的表现形式，简洁明了，前后押韵，风格活跃而有趣；爱情歌"Қара кара карлағач; Учсан менын јанымдын уч; Қанатымға хат келай Елип барып јарымға тут"⑥，古朴短小，感情质朴，朗朗上口；歌颂母亲的叙事歌"Карлағач кара ниме; Қанатыдын айрылмасун; Қызбала аджиз ниме; Анасыдын айрылмасун"⑦，用"母亲对于子女就如翅膀对于燕子一样重要"的道理，歌颂了母亲的伟大，浅显易懂，寓意深刻；莎车民谣"Чихиль-тен чихиль-тен'емесму; Чихиль-тен јек-тен'емесму; Чихиль-тенлернын; даасы Јуртка демак емес му"⑧，节奏欢快，口口相传；察色克的童谣"Бала тугдум беши јок, Закалагали лата јок, Лата диген

---

① 档案现存于俄罗斯科学院圣彼得堡档案馆，档案编号：СПбФ АРАН. Ф. 208. Оп. 1. Д. 162. Л. 42。
② 档案现存于俄罗斯科学院圣彼得堡档案馆，档案编号：СПбФ АРАН. Ф. 208. Оп. 1. Д. 162. Л. 42об。
③ 档案现存于俄罗斯科学院圣彼得堡档案馆，档案编号：СПбФ АРАН. Ф. 208. Оп. 1. Д. 162. Л. 45。
④ 档案现存于俄罗斯科学院圣彼得堡档案馆，档案编号：СПбФ АРАН. Ф. 208. Оп. 1. Д. 162. Л. 80。
⑤ 档案现存于俄罗斯科学院圣彼得堡档案馆，档案编号：СПбФ АРАН. Ф. 208. Оп. 1. Д. 162. Л. 42。歌词大意：我的爸爸。不知他是否找到了银锭子？如果快要饿死了，那就到沙子里找找。
⑥ 档案现存于俄罗斯科学院圣彼得堡档案馆，档案编号：СПбФ АРАН. Ф. 208. Оп. 1. Д. 162. Л. 42。歌词大意：黑色的燕子，你在我的身边环绕，放一封信在你的嘴里，把它送给我的爱人。
⑦ 档案现存于俄罗斯科学院圣彼得堡档案馆，档案编号：СПбФ АРАН. Ф. 208. Оп. 1. Д. 162. Л. 42。歌词大意：黑色的燕子，不能失去翅膀。弱小的姑娘，不能失去母亲。
⑧ 档案现存于俄罗斯科学院圣彼得堡档案馆，档案编号：СПбФ АРАН. Ф. 208. Оп. 1. Д. 162. Л. 49。歌词大意：打了一个喷嚏，又打了一个喷嚏，打了喷嚏就是先兆。打了喷嚏就要祷告，这里的社会就得这样。

öгзиде, Чикай дисем шота jok, Jok jok jok jok, Jokka нime jok, Арык деки сума jok"①，记录了农村生活的生动景象，反映了当地居民生活现状。这些为探寻新疆民歌的传播途径、传唱人群，进行新疆民歌溯源研究提供了新材料，也充分反映了新疆民族文化、生活习俗的密切融合，传承千年，在调节生活、传承文化、凝聚认同、促进和谐等方面具有极高的文学和艺术价值。

（四）日记所见新疆物价和丝绸之路贸易

奥登堡细心地记录下全程的花销，记录了清末新疆城市与农村的物产和物价水平，与当地的交通、经济发展水平和交通条件不无关系。在雅玛图，考察队"花了4卢布买了羊肉准备了晚餐，犒劳一下疲倦的车队……晚上在汉人那里买了鸡蛋，4戈比一个，只买了40戈比的燃料，因为太贵了"②。在乌兰乌苏，"食物很贵，很难买到肉"③。日记中以铁皮、酪乳、葡萄干、土地为例，反映了清末新疆物价的飞涨，"库车的铁皮是9两银子100斤，铁匠加工过的铁皮是1张2.5钱，也就是100张25两银子。酪乳100斤14两银子，手工的15两银子，贵一点。10年前酪乳才8—9两银子。葡萄干现在是6.5两银子100斤。10年前是2—2.5两银子。1亩地值5—6两，现在是30—40两，有时还能卖到200两银子"④。在托克逊木柴昂贵，要2两银子，皮袄的质量非常好，物美价廉，奥登堡以每件3.5两银子的价格买了两件⑤。

考察队沿着丝绸之路贸易古道行走，日记记录了清代新疆多民族的贸易往来和民间交往，展现了古丝路贸易的繁荣景象。在从塔城到乌鲁木齐的路上，考察队看到了往来贸易的柯尔克孜人和蒙古商人，"见到了一些库尔干人，还有柯尔克孜人和蒙古人"⑥。1909年7月5日在鄂伦布拉克，"晚上碰到了去塔城的汉人车队，是运毛料的商队"⑦。9月29日，考察队来到吐鲁番旧城，"吐鲁番绿洲的活力和人声鼎沸惊讶了

---

① 档案现存于俄罗斯科学院圣彼得堡档案馆，档案编号：СПбФ АРАН. Ф. 208. Оп. 1. Д. 162. Л. 78。歌词大意：生个小孩没有脑袋，想要包裹没有布匹；布匹在房顶上，想要爬上去没有梯子；没有没有没有没有，什么都没有。连沟渠里都没有水，没有没有没有没有。
② 档案现存于俄罗斯科学院圣彼得堡档案馆，档案编号：СПбФ АРАН. Ф. 208. Оп. 1. Д. 162. Л. 4。
③ 档案现存于俄罗斯科学院圣彼得堡档案馆，档案编号：СПбФ АРАН. Ф. 208. Оп. 1. Д. 162. Л. 7。
④ 档案现存于俄罗斯科学院圣彼得堡档案馆，档案编号：СПбФ АРАН. Ф. 208. Оп. 1. Д. 162. Л. 37об。
⑤ 档案现存于俄罗斯科学院圣彼得堡档案馆，档案编号：СПбФ АРАН. Ф. 208. Оп. 1. Д. 162. Л. 40。
⑥ 档案现存于俄罗斯科学院圣彼得堡档案馆，档案编号：СПбФ АРАН. Ф. 208. Оп. 1. Д. 162. Л. 4。
⑦ 档案现存于俄罗斯科学院圣彼得堡档案馆，档案编号：СПбФ АРАН. Ф. 208. Оп. 1. Д. 162. Л. 5об。

我们。吐鲁番的巴扎也很大,里面售卖着各种商品,俄国商人也在里面讨价还价"[1],记录了吐鲁番繁荣的贸易景象。在库车巴扎,"周五是赶集的日子,非常热闹,这里售卖着琳琅满目的商品,中间是大店铺,汉族商人和来自各地的商人都在这里交易着货品,周围是一些小店铺,有马掌铺、瓷器铺、帽子铺、面包铺等等,热闹非凡"[2],记录了库车巴扎按照商品类别设立铺面的传统,记录了千年古道上集市贸易的景象,见证了新疆商贸发展史。

(五)日记所见收购文物及手稿

奥登堡新疆收集品中部分手稿和文物源自民间收购。关于奥登堡在新疆各城镇古废墟和遗址挖掘所获文物,学界已有部分研究。而考察队在民间收购的古代手稿和文物,至今未见较多揭示,日记较为详实地记载了这部分内容。日记所见奥登堡收购的手稿一是来自当地居民、文物贩子的兜售,收购价格在1—10两银子;二是对阿克萨卡尔收藏手稿的收购,收购价格在15—40两银子;三是奥登堡借乌鲁木齐领事馆之力收购地方官所藏手稿。

当地居民听说来了俄国考察队,纷纷拿来自己的文物售卖。"1909年10月17日,我们结束了在高昌故城的考察。有人找来售卖刺绣和手稿残片,还有一份回鹘文文献。"[3] 在焉耆,奥登堡"买了一本编年史,花了3两,买了两本书,两个写着回鹘题字的小木板,1.5两银子,还有来自交河故城的小木板"[4]。这些碎小片段充分显示出在外国探险家的刺激下,在新疆部分古城镇和古废墟周围地区贩卖文物和手稿俨然已成为一门生意。当地的文物贩子把文物炒到高价,专门卖给往来的外国探险家,拉克伯就是其中的一位,他曾跟过格伦威德尔和斯坦因。奥登堡在喀喇和卓见到了拉克伯,价格压到10两银子,"其他小文物花了不到1两银子"[5]。1909年10月18日在胜金口时,当地居民带来了萨尔塔语手稿,奥登堡决定买下来,"很快有人带来了手稿,是萨尔塔语,内容是对爱人的思念(鲍苏克解释说),我决定买下来"[6]。11月17日在吐峪沟麻扎考察期间,拉克伯的父亲来兜售手稿,奥登堡"给了3两银子买下了拉

---

[1] 档案现存于俄罗斯科学院圣彼得堡档案馆,档案编号:СПбФ АРАН. Ф. 208. Оп. 1. Д. 162. Л. 23。
[2] 档案现存于俄罗斯科学院圣彼得堡档案馆,档案编号:СПбФ АРАН. Ф. 208. Оп. 1. Д. 162. Л. 53об。
[3] 档案现存于俄罗斯科学院圣彼得堡档案馆,档案编号:СПбФ АРАН. Ф. 208. Оп. 1. Д. 162. Л. 27。
[4] 档案现存于俄罗斯科学院圣彼得堡档案馆,档案编号:СПбФ АРАН. Ф. 208. Оп. 1. Д. 162. Л. 24。
[5] 档案现存于俄罗斯科学院圣彼得堡档案馆,档案编号:СПбФ АРАН. Ф. 208. Оп. 1. Д. 162. Л. 26об。
[6] 档案现存于俄罗斯科学院圣彼得堡档案馆,档案编号:СПбФ АРАН. Ф. 208. Оп. 1. Д. 162. Л. 27。

克伯父亲带来的小册子，记录的是新疆民间歌谣"①。麻扎看守人也向奥登堡兜售了手稿，"手稿很短，竟然要50两银子，经过不断地讨价还价，我用5两银子买到了这份手稿"②。

除了从民间收购，俄国在新疆绿洲城市所设代理阿克萨卡尔③也是奥登堡文物收集的重要来源。10月12日，出发去喀喇和卓前，奥登堡"花了15两银子在阿克萨卡尔那买了手稿，他又带来了三个佛头"④，28日在阿克萨卡尔手里"买了些小玩意和一些手稿，花了6两银子"⑤。在库车，奥登堡花了40两银子从阿克萨卡尔手里买了金色佛像，7两银子买了汉文手稿、回鹘文手稿和木板刻字的模子⑥，一本传记3两银子。1909年12月1日和10日，奥登堡分别给库车和库尔勒的阿克萨卡尔留下100两和200两银子用于购买手稿。

得知吐鲁番已故地方官曾炳潢的儿子手中有三箱手稿后，奥登堡游说吐鲁番阿克萨卡尔说服地方官的儿子卖给考察队。尽管奥登堡与吐鲁番官员因价格没有达成交易，但最后在乌鲁木齐领事科洛特科夫代理的公关下，拿到了官员手里大量保存完好的回鹘文手稿，对照科洛特科夫与奥登堡的信函档案，可以完整复原这段史实。⑦

纵观日记全文不难发现，奥登堡考察前期非常节省，在购买手稿上谨慎行事，从库车返程时还剩下很多银两，奥登堡将300两银子留给阿克萨卡尔用于购买手稿，并请求地方官员给库尔勒的阿克萨卡尔办理了护照，继续收购手稿，以此延续新疆考察的"生命"。

（六）日记所见新疆邮驿制度

"泰西诸国有邮政而无驿站，中国则驰传置驿，遍于京外各行省。二者同物而异名，然其制有属官、属民之分，即其效有为公、为私之别。新疆广输二万余里，邮亭

---

① 档案现存于俄罗斯科学院圣彼得堡档案馆，档案编号：СПбФ АРАН. Ф. 208. Оп. 1. Д. 162. Л. 31об。
② 档案现存于俄罗斯科学院圣彼得堡档案馆，档案编号：СПбФ АРАН. Ф. 208. Оп. 1. Д. 162. Л. 31об。
③ 阿克萨卡尔，古突厥语音译，意为"白胡子老者"，引申为首领、族长、德高望重的长者，亦称"商约""商总"或"乡约"。清时俄国驻新疆领事馆为各城镇委派的代理人。
④ 档案现存于俄罗斯科学院圣彼得堡档案馆，档案编号：СПбФ АРАН. Ф. 208. Оп. 1. Д. 162. Л. 26。
⑤ 档案现存于俄罗斯科学院圣彼得堡档案馆，档案编号：СПбФ АРАН. Ф. 208. Оп. 1. Д. 162. Л. 29。
⑥ 档案现存于俄罗斯科学院圣彼得堡档案馆，档案编号：СПбФ АРАН. Ф. 208. Оп. 1. Д. 162. Л. 37об。
⑦ 科洛特科夫致奥登堡的信函（1910年5月20日），原件藏于俄罗斯科学院圣彼得堡档案馆，档案编号：СПбФ АРАН. Ф. 208. Оп. 30. Д. 305. Л. 36-39。

二百,驿卒千人,官公文书,乘传络驿,交通其制,亦完且具矣。"① 得益于中国一脉相承的邮驿制度,在新疆广袤的土地上置邮亭二百,驿站传递员上千人,即使在偏僻的村落,奥登堡依旧可以收到来自欧洲的信函,解决了远距离通信的问题。奥登堡新疆游历期间,中国官员将其视为座上宾,优待有加,信函大抵会以官文方式传递,保证了实效。

在新疆考察期间,奥登堡和圣彼得堡的联络非常顺畅。奥登堡与队员及时向圣彼得堡传递考察情况和进展,汇报考察计划变化,如1909年7月20日和8月1日致俄国委员会主席拉德洛夫函商同意两名队员提前返程,"队员卡门斯基因病回国,同时带回国的还有科洛特科夫捐赠给皇家科学院的手稿和文物等"。杜丁1909年8月3日致俄国委员会主席的函中通报了和乌鲁木齐领事科洛特科夫商量后的考察路线,"考察队接下来的路线为焉耆—吐鲁番—焉耆—库尔勒—库车—拜城—阿克苏—吐鲁番—巴楚—喀什,此外,拟于8月4日从乌鲁木齐向焉耆出发"②。1909年9月8日,奥登堡向圣彼得堡汇报了8月18日后在乌鲁木齐至焉耆段的考察情况,以及在焉耆城郊的发现③。

因奥登堡考察队采取兵分两路的方式,通信和电报成为考察队员在新疆沟通行程的重要方式。考察期间,奥登堡与队员杜丁书信及电报11通,与队员斯米尔诺夫通信3通,谈及在吐鲁番的考察安排、文物手稿的运输、花销及出境安排、图纸抵离时间、回国后的安排等重要内容。

考察期间奥登堡与科洛特科夫在新疆的通信和电报就有30通,便利的通信条件使奥登堡可以随时与科洛特科夫沟通有无,取得领事馆的协助。比如上文提到的奥登堡因地方官儿子要价太高放弃收购手稿后,科洛特科夫立即派当地代理前去公关,并拿到一大批回鹘文手稿。俄驻乌鲁木齐领事馆和各绿洲城市的阿克萨卡尔是考察队与彼得堡联络的信息中转站和信函传递员,"1909年10月29日在胜金口收到了彼得堡和乌鲁木齐的电报"④,"10月30日收到了科洛特科夫22日的信函"⑤。信函从欧洲经塞米巴拉金斯克转塔城分局寄到迪化总局,再经乌鲁木齐领事馆中转至距离考察队最

---

① 王树枬等纂修:《新疆图志》,朱玉麒等整理,上海古籍出版社2015年版,第1662—1663页。
② 俄国委员会会议纪要1909年第3期第49条。
③ 俄国委员会会议纪要1909年第3期第69条。
④ 档案现存于俄罗斯科学院圣彼得堡档案馆,档案编号:СПбФ АРАН. Ф. 208. Оп. 1. Д. 162. Л. 29。
⑤ 详见科洛特科夫致奥登堡的信函(1909年10月22日),档案编号:原件藏于俄罗斯科学院档案馆圣彼得堡分馆,档案编号:СПбФ АРАН. Ф. 208. Оп. 30. Д. 305. Л. 18-18об。

近的分局,如东南路的吐鲁番分局、南路的焉耆分局和库车分局①。日记中写到奥登堡因吐鲁番的阿克萨卡尔耽误了信函而向科洛特科夫抱怨②,可推测从领事馆转来的信函由当地的阿克萨卡尔代为签收,翻译侯侯择时去城里取回③。日记中可推算信函从乌鲁木齐寄到吐鲁番只需要 8—10 天,寄到库尔勒需要 10—12 天。日记详细记录了吐鲁番电报员月收入有 25 两④,可进一步探讨邮驿制度下驿务人员的薪酬水平。

自光绪十七年(1891)新疆创设电报线以来,"环球消息,迩若庭户","全疆边报迅捷,瞬息万里"。当考察队或彼得堡方有急事相告则会采取电报,如奥登堡与科洛特科夫沟通返程事宜,与杜丁沟通文物运输问题,包括 1909 年 12 月 23 日奥登堡在库车收到了母亲离世的消息,都采用了电报传讯的方式。此外,乌鲁木齐领事科洛特科夫不定期向奥登堡寄送国内的报纸,方便奥登堡了解俄国国内的大小事件和局势。可以说,没有新疆完整的邮驿制度,奥登堡考察队会遭遇很多困难,信息的及时传递解决了考察队的很多细节问题,节省了等待时间,使奥登堡的考察活动达到了理想的效果。

(七) 日记所见德国考察队活动

与德国考察队同事带回的丰硕成果相比,奥登堡考察队收集品的规模要小很多。德国考察队以合作为名拿到了俄国委员会的新疆考察计划,并捷足先登在奥登堡到达前掳走了大量文物。日记记录了奥登堡对德国考察报告的怀疑。1909 年 10 月 6 日 9 点抵达小桃沟后,奥登堡便开始逐一查验格伦威德尔 1906 年考察报告⑤中提到的古迹,"我们怎么都理解不了他对废墟所作的描写,其中有很多不合逻辑的地方,也许是因为他只在这一天的时间,看完一遍后留给我们很多疑惑",发现报告和实况有所不同。从日记记录可以明显看出,德国考察队对新疆文物的抢夺大于科学研究,丰富柏林博物馆馆藏是格伦威德尔和勒柯克的主要目的。奥登堡在德国考察队洗劫过的古城废墟,如七个星佛寺、小桃沟、交河故城、高昌故城、库木吐喇拿到的多是手稿残片、壁画残片或雕像局部。日记亦可见勒柯克疯狂掠夺各大古迹废墟文物壁画后留下

---

① 王树枏等纂修:《新疆图志》,朱玉麒等整理,上海古籍出版社 2015 年版,第 1623 页。
② 档案现存于俄罗斯科学院圣彼得堡档案馆,档案编号:СПбФ АРАН. Ф. 208. Оп. 1. Д. 162. Л. 29。
③ 档案现存于俄罗斯科学院圣彼得堡档案馆,档案编号:СПбФ АРАН. Ф. 208. Оп. 1. Д. 162. Л. 33。
④ 档案现存于俄罗斯科学院圣彼得堡档案馆,档案编号:СПбФ АРАН. Ф. 208. Оп. 1. Д. 162. Л. 40。
⑤ Grünwedel A. *Bericht über archäologische Arbeiten in Idikutschari und Umgebung im Winter 1902 - 1903* // Abhandlungen der Königlichen Bayerischen Akademie der Wissenschaften. 1. Kl. 1906 - 1909. Bd 25. Abt. 1 (1906). pp. 168 - 170.

的残局。① 在七个星佛寺的 K13,"这里已经被挖过了,垃圾和土层混合在了一起"②,奥登堡无法根据土层判断历史年代,只能清理散落在洞窟地面的手稿残片。1910 年 1 月 22 日在克孜尔,"德国的强盗们太坏了,格伦威德尔在洞窟中绘画和写字",日记充满了对德国考察队粗暴式考古的记录。

二、与奥登堡《1914 简要报告》异同

1914 年,奥登堡发布了《中国新疆考察简要报告》(以下简称《1914 简要报告》),报告共 208 页,按照考察队行走路线顺序分"圣彼得堡到七个星""焉耆地区""吐鲁番地区""库车地区"四章,第二章到第四章分别讲述考察队对七个星、焉耆、吐鲁番的古代遗迹和废墟所做的考察和挖掘。《1914 简要报告》和《奥登堡日记》在内容上侧重各有不同,是了解奥登堡中国新疆考察的重要档案,在此做简要对比,可望为国内学者提供资料使用便利。

《1914 简要报告》开篇介绍了考察队的人员构成、路途状况、乘坐交通工具、途中接触的中俄官员及重要人物,"考察队通过铁路到达中亚,俄国驻乌鲁木齐领事科洛特科夫在城外迎接考察队一行"③。但《1914 简要报告》中对柴窝堡以及在乌沙克塔勒(Ушак-тал)的挖掘一笔带过,而在《奥登堡日记》中却有非常详细的记录,日记详细记录了考察队在乌沙克塔勒挖掘的经过和细节,记录了乌沙克塔勒洞窟的尺寸,并对洞窟中发现的手稿残片做了分析和研究。这部分内容用铅笔记录,只是第 11 页和第 12 页严重褪色,给阅读和辨识带来了很大难度。此外,在考察队到达七个星工作前,奥登堡在日记中用大量篇幅对沿途自然环境做了描写。《1914 简要报告》第二章《焉耆地区》记录了 20 世纪初焉耆地区的古代遗迹保存状态,对七个星周围的村落描写颇多。这部分④与《奥登堡日记》(第 13—23 页)内容完全吻合。1995 年,季雅科诺夫整理并发表《奥登堡在七个星考察》⑤,公布了《1914 简要报告》和《奥登堡日记》的这部分内容。《1914 简要报告》第三章《吐鲁番地区》记录了 20 世纪初

---

① 郑丽颖:《近代俄国和德国在吐鲁番考古领域的合作与冲突》,《西域研究》2024 年第 1 期。
② 档案现存于俄罗斯科学院圣彼得堡档案馆,档案编号:СПбФ АРАН. Ф. 208. Оп. 1. Д. 162. Л. 19。
③ Ольденбург С. Ф. *Русская Туркестанская экспедиция 1909 - 1910г.* 1914. С. 3.
④ Ольденбург С. Ф. *Русская Туркестанская экспедиция 1909 - 1910г.* С. 3 - 21.
⑤ Дьяконова Н. В. *Шикшин Материалы Первой Русской Туркестанской экспедиции академика С. Ф. Ольденбурга 1909 - 1910 гг.* 1995. С. 100 - 105.

吐鲁番地区的古代遗迹保存状态，考察队在这里对交河故城和高昌故城做了重点考察，此外阿斯塔纳的台藏塔、吐鲁番以北的库鲁特卡、胜金口、柏孜克里克、木头沟、吐峪沟麻扎、色尔琴甫、连木沁也是考察队重点挖掘和考察的区域。奥登堡在《1914简要报告》①中提到，考察队对一处寺庙做了清理，而后对附近的洞窟和木质房屋做了介绍。《奥登堡日记》中却没有关于交河故城考察的记录。笔者猜测这部分内容可能基于考察队队员杜丁拍摄的大量照片和斯米尔诺夫绘制的图纸资料完成。

关于在吐鲁番旧城的工作，《1914简要报告》用一整段描写了吐鲁番旧城②，随后对高昌故城做了详细记录③，报告后附有三张壁画和古代遗迹的平面图（第28—30页）。在《奥登堡日记》中，奥登堡通报了在小桃沟（Курутка）的工作（第24页正反面）④，并提到了格伦威德尔对这处遗迹的研究，同时对古代遗迹中的壁画做了描写（第25页背面），整体上与《1914简要报告》内容相符。关于在胜金口的工作，《奥登堡日记》记录高昌故城的考察工作后紧接着介绍在胜金口（第37—44页）的工作，在《1914简要报告》中接下来却记录了阿斯塔那的台藏塔（тайзан）（第29—32页）。可以看出《奥登堡日记》对考察工作记录的顺序和《1914简要报告》中的考察进程没有完全吻合。正如《奥登堡日记》指出的一样，考察队在高昌故城工作时，还去了吐峪沟麻扎和胜金口考察。《1914简要报告》中关于胜金口的工作占用了大量的篇幅⑤，奥登堡在《奥登堡日记》第27页对胜金口的工作内容一笔带过，转即介绍考察队在柏孜克里克木头沟的工作（第44—48页）。可以推测出，奥登堡在其他材料基础上完成《1914简要报告》中考察队在胜金口的考察内容。此外《奥登堡日记》没有关于木头沟附近三处古代遗迹的考察记录，《1914简要报告》关于这几处遗迹的记录⑥有可能来自队员斯米尔诺夫的考察日记。吐鲁番考察途中，奥登堡委派队员斯米尔诺夫到七康湖（Чикан-кёль）考察，《奥登堡日记》有所记录。关于考察队在吐峪沟麻扎的工作⑦，《1914简要报告》和《奥登堡日记》（第30页）都有所记录。结束吐峪沟工作后，考察队转战高昌故城的喀喇和卓，并再次返回赤康和别什布哈考察。从《奥登堡日记》可以看出，接下来斯米尔诺夫和杜丁经吐鲁番返回俄国，奥登堡独自留在高昌

---

① Ольденбург С. Ф. Русская Туркестанская экспедиция 1909 – 1910г. С. 23.
② Ольденбург С. Ф. Русская Туркестанская экспедиция 1909 – 1910г. С. 25.
③ Ольденбург С. Ф. Русская Туркестанская экспедиция 1909 – 1910г. С. 25 – 29.
④ Ольденбург С. Ф. Русская Туркестанская экспедиция 1909 – 1910г. С. 24.
⑤ Ольденбург С. Ф. Русская Туркестанская экспедиция 1909 – 1910г. С. 27 – 34.
⑥ Ольденбург С. Ф. Русская Туркестанская экспедиция 1909 – 1910г. С. 49 – 50.
⑦ Ольденбург С. Ф. Русская Туркестанская экспедиция 1909 – 1910г. С. 50 – 53.

故城考察。结束在吐鲁番及其郊区的工作后,奥登堡去了色尔克甫和连木沁峡谷,《1914简要报告》和《奥登堡日记》(第34—36页)都有所记录。最后《奥登堡日记》谈到了奥登堡再次对已经到过的遗址进行了考察。关于考察队在库车及其郊区的考察情况,《1914简要报告》(第56页)记录了奥登堡和翻译侯侯在明田阿达(Минтен-ат)、苏巴什(Субаши)、鄯善(Сым-сым)、奇里什(Криш)、克孜尔尕哈(Кызыл-карга)、克孜尔(Кызыл)、库木吐喇(Кумтура)、塔吉克(Таджик)、托尔卡克雷科(Торгаклык-акын)、达湾库木沙漠(Даван-кум)的科尼沙尔(конешар пустыни)的考察情况,末尾介绍了考察队在吐鲁番发现的手稿残片①,这部分内容和日记的第二部分(第51页)内容相符。

表1 《奥登堡日记》和《1914简要报告》对比

区域	《奥登堡日记》	《1914简要报告》
开篇	在乌沙克塔勒挖掘的经过和细节,记录了乌沙克塔勒洞窟的尺寸,并对洞窟中发现的手稿残片做了分析和研究	对乌沙克塔勒一笔带过
乌鲁木齐至七个星	沿途自然环境做了描写	无
焉耆地区	都有记录且内容相似	无
交河故城	无记录	有记录
	对小桃沟的考察,以及格伦威德尔对这处遗迹的研究,对壁画做了描写	对吐鲁番旧城和高昌故城做了详细记录,附三张壁画和古代遗迹的平面图
	高昌故城后接胜金口	高昌故城后接台藏塔
胜金口	一笔带过	记录了考察队在胜金口的活动
木头沟	没有木头沟三处古代遗迹的考察记录	有三处古代遗迹的考察记录
七康湖	斯米尔诺夫在七康湖的考察活动	无
吐峪沟麻扎	都有记录且内容相似	无
连木沁峡谷	都有记录且内容相似	无
库车地区	按时间先后顺序记录每天的考察情况	按地区分类,介绍在苏巴什、克孜尔尕哈等地的考察情况
吐鲁番	都有记录且内容相似	无

---

① Ольденбург С. Ф. Русская Туркестанская экспедиция 1909-1910 г. С. 74-81.

续表

区域	《奥登堡日记》	《1914 简要报告》
	考察队的花销及汇率	无
库车到喀什	记录了这段区间内的古代遗迹	无
途中村落	考察途中的村落描写	无

《奥登堡日记》中记录的走访古迹的顺序和报告中的顺序不相符：在日记中，奥登堡先到库木吐喇，后到克孜尔；而在《1914 简要报告》中，先提到了克孜尔，而后是库木吐喇。尽管《奥登堡日记》关于考古和佛教艺术的信息相对较少，但却有大量关于沿途环境的真实记录，描写了考察过程的很多细节，这些在《1914 简要报告》中是没有的，比如说关于新疆各民族文化和新疆民歌的记录。《奥登堡日记》详细记录了考察队的每一笔花销，购买物品的价格及当时的汇率。日记中提到的很多古代遗迹在《1914 简要报告》中没有出现过，这是两者最大的区别。此外，在《1914 简要报告》中没有记录考察队回程时从库车到喀什之间的古代遗迹。奥登堡在《奥登堡日记》中对考察队途经的大量村落做了细致描写。

综上，奥登堡 20 世纪初在我国西北地区考察后撰写的新疆考察日记不仅是考察全过程和遗址文物百年前状态的完整记录，更彰显了我国丰富的民族文化和优秀传统文化的深厚底蕴，展现了清代新疆多民族的贸易往来和民间交往，以及完整的邮驿系统，为研究清末新疆城镇、地理、水文、交通、贸易、民族交往提供了新材料，其学术价值和文化价值不言而喻。中俄学者深入合作，在国内完整公布奥登堡新疆考察日记，激活这份"被遗忘被忽略"的考古成果是当务之急。

"腹心实则藩篱益固"
——清代甘肃边储与西北边疆的关系研究*

邓 涛
（上海交通大学马克思主义学院）

【摘 要】 清代甘肃同藩部地带广泛接壤，是清朝唯一一个同新疆、漠南蒙古、阿拉善蒙古、青海蒙古、西番等藩部地带皆接壤的直省，既是清朝统一西北边疆的前沿，也是大一统之后清朝管理西北边疆的后方。基于清代甘肃独特的地理区位和重要的战略地位，清人对甘肃物资贮存的重要性和边疆性有着清晰的认识。也因此，本文称呼甘肃地区用以边疆经略的物资贮存为"边储"，而"边储"一词亦在清代涉及甘肃物资贮存的史料中广泛存在。清朝采取了多种措施，以保障甘肃地区的边储。甘肃边储与清朝西北边疆经略的关系，体现了清代直省与藩部的辩证关系，即藩部是直省的藩篱，直省则是藩部的后方和依托，大一统局面的形成和巩固，离不开直省的全方位支撑。

【关键词】 清代 甘肃 边储 边疆 经略

《（乾隆）甘肃通志》评价甘肃"疆域最广，东接关中，西控边徼"[①]，是边疆和内地的过渡地带。左宗棠亦曾评价甘肃地区，"地当西陲冲要，南北界连藩服、荒服"[②]，

---

* 本文系国家社科基金重大历史专项"中国古代边疆治理的实践及得失研究"（22VLS010）的阶段性成果。

[①] 许容：《（乾隆）甘肃通志》，兰州大学出版社2018年版，第72页。
[②] 左宗棠：《左宗棠全集》，岳麓书社2009年版，第511页。

是直省的边缘。因甘肃在西北地区特殊的地理位置,该地在清朝西北边疆经略中地位重要。关于清代甘肃边储在西北边疆经略中的作用,以往有部分研究涉及。有文章论及清朝统一西藏时甘肃地区的物资储备①,有的论及清朝平定准噶尔中的甘肃粮饷供应②,有的论及清代甘肃敦煌地区在清朝新疆经略中的地位③,还有研究提到"新疆在经济上无法脱离陕甘两省的后援……"④,认为甘肃是清朝经营新疆的经济依托。综观以往研究,虽有部分研究涉及清代甘肃边储与西北边疆的关系,但立足整个清代,研究清代甘肃边储的类型和来源、甘肃边储的边疆性特征等方面的文章尚未见到,故本文专题研究之。

一、清人对甘肃边储重要性的认知

甘肃的西北方向,安西地区与新疆接壤。西南方向,同青海蒙古广泛接壤。东北方向,"阿拉善、额鲁特旗,在贺兰山之西,其游牧当甘肃宁夏府、凉州府、甘州府边外"⑤,阿拉善蒙古同甘肃东北府州县接壤。漠南蒙古鄂尔多斯部,同甘肃宁夏地区交接。此外,甘肃北部还同漠北蒙古接近,如漠北蒙古札萨克图汗"南至甘肃安西州及额济纳土尔扈特旗界北"⑥。甘肃西南方向亦同西番广泛接壤,如洮州地区"西控生番,北枕番族,南通叠部,惟正东一面毗连新城……华夷之枢纽也"⑦,是直省与藩部的接壤地带。又如甘肃河州地区,"控青海之门户,扼黄河之险塞,界连川省,控制番夷"⑧。道光六年(1826),清廷提道:"前因甘省控制新疆,固原及河州一带均系回民杂处,不可无大员镇守。"⑨ 可见,甘肃地区的官员设置,同新疆局势密切相关。实际上,不仅仅是新疆回部,清朝经略甘肃周边的藩部,都离不开甘肃地区的支撑。有研究认为:"甘肃作为西北之中枢,在清帝国保卫西北边防,经营西疆的战略中具有特殊

---

① 赵珍:《论康熙末年清军两次入藏的战略选择》,《清史研究》2002年第4期。
② 汤代佳:《试论甘肃在平准之战中的地位》,《甘肃社会科学》2000年第4期。
③ 邓涛:《清朝兴复敦煌的现实及历史原因——兼论敦煌在清朝新疆经略中的作用》,《敦煌研究》2020年第6期。
④ 苏德毕力格:《晚清政府对新疆、蒙古和西藏政策研究》,内蒙古人民出版社2005年版,第60页。
⑤ 魏源辑:《皇朝经世文编》,载《魏源全集》第17册,岳麓书社2004年版,第406页。
⑥ 《清朝续文献通考》,载《续修四库全书》第820册,上海古籍出版社1996年版,第116页。
⑦ 张彦笃:《(光绪)洮州厅志》,成文出版社1970年版,第108页。
⑧ 王纲编:《大清历朝实录四川史料》,电子科技大学出版社1991年版,第466页。
⑨ 《清宣宗实录》卷105,中华书局1985年版,第72页。

重要的地位……"①

清朝地方仓储可用于军事或民事领域，甘肃地区亦是如此。如乾隆十三年（1748），清廷提道："西安、甘肃沿边积贮，兼备军糈。"②乾隆二十四年（1759），乾隆帝提道："甘省现值歉收，军储与民食，正当并重。"③由于清廷在甘肃的物资储备本身就具有多种功用，也因此，我们很难对清朝在甘肃的每一次储备进行功能区分。但基于甘肃的地理位置及其同藩部的联系，甘肃地区物资储备相比内地，具有较为鲜明的军事功用和边疆属性。《（光绪）甘肃新通志》评价"甘省据天下上游，有高屋建瓴之势……惟广储粮饷，选练精兵，外可接应新疆，内可捍蔽关中"④，认为甘肃地区粮饷储备是经略边疆和保卫中原的依托。无论是清前期还是清后期，清廷皆十分重视甘肃地区的物资储备，且主要是出于经略西北边疆的需要，故本文称之为"边储"。而"边储"一词，也经常被清朝君臣用以指称甘肃地区的物资储备，如乾隆七年（1742），甘肃巡抚黄廷桂等人提到"边储为河西第一要务，必当先事绸缪"⑤，将甘肃地区的边储放在首要位置。

清人对甘肃边储在边疆经略中的地位有着清晰的认识，这一地位并非源于清代，即如清人陆秉枢评价甘肃宁夏："自秦汉唐以来，为边塞积储军实之地。"⑥清人梁恭辰亦曾曰："每年西北各省协济新疆饷银数百万，皆由甘肃转输，故藩库规制之崇宏，甲于各直省。"⑦因为甘肃在经略新疆上后勤地位重要，故甘肃藩库规模大于他省。清人沈垚曾就新疆与甘肃储备的关系做了分析，"当实安西以东诸府州，以待回疆不虞之用……不得已而征及关内，但如汉时取给于酒泉、敦煌等郡，而不扰及天下"⑧，认为甘肃边储对清代新疆稳定而言意义重大。

清朝君臣亦对甘肃边储的地位认识清晰。也因此，出于经略西北边疆的需要，清朝对甘肃边储的重视是持续的。乾隆元年（1736），针对甘肃沙州边储事宜，乾隆帝认为："军务虽竣，而多储蓄以备不虞，亦极是之举。"⑨彼时清朝尚未统一新疆，同

---

① 杨军民：《"边地"与"腹里"之间：乾隆朝君臣的陕甘印象》，《渭南师范学院学报》2014年第17期。
② 《清高宗实录》卷330，中华书局1985年版，第492页。
③ 郭平梁、纪大椿原辑：《〈清实录〉新疆资料辑录》，新疆大学出版社2017年版，第1437页。
④ 长庚：《（光绪）甘肃新通志》卷8《形胜》，清宣统元年刻本。
⑤ 《清高宗实录》卷177，乾隆七年十月乙卯条，中华书局1985年版，第287页。
⑥ 《皇朝经世文续编》卷48《户政二十》，清光绪石印本。
⑦ 梁恭辰：《北东园笔录初编》卷2。
⑧ 徐世昌编：《清儒学案》，中华书局2008年版，第6331页。
⑨ 《清高宗实录》卷25，中华书局1985年版，第569页。

漠西蒙古的议和亦在进行当中，故边储主要是为了预备漠西蒙古局势。乾隆十三年，云贵总督张允随认为"积贮之计，京师根本而外，次重莫如西北沿边各省"①，他所指的西北沿边各省，即包括甘肃等地区。《（乾隆）循化志》提到乾隆朝循化地区的仓储情形，"口外番回杂处，国家设兵防守……今城内略无备贮，一旦有事，虽有精兵良将，高城深池，何以为守……故今日最急之务，莫如积贮"②，认为循化周边民族构成复杂，应重视积贮，以备不虞。

清朝平定张格尔之乱后，针对甘肃地区仓储不足的情形，道光十一年（1831），陕甘总督杨遇春上"酌拟杜亏章程十条"③，从内部盘查、问责等方面对甘肃仓储做了严格规定。道光十六年（1836），道光帝再次强调，"甘肃省为西陲门户，控制新疆，幅员极广，番回杂处，抚驭綦难……仓储不可不实"④，原因是彼时甘肃"仓贮空虚，粮皆不足"⑤，影响了清朝对西北边疆的管理。同治三年（1864），西北动乱之时，"据称甘肃藩库，连年欠拨塔尔巴哈台经费银十五万五千余两"⑥，新疆地区的行政和军事运转离不开甘肃的后勤支持。同治七年（1868），丁宝桢曰"盖回部切近甘省，其归宿之地在甘"⑦，认为清朝经略新疆回部，甘肃是后方和基地。

二、甘肃边储的种类

清朝在甘肃地区的边储主要为粮食和银两，其次为火药、茶叶、绸缎等物资。

一是储备银粮。雍正十年（1732），清廷同漠西蒙古对峙时期，大学士鄂尔泰认为甘肃地区军需繁重，建议该地捐银改为捐粮，此后，雍正帝认为可行，"边地改折米石，以便积贮，于军需诚为有益"⑧，相比贮银，在应对西北边疆局势时，贮粮更能解决燃眉之急。乾隆三年（1738），清廷提到"甘肃省地处边隅，从前办理军务，需粮浩繁，仓储未能即裕"⑨，因此命加强贮粮。乾隆十八年（1753），甘肃巡抚鄂乐舜

---

① 《清高宗实录》卷311，乾隆十三年三月癸丑条，中华书局1985年版，第104页。
② 龚景瀚：《（乾隆）循化志》，载《西北稀见方志文献》第56卷，甘肃古籍出版社1990年版，第212—213页。
③ 王炜：《清实录科举史料汇编》，武汉大学出版社2009年版，第730页。
④ 《清宣宗实录》卷277，中华书局1985年版，第272页。
⑤ 同上书，第271—272页。
⑥ 《清穆宗实录》卷93，中华书局1985年版，第52页。
⑦ 丁宝桢：《丁文诚公奏稿》，贵州历史文献研究会2000年版，第193页。
⑧ 《清世宗实录》卷125，雍正十年十一月庚子条，中华书局1985年版，第646页。
⑨ 《光绪大清会典事例》卷470。

建议加强在甘肃安西的边储:"口外边防要地,积贮最重……请采买小麦,拨安西卫三千石,柳沟、靖逆卫各五千石,赤金卫六千石。"① 清朝加强在安西地区的积贮,也是出于经略边疆的需要,以应对新疆局势。道光后期,林则徐上奏:"所捐银两原为番案而设,拟令凑足七十万两,分贮陕甘两省藩库,加谨封贮,以资储备。"② 清廷将这些银两封存以备用,是为了应对彼时甘肃边外时常劫掠行旅的族群。

二是储备武器、火药。乾隆二十四年(1759)之后,随着清朝大一统的实现,大量甘肃绿营兵和八旗兵开始移驻新疆,随之而来的是甘肃地区军火被大量携至新疆。当年,乾隆帝认为"铅斤为军储要需,务宜豫为积备,现在甘省各营存贮无多,本地买补艰难,未可任其缺乏"③,因此命从湖北采买黑铅,经西安转解至兰州。乾隆四十九年(1784),清朝命加强在甘肃的军火储备,即"甘肃省营制既多,近又添补额兵,岁需磺斤,应宽为备储……肃州为新疆门户,亦可备关外拨用;玉门地方亦属紧要,皆应备储宽裕"④。清廷在肃州等地的火药储备,可用以应对新疆局势。除了调拨军火,清廷亦积极在甘肃地区采矿、制造军火。如道光二年(1822),清朝"开采甘肃安西州普城山铅厂,以备军储"⑤。

三是储备茶叶、布匹等物资。乾隆三年时,"甘肃库茶,积至二百六十万封有奇"⑥,甘肃茶叶除用以供应番族贸易,还用以拨给新疆驻防官兵,即"新疆官茶,向由甘肃积贮陈茶内拨运"⑦。乾隆二十四年,清廷命拨送绸缎等布匹两万多匹至甘肃地区储备,原因是"嗣后口外各处咨取,俱无庸买之市铺……"⑧,清廷在甘肃储备布匹,主要是为了满足口外边疆和藩部地区所需。

三、甘肃边储的来源

甘肃地区土地贫沃不一,甘肃宁夏地区"擅黄河水利,夙称鱼米之乡,土脉膏

---

① 《清高宗实录》卷451,中华书局1985年版,第885页。
② 林则徐:《林则徐全集》第6册,海峡文艺出版社2002年版,第1822页。
③ 《清高宗实录》卷587,中华书局1985年版,第516页。
④ 《清高宗实录》卷1196,中华书局1985年版,第3页。
⑤ 《清宣宗实录》卷46,中华书局1985年版,第812页。
⑥ 《清高宗实录》卷82,中华书局1985年版,第303页。
⑦ 南开大学历史系编:《清实录经济资料辑要》,中华书局1959年版,第752页。
⑧ 中国第一历史档案馆编:《清代档案史料丛编》第十二辑,中华书局1987年版,第50页。

腴，一平如掌"①，因此宁夏地区粮食可以自给，且"每年尚有余剩"②，可接济甘肃其他地区。此外，甘肃南部"如秦州之富饶"③，自然条件相对较好。但总体来说，甘肃地区的自然条件并不有利于农业的发展。一是在节气上，甘肃地区总体"霜雪较早，夏秋不能兼收，民间岁止一收"④。二是在土质上，如甘肃很多地区如庄浪"沙地不毛，所以庄浪满兵十分拮据"⑤。三是在气候上，甘肃地区气候大体干旱，"几于无岁不旱"⑥，如无黄河灌溉之利，则只能通过修渠蓄积祁连山雪水进行灌溉，"凡渠水所到，树木荫翳，烟村庐列，否则一望沙碛，四无人烟"⑦。此外，各类灾害也影响到甘肃的农业生产，即"兼有冰雹、风沙、虫蚀、雪霜之患"⑧。因此，"甘省每年额征地丁等项银两不过三十余万"⑨，无法实现军饷、军粮自给，不得不需采取多种形式充实边储。

一是源于本省常赋和屯田。除了常规赋税，清廷还通过推行屯田的形式充实甘肃边储。康熙五十四年（1715），漠西蒙古侵袭哈密时，清朝为解决哈密至嘉峪关一线的防御问题以及哈密驻军的军粮供应问题，开始谋划在嘉峪关外推行屯田，"募民田作，不数年间，嘉峪关外裕军储于绝域，沙碛为沃壤矣"⑩。由于当年漠西蒙古出兵侵扰了哈密，故清廷计划通过屯田来强化边储，以应对漠西蒙古。乾隆九年（1744），甘肃巡抚黄廷桂在奏折中说"窃查凉州镇标兵丁在于凉州府属之筴筴滩地方开垦地亩"⑪，可见清廷曾在甘肃地区推行兵屯，但之后逐步改为民屯，至于原因，正如该奏折所言："今有各渠民人王明、杨平等情愿租种，每年承纳租粮仓石二百石……实于兵民两益。"⑫

二是来自外省支援。甘肃的边储来源，主要依赖外省协济。雍正九年（1731），

---

① 《清朝圣祖朝实录蒙古史史料抄》，内蒙古大学出版社2003年版，第803页。
② 《清会典事例》第三册，中华书局1991年版，第1008页。
③ 李云麟：《西陲事略》，成文出版社1968年版，第47页。
④ 中国科学院地理科学与资源研究所、中国第一历史档案馆编：《清代奏折汇编：农业·环境》，商务印书馆2005年版，第320页。
⑤ 《清高宗实录》卷281，乾隆十一年十二月己丑条，中华书局1985年版，第671页。
⑥ 《清高宗实录》卷1191，中华书局1985年版，第936页。
⑦ 魏源辑：《皇朝经世文编》，载《魏源全集》第17册，岳麓书社2004年版，第386页。
⑧ 同上书，第337页。
⑨ 《清高宗实录》卷764，中华书局1985年版，第389页。
⑩ 《皇朝文献通考》，载《文渊阁四库全书》第632册，台湾商务印书馆1986年版，第220页。
⑪ 中国科学院地理科学与资源研究所、中国第一历史档案馆编：《清代奏折汇编：农业·环境》，商务印书馆2005年版，第80页。
⑫ 同上。

陕西总督查郎阿上疏朝廷，"西、凤二府，拨运甘肃等处米一十五万石……于边储军粮，均有裨益"①，自陕西调拨粮食，以满足甘肃地区边储所需。乾隆二十七年（1762），清廷为支撑新疆同哈萨克等地的互市贸易，命"江宁、杭州、苏州各织造，即行照数速办解肃"②。道光六年（1826），清廷出兵平定张格尔之乱时，"于直省各藩库动拨银四百万两，解往甘肃备用"③。彼时，长江以北大部分省份有拨运粮饷赴甘肃的责任，如道光七年（1827），清廷命"先于山西省秋拨地丁项下，动拨银五十万两解往甘肃收贮，其余银两，着陕西、河南、山西、山东、湖北各该抚，将所收监饷，每凑足五万两，即行奏明，改解甘肃藩库交收"④。同治西北动乱期间，甘肃地区边储空乏，清廷计划从同甘肃靠近的四川等产米区域筹粮，"另觅骆驼、脚夫，克期运解，择地存储，转解军前"⑤。

三是来自监粮、监银。清朝还通过捐输的方式，增加甘肃的边储，即"甘肃产米较少，边地仓储，必须充裕，故藩库有收捐监谷之条"⑥。如康熙三十年（1691），孙思克上奏："噶尔丹巢穴距边月余程……宜于河西要地，屯积粮草，以备战守。但本地无粮可买，挽运又恐劳民，惟捐输是赖……俟边储稍充，即行停止。"⑦ 清朝在甘肃地区增开捐纳，以强化边储、防御漠西蒙古。雍正十一年（1733），署陕西总督刘于义说："查边省仓储紧要……贡、监生员在肃州捐纳粟米四百石，准其免罪。"⑧ 乾隆三十七年（1772），军机大臣曾以"甘肃收捐，折色多于积贮，无裨实政"⑨ 为由，奏请暂停向甘肃的捐输，但后经讨论又认为"安西、肃州二属，亦宜积贮以资拨运……西陲底定以来，添设官兵，广招民户，收捐监粮，不特有益仓储，并可多资屯垦"⑩，基于西北边疆形势，认为向甘肃安西和肃州的捐输不宜停止。

四是来自互市贸易、商人报效、户部直拨等。乾隆十一年（1746），甘肃巡抚黄廷桂上疏："西、庄、河三司地方，番民错处，惟茶是赖。自乾隆八年，奉文以粮易

---

① 《清世宗实录》卷107，中华书局1985年版，第419页。
② 中国第一历史档案馆编：《清代档案史料丛编》第十二辑，中华书局1987年版，第70页。
③ 郭平梁、纪大椿原辑：《〈清实录〉新疆资料辑录》，新疆大学出版社2017年版，第2812页。
④ 《清宣宗实录》卷128，中华书局1985年版，第1141页。
⑤ 易孔昭：《平定关陇纪略》，载《西北史地文献》第17卷，甘肃古籍出版社1990年版，第645页。
⑥ 方浚师：《蕉轩随录续录》，中华书局1995年版，第222页。
⑦ 李洵点校：《钦定八旗通志》第5册，吉林文史出版社2002年版，第3489页。
⑧ 《雍正朝汉文朱批奏折汇编》第25册，江苏古籍出版社1986年版，第340页。
⑨ 郭平梁、纪大椿原辑：《〈清实录〉新疆资料辑录》，新疆大学出版社2017年版，第1991页。
⑩ 同上。

茶，共计用过茶六万五千五百余封，易获杂粮三万八千一百余石。"①清朝在甘肃贮茶，一是为了满足番族的生活需要，二是通过以茶易粮，反过来又增强了甘肃地区的边储。道光七年（1827），清廷出兵张格尔时，"浙商等恳请报效银一百万两"②。道光十二年（1832），"因回疆筹拨军饷，经户部拨银二百万两，解贮甘肃藩库"③，彼时，新疆张格尔之乱结束不久，清朝拨银储备在甘肃，是为了支撑清朝在新疆的善后工作。

四、甘肃边储在清朝西北边疆经略中的作用

用以区域军饷、俸禄、赈灾等，是各省储备的共同点，如乾隆五十六年（1791），陕甘总督勒保上奏"甘省地处边陲，驻扎满汉重兵，每岁估拨兵粮及供支料豆，需用浩繁，加以地方赈借等项，皆取给于仓储"④，但相比内地直省储备，甘肃地区储备同边疆经略联系更为密切。

一是支撑清朝的西北边疆战事。"行师之要，筹饷为先，此兵家定法"⑤，康熙五十四年（1715），漠西蒙古侵扰哈密，清朝调兵赴哈密支援，彼时，川陕总督鄂海上疏："甘肃存仓米麦及现在采买米石，尽足配给兵丁。又庄浪、西宁、巩昌三处，有旧贮粟米四万余石，将此米运送三万石至甘州，与甘肃存仓之麦，陆续运至军前，相兼支给，军需有余。"⑥可见，清朝在甘肃地区长期贮存粮食，确保了清朝在西北边疆出现危机时能及时调拨粮食供应军需。康熙五十七年（1718），清军出兵西藏之前，在甘肃集聚了重兵。作为入藏准备，清廷拨甘肃"平凉、巩昌、宁夏仓谷十万充饷"⑦。乾隆十九年（1754）六月，清廷已决定征讨漠西蒙古，命在甘肃筹备粮草，彼时甘肃巡抚鄂昌提到河西地区"共计存贮常平、采买、捐纳及军需等项粮一百六十五万三千二百余石。内除西宁逼近青海，安西逼近哈密，肃州为出口总路，此三路所存粮草俱不必拨运，以备不时之需……其余甘、凉、宁三府属粟米、粟谷、小麦、青

---

① 《清高宗实录》卷261，中华书局1985年版，第376页。
② 《清高宗实录》卷114，中华书局1985年版，第908页。
③ 《清宣宗实录》卷207，中华书局1985年版，第55页。
④ 《清高宗实录》卷1387，中华书局1985年版，第631页。
⑤ 易孔昭：《平定关陇纪略》，载《西北史地文献》第17卷，甘肃古籍出版社1990年版，第644页。
⑥ 傅恒等：《平定准噶尔方略》，载《西藏学汉文文献汇刻》第2辑，全国图书馆文献缩微复制中心1990年版，第58页。
⑦ 赵尔巽：《清史稿》，中华书局1977年版，第10080页。

稞、豌豆等项，共九十七万八千三百余石"①。可知，此前清廷在甘肃储备了大量粮草，目的是应对边部局势，特别是应对漠西蒙古。

道光七年（1827），清廷命在甘肃补足仓储缺额，原因是"甘肃地邻边塞，自应豫筹经费，以资储备"②，彼时，清廷正在平定张格尔之乱，加强在甘肃的储备主要是为了应对边疆局势。同治五年（1866），在北疆接连失陷、哈密清军亦多次受到攻击的背景下，清朝为支持哈密，"令敦煌等县迅速拨运仓储粮食十数万石，以顾征兵要需"③，可见敦煌等地的储备对新疆局势的重要性。宣统末年，新疆陷入动荡，"伊、新饷源奇绌，电请设法接济，甘肃库空如洗，罗掘俱穷，难于应付"④，甘肃仓储对新疆而言意义重大。此外，清廷在甘肃地区广贮火药和武器，使得清朝能够及时应对西北边疆局势。如道光朝张格尔之乱时，清廷在调兵赴新疆时提道："铅丸火绳，现已饬局多为制办，甘省筹备充裕，足敷调用。"⑤

二是用于藩部俸禄或赏赐。雍正三年（1725），清廷规定"青海王、贝子勒、贝子公、台吉等俸禄……即于甘肃藩库给发"⑥，青海蒙古王公贵族的俸禄向例由甘肃藩库提供。乾隆十九年（1754），清廷谋划出兵漠西蒙古时，"其阿拉善官兵赏银，就近向宁夏地方官，领出赏给"⑦。此外，清朝在绥抚青海地区野番之后，也开始向野番首领发放补贴，由甘肃地方负责，"千户一名，每年实给青稞十二石，百户八石，百总四石"⑧。道光二十三年（1843），清廷规定，"前藏所属公、札萨克等官……其应领俸缎，由苏、杭、江三处织造，按年同办解，青海缎匹，一并解赴甘肃存储，俟西藏年班进贡堪布转回之便"⑨，清廷给西藏地区的赏赐，亦多存储在甘肃。同治元年（1862）到同治三年（1864），"青海各旗蒙古郡王等岁支俸银……未据甘肃藩司动拨，叠次咨催，均以军饷浩繁、库款告匮未能设法；该蒙古生计维艰，不免因困苦而生觖望"⑩，可知，平日青海蒙古贵族俸禄皆由甘肃地方支付，而西北动乱时，由于甘肃地

---

① 《宫中档乾隆朝奏折》第八辑，台北"故宫博物院"1982年版，第836页。
② 《清宣宗实录》卷128，中华书局1985年版，第1141页。
③ 郭平梁、纪大椿原辑：《〈清实录〉新疆资料辑录》，新疆大学出版社2017年版，第254页。
④ 同上书，第4416页。
⑤ 《清宣宗实录》卷104，中华书局1985年版，第713页。
⑥ 赵云田点校：《钦定大清会典事例 理藩院》，中国藏学出版社2006年版，第337页。
⑦ 郭平梁、纪大椿原辑：《〈清实录〉新疆资料辑录》，新疆大学出版社2017年版，第747页。
⑧ 杨景开：《（宣统）丹噶尔厅志》，载《西北稀见方志文献》第55卷，甘肃古籍出版社1990年版，第882页。
⑨ 《光绪大清会典事例》卷470。
⑩ 喇秉德、马小琴编：《青海回族史料集》，青海人民出版社2002年版，第131页。

区无法及时支付,使得清廷担心青海蒙古地区或生动荡。

三是用以赈济藩部。雍正十年(1732)元月,由于漠西蒙古侵袭漠北蒙古,甘肃宁夏地区接济了南下逃难的漠北蒙古部众,"宁夏道府报称……将喀尔喀部落扎萨克台吉鄂穆布济……一体安插,支给米面茶封"①。雍正十三年(1735),乾隆帝下谕:"鄂尔多斯之贫乏蒙古等,多有来口内就食者,有典卖妻子者,蒙我皇考洞鉴其情,曲加体恤……今年借给鄂尔多斯贫乏蒙古之托克托城、宁夏、神木等处仓米,俱著免其还补。"②可见,清廷对鄂尔多斯贫困蒙古人的接济是持续的。乾隆三十六年(1771),土尔扈特东归,即将抵达伊犁,清廷得知土尔扈特有归附之意,便积极筹备接济、安抚事宜,"在甘肃道库拨银二十万两,解贮安西道库"③。嘉庆五年(1800),青海蒙古被番人劫掠而导致穷困,清廷"动用甘省帑银五万两,西宁仓粮二千石,分给贫穷蒙古为产畜、口食之资"④。嘉庆八年(1803),西藏达赖和班禅所属的二百余部众驻牧在青海,受到当地族群逼迫,"因避番族内徙,口食无资,现已一同给赈"⑤,由甘肃地方负责。道光三年(1823),漠北蒙古"郡王车凌端多布等请借银两赈恤。甘肃沿边州县仓贮青稞甚多,著将三万石赏给贫蒙古,运至卡伦,设厂放领"⑥。光绪三十一年(1905),清廷"拨甘肃藩库银二万两,赈济阿拉善旗游牧被灾地方"⑦。可见,甘肃边储赈济边外藩部是常态性的。

四是支撑同西北藩部的贸易。清朝大一统之前,准噶尔使者进藏熬茶,路过哈密或甘肃时会请求互市贸易,因此,清朝积极准备银两,以供同漠西蒙古贸易所需。乾隆八年(1743),清廷"拨河东盐课银二十万两,解往甘肃,为准噶尔夷使进藏熬茶等项之用"⑧。乾隆二十五年(1760),陕甘总督杨应琚上奏:"伊犁办事大臣调取哈萨克贸易缎匹,均属急需……肃州所存缎匹,亦即为运送。"⑨甘肃地区的缎匹储备,是清朝支撑新疆地区同哈萨克贸易的物资来源。乾隆二十六年(1761),布鲁特人将

---

① 郭平梁、纪大椿原辑:《〈清实录〉新疆资料辑录》,新疆大学出版社2017年版,第483页。
② 《清高宗实录》卷4,中华书局1985年版,第203页。
③ 郭平梁、纪大椿原辑:《〈清实录〉新疆资料辑录》,新疆大学出版社2017年版,第1968页。
④ 杨景开:《(宣统)丹噶尔厅志》,载《西北稀见方志文献》第55卷,甘肃古籍出版社1990年版,第882页。
⑤ 《清实录藏族历史资料汇编》,西藏民族学院历史系1981年版,第1498页。
⑥ 赵云田点校:《钦定大清会典事例 理藩院》,中国藏学出版社2006年版,第384页。
⑦ 邢亦尘:《清季蒙古实录》下辑,内蒙古社会科学院1981年版,第381页。
⑧ 郭平梁、纪大椿原辑:《〈清实录〉新疆资料辑录》,新疆大学出版社2017年版,第633页。
⑨ 中国第一历史档案馆编:《清代档案史料丛编》第十二辑,中华书局1987年版,第62页。

赴哈密进行互市贸易，清廷命"将肃州库贮各色缎一千二百余匹，全数运哈密交收"①。

五、结语

孙子曰："军无辎重则亡，无粮食则亡，无委积则亡。"② 清朝在甘肃地区的边储，为清朝统一和稳定西北边疆提供了物质支撑，是清朝赏赐和接济藩部、开展互市贸易的依靠。也正是因为甘肃边储地位重要，所以清朝采取了各种措施进行充实，例如协饷、监粮、监银等等。通过以上论述可知，清朝对西北边疆的经略离不开直省甘肃这一关键角色，甘肃边储是清朝经略西北边疆的依托。甘肃边储的特殊作用，反映了清代西北边疆经略中的直省"角色"，即清朝以直省甘肃为地理总汇，以广大直省腹地为经济依托，才得以支撑清朝实现大一统并确保西北边疆的稳定。即如清人所言"自古立国之经，必先足用，足用之道，必先充实内地，而后以余力控制边陲"③，认为直省地区是中央政权经营边疆的依托；亦如清人沈垚曾所言"夫回部者，安西、关内之藩篱也……腹心实则藩篱益固"④，认为甘肃地区充实，清朝对藩部的统治才能稳固。

---

① 中国第一历史档案馆编：《清代档案史料丛编》第十二辑，中华书局1987年版，第63页。
② 孙子：《孙子兵法》，载《续修四库全书》第959册，上海古籍出版社2003年版，第39页。
③ 贺长龄：《清朝经世文正续编》，广陵书社2011年版，第271页。
④ 徐世昌编：《清儒学案》，中华书局2008年版，第6331页。

清哈关系与塔城东迁

乔卫星

(中国社会科学院大学历史学院)

【摘　要】　关于乾隆三十一年塔尔巴哈台治所从雅尔迁移到楚呼楚之原因，学界一直以阿贵奏折所言"雅尔地方雪大，牧场遥远，而附近可耕之地，又属无多"为是。本文通过梳理相关记载认为目前对该史料的认识存在一定问题。起初，雅尔驻兵主要在于巡查地方，驱逐哈萨克。到了乾隆三十年左右，哈萨克已甚为恭顺，清廷开始允许其投诚内附。在此情况下，屯田之事亦起，楚呼楚地理位置优势相对凸显，阿贵对雅尔的相对性描述才得以成立。塔尔巴哈台治所东迁后，雅尔仍不失为要地。治所东迁是边境时势与清朝边疆政策变迁的结果，不可仅简单地归因于环境。

【关键词】　塔尔巴哈台　雅尔　哈萨克　环境决定论

清朝平定阿睦尔撒纳后，便开始逐步治理西域。位于伊犁北部之塔尔巴哈台地区与哈萨克相邻，边接外藩，地理位置重要。"新疆南北之荡平也，以伊犁为总汇重地，而乌鲁木齐中外要冲，塔尔巴哈台边接外藩，分设满兵驻防，汉兵屯种，皆携眷移戍。"① 清朝先是在此地之雅尔筑城屯兵，后又将其东迁至楚呼楚。关于此事之原因，《沙俄侵华史》（以及新版之《沙俄侵华史》）只是简单提及：

> 塔尔巴哈台参赞大臣的治所设在雅尔，一七六三年，清政府在雅尔建肇丰

---

① 魏源：《圣武记》上，韩锡铎、张文良点校，中华书局1984年版，第195页。

城。后因该地雪大，难以驻兵，加上近城地亩不敷屯田兵丁耕种，所以把塔尔巴哈台参赞大臣的治所东迁到风雪较小，田土肥沃的楚呼楚（位于雅尔以东二百里），并在这里建筑新城，命名"绥靖"。同时把地区名改为塔尔巴哈台，简称塔城。①

《沙俄侵略中国西北边疆史》对于治所东迁之缘故，亦言之不多，"后因雅尔冬季雪大，清政府又于楚呼楚地方另驻一城，就是现在的塔城"②。与《沙俄侵华史》相比，并未言及牧场遥远以及近城地亩不敷兵丁耕种之事。《中国近代边界史》亦从此说："两年之后，又因雅尔冬日雪大，夏季蚊蝇众多，屯田不便，东移二百里，于楚呼楚修筑了绥靖城，作为塔尔巴哈台参赞大臣的驻地。"③ 从史料来源上看，以上论述之依据当为《清实录》所载阿贵于乾隆三十一年（1766）八月所上之奏折：

> 雅尔地方向来雪大，而牧场遥远，近城所有地亩，不敷五百兵丁耕种，悉心查勘得塔尔巴哈台山阳，鄂毕特之旧游牧楚呼楚地方，田土膏腴，水亦充足，牧马之处，既不甚远，无庸动移卡座，地方形势，亦颇佳胜，请将雅尔城移于楚呼楚等语……至从前立城于雅尔，因大臣等甫经到彼，询问厄鲁特等，听从其言，酌定建城……④

然而，清代史书对此事之记述不尽相同。《清史稿》言之较略，虽记述了此事，但未言及原因。卷七十六载："二十九年，筑城雅尔，名曰肇丰。三十一年，改筑城于楚呼楚（距雅尔二百里），名曰绥靖，易其地名为塔尔巴哈台。"⑤ 卷三百十八载："上责其（阿贵）迟延，示怯损威，部议夺官，命留任，驻雅尔城。旋复夺尚书，命还伊犁助明瑞治事。阿桂疏请移雅尔城于楚呼楚，从之。"⑥ 《清史列传》之记述与《清史稿》和《清实录》又有所不同，卷二十六载：

---

① 《沙俄侵华史》第三册，人民出版社 1981 年版，第 52 页。
② 《沙俄侵略中国西北边疆史》，人民出版社 1979 年版，第 69 页。
③ 吕一燃主编：《中国近代边界史》上卷，人民出版社 2013 年版，第 287 页。
④ 《清高宗实录》卷 767，中华书局 1985 年版，第 421 页。
⑤ 赵尔巽等：《清史稿》卷七十六《志五十一 地理二十三》，中华书局 1977 年版，第 2382 页。
⑥ 赵尔巽等：《清史稿》卷三百十八《列传一百五》，中华书局 1977 年版，第 10739 页。

三十一年五月，上以伊犁生齿日繁，筹办安置事宜，须有准则，可垂永久，命阿桂回伊犁与明瑞协同办事。七月，奏："雅尔城距牧场遥远，近城地亩不敷耕种。查有楚呼楚地方，田土膏腴，形胜亦便，请移雅尔城于楚呼楚。"从之。①

　　此处关于东迁楚呼楚的原因只提及雅尔城"距牧场遥远，近城地亩不敷耕种"，并未言及风雪之事。除史书外，清代史地著作所言多与《清实录》记述相似。如《西域水道记》关于此事之记述全引阿贵之奏折，②而《西陲要略》则只提到"因其地（雅尔）冬雪大，官兵难以驻守"③。目前学界关于乾隆三十一年塔尔巴哈台治所东迁之解释皆以阿贵奏折为依据。但这份文件与明瑞上表陈述筑城雅尔时所言有明显的冲突。对此，一般从治所东迁的结果出发，认为明瑞筑城于雅尔是由于不察而犯下的失误，④少见对阿贵奏折"向来雪大，而牧场遥远，近城所有地亩，不敷五百兵丁耕种"的表述是否符实做出考察。本文在梳理相关史料的基础上，认为环境与地理因素并非塔尔巴哈台东迁的主要原因。由于该地"边接外藩"，最初于雅尔建城和驻兵主要是为了驱逐过界游牧之哈萨克，并无不当。到了乾隆三十年（1765）左右，清朝对哈萨克政策发生变化，加之屯田之事亦起，由此导致塔尔巴哈台治所变迁，可以说是边境时势与清朝边疆政策变迁的结果。以下试以《清实录》《清史稿》《清史列传》《平定准噶尔方略》等相关记述为基础，结合乾隆平定准噶尔后对准疆的治理、清朝与哈萨克关系演变以及治所东迁前后清朝新疆局势变化，对阿贵奏折做出考辨，并进一步考察塔尔巴哈台治所东迁之缘故。

一

　　雅尔的地理位置与自然环境并非不佳，以所谓因"向来雪大"而将雅尔东迁至楚呼楚之说并不成立。雅尔位于塔尔巴哈台山南部偏西，其东侧有雅尔河，自北向南从塔尔巴哈台山流向图古勒池。该地起初为土尔扈特部牧地与治所，土人呼北雅尔（伯雅尔），意为"娱乐，宴乐，快乐"之地。康熙中，土尔扈特部酋阿玉奇率众迁往俄罗斯之额勒济河（今俄罗斯伏尔加河流域），旧地雅尔成为辉特部游牧活动中心。其

---

① 王钟翰点校：《清史列传》卷二十六《大臣传次编一》，中华书局1987年版，第1952页。
② 徐松：《西域水道记》卷五，朱玉麒整理，中华书局2005年版，第292页。
③ 祁韵士：《西陲要略》卷二《南北两路城堡》，刘长海整理，三晋出版社2015年版，第78页。
④ 阿拉腾奥其尔：《清代伊犁将军论稿》，民族出版社1995年版，第27页。

后为准噶尔的重要牧场,在策妄阿拉布坦和噶尔丹策零的治理下,伊犁、乌鲁木齐、雅尔、玛纳斯等地"草肥、水甘",牲畜易于蕃息,"马、驼、牛、羊遍满山谷"①。另外,从斋桑湖到铿格尔图拉之间的额尔齐斯河两岸,土地最为肥沃。杜尔伯特部屯田耕种主要是在这一带。故而,清朝大臣"甫经到彼",询问厄鲁特应于何处筑城时,其言筑城于雅尔自有历史与传统之依据。

早在平定准噶尔时,清军以及明瑞本人对于雅尔的地理环境已有切身认识。阿睦尔撒纳投奔哈萨克后,达尔党阿与明瑞等率军至雅尔以及哈萨克腹地。明瑞在塔尔巴哈台地区选址筑城时,曾多次实地考察,对于此地向来雪大的环境特征并非不知,在建城驻兵的计划中曾明确提到积雪问题:"如冬后,此诸地之间,有积雪甚厚之处,往返领粮,颇为不便。降雪后,令其返回,于近城地方过冬。"②在驱逐入境游牧之哈萨克时,曾"探得近几年来,哈萨克地方雪大,倍于以往,牲畜损失甚重是实",既能探知哈萨克地方雪大,程度倍于以往,何以对雅尔地方雪大之事不知。此外,雅尔与楚呼楚同位于塔尔巴哈台山南,相距仅二百里,气候环境差异并不显著,重建塔城纪念木碑中亦提及塔城(楚呼楚)之地早寒。以此观之,向来雪大当非由雅尔迁于楚呼楚的主要原因。

就雅尔筑城的过程来看,计划、选址、筑造以及驻兵都经过详细考察,上报军机处复议并得到了乾隆皇帝的肯定,并非如阿贵奏折所言,只是听从了厄鲁特人之言。从相关记述来看,明瑞等人对筑城之事极其用心。"塔尔巴哈台驻兵事宜,亦著留心","此次奴才抵达塔尔巴哈台,已将筑城、设卡之处,尽奴才所知,留心勘察"。③塔尔巴哈台原属准噶尔腹地,此地筑城事关边疆稳定,此处当非虚言。在雅尔筑城时,就明瑞与阿贵之间沟通来看,未见分歧。阿贵回京时,"即将应办各事,逐项交代,遂即回京。此间,明瑞料理诸事,俱照阿桂所办章程办理"④。选址时,明瑞和爱隆阿等人"将从前阿桂所定塔尔巴哈台驻兵设卡之处,详加勘验"⑤。决定建城时二人亦有直接沟通。"唯此乃关系边界永久照办之重要事宜。尚书阿桂系钦命承办之人,去年(乾隆二十七年)在伊犁时,奴才等亦曾共同粗议,伏乞皇上敕交军机大臣等会

---

① 《准噶尔史略》,人民出版社1985年版,第125页。
② 译自《军机处满文录副奏折》,载贺灵主编:《中国新疆历史文化古籍文献资料译编(30)卷 哈萨克族·1》,克孜勒苏柯尔克孜文出版社2016年版,第331页。
③ 贺灵主编:《中国新疆历史文化古籍文献资料译编(30)卷 哈萨克族·1》,克孜勒苏柯尔克孜文出版社2016年版,第331页。
④ 清乾隆朝满文寄信档,档号:03-129-2-034。
⑤ 《清高宗实录》卷692,中华书局1985年版,第756—757页。

同阿桂议奏。"① 值得注意的是，在决定将塔尔巴哈台治所东迁之前，清廷上下均未对筑城雅尔之事发表过异议。从制度上看，在新平定的边疆之地，城池修建事关驻兵与巡边，皆"经军机大臣议覆准行"②。"今明瑞等行抵塔尔巴哈台等地，勘察筑城、驻兵、设卡之处，定报具奏。臣等与舆图核对，明瑞等所请筑城、设卡、驻兵之地及派造参赞大臣、领队大臣，编派兵丁游牧、届时巡在等诸项事宜，俱合地方情形，均依明瑞等所奏处。"③ 可知，筑城于雅尔是清廷上下有计划的行为。阿贵关于"牧场遥远，近城所有地亩，不敷五百兵丁耕种"之言亦与实际情况不符。明瑞在雅尔建城之时，曾提到该处形胜之势及物产之丰：

> 塔尔巴哈台山之南，雅尔河之东固尔班、喀喇乌苏接壤之地，宽阔平坦，水源充足，四周牧场亦好，尤得盖营房所需木料。据原先在此游牧之厄鲁特牧民等称，该处土壤肥沃，小麦收成虽稍次于伊犁，然谷黍收成均胜于伊犁等语。④

乾隆三十一年内附之哈萨克即被安置在雅尔，放牧之处于城不远。建城后与哈萨克贸易时"易得马匹甚多"，起初"俱留彼（雅尔）处放牧"，⑤ 其后才将多余马匹陆续送往内地。因此，关于雅尔与牧场之距离，当以明瑞所言为是。除了地亩数量外，关于收获问题，厄鲁特牧民所言亦为实情。乾隆三十年，乌勒登言"自驻扎月余以来，时雨数降，地亩开垦，次第播种"⑥，"雅尔地方，今岁丰收，统计兵丁每名各得细粮一十一石有奇，与从前议叙赏赉之例相符……今岁甫行垦种地亩"⑦，即获得丰收。关于地亩产出与供给人数，"去年（乾隆三十年）雅尔收获之粮，只能供济彼此九百名满洲、索伦官兵换班前所需行粮及侍卫、官员及六百名绿营兵本年秋收前所需口粮"⑧。此处虽旨在表述收粮之少，但依旧能够接济众多的官兵。东迁楚呼楚后，乾

---

① 贺灵主编：《中国新疆历史文化古籍文献资料译编（30）卷 哈萨克族·1》，克孜勒苏柯尔克孜文出版社2016年版，第334页。
② 《清高宗实录》卷732，中华书局1985年版，第1058页。
③ 贺灵主编：《中国新疆历史文化古籍文献资料译编（12）卷 塔城 阿勒泰·2》，克孜勒苏柯尔克孜文出版社2016年版，第344页。
④ 同上书，第331页。
⑤ 清乾隆朝满文寄信档，档号：03-132-2-037。
⑥ 《清高宗实录》卷736，中华书局1985年版，第103—104页。
⑦ 《清高宗实录》卷749，中华书局1985年版，第13页。
⑧ 贺灵主编：《中国新疆历史文化古籍文献资料译编（12）卷 塔城 阿勒泰·2》，克孜勒苏柯尔克孜文出版社2016年版，第401页。

隆三十二、三十三年时，雅尔依旧驻了一千二百名的伊犁换防兵，其中即包括"屯田绿营兵六百"①，因此，"近城所有地亩，不敷五百兵丁耕种"之说亦不成立。除了自然气候与地理因素外，塔尔巴哈台"边接外藩"的地缘特点以及清朝的治边政策无疑与该地区治所选址及变迁有重要关系。以下就雅尔建城、东迁楚呼楚问题与清朝对哈萨克政策转变之间关系展开具体分析。

二

平定阿睦尔撒纳后，准噶尔旧地悉得中央统辖，哈萨克阿布赉等亦输诚内向，称臣纳贡。除觐见与贸易外，双方交涉最多的就是哈萨克牧民越界于准噶尔故地游牧之事，尤其是对塔尔巴哈台地区的不断侵扰。准部平定后，由于持久战乱，准噶尔部人口锐减，其原有属地地旷人稀，清朝亦未能在短时间内派人驻防，由是出现哈萨克牧民借口避雪内徙屡次侵占准噶尔故地的情况。虽然同作为准噶尔故地的伊犁和塔尔巴哈台地区均面临哈萨克牧民侵占问题，但情况又有所不同。伊犁境外，楚河、塔拉斯河、七河一带原是大帐及部分中帐哈萨克族的牧地，自然条件较好，加之这段边界警戒严密，因此，哈萨克牧民向伊犁地区移动之事比较少。而塔尔巴哈台边境以及额尔齐斯河上游流域的哈萨克牧民盛行移动游牧，且塔尔巴哈台边境与哈萨克草原相连，故哈萨克牧民为了谋求丰美的牧地特别是冬营地而向那里移动。②

早在清朝平定阿睦尔撒纳时，即晓谕阿布赉，准部为清朝疆域，哈萨克虽归诚但不许私自越界放牧。"尔今既向化归诚，则当知准噶尔全部，悉我疆域，宜谨守本境，勿阑入侵扰。"③之后又多次强调，"但能约束所部，永守边界，不生事端"④，"此地为天朝平定，将来办理驻兵，尔等从前在准噶尔时，尚不敢越界，此时岂可私行游牧，立行驱逐出界"⑤。在觐见与贸易的同时，乾隆二十四年（1759）和二十五年（1760）发生了两次哈萨克抢掠唐努乌梁海之事。⑥清廷要求严加防范，于是始议塔尔巴哈台巡查之事。但彼时清朝尚忙于勘定大小和卓之乱，加之哈萨克阿布赉恭顺有

---

① 《军机处满文录副奏折》，载贺灵主编：《中国新疆历史文化古籍文献资料译编（30）卷 哈萨克族·1》，克孜勒苏柯尔克孜文出版社 2016 年版，第 331 页。
② 佐口透：《新疆民族史研究》，章莹译，新疆人民出版社 1993 年版，第 355 页。
③ 《清高宗实录》卷 545，中华书局 1985 年版，第 892—893 页。
④ 《清高宗实录》卷 555，中华书局 1985 年版，第 29—30 页。
⑤ 《清高宗实录》卷 609，中华书局 1985 年版，第 8461 页。
⑥ 《清高宗实录》卷 602，中华书局 1985 年版，第 763 页；卷 607，第 815 页。

加，抢掠之事仅为偶发事件，因此"巡查塔尔巴哈台，亦以屯田余力，酌量办理，不必过于急遽"①。

乾隆二十四年清朝平定大小和卓之乱、统一天山南北后，在准噶尔故地驻兵屯田之事提上议程。乾隆二十五年二月，阿桂等奏伊犁屯田之事："伊犁向为准夷腹地，加意经画，故稿事颇修，今归我版图，若不驻兵屯田，则相近之哈萨克厄鲁特等，乘机游牧，又烦驱逐，大臣等自当办理妥协，不可苟且塞责，以图早归。"② 塔尔巴哈台情况亦与伊犁相似，既同为准噶尔之腹地，也面临哈萨克部越界游牧，且情形更甚。乾隆二十五年五月，传谕阿桂等"暂停搜捕玛哈沁，以巡察边界为由，领兵四五百名，前往塔尔巴哈台等处"，遇有哈萨克人，即要求其"遵谕迁徙，伊等如果及时移出则已，或有意推诿迟延，即应慑以军威，但不得进行纵兵俘获"③。然而，由于哈萨克境内"天寒雪盛"，越境哈萨克牧民不断增多。乾隆二十五年，越界游牧之事见于阿勒坦额默勒、伊犁河下游和洛霍澌。④ 乾隆二十六年（1761）时，清朝方面则须从伊犁出发，"前往勒布什、额敏、斋尔、特木尔、绰尔和、哈尔巴哈、巴雅尔等处，查勘哈萨克等是否迁徙"⑤。此次巡查，强行驱逐"越境之哈萨克等约二千余户"，但阿贵在奏折中也明确指出："伊等散处游牧，惟贪小利，虽据称不敢再来，亦未可深信。臣等仍不时巡查，计驻兵设卡之后自当敛迹。"⑥ 同年九月，又奏于塔尔巴哈台屯田、设卡之事："塔尔巴哈台地居厄鲁特西北，与俄罗斯、哈萨克相近，自应驻兵屯田……自辉迈拉呼至都图岭，设卡伦二十一所。"⑦

彼时，乾隆皇帝认为越界之人尚知畏惧，"即便暂不驻兵，每年派兵巡查一次，有越界游牧者，即行驱逐，稍有违抗，即收其所有，以示惩戒，谅亦无虞……再塔尔巴哈台等处，虽宜驻兵，为时尚早"，应"俟伊犁积粮丰足，牲畜繁滋，实力强盛，届时于塔尔巴哈台等处驻兵，始为有益"。⑧ 但随着越界牧民不断增多，清朝也开始对"贪得无厌，仍行越境游牧"的哈萨克"加以惩创"，使得清哈关系出现紧张。"此次重惩越境人等，哈萨克所属或生畏惧，贸易者少，或纠众为匪以图报复，俱未可定，

---

① 《清高宗实录》卷609，中华书局1985年版，第841—842页。
② 《清高宗实录》卷606，中华书局1985年版，第807页。
③ 《清高宗实录》卷613，中华书局1985年版，第897—898页。
④ 《平定准噶尔方略》续编，卷八。
⑤ 清乾隆朝满文寄信档，档号：03-129-1-014。
⑥ 《平定准噶尔方略》续编，卷十四。
⑦ 同上书，卷十三。
⑧ 清乾隆朝满文寄信档，档号：03-129-2-034。

然亦不得因此自生顾虑，遂尔姑息从事。至塔尔巴哈台等处，虽未便即驻满洲绿营兵丁，似应将厄鲁特兵，酌令驻扎防守。"① 于是开始具体商议派兵驻守之事。

由以上梳理可知，塔尔巴哈台地区驻兵与巡查主要是为了驱逐越界游牧的哈萨克牧民。塔尔巴哈台地区驻兵地点亦是在驱逐哈萨克牧民的过程中选定的，"先行驱逐越境之哈萨克，因就便勘定驻扎地方，及安设卡伦处所"②。就当时的选择看，靠近哈萨克边境与伊犁，地理与环境相对优越，且向来属于游牧之地的雅尔便成了理想之地。乾隆二十九年（1764），伊犁将军明瑞等疏奏驱逐越界哈萨克等情形言："哈萨克等畏我兵威，不敢稍抗，但出入无常，亦非体制。臣等愚见，今冬虽不必派兵。而来岁北边驻兵后，其西边一带，或每年巡查一次，或大示惩创，务令绝迹。"③ "北边"即位处于"地处边界"之雅尔，"雅尔既经筑城驻兵，哈萨克自必远避"④。按彼时之计划，于靠近哈萨克之雅尔驻兵，并以此为基地，巡查西边一带边境，全面驱逐越界之哈萨克，以务令绝迹。

为此，原议环设二十一卡伦之地，但"经勘查各卡相距远近不等……去伊犁、雅尔河二处，近者二三百里，远者竟达千里。由伊犁、雅尔河两处派兵坐卡，均有所难"，于是明瑞建议："不如停止环设卡伦之议，使兵力相顾，联络声威，根据地方情形，应合时机，于近处驻兵内派兵巡哨，庶有裨益。"⑤ 如此，便将驻兵集中在了雅尔。"又查塔尔巴哈台一带诸岭之中，若干岭雪后被封，一旦被封，断不能越过。故降雪后，除被封之岭外，于可行岭道，择其要冲，酌情拓地，设置卡伦，则哈萨克等再无法通行。"⑥ 可知，无论是卡座之设还是"于近处驻兵内派兵巡哨"，均是为了驱逐由哈萨克入境内徙的牧民，位于塔尔巴哈台南部偏东，靠近边境之雅尔自然成为建城驻兵的首选。

乾隆三十年前后，"我方于雅尔驻兵，于塔尔巴哈台一带设卡，原以驱逐内徙之哈萨克"⑦ 的情形发生了变化，开始由驱逐改为允许投诚内附。鉴于"哈萨克等归附

---

① 《清高宗实录》卷674，中华书局1985年版，第534页。
② 《平定准噶尔方略》续编，卷二十二。
③ 同上书，卷二十七。
④ 《清高宗实录》卷692，中华书局1985年版，第756—757页。
⑤ 译自《军机处满文录副奏折》，载贺灵主编：《中国新疆历史文化古籍文献资料译编（30）卷 哈萨克族·1》，克孜勒苏柯尔克孜文出版社2016年版，第331页。
⑥ 同上。
⑦ 清乾隆朝满文寄信档，档号：03-131-5001。

有年，甚属恭顺"①，清廷在乾隆三十一年四月提出，哈萨克牧民"如不得游牧地方，或畏惧劫掠，情愿内附者，即行收留……将此传谕阿桂等，将现在内附之塔塔拜等，即在雅尔居住……嗣后有来归者，更悉令于雅尔地方安插，由厄鲁特、哈萨克内，酌派官员弹压，并谕明瑞等知之"。②对未内附但冬季仍须内徙者，则"于秋冬雪落后，将卡座内徙，准尔等暂于塔尔巴哈台山阴住牧，春季将卡座移回原处时，仍令尔等移回卡座外"③，亦有益于吸引哈萨克牧民内附。

哈萨克甚属恭顺，且雅尔现已驻兵是治所东迁的前提，而彼时塔尔巴哈台地区屯田之事亦起，"上以伊犁生齿日繁，筹办安置事宜，须有准则，可垂永久"，"伊犁、雅尔等处虽有驻兵，但土地辽阔，人烟愈多愈善"④。阿贵在乾隆三十一年五月奉命回伊犁与明瑞协同办事，同年七月提出将雅尔东迁楚呼楚，可知在接到去伊犁的任命后即开始"悉心勘察"塔尔巴哈台各处并考虑将治所东迁之事，当是在执行乾隆皇帝的指示。即使如此，新选择之地也不能太远，仍以"无庸动移卡座"为重要条件。

三

在生齿日繁的情况下，若就安置事宜"可垂永久"的标准，塔尔巴哈台区域内，雅尔之气候与地理环境则逊色于楚呼楚。楚呼楚自然环境相对优越，形胜亦便。楚呼楚位于塔尔巴哈台山南部偏东，有楚呼楚水流过。"额敏河又西南流，楚呼楚水发自楚呼楚山（在塔尔巴哈台山东南一百里）。"⑤《新疆图志》载："楚呼楚山在塔尔巴哈山东南百里，其水曰楚呼楚水，亦名喀喇古隆水，出山西南，流至今厅治南，与乌拉斯台水会。"⑥此地清初时为准噶尔"鄂毕特之旧游牧"，噶尔丹策零死后，达瓦齐即驻牧于楚呼楚南部之额敏一带，是塔尔巴哈台地区除了雅尔之外的另一重要游牧中心。如阿贵所言，该地区"田土膏腴"，且优于雅尔。乾隆三十三年（1768）十月癸亥，塔尔巴哈台参赞大臣巴尔品奏称："楚呼楚地广田多，请于乌鲁木齐拨绿营兵四百，前往耕种，以裕储积而备歉收。"⑦同年十一月，又奏："楚呼楚种地，每兵一名

---

① 《清高宗实录》卷758，中华书局1985年版，第349页。
② 《清高宗实录》卷759，中华书局1985年版，第356页。
③ 清乾隆朝满文寄信档，档号：03-132-1-028。
④ 《清高宗实录》卷759，中华书局1985年版，第356页。
⑤ 徐松：《西域水道记》卷五，朱玉麒整理，中华书局2005年版，第294页。
⑥ 达力扎布主编：《新疆四道志校注》，李德龙校注，中央民族大学出版社2014年版，第200页。
⑦ 《清高宗实录》卷820，中华书局1985年版，第1133页。

收粮至十八石零，请将官员兵丁等分别升赏等语。"① 从产出对比来看，远高于雅尔每兵一名收粮一十一石的数量。

就降雪来讲，从哈萨克境内到新疆西陲之间，自西向东依次减弱。以地理位置度之，较之于楚呼楚之地，雅尔确属"向来雪大"。阿贵在说明楚呼楚之地自然环境后，提到此地为"牧马之处"，这也是楚呼楚之地兴起的重要原因。早在刚平定阿睦尔撒纳之时，阿布赉即要求与清朝通商，其中马匹是哈萨克所提供的重要交易对象。乾隆二十四年时清朝选定"谙练之员"专门"承办哈萨克贸易事务，多购马匹，以给军用"②。"伊犁自乾隆二十五年起，向哈萨克换马匹，每年一千数百匹至七八千匹不等，在楚呼楚地方牧放，马数渐渐增多。"③ 从时间上看，楚呼楚马匹放牧之兴起在先，阿贵在重新勘察塔尔巴哈台治所时，在奏折中亦作为重点提及。得知将要移城后，乾隆"著寄谕明瑞、阿桂等，查明从前究系何人定议于雅尔建城之情，即行明白陈奏"④。以往据此认为明瑞建城于雅尔是严重疏忽，但值得注意的是，我们并未看到相关处理结果。塔尔巴哈台治所东迁后，雅尔及其附近之地并未废弃，相反，由于其接近边界的地理位置，处理与哈萨克之贸易、外藩事务及安置内附之哈萨克等事皆于此进行。

治所东迁之后，雅尔仍为塔尔巴哈台地区重要的驻兵之地。《西域水道记》言："西域初定，雅尔与塔尔巴哈台（楚呼楚）两处同驻兵。"⑤ 乾隆三十二年（1767），参赞大臣移驻楚呼楚后，仍令厄鲁特营在此驻牧，并在此安置归顺的哈萨克人，编设佐领昂吉，从厄鲁特、哈萨克内酌派官员弹压。在处理外藩事务时，伊犁或塔尔巴哈台的相关官员也需前往雅尔。乾隆三十二年，有越入卡内游牧之哈萨克，"著阿贵接此旨后，即赴雅尔酌办此事"⑥ 此地仍为哈萨克人进行贸易的重要地点。乾隆二十九年，明瑞等奏雅尔驻兵事宜时就提及，该地筑城以后"哈萨克商人必就近贸易"⑦，"前议雅尔驻兵，哈萨克有前来贸易者，量收牲只，以备屯田，其大队商贩仍令前往伊犁。但恐哈萨克等贪图就近，不复前往伊犁"⑧。另外，对于回人伙同哈萨克贩货贸

---

① 《清高宗实录》卷822，中华书局1985年版，第1157—1158页。
② 《清高宗实录》卷583，中华书局1985年版，第464页。
③ 《清会典》，嘉庆朝，卷五百二十六，兵部一百，马政，第5页。
④ 清乾隆朝满文寄信档，档号：03-131-5-031。
⑤ 徐松：《西域水道记》卷五，朱玉麒整理，中华书局2005年版，第292页。
⑥ 清乾隆朝满文寄信档，档号：03-132-1-005。
⑦ 《清高宗实录》卷771，中华书局1985年版，第939—940页。
⑧ 《平定准噶尔方略》续编，卷二十七。

易之事,"断不可听任奸回与哈萨克、厄鲁特等合伙牟利,以至有碍伊犁、雅尔市易"①。由于地理位置原因,雅尔与哈萨克的贸易不断发展,尤其是马匹交易。乾隆三十二年,谕曰:"今雅尔地方易得马匹甚多,与其俱留彼处放牧,不如酌量留足,将剩余马匹照前军机处大臣所议伊犁换得马匹陆续送往内地之例办理,尚有裨益。"② 乾隆三十四年(1769),乌里雅苏台马匹缺额,"传谕成衮扎布咨行雅尔参赞大臣,令换取哈萨克马匹填补,嗣后著为例。并传谕雅尔大臣知之"③。主要原因就是"雅尔地方距离乌里雅苏台又近",易取哈萨克马,"路顺且多得好马"。④

雅尔还是重要的屯田之处,哈萨克前往雅尔贸易,"量收牲只"即备于屯田。即使在治所东迁楚呼楚后,此地依旧大量驻兵屯田。乾隆三十二年四月二十日,《伊犁派往雅尔换防兵数目事呈文》载:

> 去年所有在雅尔之伊犁换防兵一千二百名,留防旧班索伦兵二百名,屯田绿营兵六百名,携眷额鲁特、察哈尔兵二百五十名,业已造册呈送军机处。在案。今屯田绿营兵及携眷察哈尔、额鲁特兵数目,均与去年报送军机处数目相同,不再造册外,去年留驻之二百名旧班黑龙江兵已于本年四月撤回,又,适才我等会同将军阿桂奏定伊犁派往雅尔换防兵数目为一千三百名。是以,兹将伊犁派往雅尔换防之一千三百名兵数目,分别造册,呈送军机处。为此呈文。⑤

乾隆三十二年,清朝又在雅尔设立驿站,以加强与楚呼楚、伊犁和乌鲁木齐等地的联系。伊犁将军阿桂等奏称:"雅尔地方并未设立驿站……请由楚呼楚至色特尔默多、沙喇呼鲁苏、伊玛图、乌尔冈布拉克地方,设台四座,由奎屯至库尔河、沙喇乌苏、鄂伦布拘克地方,设台座,将一切应用物件转运……"⑥ 关于塔尔巴哈台治所东迁的理解,还有一处资料可作为参照。关于之前阿贵欲将杜尔伯特与扎哈沁之牧场移至斋尔周围之事,军机处以为:"若谓塔尔巴哈台驻兵后,斋尔等地空虚,则伊犁、

---

① 清乾隆朝满文寄信档,档号:03-132-1-023;《喀什一》,第206页。
② 清乾隆朝满文寄信档,档号:03-132-2-037。
③ 《清高宗实录》卷839,中华书局1985年版,第205页。
④ 清乾隆朝满文寄信档,档号:03-133-2-009。
⑤ 《军机处满文录副奏折》,2230-41。
⑥ 《清高宗实录》卷794,中华书局1985年版,第731页。

雅尔等地驻兵安置妥当后，渐渐移兵驻防，久而久之，自然繁荣。"① 此处虽然是针对杜尔伯特与扎哈沁所言，但也反映了清廷处理边界事务的基本思路，即先将有限兵力驻防于军事要地，然后逐渐向空虚之腹地移兵驻防。

四

关于乾隆三十一年塔尔巴哈台治所从雅尔迁移到楚呼楚一事的原因，学界一直以阿贵奏折所言"雅尔地方雪大，牧场遥远，而附近可耕之地，又属无多"为是，以环境和地理因素释之。然而，这份资料与明瑞陈述在雅尔筑城的上表有明显冲突。目前，研究皆从治所东迁的结果出发，认为明瑞筑城于雅尔是由于不察而犯下的失误，而少见对阿贵奏折做出考察。本文通过对比其他相关史料发现以下几点：

（1）筑城于雅尔并非明瑞之失误。雅尔地区生态环境以及自然条件良好，一直是塔尔巴哈台地区重要的放牧之地。平准之后，由于连年战乱，原属于准部腹地之伊犁、塔尔巴哈台地广人稀，哈萨克开始不断内徙，而尤以入塔尔巴哈台境内最多。为便于巡查地方，驱逐哈萨克，明瑞仔细勘察之后，选择靠近边界之雅尔驻兵，得到清廷的肯定。东迁之后，雅尔城与附近之地并未废弃，仍是塔尔巴哈台地区要地，由于其接近边界，处理与哈萨克贸易、交涉事宜，安置内附哈萨克牧民等皆于此进行。

（2）清朝对哈萨克政策转变是塔尔巴哈台治所东迁的主要原因。乾隆三十年前后，哈萨克甚为恭顺，雅尔已经驻兵，这是治所的前提，且新选择之地仍以无需动移卡座为重要条件。在哈萨克卡内游牧问题已经解决的情况下，屯田之事亦起，这种情况下，楚呼楚之地相对偏西的地理位置优势得以凸显，可以说，塔尔巴哈台治所之东迁是时势与清朝边疆政策之变迁的结果。

（3）对阿贵奏折这份材料的认识。将阿贵所上雅尔东迁楚呼楚的奏折与明瑞筑城于雅尔的上奏相对比即可发现，雅尔地方"雪大，牧场遥远，而附近可耕之地，又属无多"皆是相对之词，对雅尔气候与地理环境的描述既不能说精确，亦不能说有误。只有在对哈萨克政策发生转变以及屯田之事兴起之后，才成为影响塔尔巴哈台治所东迁的主要因素。

---

① 译自《军机处满文议复档》，载贺灵编：《中国新疆历史文化古籍文献资料译编（12）卷　塔城　阿勒泰·2》，克孜勒苏柯尔克孜文出版社 2016 年版，第 345 页。

中英修订《续议通商行船条约》之增设出厂税争议

姚 伟 李宇闳

（南京大学历史学院　南京大学历史学院）

【摘　要】　1902年中英修订《续议通商行船条约》期间，英方提出对在华生产的机制棉织品增设出厂税。清政府不顾美、日等国以及华侨的反对，同意了此要求。在中英修订商约众多议题中，出厂税问题貌似微小，却折射出清政府不惜牺牲美、日等国以及华侨利益，罔顾民族产业发展前景，也要与英国政府结盟、照顾英国资本的事实。其根本原因在于，英国政府通过借出外债渗透清政府财政结构，并以增设出厂税获取对华机制棉织品成本差异，再凭借规模优势挤压美、日等国以及华侨的贸易空间，更由英籍海关总税务司收取进口关税，偿还英国外债。如此循环之下，清政府与英国政府利益紧密捆绑，唯有牺牲美、日等国以及华侨利益，同意增设出厂税，照顾英国资本。美、日等国以及华侨对增设出厂税做出反击，却无法改变中英结盟的事实，最终选择支持反清运动，以期建立一个与自身结盟的新政府。

【关键词】　《续议通商行船条约》　出厂税　争议

1902年中英修订《续议通商行船条约》期间，英国政府提出对在华生产的机制棉织品增设出厂税。清政府不顾美、日等国以及华侨的反对，同意了此要求。出厂税英文名为excise，含内地消费税意思，在中英商约里特指对机器制品出厂时征收的税种。[①] 出厂税的增设将加重在华生产的机制棉织品成本，有碍中国民族产业发展。清

---

① 中国经济学社编：《中国经济问题》，商务印书馆1929年版，第84页。

政府正值颁布新政诏令、宣称振兴工商业之时，为何会同意英国政府这样的要求？英国在华建有多家机制棉纺厂，为何罔顾他们的利益，坚持增设出厂税？出厂税的设立有利于对华棉织品的输入，美、日等国以及华侨又为何反对？学界有关出厂税的论述颇丰，但迄今没有对此做过专门研究。① 本文在全球棉织品贸易大背景下，尝试对中英修订商约出厂税的谈判过程进行分析，追寻上述问题的答案，探究其间折射出的清政府与英国政府的特殊关系，以及设置出厂税带来的系列影响。

一、出厂税的背景：机制棉织品兴起与列强角逐海外市场

18 世纪 80 年代，水力纺纱机在英国兴起，机械化棉制品生产在世界各地蔓延开来。② 棉纺织业成了大部分国家工业革命的先导产业。③ 在英国的大力倡导下，自由贸易主义思潮迅速传播。④ 机制棉织品的贸易范畴也随之不断扩大。自由贸易诚然会令美、日等国同样受益，但英国率先完成了以机器棉织业为中心的工业革命，更易于占据逐渐开放的全球市场，挤压其他国家的贸易空间。

然而，随着 1891 年美国《麦金莱关税法案》（McKinley Tariff）、1892 年法国《美林关税法案》（Méline Tariff）的出台，保护主义不断升级，致使英国在扩大欧美市场方面几乎没有什么希望。⑤ 作为英国在远东的重要市场，印度吸纳机制棉织品的数量从 1814 年不足 100 万码，到 1830 年发展为惊人的 5100 万码。⑥ 印度市场日益饱和的同时，英国的另一重要市场东南亚地区也难以承受过多的机制棉织品。英国的目

---

① 潘忠甲认为，相对于进口关税而言，出厂税税额偏低，出厂税旨在奖励外商在华制造，以压迫中国制造货物（潘忠甲：《致上海总商会解决关税十大问题意见书》，华丰印刷铸字所 1925 年版，第 52 页）。马寅初论述了出厂税与厘金的关系，他指出厘金年收入在 4000 万两以上，中英商约议定裁撤厘金，以设立出厂税等为交换条件（马寅初：《财政学与中国财政：理论与现实》，商务印书馆 2005 年版，第 242 页）。陈勇指出，清末华洋货物出厂税的筹议及其征收的复杂过程表明，我国近代税制备受列强操纵，带有典型的半殖民地特征（陈勇：《清末华洋货物出厂税的筹议和征收》，《历史教学（下半月刊）》2011 年第 7 期）。相对而言，学界对出厂税的研究大多聚焦于民国阶段，对晚清出厂税的研究有限。
② 斯文·贝克特：《棉花帝国》，徐轶杰、杨燕译，民主与建设出版社 2019 年版，第 126 页。
③ 应奇：《企业史研究》第 1 辑，浙江大学出版社 2021 年版，第 85 页。
④ 1846 年，英国废除了代表贸易保护主义的《谷物法》（西德尼·李：《维多利亚女王与日不落帝国的黄金时代》，陈尧尧译，华文出版社 2020 年版，第 225 页）。1856 年，《巴黎海战宣言》确定了海上航行自由和废除私掠船制度等国际原则，为英国的海上势力向全球扩张铺平了道路（杨辉：《奉旨打劫：近代英国私掠船活动研究》，天津人民出版社 2023 年版，第 280 页）。
⑤ 凯文·纳里泽尼：《大战略的政治经济学》，白云真、傅强译，上海人民出版社 2014 年版，第 211 页。
⑥ 乔吉奥·列略：《棉的全球史》，刘媺译，上海人民出版社 2018 年版，第 303 页。

光更加关注于中国。如 1886 年,第三次英缅战争结束,缅甸沦陷为英属印度的一个省,大量英国商品输入缅甸后销往云南。① 就美国而言,广袤的大陆边疆也难以容纳本国过量的机制棉织品,中国市场也成了政商两界的利益关切。② 1900 年,美国对中国的粗布和棉纱出口量仅次于居首位的英国。③ 日本纱厂亦堆积了大量日产机制棉织品,纺绩联合会的目标市场首选中国。④

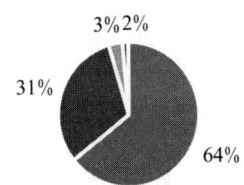

图 1　1902 年中国进口各国棉布的数量比例⑤

英、美、日等国对中国市场的兴趣,缘于中国庞大的消费人口。⑥《南京条约》签订后,英国全权代表璞鼎查(Sir Henry Pottinger)激动不已,"这个国家异常庞大,所有兰开夏纺织厂的出产都不足以供给她一个省的消费"。⑦ 同时,鸦片战争不仅打开了近代中国的大门,还令列强拥有了控制清政府关税的能力。中国成为西方商品的倾销地。⑧ 最先来中国倾销机制棉织品的便是英国。⑨

随着外国机制棉织品的大量输入,中国手工纺织业逐步瓦解。中国传统布料市场以丝织品、土布为主。然而,与本地货物相同的进口货物,已经使许多织布机停了下来。⑩ 由图 2 可见,1872—1902 年间,进口货物中棉织品占比不断攀升;图 3 则勾勒

---

① 苏月秋、陆韧:《清代至民国云南与东南亚丝棉贸易研究》,社会科学文献出版社 2019 年版,第 69 页。
② 凯文·纳里泽尼:《大战略的政治经济学》,白云真、傅强译,上海人民出版社 2014 年版,第 41 页。
③ 王邦宪编:《贸易保护主义对中美经济关系的影响:中美纺织品贸易争端》,复旦大学出版社 1987 年版,第 2 页。
④ 严中平:《中国棉纺织史稿》,科学出版社 1963 年版,第 158 页。
⑤ 高家龙:《大公司与关系网:中国境内的西方、日本和华商大企业 1880—1937》,程麟苏译,上海社会科学院出版社 2002 年版,第 91 页。
⑥ 费惟恺:《中国早期工业化:盛宣怀(1844—1916)和官督商办》,虞和平译,中国社会科学出版社 2002 年版,第 77 页。
⑦ Great Britain. *Foreign Office, Correspondence Relative to the Earl of Elgin's Special Mission to China and Japan, 1857-1859*, London: Harrison & sons, 1859, 1975, p. 244.
⑧ 龙登高:《跨越市场的障碍:海外华商在国家、制度与文化之间》,科学出版社 2007 年版,第 19 页。
⑨ 张晔:《近代青岛棉纺织业研究(1902—1949)》,社会科学文献出版社 2023 年版,第 20 页。
⑩ 汪敬虞:《十九世纪西方资本主义对中国的经济侵略》,人民出版社 1983 年版,第 95、97 页。

出同一时间段，土布出口日渐式微的景象。①

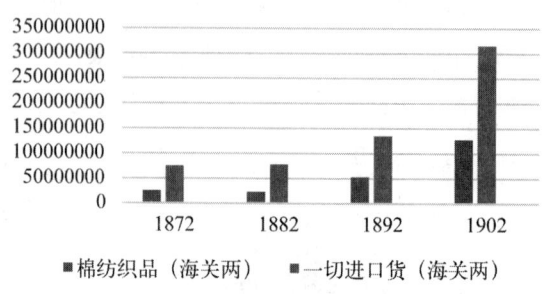

图 2　中国进口货物中棉织品占比情况

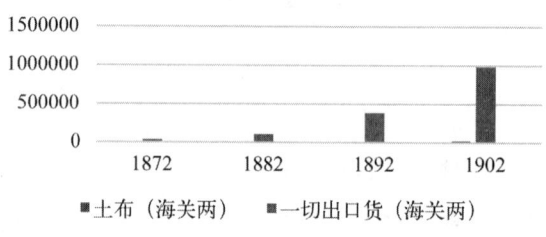

图 3　中国出口货物中土布占比情况

二、出厂税的渊源：外国机制品涌入与清政府的应对

晚清时，类似工厂的生产组织已经在中国出现。如 1872 年，越南华侨陈启沅在广州创办了中国近代首家机器缫丝厂——继昌隆丝厂。②但在西方机制品进入之前，中国尚没有出厂税的概念。尽管关税、厘金等与工商业相关的税收占财政收入比重不断增加③，相对其他工商税种而言，这一阶段清政府并没有表现出征收出厂税的意愿。随着外国机制棉织品的大量输入，民族纺织业面临空前挑战。生产机制棉织品成为清政府振兴工商业的重要举措。机制棉织品带来的丰厚利润更令权力官僚垂涎不已，激发了他们兴建官办厂的热情。《马关条约》的签订掀起了外商在华建厂热潮。权力官僚的官办厂、外国及侨商资本工厂、士绅的民族工厂开始涌现，引发出厂税问题，各方博弈就此开启。

---

① 方显廷：《中国之棉纺织业》，商务印书馆 2011 年版，第 309、343 页。
② 上海三盛宏业文化传播发展有限公司、上海文广新闻传媒集团纪实频道编：《百年商海》，上海人民出版社 2006 年版，第 69 页。
③ 刘守刚：《财政中国三千年》，上海远东出版社 2020 年版，第 383 页。

(一) 官办机制棉纺厂与出厂税萌芽

在李鸿章的支持下，1878年上海机器织布局开始筹建，开创了官办机制棉纺厂先河。① 为扩大利润，1882年机器尚未运行时，李鸿章就请求清廷对该局生产的布匹减免税厘。② 1890年，上海机器织布局方才生产，海关总税务司署就下发通令，对所产棉织品进行减免性征税。③ 官办厂机制品征收5％税额制度就此建立，各省皆参照执行。④ 由于这种税款并不是在出厂时征收，尚不能称为出厂税，仅可谓类似税种的发端。

为保证官办厂的绝对利益，权力官僚们垄断了经营特许权，驱逐外资、民族产业。1882年，李鸿章向清廷申请了"十年内不准另行设局"的特许经营资格。⑤ 因此，当美商韦特莫尔（W. S. Wetmore）于同年在上海建立丰祥织洋棉纱线公司时，清政府立刻以违背上述规定为由封闭该厂。⑥ 1888年，远在广州的张之洞意欲开办机制棉纺厂，对特许经营权亦有所顾虑，特意征询李鸿章意见。⑦ 得到李鸿章首肯后，张之洞方才着手筹建，并开始驱逐本地具有竞争性的私人机制厂。侨商陈启沅经营多年的继昌隆丝厂也未能在此次驱逐中幸免。⑧ 就在张之洞筹建机制棉纺厂时，南海县以机器制造归属政府专利、百姓不可私自购置生产为由，勒令继昌隆丝厂停产。⑨ 该厂被迫迁至澳门，一同迁往的还有另外数家广州机器缫丝厂。⑩

(二) 外资机制棉纺厂与出厂税争端

1895年，中日《马关条约》签署，日本拥有了在中国设厂的特权，其他国家因最

---

① 严中平：《中国棉纺织史稿》，科学出版社1963年版，第122页。
② 顾廷龙、戴逸主编：《李鸿章全集》第10册，安徽教育出版社2008年版，第63—64页。
③ 按照李鸿章奏请的减免税厘章程，海关总税务司署通令要求，对上海机器织布局棉布进行区别性征税：在上海及其周围销售时免税；进入内地销售，在上海征收进口正税，免征子口半税；外运到沿海地区或外洋，在上海征收出口正税，在中国口岸卸货者，免征土货复进口半税与全部子口半税。（海关总署《旧中国海关总税务司署通令选编》编译委员会编：《旧中国海关总税务司署通令选编》第1卷，中国海关出版社2003年版，第332页。）
④ 王彦威、王亮辑编：《清季外交史料》第5册，湖南师范大学出版社2015年版，第2434页。
⑤ 虞和平、谢放：《中国近代通史》第3卷，江苏人民出版社2009年版，第333页。
⑥ 汪敬虞：《中国资本主义的发展和不发展：中国近代经济史中心线索问题研究》，中国财政经济出版社2002年版，第114页。
⑦ 苑书义、孙华峰、李秉新主编：《张之洞全集》第7册，河北人民出版社1998年版，第5308页。
⑧ 林金枝：《近代华侨投资国内企业概论》，厦门大学出版社1988年版，第162页。
⑨ 孙毓棠编：《中国近代工业史资料》第1辑下册，科学出版社1957年版，第961页。
⑩ 许锋：《陈启沅评传》，中山大学出版社2018年版，第112页。

惠国待遇而享有同样特权。① 列强在中国进行了以棉纺织业为开端的大规模工业投资。② 清政府的赋税结构由于国外商品的输入、外资创办商业的扩展，创造了新的财政收入来源。③ 清政府意识到出厂税可以成为一种补充性收入，在这一议题上与日本首先展开博弈。

1896 年中日修订《通商行船条约》，日本政府提出，日商在华制造的产品，只能按照货物价值征收 3％的税款。④ 李鸿章要求，这些货物出厂之前应该缴纳 10％税款。⑤ 此提议遭到日方断然拒绝。僵持之下，海关总税务司赫德（Sir Robert Hart）表态支持，称英商必定缴纳 10％出厂税，如有违背，英国领事馆绝不袒护。⑥ 英国政府与海关的态度迫使日方做出了让步。同年，中日《公立文凭》签订，日本同意对在华生产的机制品征收出厂税，换取在上海、天津、厦门、汉口等处设立日本专管租界的回报。⑦ 海关总税务司署就此下发通令，对在华机器制造品征收 10％的出厂税。⑧

正谋划扩建湖北织布官局的张之洞强烈反对，要求暂缓征收此税，以保护民族产业发展。⑨ 接办汉阳铁厂的盛宣怀坚称，铁厂只是将铁炼成钢，不属于机制品，不应被征收出厂税，更建议收回政府投资后再行征收。⑩ 此言道出了问题关键，现阶段的机制品厂多为官办厂，征收出厂税将侵损权力官僚的利益。在一片反对声下，清廷决定暂缓征收 10％的机制品出厂税。⑪

（三）自由贸易主义与出厂税悖论

由上述情况梳理可以发现，增设出厂税与英国籍海关总税务司有着密切关系。赫德极力推动海关征收出厂税，英国政府更显露出支持的态度。然而，征收出厂税是以国家行政力干涉市场秩序，违背了自由贸易原则。英国是自由贸易主义的鼓吹者，为何要支持清政府增设出厂税？1902 年中英修订商约之时，英国又为何直接要求清政府

---

① 周育民：《晚清财政与社会变迁》，上海人民出版社 2000 年版，第 318 页。
② 汪敬虞：《十九世纪西方资本主义对中国的经济侵略》，人民出版社 1983 年版，第 390 页。
③ 国家税务局编：《中国工商税收史（夏商周—清）》，中国财政经济出版社 1990 年版，第 333 页。
④ 王芸生：《六十年来中国与日本》第 3 卷，生活·读书·新知三联书店 1980 年版，第 170 页。
⑤ 王彦威、王亮辑编：《清季外交史料》第 5 册，湖南师范大学出版社 2015 年版，第 2376 页。
⑥《总理衙门致刘坤一公函》（光绪二十二年六月），上海图书馆藏，盛宣怀档案，档号：SD078963-3。
⑦ 奉天交涉署：《约章汇要》卷 2，奉天交涉署 1927 年版，第 9 页。
⑧ 海关总署《旧中国海关总税务司署通令选编》编译委员会编：《旧中国海关总税务司署通令选编》第 1 卷，中国海关出版社 2003 年版，第 369 页。
⑨ 王彦威、王亮辑编：《清季外交史料》第 5 册，湖南师范大学出版社 2015 年版，第 2434 页。
⑩ 苑书义、孙华峰、李秉新主编：《张之洞全集》第 2 册，河北人民出版社 1998 年版，第 1194—1195 页。
⑪ 马丽卿编：《清代光绪朝后期海洋活动编年》，武汉大学出版社 2020 年版，第 99 页。

增设出厂税?

此时,清政府亦表露了振兴民族工商业的意愿。1898年,清政府颁布《振兴工艺章程》,鼓励民族资本开办工商业。① 华商设厂的限制就此放开。侨商陈启沅终于能够返回广州,重建机器缫丝厂。② 中国俨然进入自由贸易体系,对外国、民族资本开放着广袤的市场。清政府为何会不惜违背自由贸易原则,在1902年中英修订商约时,同意英国的要求而增设出厂税?中方议约成员张之洞、盛宣怀,曾经极力反对征收出厂税,在中英修订商约时又为何选择了赞同?

与这些疑问密切相关的是另一个值得注意的事实。19世纪的英国对华影响力居列强之首,在中国工商业增长的过程中,要使英国所占部分依然保持增长,几乎难以做到。英国居然做到了且相当成功,这便是大可注意的事实。③

三、出厂税的增设:清政府与英国政府的政治结盟

1902年中英修订商约期间,英方议约专使马凯(Sir James Lyle Mackay)要求,对机制棉纱、棉布等能与同类进口货物相竞争的机器制造品征收出厂税。④ 该提议得到了中方同意。随后,中英《续议通商行船条约》出厂税条款达成。⑤ 出厂税会增加在华生产的机器棉织品的成本,降低其市场竞争力。对华贸易量最大的英国将凭借制造成本、贸易规模优势,成为增设出厂税的主要受益者。美、日等国以及侨商的贸易空间将被进一步挤压。为什么清政府会不顾美、日等国以及华侨的反对,而选择支持英国资本?其中的答案可以从清政府与英国政府在多方面的利益捆绑中寻找。

(一)清政府外债大多来源于英国

1902年中英修订商约前,清政府所借外债大多来自英国。⑥ 仅以军政借款为例,由表1可见,19世纪晚期,中国地方政府借债对象均为汇丰等英国银行,可见英国资本对地方政府的渗透力度之深、范围之广。

---

① 邵俊武:《工业法概论》,中国政法大学出版社2021年版,第304页。
② 温云荣、周胜标等:《中国老赢家秘籍》,中国发展出版社1994年版,第32页。
③ 雷麦:《外人在华投资》,蒋学楷等译,商务印书馆1959年版,第253页。
④ 中国近代经济史资料丛刊编辑委员会主编:《辛丑和约订立以后的商约谈判》,中华人民共和国海关总署研究室编译,中华书局1994年版,第71页。
⑤ 王尔敏、陈善伟:《清末议定中外商约交涉——盛宣怀往来函电稿》下册,香港中文大学出版社1993年版,第738页。
⑥ 中国人民银行总行参事室编:《中国清代外债史资料》,中国金融出版社1991年版,第136、315页。

表1　1872—1886年在华外商银行承办地方政府军政借款情况①

年份	借款者	贷款者	借款数额（合库平两）
1872	驻法使馆	丽如银行（英资）	30 000
1874	台湾大臣	汇丰银行（英资）	2 000 000
1875	陕甘总督	丽如银行	2 000 000
1877	陕甘总督	汇丰银行	5 000 000
1878	陕甘总督	汇丰银行	1 750 000
1880	陕甘总督	汇丰银行	4 000 000
1883	两广总督	汇丰银行	2 000 000
1884	两广总督	汇丰银行	1 000 000
1884	两广总督	汇丰银行	1 000 000
1884	两广总督	汇丰银行	200 000
1884	浙闽总督	汇丰银行等	4 000 000
1884	两广总督	汇丰银行	1 000 000
1885	两广总督	汇丰银行	2 012 500
1885	台湾大臣	汇丰银行	1 000 000
1885	福建总督	汇丰银行	3 934 426
1885	两广总督	汇丰银行	2 988 860
1885	两广总督	汇丰银行	143 400
1885	驻英使馆	汇丰银行	11 084
1886	粤海关总督	汇丰银行	700 000
1886	粤海关总督	汇丰银行	300 000

　　与中英修订商约几乎同步，1902年清政府推行新政，农林工商各项事业需款浩繁，入不敷出的财政状况越来越严重。② 地方政府掀起新一轮举债高潮。这般借债需求给予英国政府以资本输入在经济上控制清政府的大好时机。事实上，美、日等国资本也意欲借机涌入中国，但英国资本依旧保持着绝对优势。由表2可以看出，英国政府在各国之中对华发行债券数额远超其他国家。

---

① 马金华：《近代中国地方政府债务研究》，经济科学出版社2023年版，第327页。
② 许毅：《清代外债史论》，中国财政经济出版社1996年版，第562页。

表2　各国对中国政府发行债券情况（单位：万两）①

国名	年度	对中国政府债券（%）
英国	1902	110.3（42.4）
日本	1900	0.0
美国	1900	2.2（11.2）
俄国	1903	26.0（10.6）

（二）英国籍总税务司把控清政府海关

1863年，赫德担任海关总税务司，开启了由英国人掌握中国海关40余年的历史。②英籍税务司更是大量充斥于各地海关之中。以1906年为例，海关外籍税务司共有1345人，其中英国人就有738名，占据了大半名额。③美、日等国对此强烈不满，几番试图介入海关事务。中英修订商约之初，清廷拟增补英籍副总税务司裴式楷（Robert Edward Bredon）协助修约，美方即要求改派美籍税务司福开森（John Calvin Ferguson）。④此提议最终被拒。1897—1910年，20%—30%的清政府外债由海关负责偿还。⑤随着清政府财政的日益窘迫，外债从小数额发展到大数额，也由单个海关担保发展到多个海关担保，海关在外债制度中的地位越来越突出。⑥英国籍总税务司掌管的海关把控着清政府对外贸易收入，并用关税偿还英国外债。

（三）清政府权力官僚与英国政府关系密切

1902年中英修订商约期间，盛宣怀被任命为商约大臣，湖广总督张之洞奉命会办商约。⑦这些晚清政坛举足轻重的权力官僚，也是倾向于英国政府的典型代表。早在山西巡抚任上，张之洞就礼聘英国传教士李提摩太（Timothy Richard）为顾问。⑧在张之洞流传甚广的《劝学篇》中，他表明兴办煤矿业是学习英国的富强之道。⑨在呈

---

① 滨下武志：《清末海关财政与通商口岸市场圈》，高淑娟、孙彬译，江苏人民出版社2006年版，第92页。
② 黄逸平：《近代中国经济变迁》，上海人民出版社1992年版，第54页。
③ 吕铁贞：《守常与变革：明清时期涉外贸易法制研究》，法律出版社2023年版，第57页。
④ 王尔敏、陈善伟编：《清末议定中外商约交涉——盛宣怀往来函电稿》下册，香港中文大学出版社1993年版，第272页。
⑤ 汤象龙：《中国近代海关税收和分配统计（1861—1910）》，中华书局1992年版，第34页。
⑥ 张侃：《中国近代外债制度的本土化与国际化》，厦门大学出版社2017年版，第118页。
⑦ 《清德宗实录》卷486，光绪二十七年八月甲午，中华书局1987年版，第429页。
⑧ 杨剑宇：《中国历代宰相录》，上海文化出版社1999年版，第1156页。
⑨ 汪小军主编：《宋元明清人物》，华文出版社2004年版，第232页。

递的《创设储才学堂折》中，他认为"工艺、商务之教习，宜求诸英国"①。张之洞参与兴建的纺织厂、铁厂等，多是委托英方提供技术、人才，并向英国银行寻求资金支持。盛宣怀与英国的关系同样密切。如表3所示，以他主持的招商局为例，所借外债大多来自英国。不仅如此，招商局投资范畴广泛，换言之，所借的英国外债亦融入清政府各大实业之中。如1882年，招商局向开平矿务局投资21万两；1893年，招商局投资上海机器织布局22.2万两。②

表3　1883—1911年轮船招商局的外债（上海两）③

年份	来源	数额
1883	天祥洋行（英资）	743 000
	怡和洋行（英资）	
1885	汇丰银行	1 180 328
1911	汇丰银行	1 500 000

英商约出厂税条款对官办厂更给予了特殊待遇，免征汉阳大冶铁厂及中国国家现有免税各厂，以及嗣后设立之制造局、船澳等厂产品的出厂税。④大冶铁厂由张之洞创办，此时移交盛宣怀管理。⑤出厂税的规定，有助于这些权力官僚在与美、日等国以及华侨的商业竞争中占据优势。另外，1900年，张之洞经营的湖北织布官局因资本殆尽而停工。⑥1901年，盛宣怀管理的上海机器织布局，转卖给他人。⑦1902年，中英商约机制棉织品出厂税的设立，对他们并无直接影响。难怪美方舆论评价道：出厂税条款保护的是官僚阶层利益，妨碍了公平竞争。⑧

综上所述，如图4所示，在与权力官僚保持密切关系的同时，英国政府通过外债、海关、机制棉织品，与清政府利益紧密捆绑。清政府只能牺牲美、日等国以及华侨利益，同意增设出厂税，照顾英国资本。

---

① 蔡振生：《张之洞教育思想研究》，辽宁教育出版社1994年版，第80页。
② 张后铨主编：《招商局史·近代部分》，人民交通出版社1988年版，第82、179、259页。
③ 费惟恺：《中国早期工业化：盛宣怀（1844—1916）和官督商办》，虞和平译，中国社会科学出版社2002年版，第183页。
④ 王铁崖编：《中外旧约章汇编》第2册，生活·读书·新知三联书店1957年版，第106页。
⑤ 夏东元：《盛宣怀传》，四川人民出版社1988年版，第49页。
⑥ 陈锦江：《清末现代企业与官商关系》，王笛等译，中国社会科学出版社2010年版，第106页。
⑦ 费惟恺：《中国早期工业化：盛宣怀（1844—1916）和官督商办》，虞和平译，中国社会科学出版社2002年版，第308页。
⑧ "Commercial Comment on the New Treaty", *Journal of the American Asiatic Association*, Nov., 1902, p. 278.

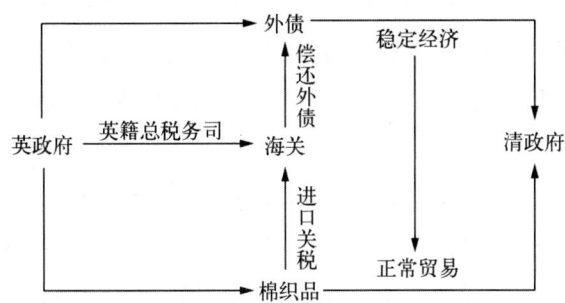

图 4 英国政府与清政府的利益捆绑示意图（笔者自制）

四、出厂税的结果：英国资本受益与他国的反击

对在华生产的机制棉织品增设出厂税，扩大了英国对华贸易，提升了英国对华影响力，令英国资本受益。美、日等国及华侨对华贸易空间则被进一步挤压，利益受损之下，他们对出厂税的设置不断做出反击，给清政府带来巨大影响。

（一）出厂税扩大了英国对华利益

英国本土商人将凭借出厂税带来的成本优势，扩大对华贸易量。不仅如此，英国殖民地印度机制棉织品业也将成为受益者。中英修订商约刚刚动议，1901 年 11 月，孟加拉商会（Bengal Chamber of Commerce）秘书长帕森斯（W. Parsons）就致信英方议约专使马凯，请求在商约谈判时关注印度出口至中国的棉纱利益，得到后者肯定的答复。① 对此，美国对华商会组织亚洲协会（The American Asiatic Association）进行了批评：出厂税是担心中国制造业取得成功的人尤其是印度的既得利益者硬插进条约的。②

出厂税的增设平息了英国本土商人对商约核心议题裁厘加税的反对舆论。曼彻斯特商会（Manchester Chamber of Commerce）、伍斯特商会（Worcester Chamber of Commerce）、诺丁汉商会（Nottingham Chamber of Commerce）等组织，一度激烈反

---

① Sir James Mackay to the Marquess of Lansdowne, Nov. 23, 1901, FO 17/1563, London: The National Archives, p. 113.
② "Commercial Comment on the New Treaty", *Journal of the American Asiatic Association*, Nov., 1902, p. 278.

对原裁厘加税方案。① 当增加出厂税等条款后，上述商会顺利通过了新的裁厘加税方案。② 清政府所设厘卡大多在南方，正是英国对华贸易重地。美、日等国对华贸易主要在厘卡较少的华北地区。裁撤厘卡成议后，英国又将是最大的受益者。对此，美、日等国舆论反应激烈。《东京朝日新闻》指出，英国对华贸易重地在厘卡林立的南方，自然愿意增加关税以推动厘卡的裁撤。日本对华贸易主要在北部地区，厘卡较少却要承受加税的负担，极不合理。③ 美国亚洲协会中华分会也指出，裁撤厘卡与美国对华贸易毫无关系，他们的商品贸易地主要在华北，那里几乎没有厘卡。④

（二）美、日等国以及华侨对出厂税的反击

1. 美、日等国反对设立出厂税条款

在美、日等国舆论界、商界的一片哗然声中，政界亦极力反对出厂税的增设。中英修订商约结束后，中美、中日修订商约接连开议。美方代表古纳（John Goodnow）称，征收出厂税对在华工业发展极其不利，使他们不能与进口的同类货物竞争，要求删除此条款。⑤ 日方议约专使小田切（Odagiri Masnoske）做出同样要求。⑥ 但诸国的反对没有改变出厂税的增设，清政府坚持选择照顾英国资本。

2. 美、日等国及华侨的反击升级

美、日等国以及华侨在政治、经济、外交等方面做出回击，试图打破中英两国联盟，促使中国政府照顾他们的利益。

在政治上，1905年日俄战争的胜利，巩固了日本在中国东北三省的政治势力，奠定了日本棉布在东北市场上的倾销基础。即便出厂税增设成功，日本通过南满洲铁路运输棉织品，避开了清政府所设税厘关卡，降低了销售成本。⑦

在经济上，华侨对清政府鼓励投资的各项措施态度冷漠。1902年，与中英修订商约时间相仿，清廷颁布诏令实施新政。《奖励公司章程》《商标注册试办章程》等旨在

---

① Manchester Chamber of Commerce to the Under Secretary of State, Mar. 11, 1902, FO 17/1579, London: The National Archives, p.165; Treaty Revision in China, Apr. 8, 1902, FO 17/1571, London: The National Archives, p.190; Copy Resolution Passed by the Council of the Nottingham Chamber of Commerce, May 5, 1902, FO 17/1571, London: The National Archives, p.350.
② Marquess of Lansdowne to James Mackay, July 24, 1902, FO 17/1569, p.122.
③《论中日商约》（译日本十月十五日东京朝日新闻），《外交报》1903年第三卷第30期，第27页。
④ "The American Asiatic Association", *The North-China Herald*, Nov.18, 1902, p.1055.
⑤ 李学通主编：《近代史资料》总112号，中国社会科学出版社2006年版，第58页。
⑥ 中国近代经济史资料丛刊编辑委员会主编：《辛丑和约订立以后的商约谈判》，中华人民共和国海关总署研究室编译，中华书局1994年版，第230页。
⑦ 严中平：《中国棉纺织史稿》，科学出版社1963年版，第163页。

推动工商业发展的章程密集出台，响应者寥寥。为吸引华侨资本，1905年清廷派遣侨领张弼士前往南洋招商，收效亦甚微；1907年农工商部侍郎杨士琦的南洋之行，得到相似结局。①

在外交上，美国政府不顾清政府反对，将1894年中美《限禁来美华工保护寓美华人条约》（Gresham-Yang Treaty）续约到1904年。② 此举引发了中国抵制美货运动。美国外交史学家麦基（Delber L. McKee）指出问题的关键，美国排华法始于19世纪80年代，抵制美货运动却迟至1905年才爆发，根本原因在于1902年以后，排华法才真正坚决实施。③ 由此可见，美国坚持排华法案续约，与1902年中英修订商约时，清政府坚持维护英国利益、增设出厂税不无关系。

（三）清政府试图挽回美、日等国及华侨的支持

美、日等国以及华侨的一系列反击，令清政府认识到了增设出厂税带来的严重性。清政府在各个方面做出调整，以期挽回给美、日等国以及华侨带来的损失。

在经济上，清政府设置舆论议程对美国予以回击。1905年抵制美货运动发起于上海总商会。④ 但如此轰轰烈烈的运动背后，清政府的支持与推动不容忽视。驻美公使伍廷芳致函外务部，建议如果美国政府通过排华法案，中国商民要设法加以抵制。⑤ 美国驻华公使柔克义（William W. Rockhill）就指出，抵制美货运动是在清政府同情与默许之下的阴谋。⑥

在外交上，清政府积极开放拖延已久的自开口岸。清政府自开口岸共36处，其中有29处是在中英商约增设出厂税后开设的。如图5所示，这些自开口岸遍及沿海、沿江、内地和边疆等地，开放力度空前。清政府显然希望通过自开口岸，表明鼓励通商的意愿，更透露了渴望吸引外资、解决财政危机的迫切心情。

---

① Yen Ching-Hwang, The Overseas Chinese and Late Ch'ing Economic Modernization, *Modern Asian Studies*, I6, 2 (1982), pp. 217 – 232.
② 格雷戈里·摩尔：《1901—1909年的门户开放政策：西奥多·罗斯福与中国》，赵嘉玉译，江苏人民出版社2021年版，第157页。
③ 孙江主编：《事件 记忆 叙述》，浙江人民出版社2004年版，第65页。
④ 朱英：《曲折的抗争》，四川人民出版社2020年版，第379页。
⑤ 丁贤俊等编：《伍廷芳集》上册，中华书局1993年版，第166页。
⑥ Minister Rockhill to the Secretary of State, Peking, Aug. 18, 1905, Papers Relating to the Foreign Relations of the United States, https://history.state.gov/historicaldocuments/frus1905/d229.

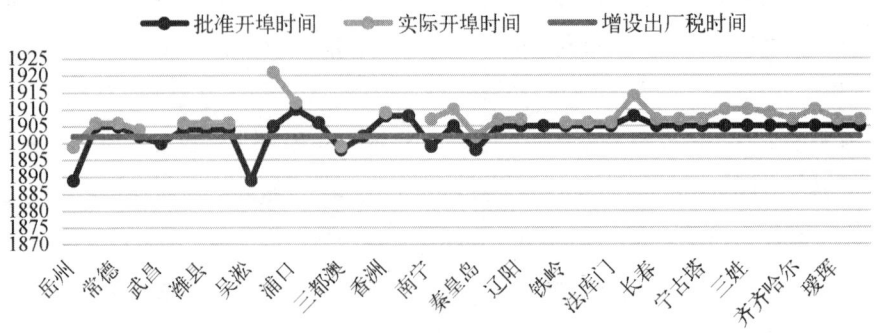

图 5 清朝自开商埠名单及时间①

在政治上，清政府增设税务处，收回英籍总税务司的海关管理权。1906年，清政府增设税务处，户部尚书铁良任督办税务大臣，外务部右侍郎唐绍仪任会办税务大臣，税务处掌管全国海关进出口关税及邮政事宜，直接管辖总税务司。②

然而，在做出上述举动的同时，清政府与英国政府关系依旧紧密。晚清政坛最有权势者袁世凯，与英国驻华公使朱尔典（John Newell Jordan）就相识多年，私交深厚。③ 1911年，袁世凯被摄政王载沣任命为内阁总理大臣，同时宣布实行英国式的君主立宪政体。④ 他更是直言不讳地要求朱尔典作为一个朋友和具有丰富经验的政治家，帮助他处理所面临的异常庞大的治理国家的任务。⑤

（四）美、日等国及华侨支持反清运动

既然清政府与英国政府的利益关系从根本上并未松动，美、日等国以及华侨难以为清政府的示好行为打动。他们通过各种方式支持反清运动，希冀塑造一个能够与自身利益捆绑的新政府。

戊戌变法失败后，康有为、梁启超逃亡日本。大隈重信、犬养毅等高层人物，对来到日本政治避难的康、梁等人特别照顾，其生活起居费用都由大隈内阁负担。⑥ 随

---

① 吕铁贞：《守常与变革：明清时期涉外贸易法制研究》，法律出版社2023年版，第173—174页。
② 中国第一历史档案馆编：《中国第一历史档案馆馆藏档案概述》，档案出版社1985年版，第85页。
③ 汤伏祥：《外国人眼中的袁世凯》，广东人民出版社2008年版，第93页。
④ 李书纬：《晚清外交七十年：重建中国与皇帝逊位》，东方出版社2021年版，第383页。
⑤ 朱丹阳：《英国外交档案摘译：武昌起义后袁世凯父子与英国公使的密谈》，《档案与史学》2004年第3期。
⑥ 何一民：《维新之梦：康有为传》，四川人民出版社1995年版，第297页。

后，康有为派弟子徐勤等分赴南北美洲，发展保皇组织。① 1902年出厂税条款出台后，保皇会在美国掀起建会高潮，如表4所示，以1903年建有保皇会的国家为例，南北美洲建立了11个支部，其中美国就有7个。②

表4 1903年建有保皇会支部的国家

支会名称	部长所在地
加拿大部所属十二支会	温哥华
美国加利福尼亚部所属六支会	旧金山
美国西北部所属九支会	波特兰市
美国东部所属六支会	纽约
美国中部所属十三支会	芝加哥
美国南部所属四支会	新奥尔良
美国蒙塔纳州所属十二支会	赫勒纳市
墨西哥部所属九支会	托雷翁市
中亚美利加部所属四支会	巴拿马
南亚美利加所属三支会	秘鲁之利马
檀香山部所属八支会	汉挪路卢

华侨方面亦给予保皇派大力支持。以侨商陈启沅的后代为例：梁启超派弟子汤觉顿到广州劝都督龙济光起事。此时，陈启沅之孙陈廉伯已经接办广州昌栈丝庄，自认与康有为是南海同乡兼世交，殷勤款待汤觉顿。陈廉伯得知汤觉顿来广州的目的后，立刻赠送数目不菲的现金予以支持。③

后来，随着保皇派与革命党在数次交锋中接连落败，美、日等国及华侨渐渐转向支持革命党人。1905年，孙中山在日本东京成立同盟会。④ 如图6所示，同盟会发展迅速，海外组织分布广泛，其中南洋支部、美国支部数量最多，美国及南洋华侨对革命党人的资助之巨可见。陈廉伯亦列名同盟会籍，并凭借雄厚财力被推举为广东商团

---

① 庄国土、刘文正：《东亚华人社会的形成和发展：华商网络、移民与一体化趋势》，厦门大学出版社2009年版，第213页。
② 高伟浓：《二十世纪初康有为保皇会在美国华侨社会中的活动》，学苑出版社2009年版，第67页。
③ 中国人民政治协商会议广东省广州市委员会文史资料研究委员会编：《广州文史资料》第10辑，中国人民政治协商会议广东省广州市委员会文史资料研究委员会1963年版，第191页。
④ 吴玉章：《辛亥革命》，大有书局2022年版，第68页。

团长。① 孙中山返回广东后，与广东商团关系密切，多次接受其捐款。②

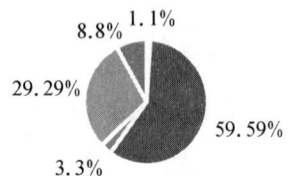

■ 欧洲支部 ■ 南洋支部 ■ 国内支部 ■ 美国支部（含檀香山）■ 其他

图6　辛亥革命前同盟会海外组织数量占比情况（据不完全统计）③

在美、日等国及华侨的大力支持下，辛亥革命成功爆发。英国政府向来为清政府倚仗，此时的表现却耐人寻味。武昌暴动后，湖广总督瑞澂逃至英国领事馆，由英国驱逐舰护送离开。④ 江汉关英籍税务司苏古敦（A. H. Sugden）骄傲地宣称，只有海关还挂着龙旗代表政府，支持着清政府。⑤ 然而，相比较更切实地派遣海军进行军事干预而言，昔日的盟友显然并没有为了清政府的存亡而真实努力。

余　论

传统中国原本是丝织品、土布市场，但随着西方机制棉织品的涌入，转变为棉织品市场。1902年中英商约增设机制棉织品出厂税的规定，令英国凭借对华贸易成本、规模优势，进一步扩大在中国市场的占比，挤压美、日等国以及华侨的贸易空间。

清政府在明知且努力遵守自由贸易原则的情况下，不惜损害美、日等国以及华侨的利益，同意英国的要求，增设机制棉织品出厂税，究其根本，清政府与英国政府已然结盟。英国政府通过外债输入的方式，将资本渗透进清政府财政结构，维系清政府的经济运转，促进中英贸易发展；在清政府经济稳定的情况下，英国政府借助出厂税的增设，取得对在华机制品的成本优势，扩大对华贸易，赢得贸易顺差；随着机制棉织品输入量的提升，英国籍总税务司控制的海关收取的进口关税不断增加，再以此偿还英国对华外债。如此循环之下，英国政府通过外债、海关、机制棉织品，与清政府

---

① 邱捷：《广州商团与商团事变——从商人团体角度的再探讨》，《历史研究》2002年第2期。
② 罗三洋：《古代丝绸之路的绝唱：广东十三行》，台海出版社2018年版，第521页。
③ 任贵祥：《孙中山与华侨》，黑龙江人民出版社1998年版，第124页。
④ 《英国蓝皮书有关辛亥革命资料选译》上册，胡滨译，中华书局1984年版，第206页。
⑤ 中国近代经济史资料丛刊编辑委员会主编：《中国海关与辛亥革命》，中华书局1964年版，第12页。

利益紧密捆绑。清政府只能牺牲美、日等国以及华侨的利益，增设出厂税，照顾英国资本。

1902年中英商约出厂税条款的达成，看似针对机制棉织品的微小议题，但清政府不顾美、日等国以及华侨的利益，牺牲民族产业发展前景，照顾英国资本，表明了中英两国利益紧密捆绑的事实。美、日等国以及华侨对此强烈不满，做出了各种反击，以期弱化英国政府对中国事务的介入程度。清政府亦采取了相应补救措施，力图挽回美、日等国以及华侨的信任。然而，中英两国的结盟在根本上没有松动。最终，美、日等国以及华侨转向支持反清运动，推动辛亥革命的爆发，以期建立一个能够与自身利益捆绑的新政府。

丝路文脉

古丝绸之路上中华法系的影响力研究

郑天祥　李尊昱

（扬州大学法学院　扬州大学法学院）

【摘　要】　在新时代"一带一路"建设和中华法系复兴的背景下，古丝绸之路上的中华法系研究亟须走出传统的"法系"视角，以广阔的丝路全线为"经"，以中华法理、法典和案例为"纬"，系统呈现中华法系在古丝绸之路上的影响力。中华法理依托古代典籍广泛传播于东亚和东南亚地区，而其在中亚和西亚地区的推进则得益于域外文学作品的助益。中华法典不仅以其完备的体系深刻影响了周边的中华法系成员国，其制度之影响更为深远，西方多国也留有中华法系的制度痕迹。中华案例一方面借助《洗冤集录》《棠阴比事》等本土文献的传播为古丝绸之路上的国家广泛认同，另一方面西方学者对中华案例的再创作也进一步提升了中华法系在域外的认可度。中华法系在古丝绸之路上的影响力，既展示了"一带一路"建设的法律文化资源，也为当下中华法系的域外传播提供了历史借鉴。

【关键词】　古丝绸之路　中华法系　影响力　中华法理　中华法典　中华案例

古丝绸之路既是经济之路，也是文化之路。古丝绸之路上不同文明的互融，不仅孕育出了一系列优秀的文化成果，使人类文明更加耀眼，更为经济的和谐发展提供了文化的铺垫。习近平总书记指出，提出共建"一带一路"倡议的初心，"是借鉴古丝绸之路，以互联互通为主线，同各国加强政策沟通、设施联通、贸易畅通、资金融通、民心相通，为世界经济增长注入新动能，为全球发展开辟新空间，为国际经济合作打造新平台"[①]。"自古

[①] 习近平：《建设开放包容、互联互通、共同发展的世界》，《人民日报》2023年10月19日，第2版。

以来，我国形成了世界法制史上独树一帜的中华法系，积淀了深厚的法律文化。……中华法系凝聚了中华民族的精神和智慧，有很多优秀的思想和理念值得我们传承。"①回顾历史，古丝绸之路为中华法律文化的传播提供了通道，成就了中华法系的辉煌。"传统文化的交流与互鉴是促进民心相通工程的重要方式。"② 立足当下，中华法系作为包含着中国伦理哲学与制度智慧的"礼法"共同体③，在加强各国政策沟通和民心相通等方面具有重要意义，是推动当下"一带一路"发展的宝贵文化资源。古丝绸之路上中华法系的影响力研究，对挖掘中华法系文化资源，助力"一带一路"建设和完善中华法系法律文化的域外传播研究具有重要意义。

一、透视中华法系影响力的"经"与"纬"

"法系"的研究视角，强调"将一套为多个国家和地区共同使用的法律系统视为同一法律家族"④。具体地，法系可以解构成母国、成员国、联系母国与成员国的通道三种要素。其定义本身就包含了母国法律文化对成员国的影响力分析。古丝绸之路乃联系中华法系母国——中国及其成员国——朝鲜（高丽）、日本、越南（安南）等东亚国家的通道，是中华法系的要素之一。但是，立足当下"一带一路"建设的古丝绸之路上中华法系的影响力研究，不能局限于古丝绸之路在中华法系形成中的作用，需要走出短距离的地缘研究，在更加广阔的视野中探讨中华法系的影响力。进而，对于中华法系影响力的研究标准也不能再以法系的要求为圭臬，需要重新厘定中华法系影响力的"经"与"纬"。

（一）透视中华法系影响力的"经"

中华法系的影响力研究，首先需要明确的是中华法系的传播范围，即从纵向上考察中华法系影响力的"经"。受法系研究传统的影响，古丝绸之路上中华法系的影响力研究，首先关注的重点是古丝绸之路在中华法系形成中的作用，⑤ 这对中华法系的

---

① 习近平：《坚定不移走中国特色社会主义法治道路 为全面建设社会主义现代化国家提供有力法治保障》，《求是》2021年第5期。
② 于文杰：《主持人语：丝路沿线国家传统文化访谈录》，载赖永海主编：《丝路文化研究》第六辑，商务印书馆2021年版，第223页。
③ 郑天祥、王克喜：《礼与法律逻辑的关系：基于中国率先走出神判的考察》，《江淮论坛》2023年第4期。
④ 龙大轩：《重新认识中华法系》，中国人民大学出版社2023年版，第2页。
⑤ 王立民：《中华法系与丝绸之路》，《文史天地》2023年第5期。

研究具有重要价值。一者，该视角的研究揭示了古丝绸之路联系中华法系母国与成员国的重要作用，为中华法系的证成提供了不可或缺的论据。于汉代已初具规模的古丝绸之路不仅历史悠久，而且贸易往来频繁，展示了中华法系母国与成员国文化交流的便利条件与长期积累，强有力地说明了中华法系联系通道的优越性。二者，该研究实现了中华法系影响力的典型分析。典型分析论在中国传统逻辑中表述为"以类取，以类予"，是辩学孕育出的四大内容之一。"其实今天看来，研究科学时使用的典型实验、典型分析、典型观察，只要的确是典型，有一项便优于很多项杂乱无章的观察或实验。"① 古丝绸之路上的朝鲜、日本、越南等中华法系的成员国，可以较为全面地折射出中华法系的影响力，是探究古丝绸之路上中华法系影响力的典型。对古丝绸之路在中华法系形成中作用的研究，以典型分析推动了古丝绸之路上中华法系影响力研究，在呈现古丝绸之路对中华法系价值的同时，也显现了中华法系在古丝绸之路上的文化价值。

然而，汉代丝绸之路的交通就已呈现出西北和东南的方向区分。② 中华法系的成员国只是在古丝绸之路交通线上与中国具有密切地缘优势的少部分国家。明确古丝绸之路在中华法系形成中的作用，只能揭示中华法系在古丝绸之路部分路线上的影响力，依然存在其他交通方向上的研究不足。同时，当代中华法系的影响力研究应当注重其当代价值。在"一带一路"建设的背景下，我国作为"一带一路"倡议的提出国和中华法系的母国，要以更加主动的姿态挖掘古丝绸之路上法律文化资源，激发中华法系的当代活力，推动"一带一路"建设。"中国文化倡导求同存异、和而不同。这种包容的文化特征，借助法律文明的交流与互鉴，将会促进'一带一路'建设行稳致远。"③ 立足当代的古丝绸之路上的中华法系影响力研究，应充分发挥中华法系在"一带一路"建设中的价值，以更加广阔的学术视野，在古丝绸之路全线上系统揭示中华法系的影响力。"复兴中华法系成员国的形成将会成为复兴中华法系成功的标识。只有当成员国确定后，复兴中华法系才算告成。"④ 古丝绸之路全线上的中华法系影响力研究，也为增强中华法系的域外影响力提供了本土资源，对当代中华法系的复兴具有重要意义。

---

① 莫绍揆:《〈墨子·小取〉篇逻辑的体系》，载《中国逻辑思想论文选（1949—1979）》，生活·读书·新知三联书店1981年版，第12页。
② 王子今:《汉代丝路交通的西北方向和东南方向》，《丝路文化研究》第六辑，商务印书馆2021年版，第5—9页。
③ 陆航:《推进一带一路法治建设》，《中国社会科学报》，2019年5月15日，第1版。
④ 王立民:《"一带一路"建设与复兴中华法系》，《法治现代化研究》2018年第3期。

（二）透视中华法系影响力的"纬"

中华法系最早可追溯至夏商，历经"轴心时代"的文化洗礼，形成于秦。其后，又经汉代"春秋决狱"、魏晋"礼律并提"、唐代"礼法融合"等重大变革渐趋成熟，造就了思想内容丰富、法律形式多样、案例特色鲜明的中华法系。面对系统庞大的中华法系，当代中华法系影响力研究需要从横向上剖析中华法系构造，确定中华法系之"纬"。立足中华法系独特性，可以以法理为"根"，法典为"干"，案例为"叶"完成中华法系的三维构造。①

1. 法理之纬

"法理"是中华法系的核心，承载于古代法律文献和典籍中，展现了中华民族独特的文化气质。具体地，习近平总书记从六个方面进行精辟概括和阐释。②首先，出礼入刑、隆礼重法。"礼治"强调道德仁义和伦理观念，"仁、义、礼、智、信""君君臣臣父父子子"这些观念被中华法系视为根本。在中华法系中"礼治"和"法治"的关系从对立到融合，最终形成了"出礼入刑、隆礼重法"的礼法关系，共同塑造了中华法系下古代社会的特色治理模式。其次，以民为本、以和为贵。践行民本思想，包括了察民情、顺民心、利民富民和教民化民。无论是民本思想，还是上述的礼法、慎罚都是为了追求"以和为贵"的价值取向，其在政治和秩序上的体现就是"无讼"的美好愿景。最后，德主刑辅、适法平等。"德礼为政教之本，刑罚为政教之用。"③为了防止刑罚的滥用，先贤提出要援法断罪和罚当其罪。援法断罪要求断罪要有成文法的依据，罚当其罪则体现处罚和罪行的相适应。在当时的历史环境下，援法断罪、罚当其罪的思想所体现的适法平等观念，无疑彰显了中华法系的文明性与先进性。④

2. 法典之维

"法典"是中华法系的制度表现，法典化是中华法系的主要特色。⑤战国时期，李悝作《法经》迈出中华法系法典化的第一步，《唐律疏议》则奠定了中华法系的法典逻辑，为后世所沿用。成文法设置的一系列刑罚措施，惩处和威慑了违法犯罪的行为，为司法裁判提供了法律依据，也规制了司法官员的法律适用。法律的成文化还通

---

① 张文显：《中华法系的独特性及其三维构造》，《东方法学》2023年第6期。
② 习近平：《坚定不移走中国特色社会主义法治道路 为全面建设社会主义现代化国家提供有力法治保障》，《求是》2021年第5期。
③ 岳纯之点校：《唐律疏议》，上海古籍出版社2013年版，第3页。
④ 张文显：《中华法系的独特性及其三维构造》，《东方法学》2023年第6期。
⑤ 同上。

过保护财产权益、保护弱势群体、维护家长制度、塑造文化认同等方式，有效保障了人民生活的安宁。我国历史上的变法都伴随着法典化的进程，用法典的形式明确变革过程中的政策和制度。"唐太宗以奉法为治国之重，一部《贞观律》成就了'贞观之治'；在《贞观律》基础上修订而成的《唐律疏议》，为大唐盛世奠定了法律基石。"① 同时，成文法的法典化，也体现了中华法系立法技术的精湛。自《法经》开始，法典的体例皆为"总则"和"分则"，体系化特点突出。《唐律疏议序》更要求"乘之则过，除之则不及，过与不及，其失均矣"，确立了完备的法典体系，终成为中华法系的法典范本。

3. 案例之维

中华法系的法理精神和法典凝聚在中华案例之中，在中华案例的补充下构建出中华法系庞大的社会治理蓝图。从内容上看，中华案例既包括类似于判例的"决事比""断例"等，也有更广泛的民间案例。这些案例，蕴含着中华文化独特的法理精神，体现着法理与伦理、法治与礼治、法意与习惯等的统一性。② 首先，透过中华法系的经典案例，我们可以看出中国古代司法官员在司法实践中对中华法理的重视程度。无论是"礼治"的"仁、义、礼、智、信"还是"礼法合一、德法并济""明德慎罚"，都在案例中体现了中国古代司法对社会的引导教育、对祸害的整治惩戒以及中华法系的人文关怀。其次，案例蕴含了中华法系的司法智慧。中华法系司法官员在案例审判中既坚持依法断案，但又兼顾"天理"和"人情"，追求现实的合理性。他们或许不会"为真理而真理"，却把这份虔诚运用到对百姓真切的体察之中。③ 最后，与中国两千多年以德主刑辅为核心的法律文化和法情理一体化的司法智慧相适应，中国古代形成了一套殊异于其他国家的独具特色的司法传统。案例是司法官员学习了解法律在实践中运用的来源。古代中国虽然不是判例法国家，但司法官员也会参考典型案例作出判决。面对社会现实的复杂，司法实践也形成了类推司法、法官造法和法典律令相辅相成的传统。

二、古丝绸之路上中华法理的影响力

中华法理深植于以儒家、法家为代表的百家学说之中，源远流长。以儒家的四书

---

① 习近平：《论坚持全面依法治国》，中央文献出版社2023年版，第226页。
② 张文显：《中华法系的独特性及其三维构造》，《东方法学》2023年第6期。
③ 同上。

五经和法家的《管子》《商鞅》《韩非子》为代表的典籍，承载着中华法理的内核。此外，《福乐智慧》《苏莱曼东游记》《中国志》等域外的文学作品也在中华法理传播过程中起到重要作用。随着丝绸之路的运行，它们也沿着这条古老的道路向海外传播，让世界领略到了中华法系的法理精神。

（一）中华法理之于东亚

东亚诸国中，身为中华法系成员国的日本、朝鲜等国家受到中华法系影响尤为深远。《论语》在日本、朝鲜半岛均有竹简的出土。儒家思想也体现于古代日本的《宪法十七条》等官方的法律文本中。日本圣德太子以"礼"规制君臣关系，强调信义观念在维系社会秩序中的作用。"群臣百寮，以礼为本"，"信是义本，每事有信"，"君则天之，臣则地之"。"礼"在日本文化中的运用更注重仪式性与等级秩序的维护。在中华法系"礼"的基础上，日本继承并发展出了符合国情需求的义理观。《宪法十七条》中的"使民以时，古之良典"，借鉴了《论语义疏·学而》中提出的"节用而爱人，使民以时"，强调保障人民福祉的重要性。"以和为贵"更是作为《宪法十七条》第一条的开头。《宪法十七条》直接指出："其不得贤圣，何以治国？"孝德天皇亦有下诏："当遵上古圣王之迹，而治天下。"这都体现了儒家思想的"天命有德"。日本高僧圆尔辩圆入宋留学后，给日本带回了包括《大学或问》《论语精义》《大学注》及《孟子注》等在内的著作，进一步推进了儒家思想在日本的传播。至日本的江户时期，德川幕府颁布《武家诸法度》，强化了儒家伦理在武士阶层中的地位，进一步确立了以"礼""法"制约行为的治国理念。

992 年，高丽仿唐制设立国子监，致力于教授儒学经典，充分体现了儒学在高丽的地位。李朝统治者采用"忠、孝、仁、义、礼、智"的伦理观念巩固统治，推动了朝鲜崇儒风气的形成。自汉以后，儒家的官方地位促使儒家经典的影响力不断扩大，但法家的法治思想也被历朝历代的统治者所重视。依托法家著作《韩非子》的海外传播，法家思想也传播到了域外。在江户时期，日本近世学者山鹿素行就已对《韩非子》进行了系统的研读和摘录[①]，其《山鹿语类》列举了《管子》《商鞅》《慎到》《韩非子》的内容并加以评论，《治平要录》则多处引用《韩非子》原文。据严灵峰《周秦汉魏诸子知见书目》统计，自 18 世纪以来，日本学者校释《韩非子》的各类注本

[①] 窦兆锐：《近世日本知识界的〈韩非子〉受容——以山鹿素行为中心的考察》，《首都师范大学学报（社会科学版）》2022 年第 2 期。

达80余种。① 这一数字表明了日本学界对《韩非子》研究的热衷和深入程度。这些注本的出现，不仅为后来的研究者提供了宝贵的资料，而且推动了以《韩非子》为代表的中华法理法家思想在日本的传播和影响。

（二）中华法理之于东南亚

在越南，尤其是陈朝和黎朝时期，儒家思想同样对越南社会伦理与节义的构建起到了引导作用。在越南黎朝时期，儒学的影响力达到了巅峰。为了更好地推广和普及儒学，黎朝政府大力支持儒经的翻刻工作。1435年，黎朝刊刻了《四书大全》。1467年，黎朝政府重刻了《五经》官版。1734年，黎纯宗更是颁《五经大全》于学官，进一步推动了儒学在越南的普及和发展。黎圣宗时期颁布的《二十四训条》，用儒家的伦理观念确立了社会等级关系，倡导忠孝节义。《越南史记全书》记载黎太祖曰："自古至今，治国必有其法。人无法则乱，是以师古立法，以教列校庶官，下民百姓使知善恶所在。善则为之，不善则避之，勿至犯法。"② 黎太祖的言论体现了儒家法治思想对国家治理的实践价值，认识到了法律对于民众行为规范的重要性，并积极推动法律教育以促进民众认知善恶，从而达到治理国家的目的。在越南《国朝刑律》中对田地、耕作、人身自由等方面的条文规定，以及对老人、儿童和妇女的特殊保护同样也反映出黎太祖的治国理念深受民本思想的影响。越南黎圣宗提出："夫法者，国家之公器，与卿等共之，汝其恩之哉。"③"法式一定，恪宜持循。"④ 这充分体现了中华法系法理的"平等"思想。《国朝刑律》第683条和第722条都要求断案要依靠法律规定，体现了中华法系"援法断罪""罚当其罪"思想。这些理念共同塑造了一个"礼、德、法"相互作用的社会治理框架，是中华法系特色的集中展现。

作为海上丝绸之路重大事件的郑和下西洋，为中华法系在东南亚传播做出了重大贡献。明成祖派郑和下西洋的目的之一就是传播中国的礼法文化以达到"四夷顺"的目的，而东南亚国家的君主也对中华文化心生向往，明成祖永乐六年（1408）到十八年（1420）间共有四个国家的国王访华。其中的渤泥（文莱）国王麻那惹加携150人的使者团队访华，向朱棣表达敬意并留下了"体魂托葬中国"的遗言。明代《列女传》记载着中华法理中"礼治"三从四德等的伦理思想，在《明成祖实录》中有记

---

① 宋神怡：《〈韩非子校注〉考论》，《淮海工学院学报（人文社会科学版）》2014年第2期。
② 《越南史记全书·本纪·第十卷》。
③ 《越南史记全书·本纪·第十二卷》。
④ 《越南史记全书·本纪·第十二卷》。

载:"永乐二年九月辛亥,命礼部装印《列女传》万本,给赐诸蕃。"书籍的传播对中华法理在东南亚的影响起到了巨大作用。除此之外,大部分东南亚国家在15世纪初期仍处于相对落后状态,郑和南下所传播的《大统历》将中国政治、社会生活、礼仪习俗传播到了这些国家,推广了中国的法理思想,对当地的文化水平和社会风俗起到了良好的促进作用。郑和下西洋时,提拔一些受过中国传统文化教育的南洋华侨成为国家官员,这也使中国传统法律文化的影响扩大。① 郑和对渤泥、暹罗、爪哇等国赐予冠服,有的国家甚至还主动请求赠与,比如渤泥使臣向明成祖提出"乞冠带回国"。颁予衣冠,使东南亚诸国完成由"不习衣冠疏礼仪"到"仰慕中华衣冠礼仪"的转变,对于提高文明程度具有重要意义。②

(三) 中华法理之于中亚、西亚

中华法系的法理在中亚、西亚的传播不同于东亚和东南亚,更多是借助域外文学作品得以传播,《福乐智慧》就是最典型的例子。优素甫·哈斯·哈吉甫所创作的《福乐智慧》在中亚流传甚广,其最早发现的抄本是于1474年伊斯坦布尔找到的维也纳回鹘文抄本。该诗的散文体序言直接指出:"它以秦地哲士的箴言和马秦学者的诗篇装饰而成。"③ 马秦指宋国,秦是辽朝,足以说明《福乐智慧》与中华传统文化联系之密切。序言又言:"秦人称它为《帝王礼范》,马秦人称它为《治国南针》,东方人称它为《君王美饰》,伊朗人称它为《突厥语诸王书》,还有人称它为《喻帝箴言》,突郎人则称之为《福乐智慧》。"④ 结合该书抄本的发现地——非洲的埃及、西亚的赫拉特、中亚的费尔干纳等地理分布可以看出这本书在当时的影响范围十分广阔。该书指出:"应在国人中推行良好法典","君主对人民执法公平,定会实现愿望,万事如意","要执法公正,对人民公平","制法者啊,要制定良法,制定了酷法,作法自毙。明君啊,莫要制定酷法,制定了酷法,当不成君主"。⑤ 通过对比《福乐智慧》与隋唐时期《治道集》《九谏书》《帝范臣轨》,发现两者内容上有很多相似之处。故有理由推测,《福乐智慧》的作者很可能自幼受到汉文化的熏陶,博览了许多汉文典籍,又广泛地从波斯、阿拉伯文化中吸取了营养,使他成为那一时代极为博学的学者,写

---

① 马慧玥:《丝绸之路与中国传统法律文化的传播》,上海人民出版社2011年版,第102页。
② 同上书,第94页。
③ 优素甫·哈斯·哈吉甫:《福乐智慧》,郝关中等译,民族出版社第1986年版,第2页。
④ 同上。
⑤ 同上书,第195页。

成了他的宏伟著作。①

在古丝绸之路向西的路段上，中华法理的传播主要依靠西亚和中国商贸往来过程中商人所编写的游记。比如根据唐代来华的阿拉伯商人苏莱曼等人的见闻所写的《苏莱曼东游记》，其中所记录的中国丧葬制度便是中国礼制的重要组成部分。苏莱曼在书中写道："中国人死了，亲属们要示哀三年，如果有人不遵守，就该受到棒打的刑……"②此外，书中亦有对中国"公平""公正"思想的记载，如"中国人在商业上和公事上，都讲公道"③，"中国人彼此相待，都很有公道"④。商业往来的亲身经历是对法理最直观的感受，阿拉伯商人所著的游记很好地反映了中华法理在现实中的运用及其良好效果。同时，在契达伊献给当时土耳其统治者的《中国志》中，也有对中国"礼"的记载："由于中国人严格执行其礼仪……无论富翁还是赤贫，他都不敢一丝一毫地违犯其礼仪。"⑤ 中华法系的"礼"被他认为是中国和谐稳定的重要原因。除了"礼"外，在其书中，契达伊还十分认同中国的死刑慎刑的法理思想。这些都为我们研究中华法系在西亚的影响提供了宝贵素材。中华法理沿着古代丝绸之路向海外传播，其传播形式的多样性以及影响之深远，充分体现了中华法理的生命力和优越性。

三、古丝绸之路上中华法典的影响力

作为中华法系主要特色的中华法典，在古丝绸之路上的影响首先体现在对沿线国家法律法典体系的影响。《唐律疏议》作为其中的典范，对域外法律体系的影响尤为明显。除此之外，随着古丝绸之路上的商贸往来，法典上所承载的中华法系的制度也沿此路不断向外传播。

（一）体系之影响

中华法典蕴含了精湛的立法技术，中华法系完备的法律体系对中国周边国家产生了深远的影响。据《高丽史·刑法志》记载："高丽一代之制，大抵皆仿乎唐。"事实上，不仅在高丽王朝的刑事法律上以《唐律》为中心，李朝世宗也一直以《唐律疏

---

① 陈恒富：《〈福乐智慧〉与祖国传统文化》，《新疆社会科学》1990年第4期。
② 苏莱曼：《苏莱曼东游记》，刘半农、刘小慧译，华文出版社2015年版，第34页。
③ 同上书，第39页。
④ 同上。
⑤ 契达伊：《中国志》，载阿里·玛扎海里：《丝绸之路——中国波斯文化交流史》，耿昇译，中华书局1993年版，第232—241页。

议》作为刑律移植对象。《大明律》作为中国法律史上重要成果,其在朝鲜的影响力亦不逊色于《唐律》。李朝太祖对明制很是推崇,其法典编纂以《大明律》为蓝本。即使是在中日战争后,朝鲜的《刑法大会》依然是参照《大明律》和《唐律》编订的。由此可见,朝鲜法律体系深受中华法系的影响。日本自645年大化革新后,开始全面学习中国的政治法律制度,主要以唐朝为范本,推行律令制,天智天皇时期颁布了《近江令》,天武天皇时期颁布了《飞鸟净御原律令》。701年颁布的《大宝律令》更是仿照唐朝《永徽律》,不仅以刑法为主,呈现出了诸法合体的特色,而且在篇目、条文内容等方面都和唐律近似,展现出日本对唐朝法律制度的深度学习和借鉴。另有日本的"格式两典"是在开元六典形成后修撰的,在移植对象上以开元六典中格式为对象,兼采《开元令》《开元礼》《唐六典》等。① 在唐律之后,日本的《暂行刑律》《新律纲领》及《改定律例》等法律亦是摹仿中华法典中的《大明律》和《大明会典》,进一步证明了日本在学习外来法律制度时对中华法典的重视和借鉴。

  在隋唐时期,越南属于中国的郡县,适用唐朝的法典。越南独立建国后,1042年李朝"命中书删定律令,参酌时世之所适用者,叙其门类,编其条例,为一代刑书,使观者易知。书成,诏颁行之,民以为便"②。"分析此处记载,该法称为《刑书》,又说'删定律令',应是律典。从行文看,说这次修律是'参酌时世',说明此次修律是在《唐律》的基础上,因为宋朝没有颁布过独立的律典。"③ 后黎朝的立法以中华法系律令格式为标准的,还有《洪德刑律》《激劝忠义令》《进朝敛手格》《奏章体式》等。后黎朝圣宗在法律形式上坚持唐宋时期的律、令、格、式分类,并吸收宋元明时期的敕、指挥、职掌、例等。④ 在这一时期,唐律是越南主要效仿的对象。到了阮朝时期,才开始借鉴明清的立法体例,代表法典有《皇越律例》《钦定大南会典事例》《大南典例撮要》等。琉球王国的第一部成文法《琉球科律》诞生于1786年,无论是体例还是内容都和中华法系极为接近。正如杨鸿烈《中国法律在东亚诸国之影响》书中提道:"若以乾隆五年之《大清律例》相较,则琉球《科律》所省略之篇目为《吏律》之《职制》《公式》,《户律》之《婚姻》《课程》,《礼律》之《祭祀》《仪制》,《兵律》之《宫卫》《军政》《关津》《邮驿》,《工律》之《河防》,是亦因境地狭小,官制简

---

① 胡兴东:《"开元六典"的继受传播及对中华法系的影响》,《中国法学》2020年第3期。
② 吴士连等:《大越史记全书》,西南师范大学出版社、人民出版社2015年版,第173页。
③ 胡兴东:《"开元六典"的继受传播及对中华法系的影响》,《中国法学》2020年第3期。
④ 同上。

单,不足邯郸学步,然亦善于因时制宜也已。"①

走出中华法系成员国的视野,陈惠馨认为德国《1751 年刑法典》的结构和 1499—1925 年德国地区九份重要刑法典的结构完全不同,对比《唐律》和 1751 年德国巴伐利亚刑法典,可以发现二者存在很强的类似性,从十二篇(章)的结构、总则规范到条文内容都很相似。《唐律》第一篇(名例篇)57 个条文内容与《1751 年刑法典》第一章 44 个条文的内容类似。《1751 年刑法典》不仅体例跟 7 世纪中国的《唐律》有高度相似性,而且其条文描述方式跟 17 世纪中国的《大清律例》条文也有一定相似性。② 但现如今的研究只能从间接证据来证明二者之间的关联性,并没有直接证据证明《1751 年刑法典》就是参照唐律而定的。如果后续能发现直接证据,这将会成为中华法系通过古丝绸之路在欧洲传播的重要素材。

(二)制度之影响

中华法典确立的制度有效维护了政权的稳定与繁荣,为古丝绸之路上的众多国家学习效仿。朝鲜半岛在新罗时期,就曾派大量新罗留学生去唐朝长安学习,而他们带回新罗的内容就包含了中国的先进制度。以官制为例,《三国史记》卷第三十八记载:"新罗官号因时沿革不同,其名唐夷相杂,其曰'侍中''郎中'等者皆唐官名……"高丽王朝于 958 年在中国后周人双冀的建议下,创设了科举制度,到了李朝时期,又仿照明朝的八股制对其进行了革新。无独有偶,越南、日本亦效仿中国的科举制度来选任官员。在东亚国家受到中华法典影响的同时,中华法系的制度对中亚及其以西地区也产生了影响。在唐朝就有大食国人李彦升参与科举的记录。中华法典所锚定下的优越制度,不仅影响着周边国家,随着海上运输的发展,也在西方留下了足迹。16 世纪的英国,便出现了介绍中国科举制的书籍。葡萄牙传教士克鲁兹在 1570 年出版的《中国情况详介专著》是西方人最早见到的介绍中国科举制度的作品。西班牙传教士门多萨于 1585 年出版的《大中华帝国史》是西方世界第一部详细介绍中国历史文化的巨作,这本书对中国的法律制度、明代内阁制度、官员选拔制度、刑罚制度等都有所描述。17 世纪在伦敦出版的《显赫的君主国——中国通史》和 18 世纪迪阿尔德的《中国概况》也介绍了中国的制度。③ 这些著作的诞生和传播都体现出中华法系的制度对后来西方文官制度的形成与发展产生了巨大影响。

---

① 杨鸿烈:《中国法律对东亚诸国之影响》,商务印书馆 2015 年版,第 444 页。
② 朱勇主编:《中华法系》第 8 卷,法律出版社 2016 年版,第 15 页。
③ 严泉:《论中国科举制度对近代西方文官考试制度形成的影响》,《历史教学》1999 年第 1 期。

比起制度的学习，古丝绸之路上往来商旅的所见所闻是对中华法典制度最直观的接触。贸易过程中所接触到的商贸、财税等方面的法律，是他们了解中华法典的主要部分。故在中亚、西亚，比起科举制度更多的是中华法典中商贸领域的制度传播。中华法典的成文化通过明文规定保障了个人权益，让外来商旅也能在中国有法可依地行事，保障了商业往来的安全，在推动商业往来的同时也推动了中华法典的制度在域外传播。《苏莱曼东游记》就记载了海外商船到中国的管理制度以及外国人入关的凭证制度："商船从海外到了中国，就有（管理海口的）人来把所有的商货悉数抄去，由他代为闭锁在栈房里……"[①] "凡有人要从这一处到别一处去旅行的，应得呈验两封信，一封是地方官给的，一封是（本地的）太监给的……"[②] 而且，书中还有对中国的庭审、债务纠纷、税收、货币等制度的描述。本·伊斯哈克于988年所著成的《书目》对中国的出入境管制、官制以及君主制度也有描述。摩洛哥人伊本·白图泰所著的《伊本·白图泰游记》则专门提到了中国的船舶登记律例、沿途对商旅的管理保护制度。在前文所提到的契达伊所著的《中国志》中，除了礼制之外，还有对户籍登记制度、行政制度、司法制度的描述。可能是因为他在中国经历了牢狱之灾，在这本书中大量提到中国的司法制度，比如直诉制度、对外国人犯罪的处理制度、死刑复核制度，并且给予了高度的赞赏。波斯使臣盖耶速丁在出使中国后，将这一段经历写成了《沙哈鲁遣使中国记》，记载了中国的边防制度、警报制度、司法制度和刑罚制度，为研究当时中国法律制度向中亚的传播提供了重要佐证。史料上的记载和往来旅人的见证描绘出了中华法典在古丝绸之路上传播的生动图景，反映了那个时代中华法典在世界的影响力之巨大，乃至在欧洲大陆都有其身影。

四、古丝绸之路上中华案例的影响力

中华案例通过生动形象的叙事，让古丝绸之路上的民众更直接感受到了中华法系的博大精深。具体地，中华案例的传播主要包括本土作品的流传和域外作品的再创造。无论是本土还是域外作品，都通过中华案例让丝绸之路的国家感受到了中华法系的特色所在。

---

① 苏莱曼：《苏莱曼东游记》，刘半农、刘小慧译，华文出版社2015年版，第34页。
② 同上书，第38页。

(一) 中华案例本土作品的影响

宋慈所著的《洗冤集录》有着"所有文明中最早的一部法医手册"的美誉，通过实际案例记载了中国行政体系、官僚制度以及法医检验方法等内容，彰显了融道德与法律为一体的中华法系特色。根据《洗冤集录》写成的《无冤录》，于1384年传入朝鲜。朝鲜统治者高度重视并于1440年刊出《无冤录》第一个海外版本，名为《新注无冤录》。1792年，推出朝鲜文翻译版的《增修无冤录谚解》，1796年推出重订版《增修无冤录》。《无冤录》在朝鲜使用了300余年，不仅成为朝鲜官方检验尸伤的参考书，也是选用司法官的考试科目。中华案例背后不仅是法理，更是中华法系司法官员在长期实践中总结下来的经验，中华司法智慧在异国他乡依然具有普适性的作用。对于《洗冤集录》何时传入日本，学界普遍认为是在德川时代。据中国医史学专家宋大仁的研究，河合甚兵卫源尚久曾节译朝鲜的《新注无冤录》，并于1768年在东都崇文堂出版。百年间，《洗冤集录》及其改编本在日本的影响力不仅停留在法医领域，其所体现的中华案例之智慧对日本司法裁判也发挥着巨大作用。[1] 日本法医史学家山崎佐曾写道："《无冤录》不仅是日本法医学史上重要的著书，而且在裁判史上也起了重大的作用。"[2] 明末清初时期，传教士把该书传播至欧洲，进一步扩大了中华案例的传播范围，对世界法医学有着巨大贡献。

除《洗冤集录》外，《棠阴比事》作为一本司法判案集同样也广为流传。比事一词即指同类事情比照处理，体现了中华法之司法对同案同判的价值追求和司法智慧。朝鲜语版本的《棠阴比事》流入日本既说明了该书于朝鲜半岛的流传，同时也反映了在日本的传播。元和五年（1619），作为德川幕府前三代将军儒官的林罗山誊写朝鲜版《棠阴比事》并以朝鲜其他版本校对，又应四位友人的请求进行解读并令侍从标注训点，这成为《棠阴比事》在日本正式传播的开端。[3]《棠阴比事》在日本的传播过程中，形成了四种版本类型，即手抄本、注释书、刻本和翻译改写本，有《道春棠阴比事加抄》《棠阴比事物语》《本朝樱阴比事》《本朝藤阴比事》《镰仓比事》等多种。[4]

---

[1] 郑天祥、王克喜：《朱熹科学发现和法律适用中的逻辑：兼驳〈中国民族性论〉对中国传统逻辑的认识》，载赖永海主编：《宏德学刊》第十三辑，商务印书馆2021年版，第104—114页。
[2] 何明星、陶欣雨：《〈洗冤集录〉在世界——彰显融道德与法律为一体的中华法系特色》，《新阅读》2023年第8期。
[3] 周瑛：《论中国公案作品〈棠阴比事〉在日本的传播与影响》，《宁夏大学学报（人文社会科学版）》2020年第2期。
[4] 孙益平：《流传于朝鲜与日本的我国古代法学书籍》，《法学杂志》1986年第4期。

在江户时期,《棠阴比事》经过多次刊行和翻译,为日本执政者解决当时的社会问题以及构建德川幕府新秩序提供了重要的支持。此书也成为当时日本百姓在面对纠纷、欺诈和官司时的指南。在20世纪中期,荷兰汉学家高罗佩把《棠阴比事》翻译成英文出版,提升了中华案例在英语国家的影响力。

(二) 中华案例的域外再创造

在丝绸之路往来过程中,商旅在中国的亲身经历往往能够帮助他们最直观地了解中华法理和法典在实际中的运用,即亲自参与到中华案例之中。契达伊把自己遭受牢狱之灾的经历写进了《中国志》之中。该书首先提到了中国司法体系的"刑部"与"控部",并专门讲述了中国司法程序对外国人犯罪的处理,包括对囚犯的收押制度和通过牙齿磨损程度判断胡人年龄的方法等。契达伊把自己被关押的监狱,以及26天审理的过程和最终审判结果详细地讲了出来。他通过自己亲身经历的案件,详细描述了中国的司法体系,并且没有因为自身遭遇抱有怨念,而是十分赞赏中国司法制度,体现了中华法系制度的合理性。除了亲身经历之外,中华案例的魅力也深深吸引着外国人来了解学习,但是由于双方文化存在差异,往往容易导致域外读者对中华法系产生误解与偏见。

为了解决这个问题,荷兰汉学家高罗佩力图通过案例的再创造,让西方读者能够在阅读过程中最大程度地了解中华法系的文化内容。高罗佩从三个层面自主推动《棠阴比事》的西渐:在总论中向西方世界介绍中国古代司法体系的源头及相关知识;翻译并评注《棠阴比事》;将中国古代官员听讼、鞫谳、决狱的程序及《棠阴比事》案例融入狄公案小说的情节设计。① 在对《棠阴比事》译注的过程中,高罗佩通过典故展现中华法系的源远流长,并注重结合中国家国同构的特殊社会模型和儒家思想客观分析中华法系。此外,在他所撰写的《大唐狄公案》中也采用了《棠阴比事》中的案例。

《大唐狄公案》是高罗佩用西方侦探小说题材,基于狄仁杰和其他中华案例撰写完成的文学作品,受到了中西方读者的广泛好评。高罗佩在《大唐狄公案》的后记中专门介绍:"中国所有公案小说都有一个特点,就是法官问理刑名一般都是由管辖罪案发生地的县令来行使的。"以此来向西方读者介绍中华法系司法与行政合一的特色文化。而且,高罗佩还对刑讯的历史客观性和一定程度上的必要性向西方读者进行了

---

① 施晔:《高罗佩〈棠阴比事〉译注——宋代决狱文学的跨时空传播》,《文学遗产》2017年第2期。

阐释，在诸多案件中塑造出了狄公追求正义的形象，弱化了对皇权的维护，巧妙地消除了中西之间的文化芥蒂。类似地，在高罗佩所翻译的《武则天四大奇案》中，他也规避了很多中华案例中的封建迷信部分，结合西方人的道德观念对其中的细节进行调整，让小说能够符合西方读者的喜好。高罗佩结合西方的法律文化特点对中华案例加以改造，这种创造性的转化让中华案例的魅力可以更好地被西方读者所感受，推动了中华案例在世界范围内的传播，也为我国当下推动中华法系复兴提供了借鉴意义。

五、结语

从中华法理、法典和案例的立体剖析可以发现，中华法系在古丝绸之路上不仅传播距离远，远超中华法系成员国的范围，而且传播内容丰富，形式亦具有创新性。中华法系的"礼法"传统、经典制度和实践智慧都在古丝绸之路上留下了深刻的烙印，构成了当下"一带一路"建设的重要文化基础，是我国推动"一带一路"倡议的文化优势。我国当下推进"一带一路"建设，要充分发挥中华法系在古丝绸之路上的影响力作用，从传统文化层面提升古丝绸之路上的国家对"一带一路"倡议的认同感。同时，我国也应借鉴中华法系在古丝绸之路上的传播经验，一方面要发挥"一带一路"重要通道价值，推动中华法系在域外的传播，助力新时代中华法系复兴；另一方面也要注重传播形式的创新，以更契合"一带一路"共建国家文化传统的方式，促进新时代中华法系的传播，推动"一带一路"建设中的政策沟通和民心相通。

边地传统与朝中秩序*
——张掖石瑞的文本、逻辑、场景

刘森垚

（河西学院历史文化与旅游学院）

【摘　要】　中古时期多次发生的张掖石瑞与当时政局颇有联系。也正因为如此，其记载文本往往被刻意加工，呈现玄石纹画从"龙马"到"五马"再到"七马"最后到"十三马"的层累变化以及将魏、晋两次石瑞混淆的杂糅之象。张掖石瑞屡次"被发现"的内在逻辑是朝廷对边地文化及谶纬符瑞的嫁接，利用"司马"与马、正统皇位与石马数量、玄石文字与王朝德运的对应，以此来巩固秩序、重申天命；津田资久指出的"石瑞是对储君地位的确立"也属于上述逻辑的一部分。与此相反的是，张掖玄石纹画中很晚才出现"牛继马后"的图案，正是时人质疑东晋合法性的表现。在中古谶纬流行的背景下，边地张掖的几次人群大规模东迁、以西王母传说和岩画传统为代表的游牧文化对中原的长期影响、人类社会中"发明传统"的习惯、河西走廊中部参与塑造华夏的历程，都是张掖石瑞产生、屡现、演变的历史场景。

【关键词】　张掖　玄石　层累　秩序　传统

中古时期在张掖一地先后多次发现的玄石瑞像往往牵连着当时中原王朝的政局。正因为这种奇妙且遥远的联系，"张掖玄石"向来为学者所关注，其中尤以饶宗颐《魏玄石白画论》所论较早，该文主要将五行理论与张掖玄石之"金"文"白"色相

---

* 本文系 2021 年甘肃省哲学社会科学规划项目"张掖历史人文地理研究"（2021QN031）、2022 年国家社科基金后期资助项目"中古墓志与多元一体的西北边疆研究"（22FZSB028）的阶段性成果。

关联①；尤以津田资久的《曹魏符瑞与司马懿的政治地位》贡献最为突出，该文将几次张掖石瑞现象串联起来，用以说明它们与当朝确立太子地位的关系，主要是为了揭示在曹魏玄石图事件中司马懿所扮演的"近臣"角色②。之后，胡晓明认为津田资久对玄石政治色彩的论证太费周章，其重点阐发了张掖石瑞蕴含的"河图"属性，明确指出"有着特定的政治象征意义，即它是圣王出世，或新的继世圣主诞生的征兆"③。何德章④、张金龙⑤、孙英刚⑥先后对北魏时期张掖石瑞的政治背景、产生逻辑做了初步勾画。此外，朱瑜章⑦、张勇健⑧之文章零散地涉及一些张掖石瑞的内容⑨。就目前的研究现状而言，诸学者大多聚焦于"张掖石瑞保有政治色彩"这一个方面，至于张掖石瑞真正且明确的政治属性是什么、是否如津田资久所认为的只是为了确立后继统治者的地位，类似这样张掖石瑞生成逻辑的相关问题，还需再做推敲；至于张掖石瑞记载中所呈现出的从"龙马"到"五马"再到"七马"最后到"十三马"的层累现象尚无人关注，与此密切相关的史料文本的阶段性嬗变，还需系统梳理；至于整个中古时期接连在张掖一地出现了关涉朝廷政局的玄石瑞像的深层原因尚无人探讨，边地传统与朝中秩序之间互动的历史场景，还需深入研究。换言之，只有在基础的文本得以清理后，文本演变关键节点的时间范围和生成逻辑才能被明确，然后较宏观的历史场景方能清晰展示，这是前人研究所忽略的也正是本文意图解决的内容。

---

① 饶宗颐：《魏玄石白画论》，载《饶宗颐二十世纪学术文集》六《史学》，台北新文丰出版股份有限公司2003年版，第753—755页。
② 津田资久：《曹魏符瑞与司马懿的政治地位》，载中国魏晋南北朝史学会、武汉大学三至九世纪研究所编：《魏晋南北朝史研究：回顾与探索——中国魏晋南北朝史学会第九届年会论文集》，湖北教育出版社2009年版，第192—202页。
③ 胡晓明：《曹魏玄石图、河图与古今河图之争》，《理论月刊》2016年第12期。
④ 何德章：《北魏太武朝政治史二题》，载武汉大学三至九世纪研究所编：《魏晋南北朝隋唐史资料》第十七辑，武汉大学出版社2000年版，第46—59页。
⑤ 张金龙：《北魏政治史》四，甘肃教育出版社2008年版，第271—279页。
⑥ 孙英刚：《神文时代：谶纬、术数与中古政治研究》，上海古籍出版社2015年版，第103—108页。
⑦ 朱瑜章：《临松薤谷：河西文化的渊薮之一》，《河西学院学报》2016年第6期。
⑧ 张勇健：《五凉异象研究》，兰州大学硕士学位论文，2020年。
⑨ 本文完成之后，笔者关注到学者田可新近发表了《"牛继马后"谶言与中古正统问题析论》，也涉及了对张掖石瑞中"牛继马后"相关现象的解释。不过，除了对"牛继马后"产生时间的判断大致一样外，笔者与田可对这一问题的关注视角、所得结论都有很大不同，读者亦可参看田可：《"牛继马后"谶言与中古正统问题析论》，载武汉大学中国三至九世纪研究所编：《魏晋南北朝隋唐史资料》第四十六辑，上海古籍出版社2022年版。

一、文本清理

这里的文本清理，主要指的是对魏晋两朝张掖石瑞记载文本的初步分析。青龙三年（235）和泰始三年（267）的玄石瑞像，见载于《三国志》《魏氏春秋》《汉晋春秋》《晋书》《搜神记》《宋书》《建康实录》等文献，文字之间多有异同，而且越到后期文字越繁琐越杂糅，这样则导致了后世往往把这两次石瑞的实际特征混为一谈。因此，六朝以后乃至现在，凡依据杂糅后的石瑞文本而议论谶纬、考察政事的研究，很多都站在了错误的基石上。

（一）发现层累

《三国志》记青龙三年张掖玄石中图案为"麟凤龙马"[1]，其纹画中应当只有一匹马。至于裴注所引《搜神记》，魏初张掖石瑞图形已经变为"五马"[2]，而干宝生活在340年以前[3]；等到了更晚的孙盛（生于307年[4]）时，裴注引《魏氏春秋》记其又变为"石马七"[5]；最后，到了习凿齿（生于328年[6]）时代，《汉晋春秋》所记图案有"十三马"[7]。玄石图案中马的数量随时而增，这是最明显的文本"层累"。而且图案上的内容种类也越来越多，最早仅是"麟凤龙马"，后来出现了仙人，再后又有白虎、犀牛、鸡（鸟）[8]。除此以外，玄石文字也有阶段性的变化——《晋书》中并未详细记载具体文字，但据当时太尉属程猗所言，泰始玄石文字不过"大""金""中""吉"四字[9]，至《搜神记》则云"其字有'金'，有'中'，有'大司马'，有'王'，有'大吉'，有'正'，有'开寿'，其一成行，曰'金当取之'"[10]。到了《魏氏春秋》中，又变成了"其南有五字，曰'上上三天王'；又曰'述大金，大讨曹，金但取之，金

---

[1] 陈寿：《三国志》卷一一《张既传》，中华书局1959年版，第361页。
[2] 陈寿：《三国志》卷三《明帝纪》，中华书局1959年版，第106页。
[3] 王利锁：《干宝卒年小议》，《蒲松龄研究》2020年第2期。
[4] 王建国：《孙盛若干生平事迹及著述考辨》，《洛阳师范学院学报》2006年第3期。
[5] 陈寿：《三国志》卷三《明帝纪》，中华书局1959年版，第106页。
[6] 吴直雄：《习凿齿及其相关问题考辨》，《南昌大学学报（人文社会科学版）》2009年第4期。
[7] 陈寿：《三国志》卷三《明帝纪》，中华书局1959年版，第107页。
[8] 同上书，第106页。
[9] 沈约：《宋书》卷二七《符瑞志》，中华书局1974年版，第781页。虽出《宋书》，但属于直接引用，史源当较早。
[10] 陈寿：《三国志》卷三《明帝纪》，中华书局1959年版，第106—107页。

立中，大金马一匹在中，大【告】吉开寿，此马甲寅述水'。凡'中'字六，'金'字十"①。很明显，几十年间文字字数增加，文字细节完善，人为加工的痕迹也十分明显。此外，在石瑞发现的具体地点和时间上也存在显著的文本层累现象，后文详述。

既然层累现象、人为雕琢非常明显，则可由此逐层上推，剥离杂糅，初步还原魏晋张掖石瑞的最初状态，以期以此原点为基础考察张掖石瑞的生成逻辑与历史场景。

（二）剥离杂糅

首先明确一点，青龙三年和泰始三年出现在张掖的玄石瑞像最初应当是独立事件，没有直接联系，后世则因各种原因将二者混为一谈。笔者认为，在已知张掖石瑞层累现象的基础上，需把后世芜杂混乱的文本清理出头绪，特别是将魏、晋玄石区分开来。

其一，《三国志》记载青龙三年石瑞仅仅是说"状像灵龟""麟凤龙马""文字告命"，而据目前已知最早详细记录泰始三年石瑞图文的《搜神记》②，其图案是"五马象，其一有人平上帻，执戟而乘之，其一有若马形而不成"，明显与"麟凤龙马"的青龙玄石不是一回事，更何况泰始三年张掖太守焦胜明言"以留郡本图校今石文，文字多少不同"，差别明显③。又，《搜神记》载青龙玄石大小为"周围七寻，中高一仞"，另外《汉晋春秋》记氐池玄石尺寸为"长一丈六尺，高八尺"，这是两套测量数据，应当并非来自同一块巨石。到了《宋书·符瑞志》，其载较早和较晚出现的玄石大小为"周围七寻，中高一仞""广一丈六尺，长一丈七尺一寸，围五丈八寸"④，其把"长一丈六尺"安排给了青龙玄石，这显然与其沿袭的《搜神记》不同，大概是因此时早已把两种石瑞混淆；但为了解决尺寸上的不同，《宋书》刻意强调说是两次石瑞"石形改易"。由此反推，青龙和泰始玄石的相对原始尺寸应当正存在上述的显著差别，他们之间最初并无直接继承性。

其二，《三国志》记青龙玄石出自"张掖郡玄川"，《晋书》记泰始玄石出自"氐池县大柳谷"⑤，虽然《魏氏春秋》中记张掖玄川所在之删丹县确与氐池县毗邻（后文

---

① 陈寿：《三国志》卷三《明帝纪》，中华书局1959年版，第106页。
② 《搜神记》的记载与《宋书·符瑞志》的记载非常相似，但《宋书》中把"张掖之柳谷"到"张掖删丹县金山柳谷"的变化、把青龙石瑞到泰始石瑞的变化描述为"石形改易"，可知《搜神记》的文本相对来说更加原始。
③ 陈寿：《三国志》卷三《明帝纪》，中华书局1959年版，第106页。
④ 沈约：《宋书》卷二七《符瑞志》，中华书局1974年版，第781页。
⑤ 房玄龄等：《晋书》卷三《武帝纪》，中华书局1974年版，第55页。

详述),但一曰"玄川",一曰"柳谷",县名又不一致,大小、文字迥然不同,很可能本就不在同一位置。毕竟青龙玄石和泰始玄石有某些显著的相似性——黑色质地、白色纹画、都有马图、同出张掖、牵连政治,后世则有意增加图谶信度而将后者提前,使得二事混为一谈,至少在《搜神记》成书的时代就已初步显现——"张掖之柳谷,有开石焉……苍质素章,龙马、麟鹿、凤皇、仙人之象",这里增加的"仙人"显系后世层累,"张掖之柳谷"亦当因受到干扰而成。之后的《魏氏春秋》明言为"张掖郡删丹县金山玄川溢涌",但其石瑞内容又是在描述"上上三天王""金但取之"等应当在西晋建立以后才会出现的玄石纹画。最后到了承袭《搜神记》的《宋书·符瑞志》中,将两次石瑞嫁接、汇编、修饰得十分通畅——直言"张掖删丹县金山柳谷"①,把金山与柳谷直接勾连,层累及加工不断积蓄,自此以后两次石瑞实难分辨清楚——裴注引《魏氏春秋》唯记"删丹县金山玄川",《太平御览》引该书则有意无意地增加了元素,称为"删丹县金山大柳谷有玄川"②;又,《魏书·灵征志》言曹魏时"大柳谷山石表龙马之形"③,《资治通鉴》云为青龙三年"张掖柳谷口水溢涌"④。以上都是将"青龙石瑞"与"柳谷"对接,确实是继承了《宋书·符瑞志》以后把魏、晋张掖石瑞杂糅起来的文本。

  千年以来,谬种流传,近来学者也不能审辨此事——胡晓明对玄石出现的不同地点未加考辨⑤。饶宗颐以青龙玄石上有十三马之纹画,又相信魏明帝"大讨曹"故事⑥,但这些都属于石瑞现象层累后的文本,不应是曹魏玄石的原始面貌。朱瑜章仍沿旧说,把曾出现玄石的临松山、柳谷、金山看作同一地点,继而又把这里与郭瑀隐居之临松薤谷、刘昞所殁之凉州西四百里韭谷、今天的肃南马蹄寺石窟也画上了等号⑦。然而,据《史记正义》云:"合黎水出临松县临松山东,而北流历张掖故城下,又北流经张掖县二十三里。"⑧临松山当在今天黑河以西,断不会在今张掖正南的马蹄寺一带。而且,今天的马蹄寺距离武威路程有250公里,也与北魏时的四百里不相

---

① 沈约:《宋书》卷二七《符瑞志》,中华书局1974年版,第781页。
② 李昉编:《太平御览》卷六五《地部三十》,中华书局1960年版,第309页。
③ 魏收:《魏书》卷112下《灵征志》,中华书局2017年版,第3214页。
④ 司马光:《资治通鉴》卷七三《魏纪五》,中华书局1956年版,第2314页。
⑤ 胡晓明:《曹魏玄石图、河图与古今河图之争》,《理论月刊》2016年第12期。
⑥ 张金龙指出:"不过在当时司马懿还不可能明确其野心,故'大讨曹'之类的文字在当时还不可能出现在此河图上。"张金龙:《北魏政治史》四,甘肃教育出版社2008年版,第277页。
⑦ 朱瑜章:《临松薤谷:河西文化的渊薮之一》,《河西学院学报》2016年第6期。
⑧ 司马迁:《史记》卷二《夏本纪》,中华书局2014年版,第88页。

符。更何况,"柳""薤""韭"三种植物形态迥异,作为山谷名称,不当同指,且北魏时张掖石瑞仍出于柳谷①,应与薤谷、韭谷不同。

总之,经过对魏、晋石瑞记载文本的初步清理,在剥离了较为显著的层累(石马、文字、图案的逐步增加)、杂糅现象(关于魏、晋玄石的记载混乱)后,可以发现青龙、泰始玄石的产生地点、形态迥然不同,不应混为一谈。然而后世至迟到东晋初年,张掖石瑞记载的人为雕琢塑造痕迹多有显现。关于石瑞加工过程的详细情况、内在逻辑及其文本所呈现出的更加复杂的层累与杂糅的现象,后文详述。

二、生成逻辑

石瑞的出现是为了服务现实政治,这一点在津田资久的文章中已经有所阐发,但仍有未尽之言,特别是关于张掖石瑞真正政治属性(是否为了确立储君地位)的问题还值得进一步辨析。有了上文的对层累现象的梳理和原始文本的初步清理,我们可以逐层地观察人为加工的痕迹及其内在逻辑。

(一)非立储君

津田资久指出几次张掖石瑞的出现都是为了确立当朝太子地位。② 然如裴松之所注:"《尚书顾命篇》曰:'大玉、夷玉、天球、河图在东序。'注曰:'河图,图出於河,帝王圣者之所受。'"③ 高堂隆把张掖石瑞比作"东序之世宝"④,重点突出的是"帝王圣者之所受",是为了维护现有秩序而非开启某种秩序。更何况,津田资久认为曹叡立曹芳为齐王是在指定接班人,本就勉强——《三国志》仅言"八月庚午,立皇子芳为齐王,询为秦王"⑤,未见二人尊卑且距离曹芳被立为太子还有很多年。更为关键的是,青龙石瑞之事,本就无明确月日,裴注引《魏氏春秋》只云"是岁",故将其放置于本年有明确纪年的史事之后,也就是十一月以后。因此,石瑞究竟在册封皇子之前或之后,并不能确定。但是后世《建康实录》等,有将石瑞系在青龙三年十一

---

① 魏收:《魏书》卷112下《灵征志》,中华书局2017年版,第3214页。
② 津田资久:《曹魏符瑞与司马懿的政治地位》,载《魏晋南北朝史研究:回顾与探索——中国魏晋南北朝史学会第九届年会论文集》,湖北教育出版社2009年版,第192—202页。
③ 陈寿:《三国志》卷一一《张郃传》,中华书局1959年版,第362页。
④ 同上。
⑤ 陈寿:《三国志》卷三《明帝纪》,中华书局1959年版,第106页。

月①，言之凿凿，亦是后世层累加工之迹。除此以外，中古时期其他几次张掖石瑞，也并非只为了确立太子地位：

其一，北魏太平真君五年（444）二月，张掖再上石瑞，其上文字记拓跋皇帝及太子名讳。据何德章《北魏太武朝政治史二题》，这次石瑞虽最后写有太子名讳，但根本上是为了在谋反事件后确立拓跋氏父子相继的皇统合法性。② 其二，《太平御览》卷五〇引《十六国春秋》："晋元（永）嘉元年，张掖临松山有石如张掖字，掖渐灭，张字分明，又有文曰'初天下、四方安万年'。"③ 临松一地上文已提及，也在汉张掖郡范围内。"张字分明"，至多能说明张轨有称霸野心，并不能说明是对张寔接班人地位的建设。④ 更何况，据《晋书·张轨传》，临松石瑞后"轨后患风，口不能言，使子茂摄州事"⑤，说明此时张寔尚在朝廷，未归凉州。其三，据《晋书·武帝纪》，泰始三年，册立太子之后三个月张掖便上报石瑞⑥，似乎两事之间有直接联系。但实际上，西晋刚刚开国，诸事未定。比如《晋书·武帝纪》云："有司奏：'大晋继三皇之踪，蹈舜禹之迹，应天顺时，受禅有魏，宜一用前代正朔服色，皆如虞遵唐故事。'奏可。"⑦ 时在泰始二年（266），可知禅代理论似乎并不完备，此时德运、服色等仍用前代，这与后来西晋属"金德"的说法很不一样；据《通典·吉礼十四》所记"青龙石瑞昭告郊庙礼制之议论"⑧，魏明帝时尚"五精帝"之说。牛敬飞指出泰始二年朝廷对郊庙礼制进行改革，剔除了五精帝元素。⑨ 因此，据可能较为原始的太尉属程猗的话——"夫大者，盛之极也。金者，晋之行也。中者，物之会也。吉者，福之始也。此言司马氏之王天下，感德而生，应正吉而王之符也"⑩，泰始三年的张掖石瑞很可能正是为新的"金者，晋之行也"在造势，突出的是晋朝"感德而生"，是在维护现有

---

① 许嵩：《建康实录》，孟昭庚点校，上海古籍出版社1987年版，第94页。
② 何德章：《北魏太武朝政治史二题》，载武汉大学三至九世纪研究所编：《魏晋南北朝隋唐史资料》第十七辑，武汉大学出版社2000年版，第46—59页。
③ 李昉编：《太平御览》卷五〇《地部十五》，中华书局1960年版，第344页。
④ 四库全书本《十六国春秋》："永嘉四年冬十一月……张掖临松山有石如'张掖'字，'掖'字渐磨灭粗可识，而'张'字分明，又有文曰：初祚天下西方安万年。又兰池送玄石，大如丸，破之，中有'必'字，青点白文书之。"《十六国春秋》卷七〇《前凉录》，景印《文渊阁四库全书》第463册，台湾商务印书馆1986年版，第889页。
⑤ 房玄龄等：《晋书》卷八六《张轨传》，中华书局1974年版，第2223页。
⑥ 房玄龄等：《晋书》卷三《武帝纪》，中华书局1974年版，第55页。
⑦ 同上书，第54页。
⑧ 杜佑：《通典》卷五五《吉礼十四》，中华书局1988年版，第1537页。
⑨ 牛敬飞：《经学与礼制的互动：论五精帝在魏晋南朝郊祀、明堂之发展》，《文史》2017年第4期。
⑩ 沈约：《宋书》卷二七《符瑞志》，中华书局1974年版，第781页。

秩序的同时体现礼制改革。另外，此时的"中"字，既已明言为"物之会"，应当并非如津田资久所言是对"司马衷"的暗示（后文详述）；当然，这与后来的增衍情况有所不同——《魏氏春秋》云"凡'中'字六，'金'字十"①，金（晋）自然是核心表征，而其"中"字尤为突出。

（二）巩固秩序

如前文所言，有些时代靠后的文献，也许还保留了一点较早的史料。《汉晋春秋》在这方面可能也有痕迹——虽然其中记载已然将青龙玄石与泰始玄石混淆，地点记为"氐池县大柳谷"、石马记为"十三马"，但最关键的石上文字不涉及"金""中""大""吉""马"等字样，很可能保留了泰始以前的情况；其记青龙石文有"大讨曹"，当又如张金龙所言"不过在当时司马懿还不可能明确其野心，故'大讨曹'之类的文字在当时还不可能出现在此河图上"②，大概率是正始以后，司马氏刻意附会的"革运之征"。与此可为佐证的是，《三国志·张既传》在谈论青龙石瑞之末，记载了张既的议论："夫神以知来，不追已往，祯祥先见而后废兴从之。汉已久亡，魏已得之，何所追兴征祥乎！此石，当今之变异而将来之祯瑞也。"③这段话倾向性与暗示性是如此之强，应当是作为晋臣的陈寿有意追溯。回到《汉晋春秋》，其中记录青龙玄石的文字就剩下"适水中甲寅"五字④，文意不连贯，很可能较为原始，这几字也被后来的《魏氏春秋》《宋书》继承和嫁接。就目前的情况而言，青龙玄石上的原本石文，其他地方无载，最有可能就是"适水中甲寅"五字，这句话肯定有它的用意。

笔者认为，类似太平真君五年的张掖石瑞缘起前一年的政治动乱、泰始三年的张掖石瑞缘起前一年魏晋禅代刚刚完成，青龙三年的石瑞很可能也与前一年的政治变化有关——青龙二年（234），时在甲寅，在山阳国内部仍"行汉正朔"的汉献帝去世了，这是炎汉四百年"国祚"的彻底完结。裴注引《魏略》记改"洛"阳之事："诏以汉火行也，火忌水，故'洛'去'水'而加'隹'。魏于行次为土。土，水之牡也，水得土而乃流，土得水而柔，故除'隹'加'水'，变'雒'为'洛'。"⑤曹魏虽因禅代而行相生之土德，但对相克之"火忌水"亦不排斥，甚至还用"土水相谐"的理论

---

① 陈寿：《三国志》卷三《明帝纪》，中华书局1959年版，第106页。
② 张金龙：《北魏政治史》四，甘肃教育出版社2008年版，第277页。
③ 陈寿：《三国志》卷一一《张既传》，中华书局1959年版，第361页。
④ 陈寿：《三国志》卷三《明帝纪》，中华书局1959年版，第107页。
⑤ 陈寿：《三国志》卷二《文帝纪》，中华书局1959年版，第76页。

加以统合，左右皆通。"适水中甲寅"很可能正是在这样的背景下产生的观念和谣谶，暗示甲寅年火德入水而渐熄，化入水中，"水得土而乃流"，土德正盛。这自然是在重申曹魏政权的合法性与正当性，实在是"有魏之祯命，东序之世宝"。青龙二年八月汉献帝入葬，青龙三年八月魏明帝册立皇子，这也许只是巧合。不过可以肯定的是，册立皇子也只是重申正统、稳定秩序的一个方面，并非石瑞的全部属性。

另外，前文提及的临松石瑞也与前几年的政治动荡有关。因史书记叙混乱，故还需稍作梳理。其一，《晋书·张轨传》《十六国春秋辑补·前凉录》均言张越反叛张轨事在临松玄石之后，但《张轨传》只言"永嘉初"，《前凉录》记为永嘉五年（311），显然有误——张轨明言张越反叛时其"在州八年"①，无疑当在永嘉二年（308），《资治通鉴》正系于二年②，且在临松玄石之前，可信。又，据以上三书，临松玄石与张轨所派北宫纯戍卫京师、朝廷诏封西平公不受之事紧密相连。故据《资治通鉴》所述，张越谋事在永嘉二年二月，北宫纯、西平公事在三月，可推定临松石瑞至少是在张越事之后——《太平御览》卷五〇引《十六国春秋》记临松石瑞在"元嘉元年"，盖永嘉元年之误③，据上文推论，当不成立；四库全书本《十六国春秋》记在"永嘉四年"，也存在可能，并言"兰池送玄石，大如丸，破之，中有'必'字，青点白文书"④。也就是说，临松石瑞的出现，仍然是平叛之后，为稳定政局在意识形态上的再巩固，时在张寔归凉以前，与确立继承人的地位无关。

（三）牛继马后

当张掖一地涌现玄石成为历史传统，作为一种政治意象，其文化意蕴得以更为广泛地传播，其与朝廷政局、王朝延续都有了更多的联系，甚至异化。其中一个很典型的例子就是"牛继马后"。《晋书·元帝纪》号称玄石图有"牛继马后"之像，故司马懿深忌牛氏，毒杀牛金。⑤胡允康据此而指出，司马睿在江东建立政权实际上是利用和附会了"牛继马后"的谶言⑥。然而，"牛继马后"谣言的流传，很可能并非为了巩固政权，反而是要借助张掖石瑞的影响，动摇司马睿的地位。

---

① 汤球辑补：《十六国春秋辑补》，聂溦萌、罗新、华喆点校，中华书局2020年版，第784页。
② 司马光：《资治通鉴》卷八六《晋纪八》，中华书局1956年版，第2735页。
③ 汤球辑补：《十六国春秋辑补》，聂溦萌、罗新、华喆点校，中华书局2020年版，第791页。
④ 崔鸿：《十六国春秋》卷七〇《前凉录》，四库全书本。
⑤ 房玄龄等：《晋书》卷六《元帝纪》，中华书局1974年版，第157—158页。
⑥ 胡允康：《从"中国当败吴当复"到"五马游渡江，一马化为龙"——东晋立国之际的谣谚》，《南京晓庄学院学报》2017年第2期。

其一,"牛继马后"同样经历了层累建构。就较早且明确记载"牛继马后"信息的《晋书·元帝纪》《宋书·符瑞志》,其中仅云"小吏牛氏";而到了较晚的《建康实录》,明言小吏牛氏的名字是钦,而且详云"魏明帝青龙三年冬十一月,张掖郡丹阳川谷垄溢"等①,故事得以完善。从这个角度讲,《魏书·司马睿传》直言"晋将牛金子"②则可能有更早的文字来源:一方面,若已存在"小吏牛氏",《魏书》贬低南朝径可言之,以显示其出身微末;另一方面,该故事的发展尚在初级,还没有到出现"玄石图""小吏牛氏"的阶段。后来增衍的小吏,很可能是为了弥补司马睿与牛金的时代差距。由此,又可以再加判断——《太平御览》引孙盛《晋阳秋》所记"牛继马后"事完全与《晋书》相同,而且增加了小吏"牛钦",可知《太平御览》所引当有误,这段文字不会出自比《宋书》更早的《晋阳秋》。同时也说明,《晋书》中记载的"牛继马后"之事也不算较原始的面貌。

其二,从前文的梳理来看,原始的青龙、泰始石瑞是没有牛的形象的,至少到孙盛《魏氏春秋》才有"牺牛"作为四象之一列于其中,并说"马自中布列四面",尚无牛继马后之像;在《汉晋春秋》《宋书·符瑞志》中,开始记载十二马或十三马以外"又有一牛";最后到了《建康实录》中,则被调和、嫁接为"有马行列,而牺牛在后"③。但这种"缝合"明显出于想象,至少与《魏氏春秋》的原始描述不相匹配。所谓"牛继马后"的谣言,断不会早于石瑞出现的泰始三年。

其三,目前来看《汉晋春秋》中的"十三马、一牛、一鸟",是张掖玄石中较早且明确出现关涉"牛继马后"的信息。《魏晋世语》在对张掖石马的记叙后,尚言"又有一鸡象"④,这与《汉晋春秋》中"一鸟"的情况应当类似,同属大约在此二书成书前后(350—372年左右)时对张掖玄石的再加工,而《搜神记》《魏氏春秋》中没有相关记载。换言之,"牛继马后"的谶言流传已久,到东晋中期才与玄石图勾连到一起,并利用张掖石瑞的政治影响,将"牛"的形象加入到玄石图中,并把它当作"牛继马后"一早就出现的征兆。这说明,到东晋中期时,势单力薄的帝室司马的合法性仍然受到质疑。更不用说到了北魏、宋梁,按王邵、刘知幾的说法,如沈约"好诬先代""故造奇说"⑤,更加质疑司马睿血统的不纯,乃至于《晋书》编修时亦受污

---

① 许嵩:《建康实录》,孟昭庚点校,上海古籍出版社1987年版,第94页。
② 魏收:《魏书》卷九六《司马睿传》,中华书局2017年版,第2267页。
③ 许嵩:《建康实录》,孟昭庚点校,上海古籍出版社1987年版,第94页。
④ 陈寿:《三国志》卷三《明帝纪》,中华书局1959年版,第106页。
⑤ 刘知幾:《史通通释》,浦起龙通释,上海古籍出版社2015年版,第108页。

染。再至中古时代后期,"牛继马后"以在"张掖瑞石为中心的政治文化传统中别开一脉",进一步扩大影响,成为当时正统论、国史书写的重要参考依据。①

要之,魏晋玄石图作为稳定朝中秩序的重要手段,其影响力甚大,以至于遭受到了反作用力——张掖石瑞中很晚才出现了"牛"及"马后有牛"纹画,这样向前追溯反而成了怀疑东晋合法性的证据,这也是玄石图中元素层累叠加、人为塑造的又一表征。

(四) 石马象征

既然"牛继马后"是关涉晋朝正统性的谶言,"牛"主要成为司马睿的指代,那么"马"则正是司马氏家族的象征。"牛"的形象得到增添,"马"则在数量上不断攀升,二者变化的内在逻辑应当都是为了影响当朝政局。

《汉晋春秋》云玄石图中马数为"十三",这个数字也别有深意。据《晋书·习凿齿传》,《汉晋春秋》之作正是为了贬抑桓温②,故其当作于桓温威势最炽及其去世的373年以前,应在简文帝时。一方面,如北魏张掖石瑞,断不会只将"国祚"表征描述至本朝,而是至少会延续到下一代(储君),其他张掖石瑞也当有类似的情况,这是一般逻辑;另一方面,习凿齿推崇"晋承汉统","不应以魏后为三恪"③,因此他的正统论属于徐冲所说的"禅让后起元"④,不会追溯至曹魏三司马的时代。据此,笔者认为自司马炎到司马昱的晋朝十二位皇帝,再加上太子司马曜,正是《汉晋春秋》中"十三马"的表意内涵——372年时朝野对桓温将要僭代都有揣测,习氏用玄石图强调司马氏一脉相承的合法性,同样是在维护政治动荡后的秩序。

《搜神记》和《魏氏春秋》中的张掖玄石情况则不同,一方面,干宝、孙盛"有良史之才"⑤,不是出于强烈的感情和目的来编修史书的。因此,所载之事大致不会有很强的时效性。也就是说,《搜神记》和《魏氏春秋》中有关张掖石瑞的文字很可能是反映二书成书以前若干年的信息。另一方面,干宝《晋纪》、孙盛《晋阳秋》这两部编年体史书都从司马懿开始叙述⑥,这正是徐冲所说的"禅让前起元",与《汉晋春

---

① 田可:《"牛继马后"谶言与中古正统问题析论》,载武汉大学中国三至九世纪研究所编:《魏晋南北朝隋唐史资料》第四十六辑,上海古籍出版社 2022 年版。
② 房玄龄等:《晋书》卷八二《习凿齿传》,中华书局 1974 年版,第 2154 页。
③ 同上。
④ 徐冲:《中古时代的历史书写与皇帝权力起源》,上海古籍出版社 2018 年版,第 11 页。
⑤ 房玄龄等:《晋书》卷八二《习凿齿传》,中华书局 1974 年版,第 2159 页。
⑥ 周一良:《魏晋南北朝史论集·魏晋南北朝史学与王朝禅代》,北京大学出版社 1997 年版,第 427—428 页。

秋》截然不同。就它们所记载的石马数量而言，结合前文的讨论，《搜神记》中的"五马"应当是泰始石瑞的原始状态，其暗示的意涵即晋前三司马，再加今上及皇储，强调的是自司马懿以来的秩序——傅玄作为泰始重臣，其《灵之祥》云"灵之祥，石瑞章。旌金德，出西方。天降命，授宣皇"①，即是明证。②《魏氏春秋》言张掖玄石文字有"上上三天王"，无疑仍是"禅让前起元"的表征；又记石马数量为七，何焯曰："马有七，其宣、景、文、武、惠、怀、愍之祥乎？"③颇有洞见。然据上文推论，石马有七，时值第六，这段文字的产生约在怀帝时。值得留意的是，《魏氏春秋》记张掖玄石文字三十多个，并无其云"凡'中'字六，'金'字十"的情况。这里除了"金者，晋之行也"的直接暗示外，被强调的"中"字确属特别。津田资久认为"中"即是"衷"④，不仅不符合上文所辨析的"石马"数量生成的轨迹，而且在时间上也与司马衷作为皇储的时代有距离。笔者推测，这里的"中"还是需要回到"中者，物之会也"的时人认知上。⑤"物之会"犹言"天下之汇"，其意当指中枢、大内、朝廷。"时值第六"，即在怀帝；惠怀之乱，诸藩大扰，朝廷的权威及颜面全无，以致兵祸绵延、生灵涂炭。很可能，当时的有识之士借助自曹魏以来的张掖石瑞影响，不仅强调了"晋"的德运，在此基础上又加工出了"应当突出朝廷中枢权威"的谶言。

按照第一小节的梳理，曹魏青龙石瑞最多只有"一马"，而自泰始三年后则有五马、七马、十三马（十二马）等，"马"与"司马"的关联似乎既明确又影响甚大。这种联系，并非泰始年间的始创、突现，更有渊源——《晋书·宣帝纪》："又尝梦三马同食一槽，甚恶焉。因谓太子丕曰：'司马懿非人臣也，必预汝家事。'太子素与帝善，每相全佑，故免。"⑥这则故事流传也很广，也被当作魏晋禅代的征兆。但据朱子彦《司马懿拒辟与狼顾相考辨——兼论司马篡魏观念的滥觞与形成》一文，有关"三马同槽"的谶言，一方面不会是曹操时代的产物，另一方面是被史家筛选过的，"预

---

① 沈约：《宋书》卷二二《乐志四》，中华书局1974年版，第648页。
② 由此也可知道，贾谧的"禅让后起元"大致不是主流意见，也未有重要影响，其之所以能成为西晋国史编修的定议，应当与贾谧、贾后权威正炽有关。当然，这种威势持续的时间恰好也不长。
③ 卢弼集解：《三国志集解》，钱剑夫整理，上海古籍出版社2012年版，第408页。
④ 津田资久：《曹魏符瑞与司马懿的政治地位》，载中国魏晋南北朝史学会、武汉大学三至九世纪研究所编：《魏晋南北朝史研究：回顾与探索——中国魏晋南北朝史学会第九届年会论文集》，湖北教育出版社2009年版，第197页。
⑤ 沈约：《宋书》卷二七《符瑞志》，中华书局1974年版，第781页。
⑥ 房玄龄等：《晋书》卷一《宣帝纪》，中华书局1974年版，第20页。

示司马氏最终将取代曹魏"①。也就是说,其当流传在泰始稍前。因此,泰始石瑞"五马"的出现,一是继承青龙年间张掖石瑞的传统,一是承接"三马同槽"的影响。也正因为如此,"马"与"司马"的联系在两晋长期发挥着诠释天命、维护秩序的作用。

总之,张掖石瑞的生成逻辑是通过发现石瑞、利用谶纬对当朝统治秩序的重申,如津田资久所言出现玄石是为了确立当朝太子的地位,更属于对现有秩序的再巩固。从三马到五马再到七马和十三马,石马与司马联系紧密。于是,张掖石瑞在维护两晋朝中秩序时效果极佳,成为传统,甚至反而被别有用心的人加以利用,增加了"牛继马后"的成分,变成了东晋初年动摇司马氏政权的谣言。

三、历史场景

本文前两节业已对张掖石瑞记载中所呈现出的从龙马到五马再到七马最后到十三马的层累现象及其背后的生成逻辑做了系统梳理。本节的主要任务则是探讨整个中古时期接连在张掖一地出现了关涉朝廷政局的玄石瑞像的原因,也就是要考察边地传统与朝中秩序之间的互动关系。这不是简单地对古代事物发生背景的探讨,而是尝试描绘古人或古物自身及周边的"权力秩序、信仰形态、文化模式,以及形成这种结构和情境的关系互动网络",这正契合近来魏斌等学者所关心的"走向历史场景"的学术研究取向②。

有关中古时期皇权更替及谶纬谣言的文化意涵、社会影响、作为历史书写的时代背景等内容,正是本文依赖的宏观历史框架,也是近来中古史研究的热点之一,孙英刚、徐冲、仇鹿鸣、陈侃理等学者多有关注③,前文也有涉及,兹不赘述。除此以外,人群的大规模迁徙及其附着于其上的文化转移、游牧传统中的物质文化及知识体系长期影响中原地区,这些关涉两种文化模式、不同知识形态、朝廷边地秩序、流播物质基础与石瑞频现传统之间的互动关系及结构,也都是需要考量的历史场景。

---

① 朱子彦:《司马懿拒辟与狼顾相考辨——兼论司马篡魏观念的滥觞与形成》,《社会科学战线》2019年第2期。
② 魏斌:《走向历史场景》,《文史哲》2020年第6期。
③ 孙英刚:《神文时代:谶纬、术数与中古政治研究》,上海古籍出版社2015年版。徐冲:《中古时代的历史书写与皇帝权力起源》,上海古籍出版社2018年版。仇鹿鸣:《魏晋之际的政治权力与家族网络》,上海古籍出版社2012年版。陈侃理:《儒学、数术与政治:灾异的政治文化史》,北京大学出版社2015年版。

（一）凉人徙代

《搜神记》记张掖石瑞云"当有开石于西三千余里"①。三千里之外的边地张掖如何会影响到中原政局、王朝秩序？我们可以从后向前追溯考察。

太平真君五年（444）张掖氏池县上奏石瑞，与前一年的政治动荡、道教符命有关，前辈学者已揭。②究其与张掖一地联系，一方面，如前文所言，青龙石瑞已然出现在张掖，其政治影响力不可小觑，两晋时期每每有对它的继承、吸收、改造、追溯，这种传统很可能成为朝廷史官、祀官一脉相承的知识；另一方面，北魏太武帝平定凉州后，于太延五年（439）徙凉州民三万余家至京师平城，其中就包括北凉宗室、豪强、士人、僧尼、平民③，而北凉的发源地在张掖、临松一带。这次大规模的移民，直接对北魏政权及文化的建设改革有巨大的推动作用，这也正是陈寅恪所指出的五凉时河西文化正是隋唐制度渊源之一。正因如此，张掖一地的石瑞传统也直接被凉州士民带到了朔代。太平真君石瑞不仅将玄石源头追溯至曹魏时期，而且还说"其二石记张、吕之前，已然之效"④，所谓"张"即前文提到的张轨时的临松石瑞；"吕"当指后凉时石瑞，可惜不见史载；"之前"，则大约也包含了西晋时期的石瑞。这些则反映出自曹魏到西晋、五凉再到北魏的张掖石瑞传统的一脉相承，"凉人迁代"无疑正充当了主要媒介。边地传统可以延伸到中原腹地，反过来，朝廷也很重视边地传统的价值与实践——除了对张掖石瑞的利用，还有张掖祭山的传统。

正光二年（521）《封魔奴墓志》：

> 议者佥云：张掖郡境，实有名山，灵异斯凭，烟雨攸在。西州冠冕，旧所奉依。宜遣缙绅一人，驰驲往祷。惟灵飨德，傥或有征。上曰："有封君者，侍朕历年，诚勤允著，迹其忠亮，足动明灵。可备珪币，遣之致请。"君于是奉旨星驰，受言云骛。深诚克应，至虔有感。惟馨未彻，俾滂已臻。上大悦。⑤

---

① 陈寿：《三国志》卷三《明帝纪》，中华书局1959年版，第106页。
② 何德章：《北魏太武朝政治史二题》，载武汉大学三至九世纪研究所编：《魏晋南北朝隋唐史资料》第十七辑，武汉大学出版社2000年版，第46—59页。张金龙：《北魏政治史》四，甘肃教育出版社2008年版，第271—279页。
③ 高荣主编：《河西通史》，天津古籍出版社2011年版，第247页。
④ 魏收：《魏书》卷一一二下《灵征志》，中华书局2017年版，第3214页。
⑤ 赵超：《中国国家博物馆藏北朝封氏诸墓志汇考》，《中国历史文物》2007年第2期。

朝廷派封魔奴前往祭祀名山以求风雨之事，据赵超的研究，大约发生在文成帝在位时①，距北魏平凉不过二十年左右。"河西也存在着山神祭祀的祀坛"，特别是在北凉初期，沮渠蒙逊约其兄男成同祭兰门山，因赵超错误地把兰门山当作了合黎山，故其认为"封魔奴来张掖祭祀的山，很可能就是这座位于张掖郡内的合黎山"。②实际上，据《史记正义》引《括地志》："兰门山，一名合黎，一名穷石山，在甘州删丹县西南七十里。"③兰门山当在删丹西南的走廊南山一带，并非在走廊北部的合黎山，故刘满指出"一名合黎"有误，甚恰；然刘氏认为兰门山就是穷石山，亦即山丹河的发源地④，也是有问题的：上文所谓"删丹县西南七十里"，而山丹河的上游大马营河远在汉唐删丹县的东南面；而且以唐代删丹"西南七十里"计算，无论如何也到不了走廊南山。这里的"删丹县西南"很可能仍是《括地志》沿用旧说而指为汉晋时期的删丹。再加上沮渠蒙逊曾"西祀金山"，这则与青龙石瑞所出之"删丹金山玄川"、泰始石瑞所出之删丹西邻氐池县的关系变得非常贴近。而石瑞即"灵图"⑤，自曹魏以来的符命征兆多次灵验，《封魔奴墓志》所谓"灵异斯凭"或许就指此事。换言之，因山谷出玄石，影响甚大，山则因之而成祭祀名山。"凉人徙代"，中原王朝也颇受边地文化的感染，因事专门致祀再获灵验。由此观之，张掖作为西陲边疆，其本地传统能够与中原朝廷屡屡关联、互动。其中，三千里外凉土人群的向内迁移应当发挥了重要的连接作用。

（二）卢水东迁

青龙石瑞与泰始石瑞在形式、图案、地点上的相似性，使得后世有意无意地将二者混为一谈。它们相距不过三十年，其在后世表现出的连贯性也很显著。若将二者当作连续事件，那么促使魏晋石瑞都在张掖发生的更深层的推动力是什么？这恐怕就与卢水胡的逐步东迁有密切关联。

关于卢水胡族源的研究也已有很多，主要意见分为三种：源自河西、河湟、陇东。就以族群动态发展迁徙的角度而论，马长寿、王宗维、赵向群、杨荣春的观点较

---

① 赵超：《中国国家博物馆藏北朝封氏诸墓志汇考》，《中国历史文物》2007年第2期。
② 同上。
③ 司马迁：《史记》卷二《夏本纪》，中华书局2014年版，第87页。
④ 刘满：《河陇历史地理研究》，甘肃文化出版社2009年版，第150页。
⑤ 饶宗颐：《魏玄石白画论》，载《饶宗颐二十世纪学术文集》六《史学》，台北新文丰出版股份有限公司2003年版，第7534页。

为可信,亦即卢水胡出自河西①。具体在河西哪里、卢水位置何在,值得深究。今天的黑河在两汉魏晋时期先名羌谷,后名鲜水,间称张掖河,未曾有过卢水一名,但卢水胡一词确长期存续在这一阶段。赵永复也有相同的考虑:"一条河流历史上留下六七个名称,很为罕见,因此,其缺载的可能性是比较小的,一些明清志书中以黑河(张掖河)或沮渠川当作卢水,系出于推断,难于凭信。"②而且,以卢训黑,固然不错,但张掖河与黑(水)河的联系要晚至五代西夏时,很难能上溯至汉魏。赵向群指出:"既然《晋书》、《宋书》都说沮渠蒙逊家族'世居卢水为酋豪',那么,临松境内必然有卢水流过,或临松山必然与卢水衔接毗连。"③诚然,临松是定位卢水的关键要素。临松一地,自清代以来一般认为即今民乐县南古城,但这个观点很可能有问题:据前文所得结论"临松山当在今天黑河以西,断不会在今张掖正南的马蹄寺",可知因临松山而设的临松郡也当在张掖西南一带;又据《魏书·沮渠蒙逊传》:"真君初,无讳围酒泉……为无讳所陷。无讳又图张掖不能克,退保临松,遂还。"④沮渠无讳已占据酒泉而攻打张掖不克,所谓"退保"也就意味着临松郡当在张掖以西而非南古城附近。所以,卢水亦当在张掖以西,就是现今之大沙河(梨园河)。当然,临松郡是由张掖郡分置而得,临松、卢水都可算作属于汉魏张掖郡的山川。东汉初年卢水胡集中出现在张掖及其属国一带,东汉中后期又见于稍东南的河湟、武威,到西晋初多活动在安定一带,及至晋末魏初又频繁现身于渭北渭南。可知,卢水胡除了留居张掖的一支外,其向东迁移的趋势十分明显,以至于张掖临松之卢水也东迁到了安定一带成为卢水(泸水)。

卢水胡的东迁,是伴随着羌人、小月氏、义从胡等族群共同东迁的,其中汉末董卓率领所谓"凉州兵"进入中原是很关键的事件。沈骞指出,董卓之乱使其所领的小月氏胡及其分支卢水胡散居内地,甚至可能曾到过山西中部而与当地的匈奴融合形成了羯胡⑤。"凉州兵"进入中原后影响深远,其规模、人数应当不小,特别是同为武

---

① 马长寿:《北狄与匈奴》,生活·读书·新知三联书店1962年版,第155页。王宗维:《秦汉之际河西地区的民族及其分布》,《兰州大学学报(社科版)》1985年第3期。赵向群、方高峰:《卢水胡源起考论》,载西北师范大学历史系、甘肃省文物考古研究所编:《简牍学研究》第1辑,甘肃人民出版社1997年版,第186页。杨荣春:《从卢水胡酋豪到凉王——沮渠蒙逊称王史迹述略》,《宁夏师范学院学报》2018年第6期。
② 赵永复:《鹤和集》,上海人民出版社2014年版,第130页。
③ 赵向群、方高峰:《卢水胡源起考论》,载西北师范大学历史系、甘肃省文物考古研究所编:《简牍学研究》第1辑,甘肃人民出版社1997年版,第186页。
④ 魏收:《魏书》卷九九《沮渠蒙逊传》,中华书局2017年版,第2391—2392页。
⑤ 沈骞:《河西小月氏、卢水胡与河东羯胡关系探源》,《敦煌学辑刊》2015年第4期。

威人的张济和贾诩率领董卓余部归降曹操，对其帮助很大①。贾诩与卢水胡的关联、其作为边地与中央联系的媒介作用，都有可论者：其一，贾诩早年间遭遇"叛氐"而有"段颎外孙"事，可知其熟悉羌氐。贾诩生活的时代，其家乡武威也正是卢水胡活动的重要地点②。贾诩子孙事迹甚少，不易考证。但其曾孙贾疋，史称"疋奔泸水，与胡彭荡仲及氐窦首结为兄弟"③，据永平二年（509）《彭成兴墓志》，安定彭成兴被称为"卢水统酋"④，可知泸水即卢水，这一支安定彭氏自西晋到北魏长期生活于此，贾疋与彭荡仲结为兄弟正是其与卢水胡关联紧密的象征。此外，还有贾疋之从兄贾龛，张轨之酒泉太守张镇谋反，仍想引贾龛取张轨而代之。虽事未成，但也说明贾诩一族仍在河西保有威望。

其二，正是因为武威贾氏一族与羌胡紧联，所以曹操征讨马超时要向贾诩问计；史家向来诟病陈寿把贾诩归入"二荀"传，但林梦龙《贾诩拜太尉考释》指出，此三人同传，一方面是因为计谋出众，但这还不够，另一方面，则是因为三人皆是"从地方势族跨向中央士族"；而且，曹丕以贾诩为太尉，地位殊高，不仅因为对曹丕继位有功，很大程度上还出于贾氏"势族代表身份之考量"⑤。笔者认为，不仅如此，曹丕禅代后构建新的政府，也要稳定人心、平衡关系。曹魏初年的"三公九卿"中，若除去贾诩，则无出自凉州的士族；劝进的众多高层官员中，若除去贾诩，出自雍凉的仅有傅巽一人，不合情理。因此，贾诩之任太尉，既有酬功的原因，更有笼络西北士族的意图。而贾氏一族与凉州、卢水胡的关联，一直要持续到西晋中后期。从这个角度讲，《搜神记》追溯张掖石瑞最早的情况而云："初，汉元、成之世，先识之士有言曰：'魏年有和，当有开石于西三千余里，系五马，文曰"大讨曹"。'及魏之初兴也，张掖之柳谷，有开石焉，始见于建安，形成于黄初，文备于太和。"⑥ 这虽属后世层累、加工，但在时间描述上延续了三百年，似乎正与东汉至西晋卢水胡不断东迁的整个历程相照应。

---

① 赵林义：《论张绣降曹对官渡之战的意义》，《首都师范大学学报（社会科学版）》2007年第S1期。
② 《三国志》卷一五《张既传》："凉州卢水胡伊健妓妾、治元多等反，河西大扰……贼七千余骑逆拒军于鹯阴口，既扬声军由鹯阴，乃潜由且次出至武威。胡以为神，引还显美。"既称凉州卢水胡，又云活动在武威、显美，相较张掖一带而言，卢水胡明显向东迁徙了。
③ 房玄龄等：《晋书》卷六〇《贾疋传》，中华书局1974年版，第1653页。
④ 陕西省古籍整理办公室：《新中国出土墓志·陕西三》上册，文物出版社2016年版，第4页。
⑤ 林梦龙：《贾诩拜太尉考释》，《大连大学学报》2017年第5期。
⑥ 陈寿：《三国志》卷三《明帝纪》，中华书局1959年版，第106页。

(三) 王母故事

玄石的物质基础是什么？上文所谈到的一系列张掖石瑞都有的共同特点是"苍质素章"，也就是黑石白文。而这种特征，与遍布河西走廊南山的岩画惊人地相似，尤其是玄石上多有"马"的形象。就目前甘肃岩画的情况而言，主要是四大区域：嘉峪关酒泉南山、张掖南山、永昌武威南山、白银靖远一带（前三个区域都曾在文献中"发现玄石"）。其中，因岩画专家杜成峰的辛勤调研考察，目前张掖南山被发现的岩画数量最多，达到千余幅①。这些岩画主要反映先秦秦汉时期活动在这一地区的游牧族群的日常生活，有动物图、狩猎图、战斗图等，以动物图居多。动物图之中，羊的数量最多，马、鹿的分布较广。②也就是说，在某些机缘巧合之下，地处兰池、删丹、氐池、临松等河西走廊南山山麓各县域的岩画因河水冲刷或地震跌落而运至山外农耕区，被当地人碰见捡获而当作本地祥瑞。这样的事情及传闻可能在河西一带广为流传，又被获悉此传统的中原士人、朝廷文官加以"发现"和"塑造"，变成了维护统治秩序的符瑞工具。

换言之，玄石的诞生与游牧文化有直接关系。这种关联又可解释津田资久所提出的"《玄石图》与西王母传说有接点"的认识——《晋书·沮渠蒙逊载记》：

> 蒙逊西祀金山，遣沮渠广宗率骑一万袭乌啼虏，大捷而还。蒙逊西至苕藿，遣前将军沮渠成都将骑五千袭卑和虏，蒙逊率中军三万继之，卑和虏率众迎降。遂循海而西，至盐池，祀西王母寺。寺中有《玄石神图》，命其中书侍郎张穆赋焉，铭之于寺前，遂如金山而归。③

西王母寺中有《玄石图》，殊为特别。又，津田资久指出，玄石图往往被当作河图的一种，而河图与西王母所献之《益地图》、所居之昆仑山"河源"则向来有明显的联系。因此，西王母的传说自然也与《玄石图》甚至"张掖"之地名涵义都有关联。④此论甚恰，仍有未尽之言：结合上文，玄石的诞生与游牧文化有直接关系，而有关西

---

① 杜成峰：《榆木山岩画调查笔记》，《甘肃民族研究》2011年第3期。
② 王圣、庞颖：《从甘肃岩画看上古时期甘肃的动物分布》，《丝绸之路》2019年第4期。
③ 房玄龄等：《晋书》卷一二九《沮渠蒙逊载记》，中华书局1974年版，第3197页。
④ 津田资久：《曹魏符瑞与司马懿的政治地位》，载中国魏晋南北朝史学会、武汉大学三至九世纪研究所编：《魏晋南北朝史研究：回顾与探索——中国魏晋南北朝史学会第九届年会论文集》，湖北教育出版社2009年版，第192—202页。

王母的研究虽然众说纷纭，但对较早出现其信息的《山海经》《穆天子传》《竹书纪年》做历史学考察，大致可以勾画出其原型，亦即"西王母并非专指一人，不同的历史时期，就有不同的西王母，她只是不同历史时期我国西部地区女性部落首领的代称"①。这是西王母研究权威赵宗福的观点，也被学界基本认可。② 换言之，"西王母"现实形象所代表的游牧文化，当与《玄石图》的物质基础岩画有直接关联。西王母与河西走廊的联系，其中一个关键信息就在《十六国春秋》中，《太平寰宇记》引称：

> 魏昭成帝建国十年，凉张骏酒泉太守马岌上言："酒泉南山即昆仑之体也。周穆王见西王母，乐而忘归，即谓此山。山有石室王母堂，珠玑镂饰，焕若神宫。"又"删丹西河名曰弱水，《禹贡》昆仑在临羌之西，即此明矣。宜立西王母祠，以裨国家无穷之福"。骏从之。③

可见，时人以酒泉南山为昆仑山，因此在当地设立西王母祠。

至此，就不得不再考论沮渠蒙逊"祀西王母寺"之事。因《汉书·地理志》载："临羌，西北至塞外，有西王母石室、仙海、盐池。北则湟水所出，东至允吾入河。西有须抵池，有弱水、昆仑山祠。"④ 后世学者往往把沮渠蒙逊"祀西王母寺"当作进军青海湖的证据。但实际上，蒙逊很可能并非南下，而是西巡酒泉。其一，据前文，五凉时河西地区的人们既熟悉西王母故事，也熟知张掖石瑞传统、酒泉昆仑南山。酒泉与张掖之间有盐池，至今仍在使用；盐池以南有汉代的"乐涫泽"，乐涫一地当在今酒泉下河清乡皇城⑤，其东在卫星照片上显示当存在过大型湖泊，亦即明清以来广义的"明海"；其北的盐池也就是大型湖泊的遗留产物。其二，据《晋书·沮渠蒙逊载记》《宋书·大且渠蒙逊传》《资治通鉴·晋纪四十》，义熙十三年（417），沮渠蒙逊先有"祀西王母寺"，紧接着就在建康城阻击李歆，又在西支涧（解支涧）被李歆打败。究其西巡动因，应当正是由于李歆刚刚即位，地位不稳，沮渠蒙逊意欲寻机攻伐。由建康可循明海而西至盐池，再南下至祁连山"祀西王母寺"而归。紧接着李歆闻声赶来，才有后来的几场战事。

---

① 陈虎：《关于西王母传说的几点历史学考察》，《青海社会科学》2010年第6期。
② 赵宗福：《西王母信仰的生成与早期演化研究》，北京师范大学博士学位论文，2002年。
③ 乐史：《太平寰宇记》卷一五二"陇右道三""肃州"，中华书局2007年版，第2945页。
④ 班固：《汉书》卷二八下《地理志》，中华书局1964年版，第1611页。
⑤ 李并成：《河西走廊历史地理》第1卷，甘肃人民出版社1995年版，第90页。

既然河西走廊遍布岩画，为什么偏偏是张掖玄石？既然西王母故事与酒泉更密切，为什么玄石仍要出于张掖？其一，如上文所言，张掖石瑞的早期阶段当与卢水胡的东迁有关，卢水胡源出张掖、临松。其二，就曹魏以前的河西四郡而言，张掖的地位最重要——至少匈奴时代最关心的祁连山与焉支山均在张掖境内；霍去病对河西匈奴的决定性胜利也发生在张掖境内，号为"扬武乎觻得"①；西汉时张掖郡人口最多②；张掖郡南北有张掖属国、张掖居延属国，张掖正扼守东西、南北之中；窦融"保据河西"时也驻扎在张掖境内。其三，这仍与时人的知识体系有关。前引《十六国春秋》可知，时人眼中，昆仑与弱水相关，弱水又出张掖删丹；《水经注》载"黑水出张掖鸡山，南流至敦煌，过三危山，南流入于南海"③，《张掖记》载"黑水出县界鸡山，亦名玄圃。昔娀氏女简狄浴于玄丘之水，即黑水也"④，这里的"玄圃"亦即昆仑山顶，"简狄"作为女性部落首领又与昆仑关联，无怪乎闻一多认为其当从西王母分化而来⑤。特别地，最早有关张掖玄石发现的地点被称为"玄川"，其与"黑水"同义，又与"玄丘之水"相通，其中也许正蕴含着与西王母、游牧部落相关的意思。因此，作为卢水胡原驻地、弱水及黑水的传说、曹魏以前张掖的重要性等，应当都是促成张掖石瑞出现的要素。

总之，在汉晋南北朝时期流行谶纬的背景下，中古张掖一地形成石瑞传统及其持续对中原政权的影响，也当有自己具体的历史场景——作为西王母、昆仑传说的发源地域之一，河西走廊中部的游牧文化长期盛行，并与中原地区长期交流。河西边地族群擅长绘制的岩画，应当就是张掖石瑞的物质基础。随着张掖卢水胡东迁、北凉士人迁徙代京，在河西流传的玄石瑞像，被获悉此传统的中原文士加以"发现"和"塑造"，变成了维护统治秩序的工具。与此同时，中原朝廷也很重视边地传统的价值：或向往遥望，如穆王西遇王母之故事；或笼络羁縻，如魏晋武威贾氏之高官；或亲往实践，如北魏封魔奴之祭祀。

四、余论

综上，游牧文化、王母传说、边民岩画作为张掖玄石诞生的前提，在河西一带长

---

① 班固：《汉书》卷五五《霍去病传》，中华书局1964年版，第2481页。
② 班固：《汉书》卷二八下《地理志》，中华书局1964年版，第1613页。
③ 陈桥驿：《水经注研究》，天津古籍出版社1985年版，第509页。
④ 李昉编：《太平御览》卷六五《地部三十》，中华书局1960年版，第309页。
⑤ 闻一多：《高唐神女传说之分析》，载《闻一多全集》第3卷，湖北人民出版社1993年版，第34页。

期存在。伴随着张掖一地族群的向东迁徙，边地文化也被携带到了中原，其中玄石现象恰与"河图"传说勾连到一起。青龙三年，针对前一年（甲寅年）两汉"国祚"彻底完结的情况，朝廷为了强调"火德趋灭""水得土而流"而制造张掖删丹石瑞、玄石纹画，重申曹魏政权的合法性与正当性。这次"发现"非常成功，于是开启了后世几百年的竞相模仿。在谶纬流行的背景下，司马氏为模仿曹丕而篡位自立，开始利用谣言、符瑞，其中"司马氏"与动物马逐渐对应，青龙玄石的纹画慢慢改变。至泰始三年，继承曹魏传统，朝廷"制造"氐池玄石并塑造"五马"及"金字"，是为了新的"金者，晋之行也"德运主张而造势，突出的是晋朝"感德而生"。自此以后，大概是西晋朝廷为了有意增加图谶可信度而记载张掖石瑞的文本逐渐将上述两种玄石混为一谈。大约在晋怀帝时期，张掖石瑞文本中出现"七马"及强调"中字"，是为了在中原巨大的动荡中重申晋朝自司马懿以来的正统及朝廷的权威。积累至此，张掖石瑞成为朝中维护意识形态的传统，其影响越广越大，也迎来了反噬——玄石纹画中很晚才出现了"牛"及"牛继马后"的情况，反而成了怀疑东晋合法性的证据。至东晋中期，桓温弄权，习凿齿作《汉晋春秋》以贬抑桓氏，其书中描述张掖石瑞的"十三马"形象，是刻意强调司马氏自武帝到简文帝一脉相承的合法性。与上述历次张掖石瑞发挥的维护动荡后的统治秩序的作用一致，永嘉初年张轨治下临松献上玄石、太平真君五年氐池呈报石瑞，都不是为了确立储君地位。另外，北凉时期在史籍中出现的《玄石图》，并非与沮渠蒙逊南下青海有关，而是在其酝酿攻伐刚刚即位的李歆，西行至酒泉东南之明海、盐泽的触发事件。这恰好与"酒泉南山即昆仑山""昆仑山有西王母室""西王母与弱水、黑水、简狄相关"等传说串联了起来。

中古时期牵连中原王朝政局的张掖石瑞，持续发挥着显著的符瑞、谶纬作用。从上文的梳理来看，一方面，它与游牧文化、边地传统有直接的渊源；另一方面，它成了中原政权诠释天命、维护秩序的政治传统。特别是后者，人为加工、雕琢、塑造的痕迹在长时段内非常明显，其"诞生"和"成为"传统的历程，大多符合霍布斯鲍姆和兰杰在《传统的发明》中对"被发明的传统"的描述。其一，霍布斯鲍姆和兰杰指出，发明传统"其特点是与过去相关联，即使只是通过不断重复"，以凝聚社会力量以及取得某种合法性。[①] 结合前文的梳理，张掖石瑞在泰始初、晋元帝、简文帝、张轨时、太平真君年间各个阶段的出现与突变、嫁接与层累也正是不断地重复记载和修

---

① 埃里克·霍布斯鲍姆、特伦斯·兰杰：《传统的发明》，顾杭、庞冠群译，译林出版社2020年版，第4—11页。

饰曹魏时的石瑞现象，试图与过去产生联系以凝聚人心和汲取合法性。其二，霍布斯鲍姆等学者的"发明传统论"，虽然是针对近代以来欧洲的"传统"，但他们也强调说"在历史学家所关注的任何时代和地域中，都可能看到这种意义上的传统的'发明'"①。霍布斯鲍姆等人借助对法国国庆、五一劳动节的"被发明"指出发明传统必须是一种可重复的实践活动，依靠的是下层社会和上层政治的共同推动。中古时期的张掖石瑞也正有这些特质：岩画遗迹长期存在，又远在三千里之外，可以多加利用；石瑞产生后，不但要祭告太庙天郊，藏之石函天府，还要昭告天下，编写成书②，广为人知，最后在民间形成谶语，官方顺势利用，这些都是程序可重复、众人可参与的活动。张掖石瑞的最初产生，不会由中原朝廷单向指定，边地文化、族群迁徙也自下而上地促成了这种传统的"发明"。其三，"伪传统"被发明出来而且见诸于史册，说明其影响甚大，骗局成功，比如休·特雷弗-罗珀指出有人把爱尔兰史诗嫁接到了苏格兰历史文化中，经过后人的不断"塑造"和"圆谎"，到18世纪后期，世人大多相信苏格兰有着比爱尔兰更悠久的历史，乃至骗过了"一向细心、挑剔的爱德华·吉本"③。张掖石瑞的发展演变历程与此十分相似，在不断加工石瑞文本的过程中留下了"塑造"和"圆谎"的痕迹，比如在前文发现的魏晋石瑞文本层累和杂糅的现象。然而，一向旁征博引、考异求真的司马光，在《资治通鉴》中记载青龙三年"张掖柳谷口水溢涌"，把"青龙石瑞"与"柳谷玄石"直接画了等号，应当是受到了《搜神记》《宋书》《建康实录》等较早文献的干扰，将魏、晋两次石瑞完全混淆了。总之，张掖石瑞的产生、发展、演变，颇能与霍布斯鲍姆等人的"发明传统论"相谐；而对传统的发明也是人类社会不断上演的保留节目，似乎也可把它当作张掖石瑞现象中更宏大的历史场景。

曩者谈及张掖或是河西走廊中部，多聚焦于"丝绸之路"或"过渡地带"，更关心其作为"通道"和"局部"的价值。这固然不错，而且已经是站在了文化交流、战略格局的视角中来观察河西走廊或西北中国。但是，这无疑忽略了作为独特区域的河西走廊中部或张掖一地的主体性与自发性。只有深刻切入河西走廊内部，弄清其本身

---

① 埃里克·霍布斯鲍姆、特伦斯·兰杰：《传统的发明》，顾杭、庞冠群译，译林出版社2020年版，第5页。
② 据《隋书·经籍志》，高堂隆、孟众分别作《张掖郡玄石图》，流传到隋唐时期，南朝梁还有《晋玄石图》。
③ 埃里克·霍布斯鲍姆、特伦斯·兰杰：《传统的发明》，顾杭、庞冠群译，译林出版社2020年版，第19—22页。

对中华文明、国家建构、朝廷政局的影响和贡献，才是我们进一步深刻理解"中国与边疆""多元与一体"的踏实路径。自古以来，儒者多谈王朝"华化"边疆；时至当代，学者开始发现"华夏边缘"的重要性与特殊性，如王明珂反复用到的一个例子："当我们在一张白纸上画一个圆圈时，最方便而有效的方法，便是画出一个圆的边缘线条。"① 其意即，圆之所以是圆，因为它的边缘是圆。然而，这只是历史和社会展现给我们的一个表象。圆之所以是圆，是线段的一个端点围绕圆心旋转一周时，另一个端点所经过的轨迹。任何圆都是有圆心的，不管是否被标记出来。当然，笔者更关心的则是圆心与圆周之间的这条线段，特别是圆周对圆心的作用力，也就是边疆对中原的直接塑造和持续影响。这其实也就是在发问，张掖一带的边地是如何长期参与到中原王朝的活动之中的？关于这个问题，上文提及的"凉人徙代"及其后续对孝文改制、隋唐制度的直接影响，前贤已多谈及，但也仅就此一事而论。而本文专论的张掖石瑞无疑正是在整个中古时期把边地传统与中原政局联系起来的线索。

如将视野放宽，张掖在上古和近古都曾扮演过影响朝中政局的能量输出地的角色。其一，休屠王子金日磾近侍刘彻，为稳定武帝后期政治动乱几十年贡献良多。虽然《汉书·地理志》云休屠在武威，但《汉书·霍去病传》记元狩二年（前121）春其越过焉支山才攻破浑邪王，并获休屠王金人，其地显然不在武威；元狩二年夏，"扬武乎觻得"而俘获"酋涂王"，武沐指出，此酋涂王即是休屠王②。换言之，霍去病两次攻破休屠王，都是在汉之张掖郡范围内。汉廷将归降的浑邪、休屠王部大规模迁徙至关陇一带，设五属国以安置。金日磾能够在朝中发挥作用，也许正与后世卢水胡的东迁及影响有颇多相似之处。其二，沙陀一族于五代时建立多个中原王朝，其与张掖一地渊源颇深。《旧唐书·范希朝传》谓"突厥别部有沙陀者……自甘州举族来归，众且万人"③，《册府元龟》载"沙陀突厥在甘州，习俗左老右壮"④，《资治通鉴》云"沙陀劲勇冠诸胡，吐蕃置之甘州"⑤。学界向来认为沙陀三部落中的粟特人主要是六胡州的后裔，这固然不错。但有个现象值得注意：沙陀迁入甘州时不过七千户，迁出时则高达三万落。⑥ 除了《册府元龟》所载其本部"本出甘州有九千余人"⑦、遗留

---

① 王明珂：《华夏边缘——历史记忆与族群认同》，浙江人民出版社2013年版，第43页。
② 武沐：《浑邪休屠族源探赜》，《兰州大学学报》2004年第1期。
③ 刘昫：《旧唐书》卷一五一《范希朝传》，中华书局1975年版，第4058页。
④ 王钦若等编：《册府元龟》卷九六一《外臣部六》，周勋初等校订，凤凰出版社2006年版，第11140页。
⑤ 司马光：《资治通鉴》卷二三七"元和元年"，胡三省注，中华书局1956年版，第7651页。
⑥ 欧阳修、宋祁：《新唐书》卷二一八《沙陀传》，中华书局1975年版，第6154—6155页。
⑦ 王钦若等编：《册府元龟》卷九六一《外臣部六》，周勋初等校订，凤凰出版社2006年版，第11076页。

在张掖的"鹿角山沙陀"①,其中裹挟的人群包括但不限于原居张掖的汉族、羌族、回纥、契苾、吐谷浑、西胡②。也就是说,这仍是类似休屠、卢水东迁的打着"沙陀"旗号的大规模、多族群的迁徙活动,也同样对中原政权产生了巨大影响。在这里,源自张掖一带的边疆族群的迁徙传统,正与王朝更替、统治秩序相关联,其历史价值也远非简单的"沟通东西"和"张国臂掖",而是作为发动机在不断地给华夏这台巨大机器输送动力与能量,参与到了边疆塑造中原与华夏的历史进程中;这同样也是张掖石瑞现象中更加宏大的历史场景。

总之,中古时期多次出现的张掖石瑞对当时的政治局势颇有影响。也正因为如此,其记载文本往往被刻意加工,呈现玄石纹画从龙马到五马再到七马最后到十三马的层累变化以及将魏、晋石瑞混淆的杂糅之象。张掖石瑞屡次"被发现"的内在逻辑是朝廷对边地文化及谶纬符瑞的嫁接,利用"司马"与马、正统皇位与石马数量、玄石文字与王朝德运的对应,来巩固秩序、重申天命;津田资久指出的"石瑞是对储君地位的确立"也属于上述逻辑的一部分。与此相反的是,张掖玄石纹画中很晚才有"牛继马后"的图案,是时人质疑东晋合法性的表现。在中古谶纬流行的背景下,边地张掖的几次人群大规模东迁、以西王母传说和岩画传统为代表的游牧文化对中原的长期影响、人类社会中"发明传统"的习惯、河西走廊中部参与塑造华夏的历史进程,都是张掖石瑞生产、屡现、演变的历史场景。

---

① 高居诲《使于阗记》载:"甘州,回鹘牙也。其南,山百余里,汉小月支之故地也,有别族号鹿角山沙陀,云朱邪氏之遗族也。"(杨建新:《古西行记选注》,宁夏人民出版社1996年版,第150页。)可知,938年时,仍有沙陀余部在张掖南山活动。

② 《旧五代史·晋高祖纪》:"姓石氏,讳敬瑭,太原人也……故有居甘州者焉。四代祖璟,以唐元和中与沙陀军都督朱耶氏自灵武入附。"(薛居正:《旧五代史》卷七五《晋高祖纪》,中华书局1976年版,第977页。)蒲立本认为:"也有可能,这个特殊的家族在更早的时候(元和以前)就已经加入了沙陀,但是我想,这种可能性非常小。"(蒲立本:《安禄山叛乱的背景》,中西书局2018年版,第291页。)实际可能与此不同:首先,五代时人常以"真沙陀"为荣,似无必要专门追溯至张掖。其次,唐代中后期,确有粟特后裔石氏在张掖的活动痕迹——贞元十三年(797)《石崇俊墓志》:"府君以曾祖奉使至自西域,寄家于秦,今为张掖郡人也。"(吴钢:《全唐文补遗》第4辑,三秦出版社1997年版,第472页。)由此可推知,此支石氏可能在8世纪在张掖生活。蔡家艺《沙陀族历史杂探》(《民族研究》2001年第1期)、樊文礼《晚唐五代的"沙陀三部落"研究》(《唐史论丛》2017年第1期),也认为石敬瑭一族是在甘州时融入沙陀的。

"世界化"尝试*
——近代中国佛教对自我重塑路径的探索

胡永辉

（南京大学哲学系）

【摘　要】　由于客观上受到两次"庙产兴学"运动的刺激，出于对社会角色自我重塑的内在诉求，中国佛教将"世界化"作为其实现复兴的途径之一。近代中国佛教"世界化"具体实践包括发起"世界化"佛教团体、开展海外弘法活动、开办具有世界化眼光的佛学教育机构和刊物等等。近代中国佛教"世界化"尝试的开展有其特定的内外动因，这至少包括对世界局势的关切、受海外佛教世界化趋势的影响及中国佛教主动寻求复兴路径等方面。

【关键词】　近代佛教　世界化　文明互鉴

客观上，由于受到两次"庙产兴学"运动的刺激，出于对社会角色自我重塑及佛教复兴的内在诉求①，中国佛教在近代兴办佛教教育、组织佛化运动、成立统一的佛教组织、"世界化"尝试等活动均是回应这一诉求的具体举措。在20世纪20年代至40年代，近代中国佛教持续进行的"世界化"尝试虽成效相对有限，但却是近代以来中国佛教走向国际化之路的重要一环。那么，这一尝试在具体实践层面有哪些体现？

---

* 本文系国家社会科学基金一般项目"近代以来中国汉传佛教教育的转型研究"（21BZJ031）、国家社科基金重大项目"儒佛道三教关系视域下中国特色佛教文化的传承与发展研究"（18ZDA233）、国家社科基金重大项目"域外藏多语种民国佛教文献群的发掘、整理与研究"（21&ZD251）的阶段性成果。

① 胡永辉：《中国佛教组织近代化转型的发轫——以"佛教学务公所"为中心》，《宗教学研究》2024年第1期。

其产生的动因是什么？本文拟围绕以上问题展开讨论。

一、近代中国佛教"世界化"尝试的组织形态：成立世界化佛教团体

根据笔者的统计，近代中国佛教在20世纪20年代至40年代至少成立了14个以佛教"世界化"为宗旨的团体（表1）①。这些团体的成立，为中国佛教的"世界化"尝试提供了组织保障，同时也纵向展示了中国佛教在近代"世界化"尝试过程中的组织形态。

表1 以佛教"世界化"为宗旨的团体一览表

序号	名称	成立时间	地点	发起人或组织	备注
1	世界佛教居士林	1922年	上海	周舜卿等	
2	佛化新青年世界宣传队	1923年	武汉	佛化新青年会	
3	世界佛化新青年会	1924年	汉口	陈维东、程圣功	
4	亚洲佛教改良团	1926年	台湾	恒惭法师	基隆月眉山灵泉寺佛学院
5	全亚佛化教育社	1926年	上海	熊希龄、叶恭绰等	
6	柏林佛学研究社②	1930年	北京	台源	
7	锡兰留学团③	1930年	漳州	太虚、广箴、度寰	
8	世界佛学苑教理研究院	1931年	北京	太虚、法舫等	
9	世界红佛字会	1936年	普陀山	宏明法师	
10	欧美佛化推行社	1936年	杭州	王小徐等	
11	世界佛教青年会	1944年	南京	江亢虎	清凉寺
12	世界佛学会	1947年	北平	廉达因	
13	世界弘法团	1947年	上海	邵福宸	
14	西康世界佛教服务社	1947年	康定	邵福宸	文辉路94号

---

① 此外，1933年在长春成立的"世界大同佛教会"是日本侵略者成立的傀儡佛教团体，实为侵略的工具，因此未统计在列。（子固：《侵略工具之"世界大同佛教会"》，《行健月刊》1933年第3期。）
② 1930年，由朱子桥将军、杨明尘居士及柏林寺住持台源和尚发起创办"柏林佛学研究社"，迎请常惺法师任院长，后改为"柏林教理院"，于1930年春始正式开课。太虚大师欧美弘化归来，1930年复至北平弘化，并与常惺法师、台源和尚商议"世界佛学院"，先设立筹备处柏林寺，由胡瑞霖居士任筹备处主任主持财政，法舫任书记，兼柏林教理院监学，并将早在漳州所成立之锡兰留学团移至北平，后来即为世界佛学院之梵藏文系，柏林佛学研究社列入为中日文系，于是北平为推行世界佛化运动的中心。
③《漳州新组锡兰留学团》，《现代僧伽》1930年第2卷。

从表中所列14个团体的成立情况来看，出现比较早的团体是1922年在上海成立的"世界佛教居士林"。该团体实际上是由1918年成立的"上海佛教居士林"改组而来。"上海佛教居士林"于1922年被改组为"世界佛教居士林"和"上海佛教净业社"：前者主要由周舜卿、王与楫、朱石僧、李经纬等居士具体组织，地址设在上海海宁路锡金公所；后者主要由施省之、沈辉、关同之等居士组织，地址设在上海常德路418号。在表1中，另一个成立较早的团体是"佛化新青年世界宣传队"，其由"佛化新青年会"于1923年发起成立。"佛化新青年会"的前身是张宗载、宁达蕴于1922年在北京成立的佛教团体"新佛化青年团"。后来，张、宁二人赴武昌佛学院就读并于1923年将其改组为"佛化新青年会"，同时创办会刊《佛化新青年》。同样冠以"新青年"称号的还有"世界佛化新青年会"，其由陈维东、程圣功于1924年在汉口发起。该会成立的背景是1924年6月"世界佛教联合会讲演会"在庐山牯牛岭大林寺举办，一批青年因此受到"佛化运动"的影响而倡议成立。由于当时位于庐山莲花峪的办事处尚未完工，该会暂设会址于汉口佛教会内。

在上述成立比较早的"世界化"佛教组织中，佛教团体多有冠以"佛化""新青年"等名称者。事实上，这一现象并非偶然。冠以"新青年"一词大抵是受到1917年陈独秀在北京大学发行《新青年》及新文化运动的影响，如张宗载、宁达蕴发起的"新佛化青年团"就孕育产生于北平学生群体中。冠以"佛化"则与中国佛教20世纪20年代以来的"佛化运动"有关，这一运动以建设新佛教为方向，尝试以佛教改造人间，积极发挥中国佛教在社会发展中的积极作用。当时出现的佛教刊物《新佛教》曾于1920年刊登《佛化运动》一文，在其中比较早地阐明了"佛化运动"的定义："本我佛自觉觉他觉行圆满的教义，共同担负现在的正事业和将来的进步责任，就是佛化运动。"[①]

从纵向发展的线索来看，近代中国佛教成立"世界化"团体的进程具有持续性的特点，几乎贯穿了20世纪20年代至40年代。就各个团体存续的时间长短而言，差别相对比较大。如"世界佛教居士林"几经更名，至今仍十分活跃（上海佛教居士林）。而20世纪20年代成立的柏林研究社和锡兰留学团，成立仅一年左右就被改组为"世界佛学苑教理研究院"。再如1947年廉达因在北平倡议成立的"世界佛学会"，现有报刊资料并未对其具体活动有进一步的报道和记载，可见其活动范围和影响较为有限。近代成立的这些佛教"世界化"团体虽多设于上海、北平及江浙一带的大城市，

---

① 吟雪：《佛化运动》，《新佛教》1920年第2号，第3版。

但就其组织成效而言比较有限,尤其是以佛化世界、弘法海外等为主要活动的组织,并未取得预期的近代意义上中国佛教"世界化"的目标。这一点,在本文后面的讨论中会有所体现。但不可否认的是,这些具体实践是近代中国佛教"世界化"之路的最初尝试,以僧人和居士为主体的这批团体也成为这一尝试的先驱。

二、近代中国佛教"世界化"尝试的"开拓性"实践:开展海外弘法活动

在中国佛教"世界化"尝试过程中,积极开展海外弘法活动是其另一个重要的表现形式。近代中国佛教为适应佛教发展世界化的潮流,积极与海外佛教界建立联系,佛教交往也成为当时民间外交的重要组成部分。

在近代,较早地有组织展开海外弘法活动的团体是1923年成立的"佛化新青年世界宣传队"[①]。该宣传队有鉴于"我佛大法自流传东土以来,隋唐时代可称极盛,宋明而后渐就衰微,降及晚清提倡者颇不乏人,若康南海、梁任公、章太炎、杨仁山各先生等对于佛法尤竭力提倡,惟均属于静的方面的提倡,要望普及颇不容易"[②],认为近代对于佛教的研究与推广属于"静"的层面,而主动向海外弘法属于"动"的层面。基于这一认知,"佛化新青年世界宣传队"主张:"在现代的世界来宣传佛法,'静'的方面固不可少,而'动'的方面更不可缓。"[③] 该团体冀望佛法在"人心失据,世界陆沉,痛长夜之茫茫,思出苦海于何年"[④] 的背景下,"有拔度众生之可能性,有改造世界之真精神,信为哲学之渊海,文明之结晶,法法圆满,万古常新"[⑤]。宣传队还制订了详细的路线、周期、宣传内容等,出发前举行了庄严的宣誓仪式。

按照计划,该宣传队于1924年阴历二月出发,周期为两年,宣传路线为"首由北京、天津、东三省及哈尔滨、内外蒙古;再及南洋各岛、暹罗、缅甸、琉球、朝鲜、日本及国内十八省"[⑥]。在两年内完成上述路线的宣讲后,再赴欧美各国继续弘传佛法。宣传队的旗帜"用红色旗,中心列地球图,图心刊白色佛字,地球之四周放出彩色,意取我佛放大光明、普度世界之义"[⑦]。在内容上,宣传队主要演讲"佛家史

[①]《宣传队预定计划》,《佛化新青年》1923年第1卷第9/10期。
[②]《组织"佛化新青年世界宣传队"》,《佛化新青年》1923年第1卷第9/10期。
[③] 同上。
[④]《佛化新青年世界宣传队宣誓词》,《佛化新青年》1923年第1卷第9/10期。
[⑤] 同上。
[⑥]《组织"佛化新青年世界宣传队"》,《佛化新青年》1923年第1卷第9/10期。
[⑦] 同上。

地""佛家教义""佛法真理""佛法与一切问题之解决",此外,还"以佛家百喻经编为独幕新剧,随处演唱"①,以佛剧的形式宣扬佛法。据当时的报道,该队首批成员有张宗载、宁达蕴、杨哲生、释佛慈、傅丹如、杨蝶父、周浩云、张关慈、刘灵华、陈宝善、释悲观、释宽度等十二人,涵盖了僧人和居士。

与"佛化新青年世界宣传队"相比,稍晚成立的"世界佛化新青年会"是另一个计划开展海外弘法活动的佛教团体。这一团体由陈维东、程圣功等人于1924年发起成立。该团体有鉴于"世界一般青年都未受过佛化的感化,普通所受的只是些科学化、哲学化、政治化、法律化。因此,所有的青年也只是些不新的青年了"②,主张"联合全世界,实行佛化运动"③,将世界变成"佛化新青年的世界"④。这一团体认为,所谓"佛化"⑤是对"能够觉悟宇宙间万法的真理并能够激底打破一切世间的迷梦,再能够使大地的众生离一切苦、得究竟乐而成大觉大悟"⑥的大乘佛教精神的追求。该团体成立之际,时逢太虚计划召开"世界佛教联合会"⑦,显荫法师此时正在日本参访,在他的积极联络下,促成日本代表顺利参会,确保了首届"世界佛教联合会"的世界性。"世界佛化新青年会"在成立以后为扩大自身的影响,也积极与显荫等当时佛教界有声望的人士联络。在该会写给显荫的信中曾提道,"知在东邦拟进行远东佛教协会,太老法师极深赞许,因即转嘱敝处宣言章程等数份寄交"⑧,在信中还

---

① 《组织"佛化新青年世界宣传队"》,《佛化新青年》1923年第1卷第9/10期。
② 《世界佛化新青年会的宣言》,《世界佛教居士林林刊》1924年第4期。
③ 同上。
④ 同上。
⑤ 太虚在1924年和1928年曾对"佛化"的具体内容做出过详细的阐释,并指出:"佛化者何?受佛之道而自化为佛,亦化他人为佛者。"(太虚:《希望老诗人的泰戈尔变为佛化的新青年》,《海潮音》1924年第4期。)他将"佛化运动"的任务细分为九个部分,包括:"(1)辅助学校教育、社会教育,以扫除帝制时代传留下来愚民的鬼神迷信,提高并改正一般人民的思想,使社会对佛教有大体的认识,而成为正智的信仰。(2)辅助僧伽的改革运动,以铲除私占僧产,及破坏僧律的恶例,并改良一般僧众的生活。(3)尊敬和拥护有德的菩萨僧,以为僧众的模范及人天师表。(4)整理及发扬佛教的学理到一般学术界,使成为文化教育界的公共学术。(5)教育青年僧才及教化社会民众。(6)以简单明白的教理,向军、政、绅、商、农、工、教学各界为广大的宣传,使普遍的能积极信从佛教,或消极的不反对佛教。(7)联合僧界普及僧伽教育,并从事社会各种教育慈善事业。(8)以佛教的正信因果及十善行,辅导各阶层社会民众,接受佛教之教化。(9)努力提倡为地方、国家、世界的人群服务,并积极参加各种政治社会的进步事业,及救国救世的社会运动。"(太虚:《对于中国佛教革命僧的训词》,《海潮音》1928年第4期。)
⑥ 《世界佛化新青年会的宣言》,《世界佛教居士林林刊》1924年第4期。
⑦ 《世界佛教联合会第一日开讲之盛况》,《世界佛教居士林林刊》1923年第3期。
⑧ 《世界佛化新青年会致显荫法师函》,《世界佛教居士林林刊》1924年第6期。

表达了寄望于显荫能"登高一呼"①，促进"世界佛化新青年会"海外弘法事业发展的宏愿。

此后，在1924年以中日两国代表为主的"世界佛教联合会"顺利召开后，1925年以太虚为团长的"中华佛教团"赴日参加第二届"东亚佛教大会"。当时报道的会议宣言称："（一）此次赴会各代表只担任讲演佛教责任，专以交换佛学识验及宣扬佛教于世界，凡关于国际政治议论概不与闻负责，以示超然之区别。（二）凡关于佛教上之提案须经全体议决共同提出，个人不得自由发表意见其提案，并限定不得溢出宏扬佛法范围之外。"②

到了1933年，国际弘法团体"世界弘法团"（Buddhist Foreign Mission）的活动被国内佛教期刊持续报道。该团体由意大利比丘洛伽那陀法师（Bhikkhu Lokadatha）发起，目的为使"世界得到安静与和平"③。该团于1933年1月从兰贡出发，一路步行，绕孟加拉湾，到印度之加尔各答，再向北进，抵贝南尔斯镇（Benares），沿路乞食露宿。此次环游之目的，"为弘扬佛法，造福人类，使一个战机四伏，沉浸于贪嗔怨恨中之世界得到安静与和平"④。该团计划用四年游历印度，"安置使印度重为一佛教国之基础"⑤。同时，将研究外国语文各种宗教历史地理及自然科学等，以作继续旅行全世界之准备，预期以八年完全游毕。该团将佛教发源地印度作为海外弘法的主要区域，希望使印度人民重新尊奉佛教，如此则"可以解决印度现时所遭之许多问题，即可以移去阶级制度，解放妇女，恢复各阶级之自重观念，及消灭教派的斗争"⑥。

之后，1936年旧金山女佛徒会创办者萨拉乃扶夫人发表《致东方佛教徒书》，劝请东方佛徒至西方弘法。这再次激发了中国佛教界海外弘法的热情，认为"此种（海外弘法）机运乃益见成熟"⑦。是年，聂云台、李圆净、王小徐、邓慧载等居士发起组织"欧美佛化推行社"（The Chinese Buddhist Mission），以"联络东西同志，推行欧美佛化，以通信、出版、宣传品为入手方法"⑧。该组织积极与海外佛教团体联络交

---

① 《世界佛化新青年会致显荫法师函》，《世界佛教居士林林刊》1924年第6期。
② 《中华佛教团赴日之渊源》，《申报》1925年10月29日，第10页。
③ 《国际佛徒旅行宏法团》，《弘法社刊》1933年第23期。
④ 同上。
⑤ 同上。
⑥ 同上。
⑦ 《欧美佛化推行社之发起》，《威音》1936年第71期。
⑧ 同上。

流,"除已与美国高智安居士及东西佛教会取得切实合作外"①,与"伦敦佛教会、印度大菩提会、锡兰纳啰达大师、新加坡转道佛学园寂英和尚、东欧保加利亚国凯堪尼卓夫(Abthur Kerkonzov)居士所领导之佛法团体等处,均有信札印刷品往还"②。此外,该社与"美国阿斯卡帝(Zillah Asoardi)及路吉斯(Wealtha Gers)等个人"③亦有友好交往,并得到对方的赞许与支持。该社后来更名为"佛教欧美推行社",认为:"近年来欧美信仰佛教,研究佛学人士日渐众多,且有专临我国参访大乘教义者,似此情形,若国人漠视不予注意,……而以语言文字隔阂关系,不能曲尽接引方便,终觉大乘教义之卓越精神,虽以我国为最,而以格格不入之故,难以钻研,反不若求之他国之易于有得。"④有鉴于此,更名后的"佛教欧美推行社"为便于在欧美宣传中国佛教大乘教义,开始"征求关于佛教之英文文字,以便择优寄至外国佛教杂志发表"⑤,以此作为向欧美宣扬佛法、促进欧美人士研究中国佛教大乘教义的途径。

此后,20世纪40年代出现的"西康世界佛教服务社"由邵福宸居士发起,该社与美、英、法、德、瑞士、瑞典及东南亚等国和地区之佛教团体通函联络,在海外弘法方面颇具成绩。该社与法明学会、上海市佛教青年会等共同组织"世界弘法团"(World Buddhist Mission of China),这一团体以"弘扬佛法于世界各国,实现世界大同,永久和平,普利众生,同登觉道"⑥为宗旨,拟向欧美各国推进弘法工作,倡议:"(一)中国佛教会之组织,必须集中四众力量,改组健全,分工合作,方可内以应付时代之转变,外以推进各国之弘法工作。(二)向各国推进弘法工作,除组织世界弘法团,尚需发行英文月刊,为宣扬大乘教义之助。"⑦

从近代中国佛教开展的海外弘法活动来看,至少于20世纪20年代开始,中国佛教持续进行了"世界化"的尝试。其中较具代表性的有"佛化新青年世界宣传队""世界佛化新青年会""世界弘法团"等团体。通过这些团体的努力,中国佛教与海外佛教团体建立了联系,增进了交流,同时也为中外民间外交做出了自己的贡献。囿于当时外部环境及中国佛教自身发展的处境,中国佛教的海外弘法之路并不顺畅,弘法方式也比较有限,多以交流佛教宣传品、组织海外弘法团、参与国际佛教活动等为

---

① 《欧美佛化推行社近讯》,《佛学半月刊》1936年第124期。
② 同上。
③ 同上。
④ 《佛教欧美推行社启事(原名欧美佛化推行社今更名)》,《佛学半月刊》1937年第153期。
⑤ 同上。
⑥ 《"世界弘法团"在沪成立》,《觉讯》1949年第3卷第4期。
⑦ 《西康世界佛教服务社社长邵福宸居士于上月下旬飞沪》,《弘化月刊》1949年第95期。

主。但需要指出的是，这一时期对海外弘法的尝试开启了近代以来中国佛教"世界化"之路的具体实践。时至今日，中国佛教的国际化之路仍在继续，方式不仅多样，成绩也颇受瞩目。这些成绩的取得，不仅扩大了中国佛教在世界范围内的影响，而且使中国佛教成为民间文化交流的重要途径之一。回溯中国佛教近代以来的国际化之路，近代中国佛教最初的尝试是这一历程中具有开拓性意义的一环。

三、近代中国佛教"世界化"理念的延续：开办国际化佛教教育机构和刊物

近代中国佛教"世界化"尝试还体现在开办具有国际化视野的佛教教育机构和发行国际化佛教刊物。

早在1922年成立的佛教团体"世界佛教居士林"在其组织纲要中，就明确提出"本林集合在家善信练习佛法，辅助僧界谋佛教教育普及世界，故不限国籍、不分种族，定名世界佛教居士林"①。该居士林下设宏化部、总务部。其中，宏化部下设有"编辑部"，主要工作就是"编译中西经典，发挥古德著述，并发行林刊冀广佛化"②。1926年，熊希龄、叶恭绰等在上海发起的"全亚佛化教育社"，公推太虚为主席，以"普及佛化教育，实现人世和平"为宗旨，主张："发行佛化教育新闻杂志及其他刊物；提倡各地寺院设立佛化学校，……提倡各学校开佛化专科或增授佛化学科。"③该社在工作计划中提出要"派遣专员赴各国考察教育现状，以资改良"④。同样在1926年，台湾佛教界为回应"寺产掠夺于地痞，僧侣凌弃于新学"⑤的冲击，发起成立"亚洲佛教改良团"。该团以"整理寺产，振兴佛教及养成传教欧西人才而图亚洲富强"⑥为宗旨。这一团体以台湾各大丛林佛学院、僧学校的学僧为主要力量，号召学僧团结一致，凡是学僧"均具有改良之责"⑦。之后，1937年由"欧美佛化推行社"更名而来的"佛教欧美推行社"，有鉴于语言隔阂对弘法欧美造成的不便，倡导"征求关于佛教之英文文字，以便择优寄至外国佛教杂志发表，以为欧美人士研究我国佛

---

① 《世界佛教居士林组织纲要》，《世界佛教居士林林刊》1923年第1期。
② 同上。
③ 《上海发起全亚佛化教育社》，《佛音》1926年第3卷第4期。
④ 同上。
⑤ 宏护：《台湾成立灵泉月报社及组织亚洲佛教改良团》，《大云佛学社月刊》1926年第68期。
⑥ 同上。
⑦ 同上。

教大乘教义之助"①，以佛学研究促进中国佛教弘法欧美。到了1944年，江亢虎在南京清凉寺发起的"世界佛教青年会"也明确将开办具有世界眼光的佛教教育与促进世界佛教徒团结作为该会的主要任务，指出要在世界范围内"一、促进佛教徒宗教上之团结。二、研究教理弘扬佛法。三、励行佛化生活。四、增进会员体德智三育及福利。五、提倡佛教化教育。六、尽力慈善工作"②。该社以兴办国际化佛教教育与佛学研究作为构建与海外佛教界沟通交流平台的主要载体。

近代以来，在中国佛教界开办的具有"世界化"眼光的众多佛教教育机构中，尤其值得注意的是太虚等人成立的"世界佛学苑教理研究院"。最初，《海潮音》开设"世界佛学院筹备处与各国佛教通讯"栏目，与巴黎佛学院、印度摩诃菩提寺、芝加哥佛教朋友会、缅甸佛学会、德国佛学会等海外佛教团体建立了联系。这一团体原名为"世界佛学院"，后改为"世界佛学苑"。该苑"系太虚法师由欧洲返国以后所发起者，称曰世界者，因此学苑不只是于中华一国，乃求其五大洲均有此种学苑成立耳。曰苑而不曰院者，……（因）佛学不在国教育系内，不许佛校之名称，与国家学校混同，故当初称曰院，今日改称曰苑也"③。按照太虚的设想，世界佛学苑的成立宗旨是"昌明佛学，陶铸文化，增进人生福慧，造成世界安乐。……搜集世界佛学材料，联合世界佛学人才，结成世界之佛学。宣传佛学于世界"④。他以佛法僧堂、研教、究理、修行、成果及苑务六部门来组织世界佛学苑的架构。其中，在"研教"部门，计划成立佛教法物馆（历史系、美术系）、佛教典籍馆（佛典考校室、佛书编译室）。在"究理"部门，下设"印度锡兰学院""印度西藏学院""中华日本学院""欧美新派学院"四个二级学院。⑤ 在具体实施的过程中，太虚于1931年将早前开办的柏林佛学研究社和锡兰留学团改组为"佛教教理研究院"，作为"世界佛学苑之基础"⑥。改组后，"柏林佛学研究社即为教理研究院中之华日文系，锡兰留学团即为梵藏文系"⑦。该院于1931年3月3日开学，院长为台源法师，教务主任兼佛学主讲为常惺法师，训育主任兼佛学教授为法舫法师，学生四十余人。在具体的教学实践中，该院"分中日、梵藏两系，除外国文字分教外，佛学、国文等课皆两班合一教授，院外讲师系聘请北

---

① 《佛教欧美推行社启事（原名欧美佛化推行社今更名）》，《佛学半月刊》1937年第153期。
② 《世界佛教青年会筹备会议》，《中国佛教季刊：中英文合刊》1944年第2卷。
③ 刘显亮：《我对于世界佛学苑成立以后之希望》，《佛教评论》1931年第1卷第2期。
④ 太虚：《世界佛学苑组织法》，《东方文化（汉口）》1930年第2卷第1期。
⑤ 同上。
⑥ 《世界佛学苑教理研究院开办》，《世界佛教居士林林刊》1931年第30期。
⑦ 圆光：《柏林佛学研究社改组世界佛学苑教理院之经过》，《世界佛教居士林林刊》1933年第35期。

大、辅大教授"①。"佛教教理研究院"在师资配置、课程设置等方面体现出了明显的国际化办学方向。

值得一提的是，太虚不仅将自己对于中国佛教世界化的设想贯穿到僧教育实践中，而且从宏观上提出了他的"佛教化的世界宗教学术观"②。与中国化佛教八大宗派并列，他将"适化的应世人天佛教"细分为"佛化的儒教宗（附老庄）、神教宗、梵教宗、基督宗、回教宗、哲学宗、科学宗、艺术宗"③八宗。由此也可以看出，太虚以"佛化"为途径，试图佛化世界及统摄中西方文化的宏大愿景。太虚逝世以后，门人为纪念他而倡议成立"世界佛学会"，旨在继承其"佛化世界"的遗志，"令世界学术界认识我教，尊重我佛法，非仅佛教增光，而大众灾劫亦得消免"④。这一团体虽未见有后续的活动报道，但至少说明太虚等一批有远见卓识的僧人和居士一直倡导的中国佛教教育"世界化"的理念被后人所继承，打开了中国佛教教育的"世界化"格局。"世界化"也成为后来中国佛教兴办佛教教育和期刊的趋势之一。兴办具有国际化眼光的佛教教育机构为中国佛教"世界化"之路提供了人才保障，并为"世界化"之路的可持续发展提供了可延续性。以创办国际化佛教期刊为载体，不仅使得近代中国佛教持续跟进世界佛教发展的潮流，在反思和借鉴的基础上思考中国佛教社会角色自我重塑的路径问题，而且使世界更进一步了解中国佛教，这对于扩大近代以来中国佛教的世界影响和格局的打开具有积极的意义。

四、余论

综上所述，中国佛教"世界化"尝试的具体实践体现在成立以"世界化"为宗旨的佛教团体、积极开展海外弘法活动和开办"世界化"的佛教教育机构及刊物。从纵向的发展历程来看，三种实践方式具有持续性，这一尝试从20世纪20年代开始持续到了40年代。但囿于当时的内外条件，"世界化"的佛教团体、海外弘法等活动的开展成效相对有限，而成果较为突出的是开办具有"世界化"眼光的佛教教育机构，培养了一批具有国际化视野的僧才。其中尤以太虚所组织的"世界佛学苑教理研究院"

---

① 《世界佛学苑教理研究院开办》，《世界佛教居士林林刊》1931年第30期。
② 太虚将"佛化新青年之圆满佛化"分为"殊胜的不共大乘佛教"（即八宗）、"根本的出世三乘佛教"、"适化的应世人天佛教"。（太虚：《佛教化的世界宗教学术观》，《佛化新青年》1924年第3期。）
③ 太虚：《佛教化的世界宗教学术观》，《佛化新青年》1924年第3期。
④ 廉达因：《以组织世界佛学会来纪念大师》，《觉有情》1947年6月号，第187—188期。

最为突出，这在之后中国佛教发挥民间外交作用、扩大海外影响、融入世界佛教发展潮流中起到了至关重要的作用，并为近代以来中国佛教"世界化"理念的延续奠定了较为坚实的人才基础。

值得注意的是，近代中国佛教"世界化"尝试的实践有其特定的内外动因，这至少包括对世界局势的关切、受佛教世界化趋势的影响及中国佛教复兴的内在诉求等三个方面。

首先，第一次世界大战于1918年结束后，世界格局发生了剧烈变化。到了20世纪20年代，佛教界有感于"三十年来，一迫于戊戌维新，再挫于辛亥革命，三排于外教，四斥于新潮"①；为促进世界和平，宣扬平等利生的大乘佛法精神，中国佛教开始注重以"弘扬佛法于世界各国，实现世界大同，永久和平，普利众生，同登觉道"②为宗旨。强调中国佛教界应"深信国家是世界的一部分，为谋世界的大同，必要人人爱其国家。……应新世界潮流，应将国家达到国家的世界化目的"③。

抗战爆发前夕，中国佛教为适应国家和民族的需要，鉴于中国佛教会"因整顿教规，尚未就轨，故对于社会事业，民间服务无暇顾及"④，而世界局势又日趋紧张，佛教界积极"集中僧尼力量，训练医药救护工作，平时虔诵经咒，祈祷和平，一旦战争发生，即全体分赴前方，不分敌我，担任救护掩埋及援救战区被难灾民等工作"⑤，倡议"集中全世界僧尼实行救护等工作"⑥。抗战期间，各地积极组织僧侣救护队，参与伤亡救护与掩埋、慈善募捐等救国活动。在民族危亡之秋，中国佛教做出了自己应有的贡献。⑦

其次，海外佛教的"世界化"活动也影响到了中国佛教。如意大利比丘洛伽那陀法师发起"世界弘法团"冀望"为弘扬佛法，造福人类，使一个战机四伏，沉浸于贪嗔怨恨中之世界得到安静与和平"⑧。这些海外佛教的"世界化"举措被持续不断地介绍到国内，极大地激发了中国佛教界走向世界的热情。此外，中国僧人的海外参访交

---

① 《海内高僧联名为"佛化新青年世界宣传队"通告全国诸山长老书》，《佛化新青年》1924年第2卷第5/6期。
② 《"世界弘法团"在沪成立》，《觉讯》1949年第3卷第4期。
③ 吟雪：《我之建设新佛教的主张》，《新佛教》1920年第2号，第4版。
④ 《宏明法师发起组织世界红佛字会》，《正信》1936年第7卷第21/22期。
⑤ 同上。
⑥ 《佛教徒新组织世界红"佛"字会》，《中国红十字会月刊》1936年第10期。
⑦ 有关这一时期中国佛教界的爱国救亡活动，请参阅拙文：《论抗战时期僧侣爱国救亡运动的特点》，载《佛教与世界和平研讨会论文集》，上海，2015年7月。
⑧ 《国际佛徒旅行宏法团》，《弘法社刊》1933年第23期。

流也促使中国佛教界开始从更广阔的视野下思考佛教复兴的问题。如太虚与日本佛教界共同组织的两次东亚佛教大会等，显荫、觉先等海外留学僧归国后，都积极推动并参与中国佛教的"世界化"尝试。

最后，在中国佛教的近代发展历程中，"庙产兴学""复兴""改革"分别是贯穿其中的几个重要线索之一。其中，庙产兴学的刺激及中国佛教复兴的内在诉求，是当时中国佛教的重要问题面向。为自我重塑中国佛教的社会角色，从被动到主动兴办佛教教育、谋求成立全国性统一的佛教组织、开展"佛化运动"与改革，以及本文所讨论的"世界化"尝试，事实上都是中国佛教谋求复兴这一内在诉求的外在表现形式，或者说都是中国佛教为实现复兴做出的路径探索。在当时的中国佛教界看来，"近今西洋文明盛传时代，又以为东方佛教是古旧的、陈旧的。……佛学为一簇崭全新之救世大法，不限于古代，不局于东土，尤不拘于出家之僧尼，而确有遍及现代世界各国永久不替之可能性，与现在世界上各色之人众皆具有密切之关系焉"[①]。从本质上说，中国佛教对于"世界化"的尝试，事实上是将实现复兴的路径放在了更宽广的空间和视域下去思考和实践。

---

① 圣功：《太虚法师主讲世界佛教联合会之讲演》，《世界佛教居士林林刊》1923年第3期。

拜占庭帝国中期的丝织品术语 （843—1204 年）*

朱莉娅·加利克尔（Julia Galliker） 著

（美国密西根大学）

周 瑶 译　张 弛 审校

（华南师范大学历史文化学院　华南师范大学历史文化学院）

1000 年，蚕丝纤维已成为地中海地区最受欢迎的纺织材料。虽然丝绸生产和消费的扩大被学界广泛接受，但该行业发展的具体情况仍不清楚。编年史学家几乎从未提及丝绸的制造过程，生产者也不愿记录或公布他们的商业秘密。因此关于丝绸的历史信息主要来自各种场合的消费记录。①

10 世纪的两份资料详尽记述了拜占庭的丝绸信息：（1）《市政官法》（Book of the Eparch，简称 BOE，成书于 911 或 912 年），是君士坦丁堡市政官管理行会的法律汇编。② （2）《礼仪书》（Book of Ceremonies，简称 BOC）则被认为是君士坦丁七世（Constantine VII）波菲罗根内托斯（Porphyrogennetos，945—959 年在位）所作，是一本 5—10 世纪宫廷官员举行帝国仪式的礼仪辑录。③

---

* Galliker, Julia, "Terminology Associated with Silk in the Middle Byzantine Period（AD 843 - 1204）"（2017）. *Textile Terminologies from the Orient to the Mediterranean and Europe, 1000 BC to 1000 AD*. 27. http://digitalcommons.unl.edu/texterm/27.

① 地中海地区丝绸的历史详见 Galliker, J.（2014）*Middle Byzantine Silk in Context: Integrating the Textual and Material Evidence*. PhD unpublished dissertation, University of Birmingham, Centre for Byzantine, Ottoman and Modern Greek Studies, 33 - 80。

② *Das Eparchenbuch Leons Des Weisen*. (1991) J. Koder(ed. & tr.) Corpus Fontium Historiae Byzantinae, 33, Vienna; French tr., J. Nicole (1893) *Le livre du préfet: ou L'édit de l'empereur Léon le Sage sur les corporations de Constantinople*. (1893) Geneva; English tr., E. H. Freshfield (1938) as *Ordinances of Leo VI c. 895 from the Book of the Eparch*. Cambridge.

③ Constantine VII Porphrygenitus (1829) *De Ceremoniis Aulae Byzantinae*. J. J. Reiske (ed. & tr.) Bonn.

上述资料是目前研究拜占庭丝绸的主要依据。传统观点认为,丝绸在拜占庭中期代表帝国精英集团的特权。[1] 但大量史料表明,当前的著述对拜占庭丝绸的描述存在诸多误区,且学术价值有限。从学术角度而言,需要从新的视角来探讨拜占庭中期丝绸的作用。

有鉴于此,应参考增加其他资料,如档案、遗嘱文书及考古发现等等。笔者认为6—13世纪的拜占庭资料记录了大量纺织品,虽数量、篇幅有限,却包含诸多丝绸术语,涉及生产地点、材料、品质、用途、纺织类型、设计符号和使用环境等信息,为研究提供了重要契机。

长期以来,语言学界试图阐明拜占庭史料中纺织词汇的含义,但一直收效甚微。[2] 例如,沃格特(Vogt)在《礼仪书》序言中指出,他难以了解纺织术语间的细微差别。[3] 普遍观点认为,词汇分析能识别各种词汇的出现频率,但难以通过文献对织物进行精准还原。[4]

织物术语陷入研究困境,原因是多方面的。除个例外,作者通常会在文中使用特定的纺织术语,但从未进行详细说明。与其他专业词汇一样,纺织术语的使用缺乏统一性,且存在语言地方化的特点。另外,纺织术语的定义并非永恒不变,而是随着时间推移及其他因素的作用发生词意转化,如材料类型、生产地点及技术变革等等。

近几十年来,在计算机信息技术的支持下,新的研究方法使学界能更详尽、动态地分析数据。为研究拜占庭织物术语,笔者建立了一个词汇关联的语料数据库[5],包含 800 余条词汇,涵盖 6—13 世纪拜占庭帝国的各类文献,为辨别传统方法难以研究的样本(patterns)提供了依据。

---

[1] 例如,Lopez, R. S. (1945) Silk Industry in the Byzantine Empire. *Speculum*, 20: 1, 1–42。Muthesius, A. (1995b) Studies in Byzantine and Islamic Silk Weaving. London. Muthesius, A. (1997) Byzantine Silk Weaving AD 400 to AD 1200. Vienna. Muthesius, A. (2004) *Studies in Silk in Byzantium*. London. Oikonomides, N. (1986) Silk Trade and Production in Byzantium from the Sixth to the Ninth Century: The Seals of Kommerkiarioi. *Dumbarton Oaks Papers*, 40, 33–53. Starensier, A. L. B. (1982) *An Art Historical Study of the Byzantine Silk Industry*. PhD, unpublished dissertation, Columbia University. Beckwith. J. (1974) Byzantine tissues. In M. Berza & E. Stănescu (eds.) *Actes due XIVe Congrès international des études byzantines (6–12 September, 1971)*. Bucarest, 344–353.

[2] Lombard, M. (1978) *Les textiles dans le monde musulman du VIIe au XIIe siècle*. Paris, 239.

[3] Text and partial French tr. A. Vogt (1967) as *Le livre des cérémonies*. Paris; English tr., A. Moffatt & M. Tall as *The Book of Ceremonies*. Canberra, Vol. I, 30.

[4] Schmitter, M.-T. (1937) Subsericae Vestes. *Revue Archéologique*, 6: 9, 201.

[5] 人物传记学是一种提取历史信息的手段,方法是根据一个或多个主标准,按时间和地理汇编人物信息。详见 Keats-Rohan, K. S. B. (2003) *Progress Or Perversion? Current Issues in Prosopography: An Introduction* [Online]. Available: http://users.ox.ac.uk/~prosop/progress-or-perversion.pdf [Accessed: 9 Jun 2011]. Short, H. & Bradley, J. (2005) Texts into Databases: The Evolving Field of New-Style Prosopography. *Literary and Linguistic Computing*, 20 (Suppl), 3–24. Keats-Rohan, K. S. B. (ed.)(2007) *Prosopography Approaches and Applications: A Handbook*. Oxford.

本数据库希望通过深入剖析文本，进而准确定义拜占庭中期纺织术语的含义，通过分析材料的获取与准备、纺织结构、装饰和图案等方面来解析各类文献，最终重新诠释拜占庭中期的丝绸史，揭示丝绸在当时社会的重要地位以及对技术发展和区域经济整合的贡献。

一、拜占庭著作中的丝绸术语

在拜占庭著作中，serika、blattia 和 metaxa 三个词与丝绸的含义有关，但多数文献并未对其展开详述。学界对拜占庭中期丝绸术语进行过探讨，并认为随着时间推移相关术语的含义会难以辨别。[①] 通过对语料库语境的分析，丝绸术语的发展历程和具体含义会逐渐明晰。

（一）serika

在研究文献中，serika 和 blattia 出现频率相似，但它们的词源和用法却不同。Serika 是 6 世纪下半叶塞奥法尼斯（Theophanes）描述养蚕技术传入拜占庭时使用的词汇。[②] 值得注意的是，从君士坦丁堡牧首尼基弗鲁斯（Nikephoros，806—815 年在任）至尼基塔斯·蔡尼亚提斯（Niketas Choniates，约 1155—1217 年），拜占庭史学家在形容丝绸成品时均使用 serika。[③] 丝绸常被视作奢侈品，但亦有例外。安娜·科穆

[①] Constantine VII Porphyrogenitus (1990) Three Treatises on Imperial Military Expeditions. J. F. Haldon (ed. & tr.) Vienna. 205 - 207 n. (C) 173; Jacoby, D. (1991 - 1992) Silk in Western Byzantium Before the Fourth Crusade. *Byzantinische Zeitschrift*, 84 - 85, 452 - 500. n. 29.

[②] Theophanes Byzantius. (1841) K. Müller (ed.) 4, Paris, 270, 3.

[③] 拜占庭中期历史文献包括：Nikephoros (1990) *Short History*. C. A. Mango (ed. & tr.) Corpus Fontium Historiae Byzantinae, XIII, Washington, DC。Theophanes (1883) *Theophanis Chronographia*. de Boor, Carolus (ed.) Leipzig; English tr., C. A. Mango, R. Scott & G. Greatrex (1997) as *The Chronicle of Theophanes Confessor: Byzantine and Near Eastern History, AD 284 - 813*. Oxford. Scylitzes, Ioannes (1973) *Ioannis Scylitzae Synopsis historiarum*. H. Thurn (ed.) Corpus Fontium Historiae Byzantinae, Berlin. Psellus, Michael (2006) *Chronographie ou histoire d'un siècle de Byzance (976 - 1077)*. É. Renauld (ed. & tr.) Paris; English tr., E. R. A. Sewter (1953) as *The Chronographia of Michael Psellus*. (ed. & tr.) London; English tr., K. N. Sathas (1979) as *The History of Psellus*. New York. Attaleiates, Michael (1853) *Michaelis Attaliotae Historia*. W. Brunet de Presle & I. Bekker (eds.) Bonn; English tr., A. Kaldellis & D. Krallis (2012) as *The History*. Cambridge, MA. Choniates, Nicetas (1975) *Nicetae Choniatae Historia*. Dieten, J. L. van (ed.) Corpus Fontium Historiae Byzantinae, 11, 1 - 2, Berlin; English tr., H. J. Magoulias (1984) as *O City of Byzantium: Annals of Niketas Choniatēs*. Detroit. *Chronographiae quae Theophanis Continuati nomine fertur Liber quo Vita Basilii Imperatoris amplectitur*. (2011) I. Ševčenko (ed. & tr.) New York. Komnène, Anna (2006) *Alexiade: règne de l'empereur Alexis I Comnène, (1081 - 1118)*. B. Leib & P. Gautier (ed. & tr.) Paris; English tr., E. R. A. Sewter & P. Frankopan (2009) as *The Alexiad*. London.

宁（Anna Komnene）的记述表明丝绸服装也被用于军事行动中，亚历克西奥斯一世（Alexios I Komnenos，1081—1118年在位）在莱布尼恩战役（the battle of Lebounion）中发现部队并未配备足数的铁甲，为与佩切涅格人（Pechenegs）作战，他为部分士兵配备类似铁甲颜色的丝绸服装。

holoserika一词出现在7—8世纪的《罗得岛海洋法》（Rhodian Sea Law）中，意为"给予打捞珍贵丝绸水手的奖励"。① 施密特（Schmitter）在对罗马晚期（250—450年）丝绸术语的综合分析中，将拉丁语holosericum出现的时间追溯至3世纪早期。② 当时，该词意为"连续的优质长丝"，劣质的短纺丝（spun silk）则被称为subsericum。施密特认为在罗马晚期丝绸已相当常见，因而出现了更具体的术语来代替serika，以区分不同品质和加工阶段的丝绸。③ 此外，holoserika仅出现于《礼仪书》5—7世纪编撰的章节，也从侧面印证了丝绸术语的演变。④

（二）blattia

blattia一词是丝绸术语演变的另一例证。吉兰（Guilland）描述了该词的演变过程：从罗马晚期指代从贝类中提取的紫色染料，至9世纪成为丝绸织物的通称。⑤ 然而，语料库分析显示该词的用法仍不确定。9世纪后的部分文献中，仍用blattia指代紫色丝绸。在10世纪50年代编纂的《帝国行政论》（De Administrando Imperio）中，同样用blattia描述御用紫色丝绸和其他向佩切涅格人支付的珍贵织物。⑥ 同样的记述来自亚历克西奥斯给亨利四世（Henry IV）的赠礼，安娜·科穆宁也用blattia来形容紫色丝绸。⑦ 在其他文献中，blattia还构成复合词，来指代其他颜色的丝绸。⑧

《礼仪书》中blattia共出现17次，7次指代服装，1次指代家具，9次指代装饰用织物，几乎所有涉及blattia的章节都出现于10世纪。书中还2次出现holoblattia一

---

① *Nómos Rodiōn naytikós The Rhodian Sea-law*. (1909) W. Ashburner (ed. & tr.) Oxford. 40,4,6-9. holoserika一词在其他文献中的出现频率和含义，详见Rh Sea，114页注释。
② Schmitter 1937,224.
③ Schmitter 1937,213,223.
④ *BOC*, Reiske, I: 89,404,405; II: 28,629; II: 51,701.
⑤ Guilland, R. (1949) Sur quelques termes du Livre des Cérémonies de Constantin VII Porphyrogénète. *Revue des études grecques*, 62,333-338.
⑥ Constantine VII Prophyrogentius (1967) *De Administrando Imperio*. G. Moravcsik & R. H. J. Jenkins (ed. & tr.) Washington, DC, 1.6.6-9.
⑦ An Komn, Leib, III, 10,4, 3-10.
⑧ 多种颜色blattia的例子详见 *BOC*, Reiske, I: 97,441；以及 *BOE*, Koder, 4.3, 8.1, 9.6。

词,均指 946 年外国使节到访时教堂唱诗者的帝国礼服。① blattia 的其他变体,大概是指丝绸的类型,在 11 世纪尤斯塔修斯·博伊拉斯(Eustathios Boïlas)遗嘱(作 blatenia)② 和 13 世纪的《帕特莫斯目录》(Patmos Inventory)中(作 blattitzin)③ 均有出现。

(三) metaxa

与 serika 和 blattia 不同,metaxa 具有生丝纤维的特定含义。普罗科皮奥斯(Prokopios)在描述 553(或 554)年拜占庭引进养蚕业时使用了 metaxa 一词。④ 现存米南德的《历史》(*Menander's History*)残卷涵盖了 558—582 年的信息,清晰地指出了 metaxa 和 serika 的区别,在描述与索格迪亚人(Sogdians)的大宗生丝贸易时使用 metaxa 一词。⑤ 相反,在描述诸如帷幔和礼物等成品时通常使用 serika。⑥ 9 世纪早期"忏悔者塞奥法尼斯"(Theophanes Confessor)如何使用它们还需探讨,他在描述 528(或 529)年罗马攻占萨拉森人(Saracen)营地和 625(或 626)年烧毁波斯人宫殿时使用 metaxa,但在描述绸料的两个案例中则使用 serika 一词。⑦

蚕丝结实且柔韧的特性,使其得以运用于军事。《礼仪书》记载,metaxa 纤维被用于制作 949 年远征克里特岛的装备。在制作弓弦时,metaxa 纤维既可单独使用,也可与细茎针草纤维混合使用。⑧

metaxa 指代丝织品并不多见,但也会在某些特定场合出现。例如,该词曾出现在

---

① *BOC*, Reiske, II: 15,577,589.
② Le Testament d'Eustathios Boilas (avril 1059). (1977) P. Lemerle (ed. & tr.) in: Cinq études sur le XIe siècle byzantin. Paris, 13 – 63. 24. 125.
③ Astruc, C. (1981) L'Inventaire dressé en septembre 1200 du trésor et de la bibliothèque de Patmos. *Travaux et mémoires*, 8, 15 – 30. 22. 41.
④ P Prokopios (1833) *Corpus Scriptorum Historiae Byzantinae Pars II Procopius*. B. G. Niebuhr (ed.) Bonn, IV, 17.
⑤ *The History of Menander the Guardsman: Introductory Essay, Text, Translation and Historiographical Notes*. (2006) R. C. Blockley (ed. & tr.) Liverpool, 10. 1, 24; 10. 1, 50; 10. 1, 56; 10. 5, 14.
⑥ Menand, 10. 3, 44; 10. 3, 51; 25. 2, 66.
⑦ Theophanes (1883) *Theophanis Chronographia*. de Boor, Carolus (ed.) Leipzig; English tr., C. A. Mango, R. Scott & G. Greatrex (1997) as *The Chronicle of Theophanes Confessor: Byzantine and Near Eastern History, AD 284 – 813*. Oxford, 179, 25 – 26; 322, 5 – 8; 444, 17 – 18.
⑧ *BOC*, Reiske, II: 670, 1 and 12; 671, 15; 676, 10 – 11. 关于蚕丝代替肠衣线制作弓弦的研究详见 Haldon, J. (2000) Theory and Practice in Tenth-Century Military Administration: Chapters II, 44 and 45 of the Book of Ceremonies. *Travaux et mémoires*, 13, 273 and n. 110。

5世纪亚美尼亚人阿加桑吉罗斯（Agathangelos）著作的希腊语译本中。① 在10世纪由西米恩·梅格拉斯（Symeon Metaphrastes）编著的圣徒阿雷塔斯（Saints Arethas，约520年殉道）② 和君士坦丁堡大主教根纳迪奥斯（Gennadios，458—471年在任）的传记中，metaxa 可能还具有某种特殊意义。在君士坦丁七世修订的《帝国远征》（*Imperial Expeditions*）中，将从埃及进口的一类条纹丝绸服装称作 lorota metaxota。③ 在1267年意大利南部的一份婚约文书中，metaxa 则表示丝绸坐垫和面纱。④

（四）丝绸术语概要

对 serika、blattia 和 metaxa 的分析表明，它们的含义虽有重合，但每个词都有独特涵义。serika 是丝绸成品的通用词。blattia 与 serika 虽同样表示丝绸成品，但多用于皇室相关场合，是身份地位的象征。metaxa 常用于表述生丝，但也会出现在某些特定场合或作为地理或历史性的参照。

二、生丝贸易和加工过程中的术语

（一）生丝贸易

阿拉伯文学作品和开罗藏经（Cairo Genizah）中存在大量11—12世纪当地丝绸贸易的记载。⑤ 部分拜占庭文献也有生丝贸易的相关内容。在米南德以亲身经历写成的《基督教诸国风土记》（*Christian Topography*）中，记录了锡兰（Taprobana，斯里兰卡的古称）作为 mataxa 生丝及其他外来商品中转的情况。他认为秦尼斯达（Tzinista，

---

① Agathangelos (1973) *La version grecque ancienne du livre arménien d'Agathange*. G. Lafontaine (ed. & tr.) Louvain-la-Neuve, 121. 14.
② Metaphrastes, S. (1827) *Anekdota: Anecdota Graeca e codicibus regiis*. J. F. Boissonade (ed.) V, Paris, 5.
③ *Imp Exp*, C. 290 – 291, 293 – 294.
④ *Syllabus Graecarum membranarum quae partim Neapoli in maiori tabulario et primaria bibliotheca partim in Casinensi Coenobio ac Cavensi et in episcopali tabulario Neritino iamdiu delitescentes et a doctis frustra expetitae*. (1965) F. Trinchera (ed.) Rome, CCCIV; 436.
⑤ Serjeant, R. B. (1972) *Islamic Textiles. Material for a History up to the Mongol Conquest*. Beirut. Goitein, S. D. (1967 – 1993) *A Mediterranean Society: The Jewish Communities of the Arab World as Portrayed in the Documents of the Cairo Geniza*. Berkeley, CA.

可能特指中国南部）是生丝的来源地。① 此外，他还提到经波斯的陆上丝绸贸易商队。② 在 10 世纪晚期塞纳达（Synada）主教利奥的信件中提到了安纳托利坎（Anatolikon）的丝绸商人。③

《市政官法》第 6 章是关于拜占庭中期生丝贸易的重要信息来源。④ 书中出现 metaxa 一次，是指未进行脱胶和其他工艺的生丝。据记载，metaxopratai 指生丝经销商，其职责是大量收购生丝，然后将生丝转售给加工商。作为经销商，他们被禁止参与生丝加工环节。⑤

在帕特米阿库斯（Patmiacus）117 号手抄本末页有一份租赁合同，文书提及"生丝经销商"一词。⑥ 该文书仅 27 行，却可从中了解 10 世纪君士坦丁堡织物贸易的细节。文中提到五家作坊，有四家与织物贸易相关。⑦ 其中一家（957 年以前）曾由生丝商人占用。⑧ 其余三家租户分别是亚麻织物商、羊毛头巾商和丝绸进口商。

由《市政官法》记录的生丝贸易可知，生丝交易以重量为基础。拜占庭对生丝贸易进行严密监管，以提防市场上出现缺斤短两、以次充好的欺诈行为，市政官会向包括生丝商人在内的特定行会提供带有市政官印的度量衡器具，例如专门称量丝绸的波利翁（Bolion）秤。⑨

（二）生丝加工过程

1. 长纺丝（Reeled silk yarns）

少数拜占庭文献记载了缫丝过程的具体术语。例如，约翰·阿波考科斯（John

---

① Cosmas Indicopleustes (1968) *Topographie chrétienne*. W. Wolska Conus (ed. & tr.) Paris; II, 45.7; 46.2; XI, 15,4. English tr., J.W. McCrindle (1897) as *Kosmai Aiguptiou Monachou Christianik e Topographia. The Christian Topography of Cosmas, an Egyptian Monk*. London, 47 n. 2.
② Kos Ind, Wolska-Conus, II, 45.7; 46.2; XI, 15,4. 亦参见 Kos Ind, McCrindle, 47 n. 2。
③ *The Correspondence of Leo, Metropolitan of Synada and Syncellus*. (1985) M. P. Vinson (ed. & tr.) Washington, DC, 42.1 – 2.
④ *BOE*, Koder, Chapter 6.
⑤ *BOE*, Koder, 6.14.
⑥ Oikonomides, N. (1972) Quelques Boutiques de Constantinople au XE S.: Prix, Loyers, Imposition (Cod. Patmiacus 171). N. Oikonomides (tr.) *Dumbarton Oaks Papers*, 26, 345 – 356.
⑦ Patmos, Oikon, 347 n. 10. 关于手工作坊和手工艺品的讨论，详见 Koukoules, P. (1948 – 1952) Byzantinon bios kai politismos. Athens, II, 1, 235。
⑧ Patmos, Oikon, 346,3,2.
⑨ Hendy, M. F. (1985) *Studies in the Byzantine Monetary Economy c. 300 –1450*. Cambridge, 334; *BOE*, Koder, 6.4.

Apokaukos,约 1155—1233 年)① 曾提及生丝的加工工艺。14 世纪早期,曼纽尔·菲勒(Manual Philes)在其关于养蚕和生丝加工的著作中记录了拜占庭小规模或家庭生产者的缫丝生产活动。②

《市政官法》第 7 章提及卡塔拉里奥(Katartarioi)行会从事生丝加工,但未涉及行会成员的具体工作。③ 据推测,卡塔拉里奥行会的生产活动之一就是缫丝。据伦巴第语(Lombard)推测,katartarioi 源于拉丁语 catharteum 与希腊语 katharteon serikon,意为"需要清洗的丝线"。④

《市政官法》第 8 章第 2 段出现了形容丝线重量的术语,内容为禁止以 6 或 8 单位的碱液(制作紫色染料的一种方法)生产"波隆"(Polon),但在特定要求下允许以 10 或 12 单位的碱液生产"波隆"。多数学者将"波隆"与服装结构相联系,认为是指连接在一起的织物片。⑤ 笔者认为,"波隆"或是测量纱线细度的单位,类似于现代测量纱线的纤度单位"旦"(denier)。⑥ "波隆"也曾出现于费罗塞乌斯的《官府图谱》(*Kletorologion of Philotheos*)中,可能是指纱线。⑦

2. 短纺丝(Spun silk yarns)

缫丝后,为了将剩余的松散细丝整合,需要梳理缠结的废纤维并除去废料、碎屑。⑧ 处理后的细丝能同其他非连续纤维一样进行绢纺。虽然绢纺制成的纱线同样属于蚕丝,但整体质量不如长纺丝。和长纺丝相比,它缺乏优质、平整的外观和光滑的手感。即使是经过紧密纺制,与长纺丝相比也会显得"蓬松",在摩擦后也易起毛。

短纺丝作为一种低级替代品,常以长纺丝的形式投入生产。洛佩兹(Lopez)认为,阿拉伯语和现代意大利语中的"丝绵",即 qatarish 和 catarzo,均源自希腊语

---

① Apokaukos, J. (1971 - 1974) Unedierte Schriftstücke aus der Kanzlei des Johannes Apokaukos des Metropoliten von Naupaktos (in Aetolien). N. A. Bees (ed. & tr.) *Byzantinisch-neugriechische Jahrbücher*, 21,99.10.

② Phile de Animalibus, Elephante, Plantis, etc. (1862) In F. Dübner (ed. &tr.) *Poetae Bucolici et Didactici*. Paris, 65 - 67.

③ *BOE*, Koder, 7.1.

④ Gil, M. (2002) References to Silk in Geniza Documents of the Eleventh Century AD. *Journal of Near Eastern Studies*, 61:1, 34.

⑤ *BOE*, Koder, 8.2; *BOE*, Freshfield, 245; *Imp Eg*, 217 - 219 n. (C) 226.

⑥ Muthesius 1995b, 292. 见 *Imp Exp*, 218 n. (C) 226。

⑦ *Le listes de préséance byzantins des IXe et Xe siècles*. (1972) N. Oikonomides (ed. & tr.) Paris, 127.14 - 15; χιτων λευκος συν επωμιοις και πωλοις χρυσουφαντοις λαμπρως αμφιαζεται.

⑧ CIETA (2006) *Vocabulary of Technical Terms*. Lyon, 18.

katartarioi。① 戈伊坦（Goitein）注意到 11 世纪的一封商业信函使用 qatarish 来指代丝绸。② 此外，《帝国远征》也强调了长纺丝和短纺丝的区别，书中以 prokrita kathara 表示"真丝"（"pure" filaments），以此与短纺丝或其他混合纤维相区别。③

西蒙（Simon）在描述卡塔拉里奥行会的章节中提到了麦塔斯瑞奥（metaxarioi）。④ 可能是受纺丝加捻工艺的启发，麦塔斯瑞奥雇佣者男女兼有。在拜占庭，纺纱被视作女性从事的家庭生产劳动，象征着女性谦逊、勤劳的美德。⑤ 妇女在家或外出纺纱的目的是获得报酬。蔡尼亚提斯在记叙亚历克西奥斯三世（Emperor Alexios III，1195—1203 年）指控妻子尤芙罗西尼（Euphrosyne）通奸时，形容她"身着一件普通连衣裙，像是为赚取日薪从事纺纱的妇女一样"。⑥

语料库文献多次提及 koukoularikos 一词，学界将其译作"粗丝、生丝或纺绸"⑦。本文赞成"纺绸"的说法，即一种以长丝制成的廉价织物。例如，在皇产司（eidikon）为 949 年帝国远征克里特岛准备的衣物中就包含一百件以 koukoularikos 制作的上衣和紧身裤。⑧ 德米特罗奥斯·乔马特诺斯（Demetroios Chomatenos，约 1216—1236 年）收集的法庭文书记载，一面约 20 织物长单位的 koukoularikos 被用于制作修士服。⑨ 1142 年的潘特莱蒙（Panteleemon）清单记录了一件装饰狮子图案的 koukoularikos 绸料。⑩ 一份 1267 年的婚约文书则记录了一件以 koukoularikos 制作的面纱。⑪

德兰格（De Lange）整理的一份婚约文书提及 koukoularikos 的价值。⑫ 它写于

---

① Goitein 1967 – 1993, 1, 418 n. 27.
② Goitein 1967 – 1993, 1, 104.
③ *Imp Exp*, C. 240, 250；关于术语的讨论详见 225 n. (C) 250。
④ Simon, D. (1975) Die byzantinischen Seidenzünfte. *Byzantinische Zeitschrift*, 68: 1, 36.
⑤ 例见 Talbot, A.-M. M. (2001) Women. In A.-M. M. Talbot (ed.) *Women and Religious Life in Byzantium*. Aldershot, I, 126; Connor, C. L. (2004) *Women of Byzantium*. New Haven, CT. 164 - 165。
⑥ *Nik Chon*, Dieten, 488, 39 - 43; tr. from *Nik Chon*, Magnolias, 268.
⑦ 例见 Trapp, E. & W. Hörandner (1994) *Lexikon zur Byzantinischen Gräzität*. Vienna., 871; Jacoby 1991 - 1992, 474 n. 118; Koukoules 1948 - 1952, 25 n. 1。
⑧ *BOC*, Reiske, II: 678, 4, 8.
⑨ Chomatenos, Demetrios (2002) *Demetrii Chomateni Ponemata diaphora*. G. Prinzing (ed. & tr.) Berlin, 84, 6, 69.
⑩ *Actes de Saint-Pantéléèmôn*. (1982) P. Lemerle, G. Dagron & S. M. Ćirković (eds.) Archives de l'Athos. 12, Paris.
⑪ Syllabus, 304, 436. 在文中出现了一种不同的拼写形式：κοκουλλάκιος。
⑫ De Lange, N. (1996) *Greek Jewish Texts from the Cairo Genizah*. Tübingen, 1 - 10. 7, 30.

1022年吕底亚（Lydia）地区的马斯塔乌拉（Mastaura）镇，记录了一件价值1.5个金币的双面koukoularikos红裙，仅此一件就占据新娘嫁妆总值的4%。① 新娘嫁妆中至少有14件服装和家用织物，而另一件银扣面纱的价值是2个金币。

3. 混纺丝

除长纺丝和短纺丝外，拜占庭文献中还存在一类"半丝"织物，由蚕丝和其他纤维混纺而成，更显经济实惠。此类混纺织物在拜占庭历史悠久，最早可追溯至丝绸传入之初。② 据《礼仪书》记载：10世纪中叶Broumalion仪式上，头等佩剑侍卫（protospatharioi）和精选佩剑侍卫（spatharokandidatoi）被赐予molchamion织物或一件条纹长袍。③ 希腊语molchamion与阿拉伯语mulham含义相当，均指混纺的"半丝"织物。④

4. 金属纺线

除上述纤维外，拜占庭中期史料中还出现了与丝绸相关的金属纺线。黄金是纺织活动常用的金属；白银使用较少，语料库中仅有两处提及银绣。⑤ 金银用于织物历史悠久，据考古发现可追溯至青铜时代。⑥ 由于拉制金丝和扁平金片并不适用于制作柔韧、垂顺的织物，因而制作者会在蚕丝、皮革或肠衣线等有机芯上缠绕细金箔，使织物更为柔滑。⑦（如图1）

印章学（Sillographic）和文献表明，拜占庭帝国有四类工厂——丝织厂（blattion）、织金织物加工厂（chrysoklabon）、黄金首饰加工厂（chrysochoeion）以及生产武器的军械厂（armamenton）。⑧ 塞奥法尼斯记录了792年12月25日克里森（Chrysion）帝国金绣织坊（Chrysoklabarion）的起火事件。⑨ 899年费罗塞乌斯《官

---

① De Lange 1996, 6, 30 以及 7n. 30.

② Jacoby, D. (2004) Silk Economics and Cross-Cultural Artistic Interaction: Byzantium, the Muslim World, and the Christian West. *Dumbarton Oaks Papers*, 58, 209.

③ *BOC*, Reiske, II: 18, 607, 9 - 12; ἀνὰ μολχαμίου βηλαρίου αʹ, εἴτε καὶ ἀβδίου.

④ Serjeant 1972, 255; Jacoby 2004, 209 n. 62.

⑤ *BOC*, Reiske, II: 41, 641.

⑥ Gleba, M. (2008) Auratae Vestes: Gold Textiles in the Ancient Mediterranean. In C. Alfaro & L. Karali (eds.) *Purpurae Vestes, II Symposium Internacional sobre Textiles y Tintes del Mediterráneo en el mundo antiguo*. Valencia, 61.

⑦ Gleba 2008, 61 - 63.

⑧ Oikonomides, N. (1985) *A Collection of Dated Byzantine Lead Seals*. Washington, DC, 50 - 52; Listes, 123. 6 - 10.

⑨ Theoph, Mango, 644.

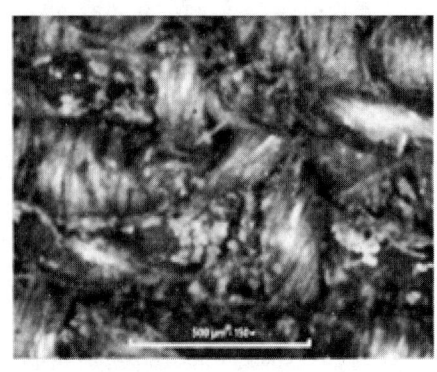

图 1 包金丝线织成的提花丝绸（Figured pattern silk woven with gold-wrapped silk yarn），150 倍放大拍摄，许多黄金已从纺线表面脱落，现藏于美国克利夫兰艺术博物馆，加利克尔摄

府图谱》记载了克里森庆典中参与者的职业：皇室裁缝、织金工匠和金匠。[①] 这一分组表明，金匠负责皇家织坊的金线生产。

除了负责织金织物外，皇室织坊还对现有皇室织物进行维护和翻新。此外，米海尔三世（Michael III，842—867 年）的行为表明，织金织物会被熔化用以回收黄金。10 世纪中叶的《巴西尔传》（Vita Basilii）与 11 世纪约翰·斯凯利茨（John Skylitzes）的《拜占庭史提要》（Synopsis Historiarum）提及，米海尔三世曾收集金法衣并交于专务主管（Eidikos）熔化。[②] 幸运的是，米海尔三世的逝世使金法衣最终重回皇宫，免于销毁。

（三）生丝贸易和加工相关术语概要

如前所述，蚕丝纤维的特性反映出拜占庭中期物质文化的特点。由《市政官法》对生丝经销商的规定可知，君士坦丁堡的丝绸业面向各地市场，汇集了来自不同地区的进货商。生丝经销商是通过市场交易对纤维进行分级、采购和销售的专家。

卡塔拉里奥行会依据客户以及市场需求对生丝进行一系列加工，生产出各类品质、特性不一的丝线。在君士坦丁堡，市政官会对丝绸市场进行监管以应对市场上存在的仿造和欺诈行为。相比于其他珍稀材料，丝绸作为一种可分割的商品，可以制作装饰、纺线或生产混纺织物。与传统的观点不同的是，丝绸并不独属于社会精英，而

[①] Listes, 133.9 – 10.
[②] Skyl, Thurn, V, 10, 97, 52; V. Basilii, 29.23 – 26.

是作为一种相对意义上的奢侈品通行于君士坦丁堡和帝国各地。

尽管黄金是纺织中十分常用的材料,但文献中却鲜少提及金纺线贸易。仅有少量史料暗示御用织坊生产过金纺线,且用于织物装饰。鉴于黄金价值高、重量大的特性,金纺线极有可能就地生产或由某些手工作坊长期提供。

三、织物生产和织物种类的术语

对生丝贸易、加工过程进行研究之后,本文转而探讨织物生产环节的相关术语。《市政官法》第 8 章为研究丝织品生产者(serikarioi)及其工作提供了重要材料。释读此章节的难点在于解释文献中鲜少出现的特定术语。丝绸生产至少涉及三道工序——染色、纺织和制衣,之后将成品出售给服装商(vestipratioi)。每道工序都需经过培训并掌握设计、协调工作的技能后方能胜任。

(一)染色工人

当前涉及的纺织业研究中,染工的材料最为详尽。据《市政官法》载,丝线染色亦是卡塔拉里奥行会生产工作的一部分。第 8 章提到,至少有部分染色工作是由丝织品生产者负责的。除珍贵的骨螺(murex)外,各类染料在市场上广泛流通。第 10 章逐项列出了香料商人(myrepsoi)经营的部分染料,如制靛植物(indigo)和柘树(yellow wood,也称黄桑)。①

"开罗藏经"文书中提到 Rūmī(拜占庭或欧洲)商人采购染料的情况。② 其中记载道:1085 年一位突尼斯商人曾吹嘘他在巴勒斯坦某港将巴西木(brazilwood,一种红色染料)出售给一位 Rūmī 商人,从中赚取 150% 的利润。③ 此外,1060 年一封亚历山大港的信件提及 Rūmī 商人的消费习惯——他们在拍卖会上不计成本地购入制靛植物和巴西木。④

除染料外,部分化学品也被用于染色。伊本·马买提(Ibn Mammātī,卒于 1209

---

① *BOE*, Koder, 10.1.462-464.
② "开罗藏经"是在福斯塔特(Fustat,今埃及开罗南部)的本·埃兹拉犹太教堂(Ben Ezra Synagogue)中发现的废弃文献集。Rūmī 通常指拜占庭,即东罗马帝国,12 世纪该术语还被粗略指代基督教欧洲。Goitein 1967-1993, I, 43-44.
③ Goitein 1967-1993, I, 45; Bodl. MS Heb. B 3 (Cat. 2806).
④ Goitein, S. D. (1976) Two Arabic Textiles. *Journal of the Economic and Social History of the Orient* 19, May, 221-224; BM OR 5542, f. 27, ll. 10-13.

年）在记叙上埃及开采的明矾矿（明矾被运至亚历山大港出售给 Rūmī 商人）时写道："很多行业，尤其是染色行业需要此类矿石。Rūmī 人离不开明矾。"①

当前还无法掌握拜占庭染工的工作细节，但该行业向来以产生恶臭及污水而闻名。在拜占庭，染工常同制革工归为一类，并因此受到职业非议。1150 年，主教米哈伊尔·蔡尼亚提斯（Michael Choniates）拒绝犹太制革匠、染色工在其教区内居住，可视为一种抵制上述职业人群的社会表现。②

在拜占庭史料中，犹太人参与染色行业的比例很高，部分原因是该群体长期受到社会的限制、排斥，甚至是定期迫害。③ 12 世纪 60 年代由"图德拉的本杰明"（Benjamin of Tudela）编写的人口统计资料是研究犹太纺织业的重要史料，其中提到底比斯（Thebes）和全希腊共有 2000 个犹太人家庭，大多是从事丝绸和紫色染织业的熟练工匠。④

戈伊坦在探讨各职业中教派和种族的划分时指出，拜占庭境内从事纺织业，尤其是生丝加工、染色两道工序的犹太人比例很高。⑤ "开罗藏经"文书曾记录一名犹太染工在被指控"破坏珍贵织物"后出逃埃及的故事。⑥ 最终，犹太染工受到了严厉惩罚，其子女也被带离直至其偿清债务。

（二）纺织工人

相比于染工的详尽记载，拜占庭早、中期织工及工作流程的记载极少。维普兹卡（Wipszycka）依据出土的莎草及陶刻文书，对罗马统治埃及晚期的纺织业进行深入研究，揭露了纺织工及织物的诸多细节。⑦

在古希腊语中，gynaikeion 是指房屋中专供妇女居住的部分，到拜占庭早期则指纺织作坊⑧，该词亦收录于《巴西尔法典》（Basilika）。据洛佩兹推测，该法典应颁布

---

① Ibn Mammātī, As'ad ibn al-Muhadhdhab (1943) *Qawānīn al-dawāwīn*. A. S. Atiya (ed.) Cairo., 23; tr. from Serjeant 1972, 162 – 163.
② Choniates, M. (1879) *Michaēl Akominatou tou Chōniatou Ta sōzomena*. S. P. Lampros (ed.) Athens, 53; tr. from Starr 1939, 224 – 225.
③ Holo, J. (2009) *Byzantine Jewry in the Mediterranean Economy*. Cambridge. *The Jews in the Byzantine Empire, 641 -1204*. Athens, 1 – 10; Holo 2009, 9 – 23, 163 – 171.
④ *The Itinerary of Benjamin of Tudela*. (1907) M. N. Adler (ed. & tr.) London, 10.
⑤ Goitein 1967 – 1993, I, 100.
⑥ Goitein 1967 – 1993, I, 50, UCL Or 1081 J 9. 译文修订版：Jacoby 1991 – 1992, 482 n. 169。
⑦ Wipszycka, E. (1965) *L'industrie textile dans l'Egypte romaine*. Warsaw, 47 – 102.
⑧ Lopez 1945, 6 n. 3.

于拜占庭中期。① 根据法律条款,任何腐化纺织厂女工的人都将予以罚款。②

亚琛"帝国大象"(imperial elephant)织物为研究帝国工坊管理提供了重要材料。这块织物取自查理曼(Charlemagne)大帝神殿,现藏于德国明斯特(Munster)。③ 其上题记:"米海尔(Michael)就任皇帝寝宫的内务长官(primikerios)和专务主管。彼得(Peter)则担任'宙西波斯'(Zeuxippos,拜占庭中期的丝绸工厂和监狱)的总管(archon)。"由此可见,米海尔是专务府库主管并兼任内务长官。内务长官是拜占庭宫廷官员的八个职衔之一。第二句写到彼得任"宙西波斯"总管,表明他负责监管一个职能部门,此处应指帝国丝绸厂。④ 遗憾的是,题记未见纪年。

对丝绸织坊管理人员的研究,可依据伊科诺米基斯(Oikonomides)所著的7—8世纪的拜占庭印章铭文。⑤ 此外,部分引述内容也能提供丝绸织坊的管理信息。例如,费罗塞乌斯的《官府图谱》提及 meizoteroi ton ergodosion,意为"工厂主管"。⑥ 君士坦丁堡教长安东尼二世(Antony II Kauleas,893—901年在任)的传记亦提及帝国丝绸厂的主管。⑦

执事官利奥(Leo the Deacon)的著作也曾提及帝国纺织厂的一位主管⑧,他被要求召集工人参与篡夺皇位的阴谋。⑨ 由此可见,织工内部也存在等级划分,且有足量的男性可构成一支实施政变的力量。

维持君士坦丁堡丝绸生产的关键是保持一支技术熟练的生产队伍,而奴隶正是劳动力的重要来源。部分学者探讨了奴隶制在9—10世纪逐渐凸显的重要性。⑩ 德拉贡

---

① Lopez 1945, 6 n. 3.

② *Basilicorum libri LX*. (1953) H. J. Scheltema, N. van der Wal & D. Holwerda (eds.) Groningen, 54. 16. 8 – 9.

③ Vial, G. (1961) Dossier de recensement: le Tissu aux Eléphants d'Aix-la-Chapelle. *CIETA Bulletin*, 14: July, 29 – 34; Muthesius 1997, 183.

④ Muthesius 1995b, 65.

⑤ Oikonomides 1985, 50 – 52.

⑥ Listes, 123. 10 and 317.

⑦ *Monumenta graeca et latina ad historiam Photii patriarchae pertinentia*, I. (1899) A. Papadopoulos-Kerameus (ed. & tr.) St. Petersburg, 18. 25.

⑧ Leo Diac, Hase, 146. 91: βασιλικῆs ἱστουργίας ὄντι μελεδωνῷ.

⑨ Leo Diac, Talbot, 191; Leo Diac, Hase, 146. 90 – 1 and 147. 1 – 5. 在 Dagron, G. (2002) The Urban Economy, Seventh-Twelfth Centuries. In A. E. Laiou (ed.) *The Economic History of Byzantium*. Washington, DC, 393 – 461, 432. systema 指的是工人团体或队伍,并非通常意义上的行会或公司。

⑩ Hadjinicolaou-Marava, A. (1950) *Recherches sur la vie des esclaves dans le monde byzantin*. Athens; Rotman, Y. (2004) *Les esclaves et l'esclavage: de la Méditerranée antique à la Méditerranée médiévale: VIe-XIe siècles*. Paris.

（Dagron）指出，奴隶被分为三类反映出自由人的社会等级。① 部分史料展示了帝国工坊使用奴隶的情况。② 例如，《巴西尔传》记载寡妇丹妮莉丝（Danielis）曾向巴西尔一世（Basil I，867—886 年在位）献上 100 名纺织女奴。君士坦丁堡斯图迪乌修道院（Stoudios Monastery）院长圣狄奥多勒（St. Theodore of the Studites，759—826 年）书信集中，曾提及一位修道士阿尔卡迪奥斯（Arkadios）。他在第二次"圣像破坏运动"时期（the Second Iconoclastic period，814—842 年）因崇拜圣像受到责难，沦为帝国织坊的奴隶。③《市政官法》记载，私人工坊的奴隶如违反法律，会被罚作国家奴隶。④ 帝国奴隶数量过多一事引起了利奥六世（Emperor Leo VI，886—912 年在位）的注意，于是赋予奴隶生前及死后处置个人财产的权利。⑤

（三）织物种类

当前研究能够释读的织物，多数具有某些明显的特征。语料库中记录了部分条纹织物的希腊术语，如 lorota 和 abdia（一种阿拉伯风格的条纹斗篷）。⑥

织物通常以纤维类型命名。⑦ 文献中存在大量的亚麻织物，如蓝色亚麻织物（linobenetos）之类的描述性复合词汇。⑧ 还有阐释亚麻织物具体类型的词，如 sabana，指一种做毛巾的织物。⑨《礼仪书》中，sabana 用以形容头等佩剑侍卫的亚麻绒面呢披风。⑩《巴西尔传》中，寡妇丹妮莉丝的献礼也包含亚麻织物（linomalotaria），《帝国远征》亦是如此。⑪ 丹妮莉丝献给巴西尔的礼物有细亚麻织物（amalia），应是一种无绒织物。⑫《帝国远征》中，amalia 还与形容词 rasika（粗糙）一起出现。⑬ 在《礼仪

---

① Dagron 2002, 420 – 421.
② 参见 Hadjinicolaou-Marava 1950, 25, 35, 45, 47。
③ *Theodori Studitae Epistulae*. (1992) G. Fatouros (ed.) Corpus Fontium Historiae Byzantinae 31, 2, Vienna, 390. 20.
④ *BOE*, Koder, 12. 9.
⑤ *Les Novelles de Léon VI le Sage*. (1944) P. Noailles & A. Dain (eds.) Paris, 150 – 153.
⑥ abdia 见 *BOC*, Reiske, I: 48, 255, 8; *Imp Exp*, C. 241 - 242, 257 - 258 and 223 n. (C) 242。
⑦ 亚麻相关术语见 *LBG*, 940 – 941. 对拜占庭及希腊文献中的亚麻术语的研究详见 Georgacas, D. J. (1959) Greek Terms for "Flax," "Linen," and Their Derivatives; And the Problem of Native Egyptian Phonological Influence on the Greek of Egypt. *Dumbarton Oaks Papers*, 13, 253 – 269, esp. 255 – 256。
⑧ *Imp Exp*, C175. 524.
⑨ *BOE*, Koder, 9.7.452; *BOC*, Reiske, I: 41, 215; *Imp Exp*, 214 – 215 n. (C) 222.
⑩ *BOC*, Reiske, I: 17, 100; 49, 255; 67, 301 – 302; II: 15, 574.
⑪ *V. Basilii*, 74.31 – 37; *Imp Exp*, 214 n. (C) 222. amalia 有多种译法，如亚麻桌织物、带流苏的床单和毛毯。
⑫ *V. Basilii*, 74.31 – 37.
⑬ *Imp Exp*, C124.

书》中，rasikon 指用于制作船帆的织物。①

语料库中提到的 byssos，是一种用细纱织成的精细且半透明的亚麻织物。② 阿拉伯文献还提及一种奢侈品 kasab，即织金（银）的细亚麻织物，常用来制作头巾。③ 阿塔雷亚迪斯（Attaliates）撰写的《教规》（*Diataxis*）提及两件珍贵的萨拉森织物，其中一件采用了刺绣工艺。④ 不同的是，拜占庭文献多次提到的麻织物（sakkori），是指用于哀悼、惩罚或赎罪时穿着的粗织物。⑤ 通过语境分析，sakkori 应是低质量粗织品的总称。

在拜占庭文献中也存在以纺织结构命名的织物。莱斯克（Reiske）将《帝国远征》中的 trimita 译为"三色的或条纹的"。⑥ 更合理的解释是，trimita 保留了作为斜纹纺织术语的含义。从字面看，"三线"应指斜纹织物中一个完全单元内的经线数量。trimita 一词还出现于 363 年罗马埃及时期的莎草文书中。⑦ Trimitarioi（trimita 的制造者）一词则见于《戴克里先敕令》（the Edict of Diocletian）与一张 4 世纪的税单内，⑧ 亦出现在 2 世纪培希努（Pessinous）的碑刻上。⑨

本文还重点关注 hexamitos 一词，该词也被作为形容斜纹纬显花丝绸的术语。米哈尔（Michel）在 19 世纪中期曾撰文阐述 hexamitos 从希腊语到欧洲其他语言的发展过程，即从 exametum、xamitum、sciamitum、samita、sametum 演变为 samitum、

---

① *BOC*, Reiske, II: 45, 674, 7, 11; 675, 7.

② *Skyl*, Thurn, XV, 18, 310, 66; XXIII, 2, 482 – 483, 87 – 89; *Attal*, Brunet, 27, 4, 18 – 19. 亦见 Maeder, this volume。

③ Serjeant 1972, 249, 37.

④ Attaleiates, Michael (1981) La Diataxis de Michel Attaliate. P. Gautier (ed.) *Revue des études byzantines*, 39, 5 – 143; English tr., A. M. Talbot (2000) as Rule of Michael Attaleiates for his Almshouse in Rhaidestos and for the Monastery of Christ Panoiktirmon in Constantinople. In J. Thomas, A. C. Hero & G. Constable (eds.) (tr.) *Byzantine Monastic Foundation Documents: A Complete Translation of the Surviving Founders' Typika and Testaments*. Washington, DC, 326 – 376. Available online at: http://www.doaks.org/resources/publications/doaks-online-publications/byzantine-monastic-foundation-documents/typ027.pdf.

⑤ *Theoph*, de Boor, 173, 3 – 6; *An Komn*, Leib, III, 5, 6.

⑥ *BOC*, Reiske, Comm., 539 A11. 霍尔顿（Haldon）在他的文章中沿用了这一解释；*Imp Exp*, 219 – 220 n. (C) 229。

⑦ Wipszycka 1965, 113, *P. Strasb*. 131, 9.

⑧ Wipszycka 1965, 112 n. 21; 113 n. 22.

⑨ Broughton, T. R. S. (1938) Roman Asia Minor. In F. Tenny (ed.) *An Economic Survey of Ancient Rome*. Baltimore, 820.

samit 或 samite 等。① 据分析，hexamitos 织物的一个完全单元应包含六根经线，分别是三根固结经（binding warps）和三根显花经（main warps）。② hexamitos 的诞生离不开精巧的提花织机，其上储存了提花程序以织出循环图案。③ 11 世纪格雷戈里·帕库里亚诺斯（Gregory Pakourianos）的《提比卡》④ 提及，hexamitos 被用于覆盖祭坛。⑤ 11 世纪辛巴提奥斯·帕库里亚努斯（Symbatios Pakourianos）之妻卡莱（Kale）的遗嘱，提及一件相同的黄色 hexamiton 长袍。⑥ 由本文分析可知，《市政官法》中指代外国商人用于贸易的 blattia hexaliav 丝绸，可能与 hexamitos 有关。⑦

（四）织物生产术语概要

总而言之，君士坦丁堡丝绸生产者的工作包括染色、纺织、制衣，最后出售给服装商。当前研究的重点是染色工人，其中犹太人占比极高，且从事此行业的耻辱感很强。染料及化学品的生产也是一项重点产业，拥有庞大的国际贸易网络。

关于织工的记载较少，已知的包含自由人和奴隶两类。织工需要掌握多种技能以便加工多类材料和生产多样化织物。织物术语为研究拜占庭织物生产、消费提供了更多细节。织物的命名根据外观描述、材质构成和纺织结构等原则，能够释读的术语既有奢侈品，也有普通物品。

四、织物装饰相关的术语

（一）颜色

在拜占庭中期，丝绸是宫廷等级制度的符号（以颜色、金属装饰和织物纹样为表

---

① Michel 1852, 106 – 108；亦见 Jacoby 2004, 229；Weibel, A. C. (1935) Francisque-Michel's Contributions to the Terminology of Islamic Fabrics. *Ars Islamica*, 2: 2, 219 – 224。

② Michel, F. (1852) *Recherches sur le commerce, la fabrication et l'usage des étoffes de soie, d'or et d'argent, et autres tissues précieux en Occident, principalement en France, pendant le moyen âge*. Paris. 在由六根经线组成的编织单元中，该结构指的是 1/2 斜纹，固结经与显花经的比例为 1∶1。

③ CIETA 2006, 15; CIETA (1987) *Notes on Hand-Weaving Techniques in Plain and Figured Textiles (English)*. Lyon, 16 – 24.

④ Typikon 是东正教修道院的教规书，详细规定了修道院的礼拜、仪式和日常生活。

⑤ Gautier, P. (1984) Le typikon du sébaste Grégoire Pakourianos. *Revue des études byzantines*, 42, 5 – 145；亦见 P. Lemerle (1977) Le typikon de Grégoire Pakourianos (décembre 1083) in *Cinq études sur le XIe siècle byzantin*. Paris, 1733 – 1734。

⑥ Ek tou archeiou tes en Hagio Orei Hieras Mones ton Iveron: Vyzantinai diathekai. (1930 – 1931) I. Iverites (ed.) *Orthodoxia*, 60, 66, 614 – 618, 364 – 371.

⑦ *BOE*, Koder, 9.6.442.

现)。①詹姆斯（James）在分析拜占庭的色彩后认为：人对颜色的感知不仅取决于色相，还依赖亮度与饱和度。②拜占庭文学作品中记载了以颜色深浅区分等级的现象。例如，普塞罗斯（Psellos）在描述皇帝、皇后的紫袍时，提及皇后的长袍颜色较浅。③詹姆斯探讨了拜占庭早、中期颜色术语的发展，揭示了拜占庭独具特点的色相演变过程，并认为色相演变在繁复的宗教仪式中尤为明显。④

《礼仪书》是研究拜占庭中期丝织品色彩的重要资料。本文对书中记载的217种与颜色有关的织物术语进行分析，尝试揭示拜占庭纺织术语的独特模式。为保持《礼仪书》上下文的连贯性，君士坦丁七世（Constantine VII）时期曾对前后章节进行了编辑，因此全书中颜色及其他术语仅在第96、97章存在差异，据此分析以上两章应是尼基弗鲁斯二世·福卡斯时期增编的。例如，颜色词kastorion、halourgis只分别出现在第96、97章，未见于其他章节。⑤

《礼仪书》形容紫色多用porphyry一词，但对于特定服装、等级和人物则用骨螺紫染料（murexbased dyes）。书中曾提到高级官员所穿的纯紫色短披风（Sagion）25次，均使用alethinos表示。⑥仅一次描述皇帝的镶珍珠金边服饰时采用了porphyry sagion。⑦其他以骨螺紫染色的服饰也有固定的使用场合。如形容高级官员长披风（chlamys）上的塔布里昂⑧（tablion）时则用oxeon，意为"紫红色"。⑨tyrea在全书中共出现六次，均指贵族长披风的地色。⑩白色术语也有类似的情况，如形容高级官员白色长披风时有22次使用leukon，仅一次出现aspron。⑪书中三次描绘贵族妇女在

---

① 许多学者对此展开研究，研究成果可见Parani, M. G. (2003) *Reconstructing the Reality of Images: Byzantine Material Culture and Religious Iconography (11th–15th Centuries)*. Leiden; Dawson, T. (2002) *The Forms and Evolution of the Dress and Regalia of the Byzantine Court: c. 900-c. 1400*. PhD, unpublished dissertation, University of New England; Piltz, E. (1997) Middle Byzantine Court Costume. In H. Maguire (ed.) *Byzantine Court Culture from 829 to 1204*. Washington, DC, 39–51。
② James, L. (1996) *Light and Colour in Byzantine Art*. Oxford, 79.
③ *Psellos*, Renauld, III, 15, 35; 19, 9; 21, 9; James 1996, 81.
④ James 1996.
⑤ *BOC*, Reiske, I: 96, 438; 97, 440.
⑥ *BOC*, Reiske, I: 10, 81–82; 16, 98; 17, 98–100; 17, 104; 18, 109; 30, 167; 30, 169; 45, 231; 46, 236; 47, 241–244; 48, 250–251; 48, 254. II: 7, 539; 11, 549, 15, 575; 15, 587; 15, 590.
⑦ *BOC*, Reiske, II, 37, 634.
⑧ tablion，一种衣身上的装饰，带有金线刺绣呈四方形，类似于中国明清时期的补服。
⑨ *BOC*, Reiske, I, 30, 162; II, 15, 575; II, 41, 641. oxea一词的含义，见*Imp Exp*, 169 (B) 108–109。
⑩ *BOC*, Reiske. I: 23, 128; 35, 181; 55, 271; 72, 360; II: 41, 641.
⑪ *BOC*, Reiske, leukon的记载见: I: 1, 24; 10, 71; 11, 86; 12, 89; 15, 96; 19, 115; 27, 148; 29, 161; 30, 162; 32, 171; 47, 241–242; 51, 260; 264, 284; 68, 303; 86, 391; 91, 416–417; 92, 422; II: 15, 579; 15, 590; 51, 699; 51, 701; aspron的记载见: II: 30, 630.

典礼上佩戴白色面纱的场景，均采用 aspron 而非 leukon。①

《礼仪书》提及 pseudoxea（伪紫）一词，用以描述餐桌侍者的束腰外衣。该词在《帝国远征》中亦有出现，指赐予外国人的腰带。②学界将此视作宫廷高官垄断骨螺紫的依据，显然并不可靠。③有学者指出，无法通过目测来感知特定染料的成分。④各色染料的制作涉及不同化合物，骨螺紫也不例外。⑤除了存在化学成分的差异外，伪紫亦可能由对色相或饱和度的感知差异造成。

（二）金属和宝石

在拜占庭中期，织物上的黄金及其他贵金属的运用是表现宫廷等级的另一方式。贵金属与丝绸的结合是财富和权力的象征。詹姆斯的色彩分析，揭示了拜占庭对金属视觉特质的重视，尤其是对虹彩、光泽和闪光的青睐。⑥虽然其研究侧重于镶嵌画，但也同样适用于织物。马奎尔（Maguire）通过对文字和视觉象征的分析指出，帝国肖像画中金色的应用将帝国形象与天使联系起来，表现出神圣特质，使帝国形象精神化。⑦布鲁贝克（Brubaker）指出，9世纪的手稿绘画中金色代表光，并以此引申为神性的表达。⑧同样，丝织物上金线的应用也会产生类似的效果。

6世纪《圣索菲亚大教堂读画诗》（*ekphrasis of Hagia Sophia*）中，拜占庭诗人"示默者保罗"（Paul the Silentary）在描述祭坛的绣金织物时，将金属光泽与丝绸色彩的感知融入诗中：

---

① *BOC*, Reiske, I: 50, 258; II: 24, 623 – 624.
② *BOC*, Reiske, II: 15, 578; *Imp Exp*, C. 244 – 245.
③ 对 pseudoxea 的研究详见 Muthesius, A. (1995a) The Byzantine Silk Industry: Lopez and Beyond. In A. Muthesius (ed.) *Studies in Byzantine and Islamic Silk Weaving*. London, 293; *Imp Exp*, 169 n. (B) 108 – 109; 224 n. (C) 244; Jacoby 1991 – 1992, 483。
④ Verhecken, A. (2007) Relation Between Age and Dyes of 1st Millennium AD Textiles in Egypt. In A. De Moor & C. Fluck (eds.) *Methods of Dating Ancient Textiles of the 1st Millennium AD from Egypt and Neighbouring Countries: Proceedings of the 4th Meeting of the Study Group 'Textiles from the Nile Valley'*. Antwerp, 206 – 213.
⑤ 遗留的染料技术文献资料丰富，当前主要依靠化学分析来确定染料成分。染料历史的综述详见 Cardon, D. (ed.) (1999) *Teintures précieuses de la Méditerranée: pourpre, kermes, pastel/Tintes preciosos del Mediterráneo: púrpura, quermes, pastel*. Musée des Beaux-Arts, Carcassonne/Centre de Documentació i Museu Tèxtil, Terrassa. Carcassone。
⑥ James 1996, 115.
⑦ 对日光和光辉的赞美详见 Maguire, H. (1989) Style and Ideology in Byzantine Imperial Art. *Gesta*, 28: 2, 228。
⑧ Brubaker, L. (1998) *Vision and Meaning in Ninth-Century Byzantium: Image as Exegesis in the Homilies of Gregory of Nazianzus*. Cambridge, 37.

此织网的异域之虫的杰作，变幻着多种色调的彩线。于是圣人所穿着的，便是黎明曙光中熠熠的长袍。①

正如《礼仪书》所载，黄金通过纺织、刺绣、贴金和嵌花等方式应用于纺织业。术语 chrysoyphes（χρυσοϋφής）或 chrysoyphantos（χρυσούφαντος）指织机上的金线。② chrysokentetos 和 chrysosolenokentetos 则表示两类绣金织法，chrysokentetos 是在织物上绣金线（贴线缝绣），chrysosolenokentetos 则是将细小金管粘贴在织物面上。③ 另一术语 chrysophenges 直译为"明亮或闪耀的黄金"，可能是指用金箔粘贴装饰织物。④

另一类装饰方式是将黄金制品缝于成衣上。如术语 chrysoperikleistos，莱斯克与沃格特译作"金边"，道森（Dawson）译为"片状编织金带"。⑤ chrysoklabos 则是指从肩部到下摆的编织带。⑥ 术语 chrysosementos 与 chryssa holosementos 则被释为"嵌花或金色图案"。⑦

《礼仪书》中织物用金的记载与上文讨论的织物色彩记叙模式相同。在形容加金织物时多使用 chrysos 一词，对于部分彰显等级、地位的服饰则用特定术语。除尼基弗鲁斯二世·福卡斯时期编撰的两章外，《礼仪书》曾进行过全书编辑以提高术语使用的统一性。

《礼仪书》中亦有在衣物上镶嵌宝石或珍珠的记载。⑧ 其中最精致的当属一件名为 Botrys（意为"一串葡萄"）的 kolobin 织物。⑨ 这件带有精巧纹饰的丝质服装上绣有金线，并以宝石、珍珠点缀。《帝国远征》的注释中提到皇帝凯旋时穿的"玫瑰簇"（rose cluster, ῥοδόβοτρυς）长袍，并用 chrysoyphantos 形容，表明长袍由织金锦制

---

① Paulus Silentiarius (1837) *Pauli Silentiarii descriptio S. Sophiae et ambonis*. I. Bekker (ed.) Bonn, 767 – 771; tr. from Mango, C. (1986) *The Art of the Byzantine Empire 312 – 1453: Sources and Documents*. Toronto.

② Dawson 2002, 27.

③ Dawson 2002, 26 – 27; Woodfin, W. T. (2012) *The Embodied Icon: Liturgical Vestments and Sacramental Power in Byzantium*. Oxford, xxiv – xxvii.

④ Dawson 2002, 29 – 30.

⑤ *BOC*, Reiske, Comm. 52; *BOC*, Vogt, Comm. I, 30; Dawson 2002, 28 – 29.

⑥ Dawson 2002, 28.

⑦ *BOC*, Moffatt, 294 n. 2; Dawson 2002, 28.

⑧ *BOC*, Reiske, I: 10, 80; II: 1, 522; 15, 580; 37, 634.

⑨ *BOC*, Reiske, I: 10, 80, 86; ὁ βασιλεὺς κολόβιν τριβλάτιον χρυσοσωληνοκέντητον, διὰ λίθων καὶ μαργάρων ἠμφιεσμένον, ὃ καὶ βότρυς καλεῖται.

成。① 此外，整件长袍尤其是下摆处缀满了珍珠。② 阿塔雷亚迪斯、蔡尼亚提斯等曾提到皇室服装的沉重。③ 可见出于功能和实用性目的，在丝绸上使用太重的装饰是不切实际的，必须用其他方式彰显丝绸的昂贵。

（三）表现形式

除了色彩和黄金，纹样也是装饰织物和彰显社会地位的一种方式。织物纹样对审美感知和象征意义的表达都是拜占庭视觉艺术的体现。

1. 审美观念

在对拜占庭色彩艺术的研究中，詹姆斯汇集了不同学者的观点，从而揭示出由镶嵌图案、大理石柱和孔雀羽毛等斑斓色彩构成的审美原则。④《巴西尔传》赞美尼恩教堂（Nea Church）的内部装饰时，强调了结合两种不同媒介的视觉比对。在描述教堂地板的镶嵌画时，形容为"一眼望去好似铺满丝绸或西顿（Sidonian）织物构成的地毯"⑤。

语料库亦有衣物拼色的记载。拼色能提供一种多层次、冲突感的视觉体验。例如，圣诞节时高级官员的推罗紫（tyrian purple）与亮黄色（yellow-spangled, μηλινοκάθρυπτα）长披风，以此表现基督的神人二元性。⑥ 皇帝在"耶稣升天节"的服装也采用类似的颜色、图案混搭，并配以多色斯卡拉马吉翁（Skaramagion）长袍。⑦

有证据显示，拜占庭尤为重视色彩的对比和呼应。⑧ 11世纪时约翰·莫罗普斯（John Mauropous）以一句谚语表达其观点："当两种对比强烈的色彩巧妙地融合在一起时，美感油然而生。"要表现织物之美，纹样的比例必须符合预期的视觉距离。《礼仪书》记载：在接待外国使节时，头等佩剑侍卫需着绿、粉二色长袍，而精选佩剑侍卫和佩剑侍卫（spatharioi）则另着他色。⑨

2. 象征主义

要解读史料中的纹样，需对资料进行辩证分析，探讨其背后的含义。塞奥法尼斯

---

① *Imp Exp*, C. 750 – 752, 759.
② *Imp Exp*, C. 750 – 752.
③ *Attal*, Brunet, 36, 19, 8 – 9; Nik Chon, Dieten, 273.
④ James 1996, 125 – 127.
⑤ *V. Basilii*, 84.13.
⑥ BOC, Reiske, I: 23, 128；参见 BOC, Moffatt, 294 n. 2; *LBG*: (μήλινος+καθρύπτης) mit gelben Spiegeln (Pailletten)。
⑦ BOC, Reiske, I: 37, 188; τριβλατίων σκαραμαγγίων.
⑧ James 1996, 122.
⑨ BOC, Reiske, I:15, 576.

依据先前的材料,通过522年兹塔修斯(Tzathios)在就职仪式上穿着刺绣贾斯汀一世(Justin I,518—527年)画像的礼服,来表现拜占庭对拉齐卡(Luzica)的宗主权。① 据塞奥法尼斯记载,在"圣像破坏运动"的背景下,米海尔一世(Michael I,811—813年)在其子西奥菲拉克托斯(Theophylaktos)加冕仪式上,捐赠了一组(4件)翻新的手工窗帘,均以金线和紫色丝线织成,且有精美的圣像装饰。②

部分学者对丝绸纹样进行研究,以探究"圣像破坏运动"对织物表现形式的影响。③ 根据文献记载及科技分析,布鲁贝克认为帝国丝绸织坊在"圣像破坏活动"期间依然活跃,但其纹样已不能引领潮流。④ 马奎尔探讨了拜占庭中期服饰对皇帝、宫廷及基督在天国宫廷的映射。⑤ 伍德芬(Woodfin)在对礼拜仪式所用礼服的研究中,揭示了礼服纹样、形制在拜占庭中期的演变过程。⑥

提花织物并非宫廷仪礼专属,也能被君士坦丁堡的民众所用。据蔡尼亚提斯记载,1133年为庆祝约翰二世(John II Komnenos,1118—1143年)攻占卡斯塔蒙(Kastamon)凯旋,街道各处悬挂绣金的紫色织物,其上织有基督和圣人的图案。⑦

(四)织物装饰术语概要

丝绸的特性使其成为一种具有高度适应性的展示媒介。丝绸易上色,且有极强的信息表达力,可通过色彩彰显等级秩序。与金属类似,丝绸也能反射光线。丝织物的色彩与黄金结合,进一步展现了财富和宗教地位。当黄金以各种方式运用于丝绸服饰和家具领域时,织物纹样提供了另一种传达等级秩序的方式。繁复的纹样与人们对绚丽色彩的审美偏好相辅相成。带纹样的织物既是强有力的信息表达,还具有便携和贴身的优点。

---

① *Theoph*, de Boor, 168, 23 - 26.
② 经重新修订和美化的早期"圣像破坏运动"文献见:Brubaker, L. & Haldon, J. (2001) *Byzantium in the Iconoclast Era (ca 680 -850): The Sources*. Aldershot., 166。
③ Maguire, H. (1996) *The Icons of Their Bodies: Saints and Their Images in Byzantium*. Princeton, NJ, 100 - 106, 137 - 145; Maguire, H. (1997) The Heavenly Court. In H. Maguire (ed.) *Byzantine Court Culture from 829 to 1204*. Washington, DC, 247 - 258, 2, 60, 69 - 72, 146.
④ Brubaker, L. & Haldon, J. (2011) *Byzantium in the Iconoclast Era, c. 680 - 850: A History*. Cambridge, 338 - 340.
⑤ Maguire 1997, 247 - 258.
⑥ Woodfin 2012.
⑦ Nik Chon, Dieten, 18, 81 - 84.

五、关于编织图案设计的术语

(一) 帝国的限制条例

《市政官法》第 8 章反映了帝国对丝绸的垄断性。书中将部分商品定义为 kekolymena，意为禁止或禁用。除了市政官委托生产者织造国家专购的丝绸外，帝国只允许生产者制造特定类型的丝绸，继而出售给丝绸服装商（vestiopratai）。① 这意味着生产者必须拥有必要的物质资源和技术能力，做到在需要时能生产高品质的丝绸。生产违禁织物或将丝绸织物偷卖出境，会被砍去一只手。② 将国外生产的丝绸输送至帝国储藏室（basilikon kylistareiori），则要受到鞭笞、剃发的惩罚。

《市政官法》第 8 章第 1、2 和 4 段列出了违禁品的具体类别。第 4 段条例明确禁止在特定织物之外使用骨螺紫。第 1、2 段记载限制生产特定颜色或色彩组合（如间色、多色效果）丝绸的禁令。另一项禁令则涉及成品织物的尺寸，抑或是图案的尺寸。③

拜占庭对丝织物的售价也有规定。售价超过 10 诺米斯玛（nomisamata，一种拜占庭金币）的任何衣物须上报市政官。④ 该规定也适用于丝绸服装行会。⑤《帝国远征》也记载了限制丝织物售价的内容，如皇产司在市面采购的衣物，价格不得超过 10 诺米斯玛。采购衣物包括埃及丝绸和当地制作的紫色服装，它们是犒赏外籍人士和军事官员的赠礼。⑥

《市政官法》第 8 章有织机技术及成品质量的记载。第 3 段提到在市政官授意下，检查官（mitotes）会对织机和其他设备进行检查，从而保证产品质量。由此可知，检查官会对织机上的半成品进行查验。此外，市政官助手（boullotes）要对成品进行核验，并加盖市政官印。第 9 段还记载了成品上缺失市政官印的后果。

丝绸生产者管理条例还记载了丝绸成品的三个等级：高级（megalozela）、中级

---

① 文中的 idikon 一词，当与他处的 edikon 相区别。BOE, Koder, 8.2: ἐκτὸς τῶν ἐχόντων ὁρισθῆναι παρὰ τοῦ ἐπάρχου πρὸς χορηγίαν τοῦ ἰδικοῦ.
② BOE, Koder, 8.11.
③ BOE, Koder, 8.1, 378 – 379: τὰ δὲ βλαττία κατὰ περσικίων ἢ δισπίθαμα χλανίδια ἐμφανιζέσθωσαν τῷ ἐπάρχῳ...
④ BOE, Koder, 8.1, 379 – 380.
⑤ BOE, Koder, 4.2.
⑥ Imp Exp, C. 290 – 293, 510 – 511.

(mesozelon) 和低级 (leptozelon)。① 《帝国远征》也使用上述术语来形容帝国工坊的丝织品质量。② 《市政官法》记载：严禁私营织坊生产高、中级产品，仅允许生产部分低级产品。虽然尚未确定丝绸定级的全部质量标准，但应涉及纱线类型，特别是与纱线直径有关。

（二）多色图案编织

长期以来，学界一直对术语 triblattion、diblattion 感到困惑。这两个词仅用于形容皇家丝绸或名贵丝绸。在语料库中，triblattion 和 diblattion 分别出现了 15 次与 16 次。上述术语在《市政官法》中出现过 4 次，在《礼仪书》中出现过 5 次，在《帝国远征》中出现过 15 次，在阿塔雷亚迪斯撰写的《教规》中出现过 5 次③，在格雷戈里·帕库里亚诺斯的《提比卡》中出现过 1 次。④

综合考察发现，有 11 次将这两个术语与颜色词结合，有 13 次将其与织物纹样结合。《礼仪书》提及一件梧桐树图案的长披风时，使用了 triblattion 一词。⑤ 此外，triblattion 还与其他图案一同出现，如格雷芬（Griffin）、狮子、骑士和孔雀。在《帝国远征》中，diblattion 常与各色图案的鹰及其他帝国符号一同出现。⑥ 《礼仪书》提到，皇帝为接待萨拉森使者，穿着带鹰图案的长披风。⑦ 《教规》曾记录了一件带黄色狮鹫图案的长披风⑧，以及一款带孔雀开屏图案的紫色帷幔。⑨ 《礼仪书》记载：高级官员在圣诞节宴会上穿着带孔雀图案的长披风。⑩

17 世纪，杜·康热（Du Cange）在拉丁词汇表中将 triblattion 定义为三色织物，并附上彼得·达米安（Peter Damian）的注释。⑪ 莱斯克则给出了两种观点：(1) 丝绸在染缸中染色的次数。(2) 指一种多色织物。学界采纳了多次浴染的观点，但从实际

---

① *Imp Exp*, 217 - 219 n. (C) 226.
② *Imp Exp*, C. 225 - 242.
③ *Attal*, Gautier, 1306, 1779, 1887, 1792.
④ Gre Pak, Lemerle, 1728.
⑤ *BOC*, Reiske, II: 15, 581, 1 - 2.
⑥ *Imp Exp*, C. 240 - 242, 251 - 253.
⑦ *BOC*, Reiske, II: 15, 587, 21.
⑧ *Attal*, Gautier, 1787 - 1788.
⑨ *Attal*, Gautier, 1376 - 1377.
⑩ *BOC*, Reiske, I: 23, 128, 14.
⑪ Du Cange, C. D. F. &. Carpentier, P. (1733) Glossarium ad scriptores mediae et infimae Latinitatis. Paris., VI, 1277.

过程看，该结论显然有误。① 因为将一块织物多次浸泡在同一染缸内，不会呈现出可视化的色彩差。②

吉兰认同莱斯克的第二种解释，认为 diblattion 和 triblattion 是指涂在紫色地部组织上的各种纯色条带。③ 吉兰的分析无法证实，也未具体指出条带的位置或实际尺寸。为了解释 triblattion 与纹样描述一同出现的巧合，他认为纹样是绣在各色条带上的。④ 此外，他还认为可能与"克拉维"（Clavi，衣服上前后两条垂直的装饰带）一样，衣服的条带数是等级制度的标志。⑤

吉兰的观点虽被普遍接受，但仍旧存在疑问。根据使用频率和具体语境分析，diblattion 和 triblattion 有助于树立皇帝及其近侍的崇高形象，在皇家织物中占有很高的地位。色带是拜占庭最古老而常见的装饰形式之一，它提供了一种二次利用旧的或受损的彩色织物的方法。在拜占庭中期，制作色带的材料随处可见，无需特殊加工，许多人都可穿戴。出于区分阶层的目的，大众彩带禁止使用优质丝线、特制染料和贵金属。

正如吉兰所言，有几类衣物是用 diblattion 和 triblattion 丝绸制成的，例如克拉米斯（chlamys）长披风、斯卡拉马吉翁（skaramagia）长袍、科洛比亚（kolobia）法衣、迪文缇沙（divetesia）和束腰外衣（tunics）。家具则包括坐垫套、窗帘、圣坛台织物、挂饰和未裁剪的长织物。在各类服装上粘贴色带，会使原本正式而统一的服装风格迥异，尤其是那些已有"克拉维"装饰的服装。依靠色带来建立一种标志等级制度的服饰系统是难以想象的。因为织物条尚未制成服饰，在其上粘贴色带的做法值得商榷。语料库出现条带装饰衣物的记载，仅见于皇帝和高级官员的典礼上。此外，语料库中未见任何文献对色带赋予象征或美学意义。

《礼物与珍品之书》（*Book of Gifts and Rarties*）对探究 diblattion 和 triblattion 的含义极具参考价值。据记载，在 938 年罗曼努斯一世（Emperor Romanos I Lekapenos，920—944 年）给哈里发拉迪一世（Caliph al-Radi bi-Allah，934—940 年）

---

① 解释内容详见 Muthesius, A. (2002) Essential Processes, Looms, and Technical Aspects of the Production of Silk Textiles. In A. E. Laiou (ed.) *The Economic History of Byzantium*. Washington, DC,163。diblattion 和染料的补充讨论详见 Dawson 2002, 22 - 26。
② 骨螺紫染料染浴法的准备过程和操作说明详见 Edmonds, J. (2000) *The Mystery of Imperial Purple Dye*. Little Chalfont。
③ Guilland 1949, 339 - 348.
④ Guilland 1949, 347.
⑤ Guilland 1949, 348. 包括霍尔顿在内的学者都采纳了吉兰的解释；*Imp Exp*, 205 - 207 n. (C) 173。

的赠礼中，包括锦缎（brocade）如下：

> 一匹双色鹰纹锦缎，一匹三色花卉纹锦缎，一匹三色条纹锦缎，一匹红地彩色叶片纹锦缎，一匹白地树纹锦缎，两匹白地狩猎纹锦缎，两匹黄地狮子纹锦缎，两匹鹰纹……

由此可知，diblattion 和 triblattion 是拜占庭中期对御用品质纬显花丝织物的称呼。这一解释与文献中有关审美和象征的描述一致，也与纹样及颜色术语相吻合。① 图 2a—c 展示了双色 diblattia 织锦；图 3a—c 展示了三色 triblattia 织锦。

吉兰等学者都曾质疑：为何 triblattion 和 diblattion 上只有一种或两种颜色同时出现。② 在使用术语的文献中，记录是为了区分、辨别各类织物，而非对其进行全面描述。对于双色 diblattion，会记录图案和地部组织的颜色。对三色或以上织物则记录一种图案的主色和地部组织的颜色。记录其余颜色被认为是琐碎且不必要的。例如，一块名为 oxea leukotriblatton 的织物，只记录其主要图案为白色，地部组织为紫红色。③

正如吉兰等所言，triblattion 和 diblattion 存在明显的地位差别。皇帝所穿的 7 件多色提花丝织物，每一件都属于 triblattion。只有皇帝出征时使用的坐垫才以 diblattion 制作。帝国重要行政区的将军（Strategos）会被赐予 triblattion，其他高级官员则根据级别获得不同品质和帝国标志的 diblattion。这表明，只有皇帝和最高级官员才有权穿戴多色纺织物，较低级别官员只能穿戴双色丝织物。《礼仪书》明确按等级规定衣物图案和颜色：

> 请注意，在实际接待当日，上至头等佩剑侍卫下至最低级的侍卫都须身着斯卡拉马吉翁，依照颜色和图案列队——身着粉、绿色鹰的人站在两侧，身着猫头鹰（owls）和多环鹰（many-circled eagles）的站成一列，身着波浪、白狮图案的则各站一边。

---

① 在 Dawson 2002，25 - 26 中认为 triblattion 和 diblattion 作为纺织纹样术语填补了《礼仪书》中的术语空白。
② Guilland 1949，342.
③ *Attal*, Gautier, 1790 - 1792.

图2a—c　纬显花重组织丝织物（diblattia），加利克尔摄：a. 现藏于大英博物馆，编号 AN34973001；b. 现藏于波士顿美术馆，编号 11.90 ©；c. 现藏于波士顿美术博物馆，编号 33.648 ©

图3a—c　纬显花重组织丝织物（triblattia），加利克尔摄：a. 现藏于库珀·休伊特史密森尼设计博物馆，编号 1902.1.221；b. 现藏于敦巴顿橡树园，华盛顿特区，编号 BZ.1927.1；c. 现藏于库珀·休伊特史密森尼设计博物馆，编号 1902.1.222

（三）单色提花织法

单色提花法的复杂性和重要性可与 triblattion 和 diblattion 织法相媲美，但在二次文献中鲜有提及。① 在《礼仪书》和《帝国远征》中，单色提花丝绸通过颜色名称与前缀 di- 的组合来辨别。从字面上看，diaspron 意为两种白色，是指白色深浅不一造成的图案效果。② 《教规》中用 blattion diphoton 来描述丝绸胸衣。③ diphoton 的字面意思是两种色调，暗示了一种由单色深浅营造出的图案效果。④ 单色织物通过刻线或图案

---

① Muthesius 1995a, 296 中对 di- 及 triblattion 展开了简要讨论，但并未提及参考依据。对 diprosopon 的研究详见 Koukoules 1948-1952, 2.2, 33。关于单色织物纺织结构的研究详见 Muthesius 1997, 85-93。关于单色图案制作方法的说明详见 Becker, J.(1987) *Pattern and Loom*. Copenhagen, 118-129。
② *Imp Exp*, 217 n.(C) 225 中，霍尔顿将 diaspra 的含义解释为经纬线不同色或多次染浴。
③ *Attal*, Gautier, 1798.
④ *Attal*, Talbot, 371n.48.

与地纹的对比形成图案，效果精致而巧妙。这两种方式都是大马士革锦（damask）的前身，damask一词即指其历史上的生产中心——大马士革（Damascus）。①

目前被释读的还有单色提花织物的颜色。在已知的16种织物中，共有6种白色、4种粉（或玫瑰）色、3种黄色和3种蓝色。单色图案常用白色或浅色织就，使纹理对比更易被感知。在《市政官法》禁止私营生产triblattion和diblattion的条例中，还出现术语dimoiroxea，直译作"三分之二紫"。②鉴于其他文献中单色提花织物的命名惯例，dimoiroxea或指御用品质的大马士革提花锦织物。③

《礼仪书》记载，当所有侍从穿白色服装时，单色提花丝绸也能体现等级序列。在复活节、主显节前夕和圣灵降临节中期等神圣节日里，只有皇帝才能身穿diaspron服装。在尼基弗鲁斯二世统治时期，单色提花织物还能表示个人资历。如《礼仪书》第96章记载：元老院院长在任命仪式上须穿粉色大马士革锦长袍（dirodinon），节日时则要穿粉色大马士革锦镶金短披风。④

与triblattion和diblattion的划分类似，单色提花织物是以明度来划分等级的。最明亮的单色图案在等级序列中占据首位。在为911年远征克里特岛准备的物品中，彩色大马士革锦被列为赏赐高官的礼物。⑤《官府图谱》记载，医生穿蓝色大马士革锦制成的束腰外衣。⑥与多色提花织物一样，单色提花织物也用于服装、家具。在为萨拉森使节举办的马术表演上，悬挂着成套的粉色大马士革锦窗帘。⑦

丝绸等级划分的各类标准中，品质是最难从文献中区分的。除了将织物分为高、中、低级外，《帝国远征》还提及一、二、三级的子类别划分。霍尔顿指出，三级分类系统由来已久，在《戴克里先敕令》中已有类似的记载。⑧《礼仪书》《帝国远征》表明：作为赠礼，织物的等级是可视化的，并为赠送者、授予者及旁观群体所感知。⑨文本证据的局限性在于，无法了解皇家与非皇家织物的具体特征，也无法了解各类指标中等级的划分依据。但可以推测，此类"定性的等级制度"导致了各作坊工艺水平

---

① CIETA 2006, 12.
② *BOE*, Koder, 8.4; BOE, Freshfield, 8.4.
③ 此处将单色提花织物的术语编作"大马士革锦"，以明确此类结构的类别。
④ *BOC*, Reiske, I: 97, 440, 443.
⑤ *BOC*, Reiske, II: 44, 661.
⑥ Listes, 183.20.
⑦ *BOC*, Reiske, I: 15, 589.
⑧ *Imp Exp*, 224 n. (C) 243-244.
⑨ *BOC*, Reiske, I: 44, 227-230; II: 18, 607; *Imp Exp*, C. 503-511.

的差异。

(四) 纺织图案术语概述

鉴于长期存在的仿色和使用金属的问题,提花纺织技术为区分御用丝绸提供了一种方法。在拜占庭中期,织物通过服饰类型、织造材料、贵金属、装饰和颜色等要素的相互组合,来展示等级信息。

对特定禁令的记载,为研究御用丝绸的性质提供了帮助。正如本节所言,上述属性包括特定染料、颜色组合、图案比例、丝线尺寸、成品质量和商品价值。本节辩证分析了学界长期争论的 diblattion 与 triblattion 的含义,即双色和多色纬显花重组织织物。虽然单色提花丝绸的视觉效果不突出,但在需要单色服饰的特殊场合,使用 diaspron 织物也是彰显地位的一种方式。

六、结论

综上所述,本文探讨了拜占庭文献中与丝绸有关的 57 个术语。上述术语为研究丝绸在拜占庭中期物质文化中的作用及社会属性提供了大量实例。与以往的认知不同,丝绸并未被上层阶级垄断,而是在君士坦丁堡及帝国其他城镇广泛存在。生丝的生产技术及贸易表明,这是一个高度发达的国际产业。

与其他纤维相比,蚕丝原料价格高昂,但这只是影响织物价值的因素之一。不是所有的奢侈品服饰都含有蚕丝,以蚕丝为原料的织物也并非价格都高昂。对织物术语的分析表明:纺织作坊会根据消费者的需求,生产各类质量低劣的丝绸。

与服饰相关的大量词汇表明,丝绸是一种具有高度适应性的表达媒介。此外,上层社会对差异化的渴望,刺激了新材料及技术的开发与应用。官营织坊使用特制织机织造精巧的提花丝绸,从而限制了民间仿制的可能性。triblattion、diblattion 及高级大马士革锦织法的出现,是纺织技术及工艺的重大调整,目的是将珍贵的丝绸制成皇家织品。

丝路文化遗产

三至九世纪丝绸之路壁画中民族交融图像研究[*]
——以粟特胡商图像为例

李海磊　黄　晶
（四川美术学院　重庆美术馆）

【摘　要】　3—9世纪丝绸之路沿线壁画中有大量表现多民族交往及其生产生活的图像史料，见证了东西方文明的交流互鉴。图像是丝路文化的物质载体和视觉呈现形式，民族图像直接反映出族群的迁徙轨迹、贸易交流、民族形象、生活习俗、宗教信仰等方面的变化，民族交融图像体现出丝路沿线不同民族之间的交往交流交融过程，以及多民族之间的相互包容和文化认同。从图像史学角度观察沿线壁画、石刻、器物等图像中粟特胡商形象，为丝绸之路沿线多民族文化的历史形成及文化交融共生提供一种新视角和新思路。

【关键词】　丝绸之路　壁画图像　粟特胡商　民族交融

3—9世纪是中国乃至世界历史上民族互动最为频繁、文化交融最为密切的时期之一[①]，从民族迁徙到民族交融，从民族混杂到民族认同，从战乱分裂到国家统一，是统一多民族国家及中华民族精神形成的最为重要的关键时期。这也是"一个族群杂汇的时代，纷乱庞杂的族群认同和种族表相的差异问题，影响到当时社会的方方面面，渗透到各种话语表述当中，犹如一面多民族的镜像，反映着文化、社会、政治局面的

---

[*] 本文为国家社科基金青年项目"三至九世纪丝绸之路壁画中的民族交融图像史研究"（23CMZ031）的阶段性成果。
[①] 参见国家社科基金重大项目"三到九世纪北方民族谱系研究"开题启动报告。

诸多变化"①。这一时期，陆上丝绸之路不仅是一条连接东西方的贸易通道，而且是一条沟通各地区各民族之间的民族走廊，还是一座多元文化交流与融合的桥梁，在促进多民族文化交融方面发挥了不可忽略的作用。丝路文化"在多民族文化资源相互借鉴、汇聚融合、互证共成的历史进程中所体现出来的文化间性既是丝路文化延续发展的基础，也是当今丝路文化参与人类命运共同体构建的纽带"②。在"一带一路"建设和中华民族共同体研究背景下，对丝绸之路沿线壁画中民族交融图像进行挖掘、整理和阐释显得更加迫切，为从视觉图像角度研究丝绸之路沿线民族文化的历史形成及交融共生提供一种新视角和新思路。

1877年，德国李希霍芬（F. von Richthofen）提出"丝绸之路"③，引发了国内外相关领域学者的热切关注，并从不同角度对丝绸之路展开广泛研究，产生了一批重要的代表性成果④。随着近年来交叉学科与跨学科研究方法的介入，使得丝绸之路研究的区域、范畴、内容及相关问题得到进一步扩展延伸探讨，尤其伴随沿线考古新发现的壁画、石刻、器物等相关图像资料，成为前期文献史料研究的有力补充和佐证，同时也为丝绸之路民族文化研究提供了新的课题。这些来自丝绸之路沿线不同地区、具有共同特征的图像，成为深入研究丝绸之路沿线民族交往、贸易交流、文化交融、宗教信仰、艺术传播等方面的重要切入点和有效途径。

本文基于多次对丝绸之路（境内段）沿线壁画及中亚地区古代艺术的实地考察，收集汇总了大量关于民族主题的图像资料，但是图像蕴含的民族历史信息还未得到深入挖掘，图像之间潜藏的内在联系还未被系统厘清，民族图像的制图目的与传播途径还需再研究，图像入史的路径与方法还需再探讨。因此希望在学界前辈研究的基础上，以民族交融为主线，以图像史料为重点，综合运用美术考古、文化地理学、文化因素分析⑤、图像学等交叉学科方法，以粟特胡商⑥图像为例，观察族群迁徙互动与民族文化传播、

---

① 葛承雍：《胡汉中国与外来文明：胡俑卷·绿眼紫髯胡》，生活·读书·新知三联书店2020年版，前言。
② 柴冬冬：《文化间性："丝绸之路"文化阐释的逻辑起点》，《内蒙古社会科学》2021年第3期。
③ Ferdinand Von Richthofen, *China: Ergebnisseeigenerreisen und daraufgegründeterstudien*, Berlin: Dietrich Reimer, 1877 - 1912. 4 p.454.
④ Albert Hermann, Dielten Seidenstrassen zwischen China und Syrien, Beitrage zurlten Geographie Asiens, Bd. I, 1910；芮乐伟·韩森：《丝绸之路新史》，张湛译，北京联合出版公司2015年版；荣新江：《丝绸之路与东西文化交流》，北京大学出版社2015年版；林梅村：《丝绸之路考古十五讲》，北京大学出版社2006年版；罗丰：《胡汉之间：丝绸之路与西北历史考古》，文物出版社2004年版；赵丰主编：《众望同归：丝绸之路的前世今生》，商务印书馆2022年版。
⑤ 李伯谦：《论文化因素分析方法》，《中国文物报》，1988年11月4日。
⑥ 魏义天：《粟特商人史》，王睿译，广西师范大学出版社2012年版，第4—6页。

民族图像样式生成与演变、图像元素结构变化及影响因素，进而分析丝路民族文化与丝路精神的形成，为丝绸之路民族交融图像史研究及中外文化交流史研究提供支持。

一、丝绸之路民族文化形成及图像研究视角

丝绸之路"作为一种特殊文化形态的衍生和再生，离不开其本身在历史生成中所彰显出来的文化生产和传播理念"①。丝路文化的生产源自不同文明之间的对话和交流、不同民族之间的交往与融合、不同地区文化之间的碰撞与吸收，具有交互杂糅、互融共生、多元统一的"熔铸生成性"②。不同民族的思想观念、宗教信仰、社会习俗、审美风尚、生产技术、文化艺术等在这条路网中发生碰撞与交融，构成了纷繁复杂的多元文化③，其中异质文化因素促发新的文化形态生成，文化差异促发新的融合型图像生成，文化异质性是推动文化多元融合的内在作用机制，构成一个宏大复杂的丝路文化共生系统。

从民族迁徙流动到相互交融共生，从地区跨越到文化连通，从语言不通到民心相通，从形态单一到媒介多元，使得丝路沿线原有单一民族文化或地区文化的内容更加丰富，形式更加多样，语言更加多元，造就了多元文化与地域文化共存共生的丝路文化现象。在文化求同存异的交融过程中逐渐找寻彼此相互可接受的文化认同理念，不同文化元素符号和多元编码被解构后，按照新的民族观念和思想重新建构有序的系统，生成一系列杂糅统一、融合多变的交融图像。图像的演变侧面反映出不同族群的迁徙互动、生产生活、习俗风尚、宗教信仰等方面的变化，进而体现出民族文化价值和民族文化心理、民族性格。

在丝绸之路的历史地理时空中，跨文化交流过程呈现出尊重文化差异、促发新意产生的"文化间性"，在文化求同存异的交融过程中逐渐找到彼此相互可接受的文化认知和艺术形式，不同文化元素符号和多元编码被解构后，按照新的思想观念和组合规则重新建构有序的系统，充分体现出丝绸之路文化艺术的"异质性"和"同构性"。这一时期丝路沿线不同民族文化的碰撞与融合，是产生新图像、新样式的关键时期，是一种创新文化形成的过程，融合型图像承载着民族文化的交流与变迁，也是民族文化传播的重要载体。

---

① 柴冬冬：《文化间性："丝绸之路"文化阐释的逻辑起点》，《内蒙古社会科学》2021年第3期。
② 张进：《论丝路审美文化的属性特征及其范式论意义》，《思想战线》2019年第4期。
③ 爱德华·泰勒：《原始文化》，连树声译，广西师范大学出版社2005年版，第1页。

从全球史视野来看，丝路文化是一种跨区域流动、跨媒介交叉、跨民族融合、跨文化传播的跨界交融态势。古希腊、罗马、印度、波斯等文化，犹如丝绸一样相互交织成一个"网络状的面"①，形成一个开放包容、多元共存、互融共生的丝路文化圈。从文化地理学研究视角，将壁画图像作为一种文化现象置入丝绸之路文化区观察，分析历史文化、地理环境与图像生成之间的关系，以及不同地区壁画图像彼此之间的共同点与不同点、相通性与差异性、异质性。

在多民族交往、多元文化交融的共同影响下，带有不同文化属性的艺术图像沿丝路双向传播，并与当地本土原有文化和艺术进行重构和组合，使得原有艺术的观念、主题内容、表现形式、组配与样式等发生改变，甚至生成新的图像样式，进而拓展和延伸出新的图像意义和内涵。在丝路沿线不同地区壁画中经常会发现具有相同文化符号表征的图像，并且在其图像构成和元素组配中可以清晰辨认出其他文化元素或图式符号的影子，就如同"彼此身上都投下自己的影子，以及影子的影子"②。

图像证史、图像补史、图史互证已成为学界研究的重点话题，学界日益重视图像史料的挖掘、分析与研究③，在以往重视文献史料研究的基础上，逐渐转向关注丝绸之路考古发掘出土的图像资料。葛兆光先生注意到古代图像与历史资料的关系，以及"历史图像学或图像史学问题"。韩丛耀先生指出："图像是历史事实的记录，用图像建构历史是在构建一个民族、一个国家的精神场域，是书写民族与国家的视觉档案史。"④ 意大利学者齐洛·罗穆齐奥在研究中国的胡人舞者时指出"图像是一个重要的证据来源，尤其是在六至七世纪"⑤。葛承雍指出墓葬壁画"是审视中国中古时期胡汉融合、构筑国家形态的图像依据"⑥。图像作为当时社会思想文化的一种视觉呈现，能直观反映出特定时期人们的生活现状及社会变化，并且图像一般具有隐含信息的功能，拥有文字所不能表达的空间和内涵，在表达意义、传播信息方面有特殊的优势，

---

① 穆宏燕：《"跨文化美术史研究"的三个层面》，《美术观察》2020年第11期。
② 李军：《跨文化的艺术史：图像及其重影》，北京大学出版社2020年版，第23页。
③ 彼德·伯克：《图像证史》，杨豫译，北京大学出版社2018年版；弗朗西斯·哈斯克尔：《历史及其图像》，孔令伟译，商务印书馆2020年版；邢义田：《立体的历史：从图像看古代中国与域外文化》，生活·读书·新知三联书店2020年版；蓝勇：《中国古代图像史料运用的实践与理论建构》，《人文杂志》2014年第7期；等等。
④ 韩丛耀：《建立中国图像史学的理论体系》，《中国社会科学报》，2018年1月30日。
⑤ Ciro Lo Muzio: "Hu（胡）Dancers in China: a View from the West"，载陕西师范大学历史文化学院、陕西历史博物馆、陕西师范大学人文高等研究院编：《丝绸之路研究集刊》第九辑，社会科学文献出版社2023年版，第213页。
⑥ 葛承雍：《新出中古墓葬壁画中的下层胡人艺术形象》，《故宫博物院院刊》2022年第8期。

有文献史料无法替代的价值。

尤其是在文献缺失、没有文字记载的情况下，考古发掘图像的史料价值更为凸显。需要注意的是，这些图像在不同背景和情形下被画匠画师用笔记录下来，具有不同的功能和用途，在使用这类图像资料做研究前，要对图像进行识别、考证、分类，对古人制图目的、图像功用及影响因素进行全面分析。例如墓葬中的壁画、棺椁、器物上的图像直接反映出当时人们的生死观念、丧葬习俗、墓葬装饰等信息，石窟壁画则在服务于佛教传播的前提下，供僧众举行佛事法会和民众礼拜之用，也大量吸收了当时人们的现实生活图景，以及外来文化艺术本土化的表现形式。

鉴于丝路壁画图像生成背景的复杂性、多元性和变异性[①]，以往局部、单一的研究范式难以全面系统地对图像进行准确分析，需要以丝绸之路整体观视角[②]，多维度、多向度观察丝绸之路沿线不同民族之间的文化艺术交流，尤其是不同文化碰撞与交融发生意义重组的交互作用过程；以跨文化视角对丝路文化艺术进行"网络式"研究[③]，将壁画图像置入一个相互关联、相互影响、彼此渗透、错综复杂的"丝路文化网络"中进行历时性与共时性观照，"放在与其他文化的关系和对照中看待"[④]，分析文化交叉（cross-cultural）及文化间交互作用（intercultural）对图像生成的影响，并"从他异性角度看待自身"文化（seeing oneself in the other）[⑤]，观察新图像中本土自我文化的投射和外来"异文化"他者的投射。借助文化因素分析法对壁画图像的文化属性进行研究，分析图像中各文化元素符号的组合关系，探寻融合型图像背后隐藏的民族交往史实及蕴含的思想精神，进而分析影响图像演变的历史文化因素。

二、丝绸之路沿线粟特胡商贸易与民族交往

粟特人在中国史书中被称为"昭武九姓""九姓胡""粟特胡"等[⑥]，其主要生活

[①] 靳义增：《跨文明文学理论的异质性与变异性研究》，华中科技大学出版社2016年版，第43页。
[②] 程金城：《丝绸之路艺术的意义与价值——兼及"丝绸之路艺术学"刍议》，《兰州大学学报（社会科学版）》2017年第2期。
[③] 李军：《跨文化的艺术史：图像及其重影》，北京大学出版社2020年版，第489页。
[④] P. K. 博克：《多元文化与社会进步》，余兴安、彭振云、童奇志译，辽宁人民出版社1988年版，第328页。
[⑤] Donald Cuccioletta, "Multiculturalism or Transculturalism: Towards a Cosmopolitan Citizenship", *London Journal of Canadian Studies*, 2001/2002, Vol. 17.
[⑥] 国家文物局古文献研究室等编：《吐鲁番出土文书》第十册，文物出版社1991年版，第2页。

在中亚阿姆河和锡尔河区域（图1），是一个善于经商兴易的民族①。《北史·西域传》曰：康国人"善商贾，诸夷交易，多凑其国"。《旧唐书》卷一九八《西戎传》记载："（康国人）善商贾，争分铢之利。男子年二十，即远之旁国，来适中夏。利之所在，无所不到。"《后汉书》卷七八《西域传》："驰名走驿，不绝于时月；商胡贩客，日款于塞下。"这一时期有大量来自中亚粟特胡商沿着丝绸之路翻越帕米尔高原进入西域，又经河西走廊到达中原"贩货"②，形成一条贸易线路，以这条中心线路为主，又向四周分出多个支线，构成一个商贸往来与民族交流的路网。这条路网也会因当时政权更替、战争、族群部落、自然气候等因素影响而稍微调整改变线路。

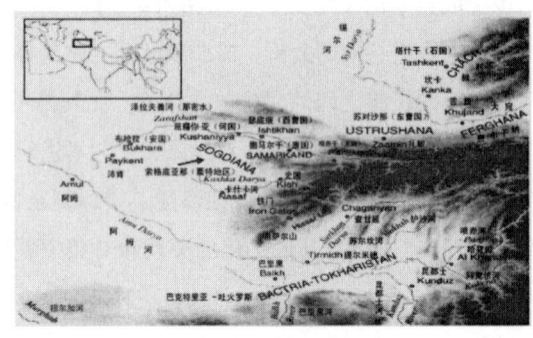

图1　中亚西亚图
（引自魏义天：《粟特商人史》，王睿译，广西师范大学出版社2012年版，第6页。）

在这条路网沿途也形成了一些具有彼此相互联络的粟特胡人聚落，并发现了粟特人信札及敦煌文书，其中有关于贸易往来及民族之间的交流信息。1907年，斯坦因（Aurel Stein）在敦煌西北一座长城烽燧（编号T.XIIa）发现了以粟特文书写的八封古信札（其中有五封相对完整）。经过前辈学者的不懈努力和翻译研究，终于对部分粟特文进行了释读，从译文中可见记录和描述当时丝路货物贸易活动的详细情况（图2）。其中2号信札残缺亚麻封皮上有"寄往撒马尔罕"字样，"一百个来自撒马尔罕的自由人……从敦煌直到金城（兰州），在……卖，亚麻布正在销售"③。可见这封是从河西地区发往中亚撒马尔罕的信件，此外几封古信札还提到粟特人在撒马尔罕、于阗、楼兰、高昌、敦煌、金城（兰州）、姑臧（武威）、长安、洛阳等地从事贸易和生

---

① 陈海涛、刘慧琴：《来自文明十字路口的民族：唐代入华粟特人研究》，商务印书馆2006年版，第1页。
② 欧阳修、宋祁：《新唐书》卷四六《百官一》"司门郎中"，中华书局1975年版，第1201页。
③ 魏义天：《粟特商人史》，王睿译，广西师范大学出版社2012年版；毕波：《粟特文古信札汉译与注释》，《文史》第2辑，中华书局1963年版，第81页。

活的状况，以及所运输和销售的货物（亚麻布、织品、丝绸、麝香、胡椒、金银器物、酒等），为研究粟特胡商贸易路线和商业活动提供了重要信息。

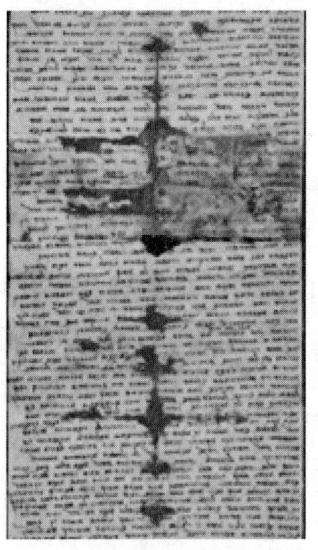

图2　粟特文古信札，大英图书馆藏
（引自荣新江：《从张骞到马可·波罗：丝绸之路十八讲》，江西人民出版社2022年版，第23页。）

敦煌文书S.1344《唐开元户部格》残卷记载垂拱元年（685）八月廿八日"敕：诸蕃商胡，若有驰逐，任与内地兴易，不得入蕃"[1]，从中可知，来自中亚的粟特胡商可在唐朝内地进行相对自由的往来兴易，但在诸藩戒备、边疆形势紧张的特殊时期，又会临时禁止商旅往来，这种在民族政策及对外开放态度等相关律令执行上的灵活性维持了丝绸之路贸易的繁荣[2]，同时也为民族之间的交往交流营造了良好环境。

根据历史文献记载、古信札发现地、出土文书、粟特聚落墓葬及相关图像史料，大致可以勾勒出粟特移民的迁徙路线（图3）和经商贸易轨迹，从图中能直观看出粟特胡人从中亚经西域、河西走廊，至中原地区、东北地区的路线。粟特人在丝路沿线商贸往来，建立了许多族群部落与货物转运的集散地，供商队及随行人员短暂歇息补充所需，随着商贸活动频繁，一些转运据点发展成为以粟特人为主的族群聚落。[3]

---

[1] 郝春文主编：《英藏敦煌社会历史文献释录》第5卷，社会科学文献出版社2006年版，第377页。
[2] 刘子凡：《何以商胡不入蕃？——从〈唐开元户部格残卷〉看唐代的商胡贸易法令》，《中国边疆史地研究》2021年第1期。
[3] 参见池田温：《八世纪中叶敦煌的粟特人聚落》，载刘俊文主编：《日本学者研究中国史论著选译》第9卷民族交通卷，中华书局1993年版，第192页；荣新江：《北朝隋唐粟特人之迁徙及其聚落》，载《中古中国与外来文明》，生活·读书·新知三联书店2014年版；荣新江：《丝绸之路与东西方文化交流》，北京大学出版社2015年版。

聚落与聚落之间又形成一条相对稳定或完善的商业交通线路和邮传系统，正如在粟特古信札中提到的"传送这些信件的人，从一个粟特人聚落到另一个粟特人聚落"①。

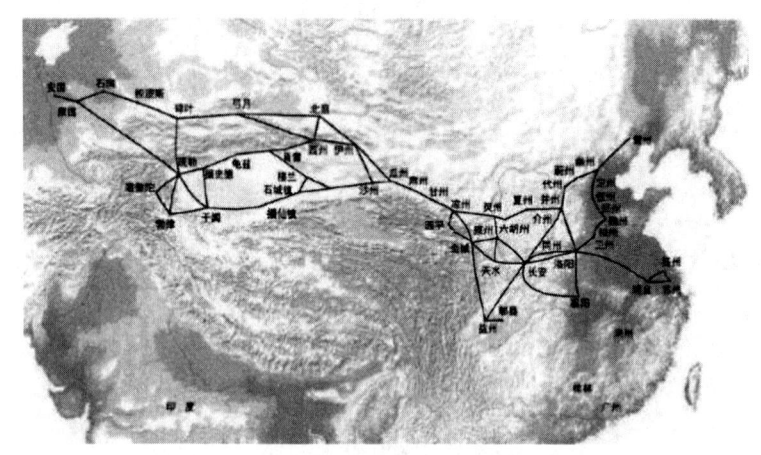

图3 粟特移民迁徙路线图
（引自马晓玲：《北朝至隋唐时期入华粟特人墓葬研究》，西北大学博士学位论文，2015年。）

池田温先生根据敦煌文书P.3559《从化乡天宝十载（751）前后的差科簿》，统计从化乡共有236人、22个姓氏，其中康（48人）、安（39人）、石（31人）、曹（30人）四个姓氏占总人数62%，罗、何、米、贺、史五个姓氏次之，这九个姓氏共占总人数九成以上，其中康、安、石、曹、罗、何、米、史八姓氏为胡姓②，这也是中亚"昭武九姓"中的重要姓氏。显而易见，来自中亚的粟特胡移民构成了从化乡的主体。另外特别指出从化乡居民当中有一部分是"东西奔波、追逐锱铢之利的商人"③，但却很少有直接反映从化乡居民商业活动的确切资料。虽然这些胡商贸易活动在文献记载中缺乏更加详细的描述，但却能在丝路沿线壁画图像中寻找到一些图像痕迹，将不同图像并置比较会发现其中隐藏的一些信息，以及在商贸途中粟特人与其他民族的交往信息。

---

① 魏义天：《粟特商人史》，王睿译，广西师范大学出版社2012年版，第25页。
② 池田温：《八世纪中叶敦煌的粟特人聚落》，载刘俊文主编：《日本学者研究中国史论著选译》第9卷民族交通卷，中华书局1993年版，第153—154页。同时认为贺姓也是中亚胡姓。
③ 池田温：《八世纪中叶敦煌的粟特人聚落》，载刘俊文主编：《日本学者研究中国史论著选译》第9卷民族交通卷，中华书局1993年版，第189—190页。

学界研究发现，粟特人是这一时期丝绸之路上最主要、最活跃的经商族群，甚至可以说，丝路沿线贸易几乎被粟特人垄断。① 在丝路沿线墓葬中发现大量的胡商俑，"更多的还是入华后活跃在北方地区的中亚粟特人"②。辛姆斯-威廉姆斯（N. Sims-Williams）教授曾据印度河上游中巴友好公路巴基斯坦一侧发现的粟特文摩崖题记，指出粟特人不仅仅是粟特与中国贸易的担当者，也是中国与印度之间的贸易担当者③。由此可见，粟特人不仅成为3—9世纪丝路贸易的主要担当者，也是民族文化、宗教艺术的传播者，在沟通东西方文明上发挥了重要的作用。

伴随粟特胡商的往来及各民族间文化交流，具有不同文化属性的民族服饰及风俗习惯也传入中土，进而引起当时社会风尚的转向，如穿胡服、奏胡曲、听胡乐、跳胡舞、吃胡食等，"胡貌汉服"或是"胡服汉相"的陶俑、壁画人物比比皆是，难分族属④，"胡化"与"汉化"交错成为这一时期民族交融背景下的风尚。石窟壁画和墓室壁画中有关多民族交融的景象，对来自不同地区不同民族的人物形象精心刻画，是当时民族交流交往交融的真实反映。同时中亚民族装饰纹样也与中国本土文化艺术相融合，经过重构生成新的融合图像样式，并运用到生活场景中，如丝绸织锦的装饰图案，又经过粟特胡商传播至中亚地区。

综上所述，粟特胡商促进了丝路沿线民族之间的交往交流，也推动了多民族文化的交融与传播，甚至在丝路沿线还产生了新的文化形态，生成了新的融合型图像。在丝路文化传播过程中，不仅要看到从"传播者"到"接受者"的单向因果关系和影响，而且要注意"传播者"与"接受者"角色互换时的交互影响，在特殊情况下"接受者"可转换为"传播者"，反向带去自身的文化和艺术样式，形成双向传播互动的模式。因此不仅要关注粟特胡商带来的异域文化及对本土文化艺术的影响，还要注意文化的反向传播或双向传播，即由粟特人将中原文化带回及对中亚西亚文化艺术的影响。

---

① 参见荣新江：《中古中国与粟特文明》，生活·读书·新知三联书店2014年版；魏义天：《粟特商人史》王睿译，广西师范大学出版社2012年版；姜伯勤：《敦煌吐鲁番文书与丝绸之路》，文物出版社1994年版，第150—226页。
② 葛承雍：《胡汉中国与外来文明：胡俑卷·绿眼紫髯胡》，生活·读书·新知三联书店2020年版，第96页。
③ 新疆维吾尔自治区博物馆：《麹氏高昌國時代ソグド文女奴隷売買文書》，《内陸アジア言語の研究 IV》，中央コーラシア學研究會1989年版，第1—50页。
④ 参见葛承雍：《胡汉中国与外来文明 民族卷：胡马度阴山》，生活·读书·新知三联书店2020年版。

三、丝绸之路壁画中的粟特胡商图像解读

史射勿墓、虞弘墓、安伽墓、史君墓、康业墓等入华粟特胡人墓葬的陆续发现，以及一批内容丰富、刻画精美、形式多样的壁画、石刻、器物等图像资料的出土（图4），进一步补充完善了丝路沿线建筑壁画和石窟壁画的粟特胡人图像资料。这些墓葬图像中有描绘粟特胡人转运货物、族间交流、途中歇息、射猎宴饮、乐舞习俗等场景，这些形象化、生活化、具体化的视觉形象清晰直观地展现出粟特胡人的生产生活习俗，甚至有些图像反映的是文献没有记载过的信息。同时在石窟壁画中也有描绘粟特胡人商贸往来的场景，以及其民族服饰、形象、习俗等图像，这些图像与丝绸之路考古发现的粟特古信札和敦煌文书形成互补，成为研究粟特胡商丝路贸易、族群迁徙、民族互动、文化传播的重要图像史料。

图 4　西安北周安伽墓石棺床（陕西历史博物馆藏，笔者拍摄）

2003 年，在西安市北郊未央区发现北周史君墓，出土一座石椁，石椁北面第一幅表现运输途中商队歇息，粟特商队首领萨保拜见游牧民族（嚈哒或突厥）首领的场景[①]（图 5）。画面上部圆形穹庐帐篷内一位头戴宝冠，身着翻领对襟衣，盘腿而坐，右手握一杯的首领，帐前一位头戴毡帽跪坐的长者，与帐内男子对坐饮酒，旁边几位身着民族服饰的随从；下部描绘在歇息的粟特胡商和跪地休息的骆驼，一人牵着驮运货物的马前行，还有两位男子在骆驼旁边交谈，生动形象地将粟特

---

① 荣新江：《北周史君墓石椁所见之粟特商队》，《文物》2005 年第 3 期。

商旅途中的生活表现了出来。石椁西壁第三幅（w3）石板上描绘了粟特胡人商队行进的场景，上部描绘首领萨保在林中狩猎，下部是正在山林中行进的商队，商队中有一位手持望筒骑在马背上的商队负责人，驼队周围是骑马护卫，也有驮载货物的骆驼（图6）。

图5　北周史君墓石椁及线描图，西安博物馆藏
（陕西省考古研究院供图）

图6　北周史君墓石椁及线描图
（引自荣新江：《从张骞到马可波罗：丝绸之路十八讲》，江西人民出版社2022年版，第133页。）

2005年，在西安市未央区发现北周安伽墓，出土一座围屏石榻，后屏的左起第五幅石屏描绘了商队行进途中歇息与访问当地游牧民族首领的场景（图7）。上部描绘了两位身着不同服饰的民族首领跪坐于虎皮帐内圆毯上交谈，学界研究推断左边头戴虚帽者为粟特商队首领萨保，右边披发身着圆领长袍的应是突厥首领，帐外左侧有头戴波斯冠的随从，也有头戴突厥皮帽的随从；石屏下部描绘身穿长袍的三位胡商，中间一位肩背物袋，左边一位手持胡瓶，旁边有两头背驮口袋的驴，以及一峰背负货物跪地休息的骆驼。另外，紧挨着的石屏上部描绘了粟特商队首领萨保与突厥首领骑马交谈的场景，下部则将视角转换到坐于毯子上进行畅饮交谈的场景（图8）。与史君墓图像对照，会发现存在一种上下组合、形式串联的壁画图式，商队首领打猎与商队行进构成一组，林中歇息宴饮与驼队休息构成一组，静态与动态的结合能从中感受到粟特胡商商队行进的时空观，并在一起呈现出一个完整的商队画面。

图7　北周安伽墓石榻壁画及线描图（陕西历史博物馆藏）

图8　北周安伽墓石榻壁画及线描图（陕西历史博物馆藏）（引自陕西省考古研究院编：《西安北周安伽墓》，文物出版社2003年版，第54页。）

日本 Miho 美术馆收藏一件粟特首领石棺床，编号 D 的石屏上（图9）刻画一组行进中的胡商驼队，高大的骆驼背上驮着满载的货物，周围有 3 名骑马护卫（根据其着装可能是游牧民族鞑靼或突厥人）护行。这些骑马护卫与北周史君墓驼队中的护卫相似，左腰都挎着胡禄，与此对应的是右腰"虎鞎豹韬"，这种装备应该是北朝时期草原民族常见的一种护卫配置。由此可见，这些常年往来于丝路沿线的粟特商队有固定的组成结构和护卫措施。

图9　北朝石屏商旅图（日本 Miho 美术馆藏，郑岩绘）

此外，在太原北齐娄睿墓墓道两壁壁画中也可见到背驮丝绸等货物，有序行进的胡商驼队。其中墓道东壁刻画一组五人五驼的商队组合（图10），商队前面一位头顶光秃无发，高鼻深目，落腮胡须，身穿灰白色圆领窄袖长袍，肩上服饰有中亚西亚卷草纹，腰间束有蹀躞带，蹀躞带上面挂有黑色鞶囊和布巾，似为波斯人。① 骆驼旁边有一位左手垂于腹部，右手牵驼缰的满头乌发，高鼻深目，连鬓大胡子的牵驼胡人，身穿翻领左衽灰白色长袍，下身穿窄口裤，足蹬黑色软靴。两人似乎在交谈，后面还有三位置身驼队中，但无法判断身份。墓道西壁驼队中也有一位头戴毡帽，高鼻深目，短胡须，身穿圆领灰白色长袍的胡人。虽然墓道壁画残缺严重，但根据残留壁画中所展现出的驼队一部分，可判断这是一只规模庞大的商队，其贩运的货物种类和数量也非常可观。同时墓道西壁也同样描绘了行进中的驼队，残留壁画中有一位粟特胡人在驼队中引导（图11）。

图10　娄睿墓墓道东壁驼队线描图
（引自葛承雍：《胡汉中国与外来文明：胡俑卷·绿眼紫髯胡》，生活·读书·新知三联书店2020年版，第110页。）

图11　娄睿墓墓道西壁驼队线描图
（引自葛承雍：《胡汉中国与外来文明：胡俑卷·绿眼紫髯胡》，生活·读书·新知三联书店2020年版，第110页。）

---

① 山西省考古研究所、太原市文物考古研究所：《北齐东安王娄睿墓》，文物出版社2006年版，第110页。

除了地下墓葬发掘出土壁画图像之外，丝路沿线石窟壁画也有描绘粟特胡商的图像资料，虽然是以表现佛经故事为主，但工匠画师却参考了当时丝路商队的真实情况。如莫高窟第296窟窟顶东披《贤愚经》壁画中（图12）描绘了商队组成结构，商队前面是骑马商人或护卫，中间是骆驼和毛驴驮载货物，后面是护卫，这些人物有汉人和身穿长袍的胡人形象。[①] 296窟窟顶北披《福田经变》壁画（图13）生动描绘了丝路贸易运输场景：画面上部记录了驼队人畜在井边休息，以及给途中病骆驼灌药的情节；画面下部描绘头戴白色尖顶帽、高鼻深目的胡商牵着两峰骆驼等待过桥，骆驼驮着圆形高大的货物包裹，后面还跟着两头驮货物的毛驴。

图12　莫高窟第296窟窟顶东披驼队　　图13　莫高窟第296窟窟顶北披驼队
（引自段文杰、樊锦诗主编：《中国敦煌壁画全集3北周》，辽宁美术出版社、天津人民美术出版社2006年版，图一三一。）

敦煌莫高窟第45窟经变画"商人遇盗图"（图14），在运输货物途中，一队头戴白色毡帽、身穿胡服，高鼻深目、满腮胡须的粟特胡商，遭遇三名手持长刀、身着汉装的强盗拦路抢劫，商人将几捆丝绸和一包袱财物放在强盗面前，双手合十，祈求菩萨保佑，低头弯腰，乞求强盗饶命放行，商人后面还有几匹驮着丝绸货物的毛驴。这幅壁画生动形象地将丝路途中经商所遇挫折的真实情况描绘了出来，为我们提供另一个观察丝路商贸运输的视角。

"商人遇盗图"中粟特人形象，与新疆克孜尔石窟壁画和唐墓壁画、出土胡俑人物都有相似特征，与乌兹别克斯坦国立帖木儿博物馆藏粟特故地出土的人物塑像所戴白色尖顶毡帽形制极为相似（图15）。从现在已发现的图像来看，外来胡商基本上都戴帽子，虽然帽子形状各异，有尖顶与平顶、翻卷帽檐之别，但白色尖顶毡帽是中亚粟特人典型配饰，种族特征明显[②]。单翻领样式服多见于中亚、西伯利亚等游牧部族地区，而且成为粟特人服饰的显著特征之一。他们有些身着本民族对襟翻领服，有些

---

① 荣新江：《北周史君墓石椁所见之粟特商队》，《文物》2005年第3期。
② 葛承雍：《胡汉中国与外来文明：胡俑卷·绿眼紫髯胡》，生活·读书·新知三联书店2020年版，第80页。

身穿圆领紧身长袍,也有些粟特胡商穿唐服戴幞头,这些形象都是族群身份特征、民族文化交融与多元文化互融共生的体现。

图 14　莫高窟第 45 窟"商人遇盗图"(引自数字敦煌)

图 15　左起:唐氏墓西壁的胡商牵驼图、莫高窟第 45 窟"商人遇盗图"、唐彩绘木雕胡人俑(新疆博物馆藏)、新疆克孜尔石窟第 38 窟胡人、中亚粟特人物塑像(乌兹别克斯坦国立帖木儿博物馆藏,笔者拍摄)

古代文献也记载了中亚和西亚不同民族的人物形象、服饰特征等。如慧超《往五天竺国传》中记载:"从大食已东,并是胡国,即时安国、曹国、史国、石骡国、米国、康国……衣着叠衫裤等及皮裘……此等胡国,并剪须发,爱着白毡帽子。"唐刘言史《王中丞宅夜观舞胡腾》诗云:"织成蕃帽虚顶尖,细毡胡衫双袖小。"显然,白色毡帽已经成为辨识粟特人的重要参考依据,也是文献史书记载的视觉图像补充。

这些壁画中描绘的商队是整个丝路贸易的一个缩影,与史书记载有庞大的商队及贩运货物形成了图史互证。《周书》卷五〇《吐谷浑传》记:"是岁,夸吕又通使于齐氏,凉州刺史史宁觇知其还,率轻骑袭之于州西赤泉,获其仆射乞伏触扳、将军翟潘密、商胡二百四十人,驼骡六百头,杂彩丝绢以万计。"① 可见,这是一支组织有序、

---

① 令狐德棻等:《周书》,中华书局 1971 年版,第 913 页。

规模庞大的商团，根据已发现壁画中胡商图像来看，推测二百四十人的商队并非全是粟特人，极有可能也吸纳了其他民族人员。荣新江认为丝路上的商队是以粟特胡为主，也有其他民族参加组成的国际商队，这种由多种族人员组成商队的方式延续到了唐代。吐鲁番阿斯塔纳29号墓出土《唐垂拱元年（685）康尾义罗施等请过所案卷》文书记载了来自中亚的胡商前往长安贸易，其中两支由粟特、吐火罗人组成的商队，分别向唐朝西州官府申请过所，以便"向东兴易"，西州官府将其重组为另外两支商队。这支以康国粟特人为首领的重组商队，成员包括粟特康国、何国人，还有与粟特相邻的吐火罗人（今阿富汗），以及一些突厥系的奴隶。①

从考古发掘和敦煌壁画中的粟特商队图像来看，以粟特人为主的商队在丝路途中进行贸易，难免要与所经之地官府及民族部落打交道，并希望得到通行许可或保护，因此在史君墓、安伽墓壁画图像上都能见到首领萨保拜访北方游牧民族首领的场景，也有可能就此吸收了其他游牧民族成为商队组成部分。粟特商队成员构成较为复杂，从人员配置来看，有商队首领（萨保）、武装护卫、牵驼（驴马）人、商队保障或奴隶等，包括粟特人、嚈哒人、突厥人、波斯人等，也有些人物难以辨别其种族所属。突厥等游牧民族在粟特胡商队伍中主要担任护卫或狩猎的任务。② 由商贸带动文化的交流，由对话带动民族间的交流，由交流带动文化的交融，这些被历史图像真实记录和表现出来。这也使得我们从图像中多民族文化因素并存到交融的现象中，认识到丝绸之路文化生产机制和文化共生的内在动力，以及各民族之间在交往交流过程中逐渐形成的文化认同的体现。

此外，丝路沿线出土的关于粟特宗教信仰的实物图像，成为研究中亚粟特人信仰、宗教图像及文化传播的重要资料，也是研究丝路宗教艺术不可忽略的资料。粟特商队是一个时常迁徙奔走于不同地区与不同民族之间的群体，他们的信仰也会随着族群的迁徙呈现多元化，既有本土原始信仰的崇拜（祆教图像），也会受到当时盛行佛教僧人的影响而皈依佛门，甚至在粟特人墓葬壁画中会同时出现祆教与佛教相关内容，以至于丝路壁画中出现兼具"文化间性"、杂糅统一的民族交融图像，图像背后却体现出不同民族相互包容、相互尊重、文化认同的深层含义。来回奔波于中亚和中

---

① 参见国家文物局古文献研究室等编:《吐鲁番出土文书》第三册，文物出版社1981年版，第346—350页；荣新江:《北周史君墓石椁所见之粟特商队》,《文物》2005年第3期。吐鲁番阿斯塔那古墓出土粟特文买卖突厥地区女婢的契约。
② 荣新江:《粟特与突厥——粟特石棺图像的新印证》，载周伟洲主编:《西北民族论丛》第四辑，中国社会科学出版社2006年版，第1—23页。

原往来贸易途中,粟特胡商难免会遇到各种危险与磨难,他们不仅希望得到当地官府或部落的保护,而且需要在精神上寄望于神灵的保佑,因此在描绘胡商行进的壁画中也出现了诸多关于粟特人信仰的图像。

例如北周安伽墓石门门额(图 16)中间位置是粟特人信仰的祆教圣火坛,三驼头部外向,三尾相接,托起圣火坛,驼峰上之仰覆莲座上置一大圆盘,冒着熊熊烈焰,驼足下有覆莲,圣火坛之顶有忍冬花纹。上方左右两侧是弹奏琵琶与箜篌的乐神,其形态与佛教石窟壁画中伎乐天相似,可以看出粟特祆教与佛教元素图像的相互借鉴。圣火坛座左右两侧各有一位人首鹰身的祭司,戴着口罩,手握神杖(巴尔松枝,barsom)伸向火坛旁边的供案。这种祆教祭拜火坛的神祇形象在史君墓、虞弘墓等墓葬中都有出现(图 17)。

图 16 西安北周安伽墓石门门额(笔者拍摄)

图 17 北齐虞弘墓石椁祆教火坛(局部,山西博物院藏,笔者拍摄)

从祆教圣火坛及人首鹰身的祭司图像结构组配方式来看,当时工匠画师可能是吸收与借鉴参考了中亚图像传统,"图像组合的原型应出自波斯及中亚地区"[①]。在中亚乌兹别克斯坦穆拉·库尔干(Mulla Kurgan)出土的祆教纳骨瓮上都有圣火坛和人首

---

① 葛承雍:《中国境内所发现的祆教(琐罗亚斯德教)圣火坛》,《故宫博物院院刊》2024 年第 1 期。

鹰身祭司，图像构图与形象相似（图18），以及吉尔吉斯斯坦祆教纳骨瓮也有相似的图像（图19）。另外，这些带有异域民族的信仰葬俗与汉地文化丧葬习俗、墓葬装饰传统的结合，展现出不同民族文化的交融，反映出异质文化因子融合共生的现象。

图18 金字塔型纳骨瓮，公元7世纪（撒马尔罕历史艺术与建筑博物馆藏）

图19 吉尔吉斯斯坦祆教纳骨瓮
（葛承雍：《中国境内所发现的祆教（琐罗亚斯德教）圣火坛》，《故宫博物院院刊》2024年第1期。）

这些来自不同地区、不同族群、不同语言、不同生活方式的人们在丝路贸易或行进途中组成一个团队，在长期行进途中共同生活，彼此相互接触，从碰撞冲突到包容共生，逐渐形成一个由不同族群组成的庞大群体。随着贸易往来的增多，这些散于沿线的多民族聚居地，又串联成一个成体系的多民族交融群体，加强了不同民族之间的往来与沟通，促进了民族之间语言与文化的交流，带动了宗教和艺术的传播，为丝绸之路多元文化互融共生创造了良好的条件。

在此过程中，不同民族文化之间从碰撞交流到相互借鉴吸收，走向交融共生，进而创造出新的多民族文化。丝路沿线民族图像中多元文化符号的解构与重构，以及民族图像的演变与传播，深刻反映出不同民族之间的交往交流交融过程，更深层体现出多民族之间的相互包容和文化认同。民族交融图像中异质文化并存和图像杂糅统一的现象，既是地域特征和文化差异的表现，也是民族交融和文化认同的体现。

民族交往交流交融是这一时期的显著特征，多民族文化互融共生是"丝路文化"和"丝路精神"的重要组成部分，也是多种异质文化彼此之间相互碰撞、相互吸收、相互借鉴、互相交融的结果。因此还需要进一步对丝路沿线现存壁画及出土实物中有关民族交融的图像进行挖掘整理，进行历时性与共时性比较分析研究，系统梳理这一重要历史时期丝路沿线的民族交融图像史料。

拉萨八廓古城历史图档研究
——以《拉萨城市的中心》为例

完么东智　白帅帅
（四川大学　西安建筑科技大学）

【摘　要】　19世纪末至20世纪初，西方各国学者在探索世界文明的同时，东方传统文化也引起了他们的广泛关注。一些传教士、考古学家和探险家们对西藏文化进行了深入的考察和研究。部分学者通过图文并茂的方式，记录了他们对拉萨八廓古城的研究。其中，《拉萨城市的中心》是描述古城全貌的典型之作。这幅地图作为研究拉萨八廓古城历史建筑的重要资料，以一系列传统绘画式地图和绘画作品为依托，通过实地测量等方法绘制而成，极具历史文化价值和古城保护应用价值。本文将对拉萨古城相关历史地图的绘制进行梳理，深入分析《拉萨城市的中心》的绘制特点，进一步挖掘其综合价值，并探讨其在八廓古城历史建筑群的保护传承与更新过程中所发挥的关键作用。

【关键词】　八廓古城　历史地图　遗产保护　应用价值

一、拉萨古城地图绘制历史

拉萨八廓古城因其独具藏文化特征的城市格局形态、古藏式建筑、景观风貌、珍贵文物以及浓厚的藏传佛教氛围享誉盛名，备受国内外学者关注，成为探究的热点。1904年，英国皇家地理学会（The Royal Geographical Society）成员莱德（Ryder）和考伊（Cowie）绘制的《拉萨平面图》①是现存第一份可被证实的拉萨古城实地调查资料。1905年，兰登·珀西瓦尔（Landon Perceval）所制的《拉萨地形示意图》②详细标注了古城颇具史料价值的96处地名与建筑信息。这张示意图以八廓古城为核心，沿河流走向辐射，记录了拉萨河流域的主要建筑情况。虽为示意略图，但图上的地名与建筑信息与现今情况基本符合，图纸的精炼性和准确度很高。同年，L. 奥斯汀·瓦德尔（L. Austine Waddell）绘制的《拉萨平面图》③，展现了八廓古城许多建筑的真实信息，揭示了古城空间格局、城市景观与生活场景。再者，绘制于1912年的三维地图《从西南远望拉萨的中心区》④补充和证实了几处现已损毁的八廓古城重要历史建筑，成为记录1950年以前古城风貌的重要原始资料。此外，一些西方学者在西藏考察时所拍摄的历史照片和影像资料，也包含了很多与八廓古城建筑相关的珍贵信息。1948年，奥地利工程师、探险家彼特·奥施奈特（Peter Aufschnaiter）以此前赴藏考察学者图齐（Giuseppe Tucci）、理查德森（Huge Richardson）、查尔斯·贝尔（Charles Bell）等的旅藏著作为参考资料，结合其实地调研探得的重要地名与建筑名称，绘制出《拉萨城市的中心》⑤。作为一张具有鉴定八廓古城建筑与地名信息功能的数字证实系统地图，图纸资料丰富，绘制严谨，成为20世纪中期以来研究拉萨古城最重要的地图史料。

1. 手绘式地图

近代以来，中国与西方国家的文化交流日益密切。在涉足西藏的西方探险家和学者中，多数专注于研究藏族历史文化、宗教信仰和风俗习惯等领域。同时，许多艺术家致力于创作与拉萨古城相关的传统绘画式地图和绘画作品。这些作品在制作拉萨古城景观图和地形示意图时有重要的参考价值，对研究古城的建筑历史和文化也产生了重要的现实意义。《拉萨布达拉宫和大昭寺》⑥是一幅绘制于约1860年的水彩画，由一位英国官员委托创作，但其作者信息尚不明确。这幅画作后被苏格兰学者和收藏家托马斯·怀斯（Thomas Wise，1802—1889）收录于其西藏绘画式地图和绘画作品集《怀斯的收藏》（The Wise Collection）。该全景式地图包含25幅相关图样，范围从阿里

---

①《拉萨平面图》（Plan of Lhasa），比例1∶30,000。
②《拉萨地形示意图》（Rough sketch map of Lhasa），比例不详。
③《拉萨平面图》（Plan of Lhasa），比例不详。
④《从西南远望拉萨的中心区》（Perspective map of Lhasa），大小为50厘米×56厘米。
⑤《拉萨城市的中心》（Area of Inner City of Lhasa），现收藏于苏黎世民族博物馆。
⑥《拉萨布达拉宫和大昭寺》（Lhasa with the Potala and Jokhang），现收藏于英国国家博物馆，大小为65厘米×150厘米。

地区，穿过前后藏，甚至延伸至西藏东部区域。① 地图以清新自由的风格，展现了布达拉宫和大昭寺建筑群的主要特征。从南面看，画作顶部为拉萨河与北部山脉的风景，南部山峰屹立于拉萨河谷的整个宽度范围内。从西面看，北部山脉展示了哲蚌寺，中部为色拉寺。布达拉宫位于画面中心，下方为带有围墙的雪村。大昭寺建筑群周围的八廓街，可见几根巨大的经旗杆，以及大昭寺主入口前的著名历史名碑和柳树，共同构成八廓古城标志性的景观。

《从西南远望拉萨的中心区》现藏于东京大学，作者身份待考。该图从西南视角描绘了拉萨中南部地区，补充并核实了八廓街区部分已损坏的重要历史建筑，为1950年前拉萨八廓古城的城市地貌提供了重要的原始资料。地图采用西式画法，建筑物层数和窗户数量均有描绘，精细且准确，古建大院、街道上的人物和动物亦一一呈现，除中央的大昭寺外，诸多建筑也可清晰辨识。《拉萨老城区和布达拉宫》② 是一幅水彩画，由英国学者理查德森于1939年委托康瓦尔·克瑞什纳（Kanwal Krishna）绘制。画作以八郎学（Sbra-nag-shol）地区为写生对象，以概括性笔触描绘了布达拉宫和八廓古城的景象，展现了当时拉萨的三个主要元素：平原上低矮紧凑的城市、高耸入云的布达拉宫以及横亘的群山。③ 这些传统绘画式地图和作品详尽记录了19世纪末至20世纪初拉萨布达拉宫和八廓古城的景观特征与空间布局，为后续的拉萨手绘地图和卫星地图制作提供了可靠的资料依据。

《拉萨平面图》是由英国皇家地理学会成员于1904年绘制，是迄今可被证实的第一份关于拉萨的调查资料。这幅地图基于实地观测，确定52个建筑位置和城市地名，其精准程度在接下来的50年里都无人能及。④ 1948年，彼特使用经纬仪测量了八廓古城古建筑，制作了两幅完整的古城地图，即《拉萨城市的中心》和拉萨全景地图《拉萨和罗布林卡平面图》⑤。《拉萨城市的中心》以大昭寺为中心向四周展开，按照30个藏文辅音字母顺序展示了八廓古城中建筑遗产单元的产权，同时标注了古建筑点和其地理位置以及外部建筑轮廓。地图中包含了869个建筑遗产单元和地名条目，精

---

① Kund Larsen, Amund Sinding-Larsen. *The Lhasa Atlas*, Serindia Publications. 2001. 20 - 21.
② 《拉萨老城区和布达拉宫》（Lhasa old town and Potala），现被私人（次旺塔西）收藏。
③ Kund Larsen, Amund Sinding-Larsen. *The Lhasa Atlas*, Serindia Publications. 2001. 19.
④ Kund Larsen, Amund Sinding-Larsen. *The Lhasa Atlas*, Serindia Publications. 2001. 23.
⑤ 《拉萨和罗布林卡平面图》（Plan of Lhasa and Norbulingka），彼特·奥施奈特绘制于1948年，现收藏于苏黎世民族博物馆。

确地描绘了整个古城的空间结构。① 此外，通过分析得知，此地图上的古建筑大致可划分为宗教与世俗两大体系。宗教建筑涵盖寺院、经堂、佛堂、嘛呢康、护法神殿、活佛寝宫、佛塔等；世俗建筑则包括原西藏地方政府办公区、贵族府邸、民居、军营、粮仓、食物储藏室、商铺、马棚、井口、桥梁等。根据彼特的调查，昔日八廓拥有超过 700 座传统藏式建筑遗产以及 34 座寺院与神殿建筑群，同时还包括诸多寺院封地和贵族及官员的封地。然而，历史演变和时代更迭导致部分古建筑被拆除，至 1993 年，存留的古建筑遗产仅 300 座，而到 2010 年，这一数字已不足 100 座。②

2. 卫星拍摄图

《拉萨中心区》③ 是 1965 年拍摄的科罗纳（Corona）卫星图。此图展示了拉萨当时的景观，图中拉萨古城四座大规模的寺院④完好无缺。《无比壮美的拉萨》⑤ 是 1970 年拍摄的科罗纳卫星图。图中展示了拉萨古城水道的变化，从色拉寺区向西南延伸经过布达拉宫后消失，如今这条水道已不复存在，而老城区西北部出现了大面积沼泽区。地图清晰的轮廓显示，沼泽最初从老城区西北部延伸至东部道路，甚至淹没部分道路。大昭寺和八廓街似乎位于景观中较为突出的架高部分。⑥ 1985 年拍摄的《无比壮美的拉萨》（Greater Lhasa），揭示了拉萨现今的大致范围，河流以西和色拉寺以北的空白区域已被建筑填满。林廓以红线标注限定出拉萨老城区 7.5 公里长的朝圣路线。

此外，还有一些珍贵的照片展示了拉萨的全景和八廓古城的景观。如理查德森 1936 年拍摄的《从八朗学地区远望布达拉宫》（Potala from the Banak Shol area）和 F. 斯潘·珊曼（F. Spencer Chapman）拍摄的《从城市南部的高山上看到的拉萨》

---

① 此图符合当今绘制地图的要求，包含比例尺、图例和方向等地图要求。比例为 1∶200。"此图上的藏文草书是当时西藏官员霍康·旺堆（horkhang dbang 'dus）书写，当时拉萨人口大约达到 2.5 万。" Andre Alexander. *The Traditional Lhasa House: Typology of an Endangered Speices*. Serindia Publications. 2011. 14.

② 完么东智：《八廓历史街区建筑遗产单元功能属性及变迁研究》，《青藏高原论坛》2022 年第 2 期。Andre Alexander. *The Traditional Lhasa House: Typology of an Endangered Speices*. Serindia Publications. 2011. 2.

③ 《拉萨中心区》（Cental Lhasa），比例为 1∶20,000。

④ 位于八廓古城区藏传佛教格鲁派四大活佛驻锡的寺院指：功德林（Dgon-bde-gling，济咙活佛驻场）、丹吉林（Bston-rgyas-gling，第穆活佛驻场）、策墨林（Tshe-smon-gling，策墨林活佛驻场）、锡德林（Bzhi-bde-gling，热振活佛驻场）。参见 Andre Alexander, *The Temples of Lhasa: Tibetan Buddhist Architecture from the 7th to the 21st Centuries*, Serindia Publications, 2005. 207.

⑤ 《无比壮美的拉萨》（Greater Lhasa），比例为 1∶60,000。

⑥ Kund Larsen, Amund Sinding-Larsen. *The Lhasa Atlas*, Serindia Publications. 2005. 14.

(Lhasa from Mountain South of the Town)。这些照片以八廓古城为中心,以河流为辐射线,展示了拉萨河段主要的已建建筑情况。以上这些传统绘制的地图、手绘地图和卫星地图涵盖了八廓古城许多建筑的真实信息,展示了拉萨古城的空间结构、城市景观和生活场景,图中的地名和建筑信息基本符合现今的情况,精炼度和准确度都很高,可视为研究拉萨古城的重要地图文献。

二、《拉萨城市的中心》地图阐述

"地图是基于数学原则,以线条、符号、颜色和少量文字将地球表面的自然地理和人文地理现象表达在平面上,以便概括地反映这些现象的地理分布和相互关系。"[①]中国传统地图绘制的理论和方法与古希腊等西方国家的地图学有所不同。受中国古代"天圆地方"思想的影响,加之古代中国文化中心位于以大陆为主的黄河中游地区,中国古代地图绘制时将地表视为平面。而西方古国的哲学家从数理的观点出发提出了地圆说,三面临海的古希腊等文明古国海上交通往来便利,更易察觉地球的曲度。[②]因此,为了在平面上准确表现球面上的地理现象,西方传统地图的绘制采用了地图投影等的方法。明末以来,西方传教士传播的地理知识不仅有欧洲当时对世界的新认识,还包括地图的绘制方法,如西方经纬度测量和投影法。清初聘用的西方传教士,采用经纬度测量法对全国范围进行了测量,并利用投影技术编绘了中国整体地图。19世纪末至20世纪初期,一些探险家把这些地图绘制理论与方法应用于西藏古建筑的研究测量中,《拉萨城市的中心》便是其中的典范之一。这张地图的绘制者彼特·奥施奈特结合图齐、理查德森、查尔斯等赴藏学者的著作,对八廓古城的重要地名和建筑名称进行了调研、新增和补充,使地图信息更加完整,绘制更加真实严谨。图中的建筑名称和坐标注释为20世纪40年代以来研究八廓古城历史建筑和地名的相关问题提供了重要的原始资料,对于研究近代拉萨古城的政治、经济、地理、历史事件和人物具有重要的史料参考价值和借鉴意义,对于八廓古城的保护传承与更新具有重要意义。

1. 绘制时间和依据

20世纪40年代,彼特在拉萨城市的电气化和灌溉系统的改善等方面发挥了重要作用。他在拉萨河上游规划建设了一座水力发电站和污水处理系统设施,并首次在该

---

① 曹婉如:《中国古代地图绘制的理论和方法初探》,《自然科学史研究》1983年第3期。
② 同上。

地区实施了加固河堤和植树造林的措施。① 在对八廓古城实地考察期间，他收集了大量与历史建筑相关的旧志文献和官方档案资料作为研究基础，利用西方经纬仪测量了八廓古城的历史建筑，最终于1948年完成了《拉萨城市的中心》的绘制。②《拉萨城市的中心》的地理坐标基于大昭寺核心，展现了"曼陀罗式"理论基础的辐射结构。③ 此图是第一次运用西方先进的测量方法在拉萨进行的实地测绘，其准确性和科学性远超此前所绘制的拉萨古城绘画式作品和地图，对之后拉萨八廓古城研究和地图绘制也产生了重大影响。

自19世纪以来，西方传教士、探险家和学者进入西藏进行考察，通过图文记录他们的见闻，为后来学者研究西藏文化提供了重要参考资料。虽然这些历史文献并非专门针对八廓古城建筑展开的研究，但其中所记载的丰富地理人文知识和信息对于八廓古城历史建筑的研究具有重要价值。在编制《拉萨城市的中心》时，彼特通过各种途径深入了解和学习西藏文化。他在好友霍康·旺堆的帮助下学习藏语，采访了很多传统工匠、学者，还翻阅大量藏文史料，并阅读英、法文资料来拓展对拉萨古城的认识。他将这些研究成果与旧志文献、官方档案以及实地测量相结合，开展了深入的工作。

英国使团成员斯潘塞·查普曼于1938年出版了《圣城拉萨》④ 一书，作者以游记的形式详尽描写了拉萨古城的寺院、风俗习惯以及社会政体和僧侣制度等。此外，还有一系列的著作，如达斯的《西藏拉萨之旅》⑤，戴维·亚历山大（David-Neel Alexandra）的《我的拉萨之旅》⑥，兰登·珀西瓦尔的《拉萨》⑦，桑德伯格、S. L. 格雷厄姆的《从锡金到拉萨的路线》⑧ 以及沃尔什的《拉萨大昭寺佛像》⑨，等等。这些

---

① Kund Larsen, Amund Sinding-Larsen. *The Lhasa Atlas*, Serindia Publications. 2001. 22.
② 参见 Andre Alexander. *The Traditional Lhasa House: Typology of an Endangered Species.* Serindia Publications. 2011. 5 – 10。
③ 参见 Andre Alexander. *The Traditional Lhasa House: Typology of an Endangered Species.* Serindia Publications. 2011. 384。
④ F. Spencer Chapman. 1938. *Lhasa, The Holy City*. Reprint, New Delhi: Genesis Publishing, Cosmo Edition, 1989.
⑤ Sarat Chandra Das. 1902. *Journey to Lhasa and Central Tibet.* London: John Murray.
⑥ David-Neel Alexandra. 1927. *My Journey to Lhasa.* New York: Harper & Brothers Publishers.
⑦ Landon Perceval. 1905. *Lhasa*, 2 Vols, London: Hurst and Blackett Ltd.
⑧ Sandberg, S. L. Graham. 1901. *An Itinerary of the Route from Sikkim to Lhasa.* Calcutta: Baptist Mission Press.
⑨ E. H. C. Walsh. 1938. The Image of Buddha in the Jo wo khang Temple at Lhasa', in *Journal of the Royal Asiatic Society.* London.

著作详细描述了拉萨古城历史文化、民间文学、自然地理、建筑文化、传统节日和风俗习惯等方面的内容，其中还有一些涉及大昭寺建筑群历史的专题性著作。这些有关拉萨历史人文和建筑文化的文献资料，对彼特绘制地图时的研究起到了重要作用。

2. 建筑编号及顺序

《拉萨城市的中心》共标注了869座建筑与地名。为了便于确认它们的地理位置，作者以大昭寺为中心，顺时针方向将整个区域划分为9个不同的部分，包括嘎（ka）、卡（kha）、噶（ga）、阿（nga）、甲（ca）、恰（cha）、迦（ja）、娜（nya）、哒（ta）等区域。每个区域的建筑与地名数量和排列顺序各不相同，比如，嘎（ka）、迦（ja）、娜（nya）、哒（ta）区域分别包含54、61、129、106座建筑与地名，它们的排序从大昭寺开始以顺时针方向逐渐展开。其中，嘎（ka）区域对应当前的八廓转经道范围；而卡（kha）、噶（ga）、阿（nga）、甲（ca）、恰（cha）区域分别含有82、90、103、128、116座建筑与地名，它们的排序则以逆时针方向展开，可能是根据顺着街道的通向而为。在阿（nga）区域中序号1的"甘丹夏"（dga-ldan-shar）分为四座大小不同的建筑，4号"夏崇宁巴"（sha-khrom-rnying-pa）分为三座大小不同的建筑。此外，哒（ta）区域中53号建筑分为两部分，而编号53—86号之间的建筑在地图上未被详细划分。同样，在建筑编号为86—103之间存在缺失，缺少了95、97、98、99、100、101、102等建筑和地名。通过研究发现，《拉萨城市的中心》的八廓古城区域划分中，建筑与地名序号的顺序可能是以当时（20世纪初）已建建筑的规模和其价值评估来决定的。

3. 建筑颜色及分类

《拉萨城市的中心》以大昭寺为中心，用红色标注了周围33座宗教建筑群。其中，大昭寺、仓姑寺及四方三怙主殿等建筑遗址最为古老，其次是木如寺、上下密院和嘎玛夏等寺院建筑。此外，地图用蓝色标注了一片沼泽地，即位于大昭寺东北方向的娜（nya）区域26号的阿底江塞（A-ti-lching-gseb）。这片沼泽地可能是7世纪松赞干布在拉萨填沃塘湖（ao-thang-mthso）修建大昭寺时形成的湖泊河汊，或者是由拉萨河的支流所形成的沼泽，具体起源仍需进一步的学术研究来确认。在彼特绘制的《拉萨和罗布林卡平面图》中，可以看到大昭寺西部的多仁宁巴大院（rdo-ring-rnying-ba）后方有一条拉萨河支流，卡（kha）区域的顶郭康赛（bstan-rgrod-khang-gseb）后方也有一座小池。因此，娜（nya）区域中的阿底江塞沼泽很有可能与这些支流和小池来源相关，故而没有适宜建筑的条件。另外，在地图上使用黄色标注了古城郊区的34座林卡和菜地名。根据安德烈·亚历山大（Andre Alexander）的调查研究，拉萨八廓古城建筑类型可分成 12 种，具体分类与数量如表 1 所示①。

表 1 安德烈·亚历山大的八廓古城建筑分类情况表

字母	类型	层数	藏文名称	数量
A	服务附属的大型宅院	3	僧莎（gzim-shag）	13
B	中型豪宅	2	僧莎（gzim-shag）	18
C	公务功能建筑	3	办公场所	7
D	廉租房——大型住院	3	果热（sgo-ra）	9
E1	带庭院的矩形住宅	3	僧穹、果热（gzim-chung）	31
E2	不规则形建筑	3	僧穹、果热（gzim-chung）	25
E3	小型多层建筑	3	果热（sgo-ra）	7
F	庭院单层矩形建筑	1	果热（sgo-ra）	5
G	避暑山庄	2	卓康（spro-khang）	1
H	拉章	3	拉章（bla-brang）	8
I	神职人员私宅	1	赞康（btsan-kang）	1
J	黄色房屋	3	康赛（khang-gsar）	2

此外，在这幅地图上还标注了 17 座寺院、30 座以人名命名的宅院、31 座贵族宅院、4 家医院、1 家商铺、54 座新房、6 座桥、2 条泉水、13 片林地、26 片林卡、23 处菜地、10 个拉章②和 6 个尧奚（yab-gzhis）③。除此之外，还有 510 个普通民居和空地。

4. 建筑与地名规模及所有权

20 世纪 40 年代，拉萨八廓古城的建筑空间格局和规模呈现出《拉萨城市的中心》所展示的特征，以大昭寺为核心的转经道区域内，建筑布局密集且规模相对较小；而随着向外扩展，建筑面积和规模逐渐增大。这种格局形成的原因一方面是古城中心区传统文化活动的繁荣，人口流动量较大，吸引了众多商人和朝圣者在此定居。另一方面，在甘丹颇章政权和嘎夏政府统治期间，由于办公和管理需求，许多官署建筑群在大昭寺转经道附近兴建。普通居民的建筑面积较小，他们大多居住在廉价租房、不规

---

① Andre Alexander. *The Traditional Lhasa House: Typology of an Endangered Species.* Serindia Publications. 2011. 347.
② 喇嘛的住舍或私庙。
③ 1950 年以前达赖、班禅等最大贵族活佛出生的父家原有的或新占领的庄园，始于 18 世纪的达赖喇嘛格桑嘉措。

则形状的建筑和单层矩形房屋中。而贵族官员则在八廓古城郊区建造了带有服务及附属设施的二至三层的大型庄园,地方政府也为一些高僧喇嘛修建了拉章建筑。因此,八廓古城呈现了建筑规模由内而外逐渐扩大,建筑密度由内向外逐渐减小的格局。此外,社会经济组织形式和社会结构的影响也导致了古城这种居住环境的差异。

根据皮特绘制的《拉萨城市的中心》地图,安德烈·亚历山大对八廓古城主要历史建筑所有权的比例进行了统计。他发现在1948年,八廓古城的建筑所有权分配如下:有53栋建筑归贵族成员所有,占比42%;29栋建筑属于神职人员所有,占比23%;36栋建筑归普通居民所有,占比28%;另外9栋建筑为政府办公场所所拥有,占比7%(图1)。古城的基本空间格局和轮廓最初自松赞干布时期奠定基础,并在漫长的历史过程中逐渐形成。这种格局深受藏传佛教宇宙观和祈祷方式的影响,与其他国家和民族的城市规划思想有明显区别,因而具有独特性。拉萨八廓古城被朝圣路线环绕,其传统城市景观的总长度约为7.5公里,建筑面积约为4平方公里。由此可见,《拉萨城市的中心》展示的信息为八廓古城的保护、传承和更新研究提供了重要的依据与资料。

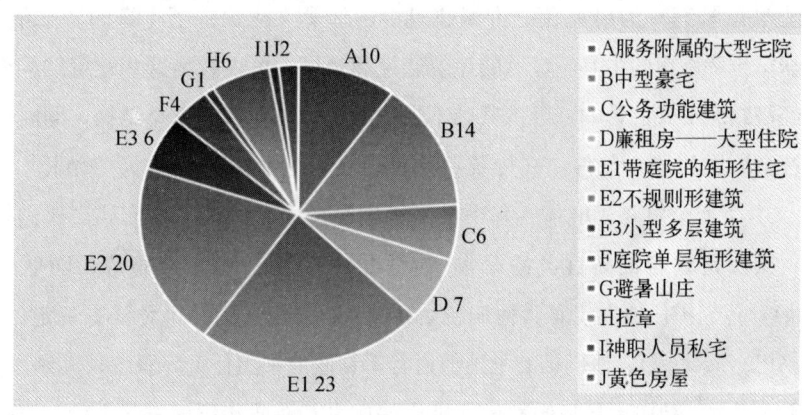

图1 基于《拉萨城市的中心》的八廓古城主要建筑分布比例图(单位:%)

三、《拉萨城市的中心》价值辨析

依据联合国教科文组织通过的《保护世界文化和自然遗产公约》《保护非物质文化遗产公约》,以及《中华人民共和国文物保护法》等相关法规文件,古地图被定义为广义文化遗产,其主要价值涵盖历史、艺术和科技三个方面。[1] 随着世界文化遗产

---

[1] 梁启章等:《中国古地图遗产与文化价值》,《地理学报》2016年第10期。

保护与利用进入现代科技时代,国内外著名藏图机构收藏的中国古地图遗产体现出极高的文化价值,应当得到更好的挖掘和利用。《拉萨城市的中心》作为迄今为止研究拉萨八廓古城最精炼和准确的重要历史地图,图中标注的20世纪40年代拉萨八廓古城的建筑地名和空间格局,对于研究和识别现今拉萨古城的建筑遗址、建筑地名演变和城市空间格局变化等具有实际意义,在古城的保护和更新过程中具有重要的历史文献补充价值和保护借鉴价值。

1. 历史文献补充价值

古地图,作为一种历史文化遗产,详实记录了国家和区域环境变迁、经济发展、人文历史及建筑演变等诸多信息,为探究和研究历史提供了珍贵的资料,其社会影响力和价值,是任何书籍都无法企及的,因此在城市规划和保护更新领域具有不可替代的作用。以《拉萨城市的中心》为例,该地图以拉萨古城文化记忆为核心,详细展示了古城独特的建筑格局、景观特征及建筑规模。此地图自改革开放以来,已成为拉萨古城重新规划、建筑修缮的重要历史文献。因此,这幅地图可视为重要的历史文献补充,为研究拉萨古城建筑群的历史文化提供了丰富的考察依据。

根据《拉萨城市的中心》显示的建筑选址和规模,可以看出这些建筑结构受到一定社会经济组织形式的影响。经济基础不仅塑造了传统拉萨的社会结构,同时也影响了不同社会阶层的居住条件。在传统拉萨社会中,贵族通常被称为"姑札"(sku-drag),又分为四个主要亚群体。其中最高级别是过去的达赖喇嘛家族,他们被称为"尧奚";其次是政府最高官员的第本(sde-dpon),由5个家族组成;随后是米查(mi-drag),他们担任地方政府其他职位,由15个家族组成,相对具有一定的权力;最后是格巴(sger-pa),他们拥有土地但通常不在政府中担任重要职位,大约由125—150个家族组成。神职人员是佛教僧侣机构的成员,在政治层面有强大的影响力,同时掌控相当可观的财富和土地资源,包括转世活佛(sprul-sku)、寺官堪布(mkhan-po)、僧人官员(俗称噶伦喇嘛,rtse-drung)和噶厦政府四个最高权威机构的官员以及僧人。[①] 八廓古城不同社会结构成员的建筑在选址、形制、结构、建材使用、色彩运用等方面有所差别,同时也有共通之处。如所有历史建筑都体现了朴素的生态保护

---

① 载于 Melvyn C. Goldstein. *A History of Modern Tibet, 1913-1915: The Demise of the Lamaist State*. University of California Press. 1989. 14-146。平民每年需要向政府缴纳一定的税收。根据安德烈的研究,以经济组织形式为基础,把平民分为六大类,即米沃(mi-bogs)、索巴(bzo-pa)、驰巴(khral-pa)、德穹(dud-chung)、桌巴('brog-pa)、却雷(bcig-las)等。载于 Andre Alexander. *The Traditional Lhasa House: Typology of an Endangered Species*. Serindia Publications. 2011. 58-59。

观念，包括选材、选址和空间组织等方面；建筑选址充分适应当地自然环境，建筑结构兼具坚固和稳定的特征；建筑材料就地取材，以石木为主；四合院式平面院落布局符合居民的生活和生产方式；宗教寓意图案和装饰物丰富的色彩，展现了独特的藏族建筑文化内涵。

根据《拉萨城市的中心》所显示的建筑分布和类型，八廓古城形成了多元民族民俗和信仰文化。以藏传佛教为主的宗教文化，是拉萨作为"圣城"的核心主体文化，清至民国时期，随着商业发展和外来商人迁入，汉族文化、穆斯林文化和近代思想文化纷纷涌入古城，促进了多元文化的互通和互鉴，在这种交流中，各种宗教建筑和文化设施相继兴建，使拉萨的文化建筑和文化信仰更加繁荣。代表汉地建筑文化的关帝庙和穆斯林文化的大小清真寺成为其中的典范。拉萨的穆斯林主要来自克什米尔及尼泊尔、印度等地，以及国内四川、陕西、甘肃、青海、云南等地。① 随着穆斯林的迁入，作为伊斯兰文化载体的清真寺也陆续在拉萨建立，但目前现存的只有两座，且都与商业有关。其中，大清真寺位于大昭寺东侧今林廓南路，最初修建于康熙五十五年（1716）。小清真寺位于林廓东南，建于20世纪初②。宗教建筑和设施的兴建，反映了客籍商人在异地的信仰寄托，也是古城商业发展促进外来宗教信仰和文化传入拉萨的结果，为古城多元文化和城市格局的形成提供了条件。此外，地图上标注的驻藏大臣衙门建筑与清朝中央政府的治藏政策也有一定历史文化联系和影响。

2. 古城保护借鉴价值

根据《拉萨城市的中心》地图和20世纪90年代以来对八廓古城的考察③，八廓古城遗产名称特殊而庞大，地名也在不断变化。因此，应将所有地名纳入保护范围，尤其是承载了不同时代古城的历史愿景及环境变迁的老地名。研究地名有助于了解古城历史发展脉络，唤起人们对历史的回忆。我们应将这些遗产名称的保护提升到精神文化层面，尊重其包含的风俗习惯、社会心态、乡土特色和民族精神等内容。针对这类地名，应采取有效保护措施，深入挖掘其文化内涵，营造良好文化氛围，以实现地名中蕴藏的文化精神的传承。

---

① 周传斌、陈波:《伊斯兰教传入西藏考》，《青海民族研究》2000年第2期。
② 西藏自治区文物管理委员会编:《拉萨文物志》，陕西咸阳印刷厂1985年印刷，第55页。
③ 1994—1999年，由克纳德·拉森（Knud Larson）和阿穆德-希丁·拉森（Amund-Sinding Larson）带头的挪威科技大学研究小组课题成果《拉萨历史城市地图集》（The Lhasa Atlas）；1989—2010年，由西藏文化发展公益基金会（THF）创始人安德烈·亚历山大进行研究考察的课题（Tibetan Heritage Fund's Conservation Inventory）成果《拉萨传统民居》（The Traditional Lhasa House: Typology of an Endangered Species）。

目前,《拉萨城市的中心》显示的 869 个建筑与地名,仅有不到 40% 仍在使用[1],且存在不规范的写法和异议。因此,对八廓古城遗产名称的研究需要进行多视角、多层面的普查,整理地名遗产名录,厘清遗产名称历史,完善地名数据库;调研清理不规范的名称和写法;推动文化遗产认定,强化遗产名称保护,为地名文化研究和保护奠定基础[2]。自 20 世纪 90 年代以来,我国与国际历史遗产保护的趋势一致,逐渐重视历史遗产与其周边区域在自然环境、历史文化和社会发展方面的关联,形成了历史文化名城保护概念和体系,并将文物保护单位和历史文化街区纳入其中。[3] 自 1982 年起我国多次修订《中华人民共和国文物保护法》,于 2003 年和 2005 年先后颁布《中华人民共和国文物保护法实施条例》和《中华人民共和国文物保护法实施细则》等专门法律,配合《文物保护法》共同促进历史文化名城保护体系的完善。

八廓古城,一座拥有 1300 多年历史的古老街区,承载着丰富的地域文化及重要的历史价值。依据《西藏自治区城乡规划条例》,在编制与实施城乡规划的过程中,务必充分考虑保护历史文化遗产、民族特色及传统风貌。城市规划体系应涵盖自然资源和历史文化遗产保护区域,而自然与历史文化遗产保护亦成为城市总体规划的强制性要素。在控制性详细规划中,须明确划定历史文化街区及历史建筑的保护范围。同时,经批准的历史名城应根据规划进行保护,严禁擅自更改城乡规划,以确保文物古迹及历史文化街区得以维持。

结 语

依据《拉萨城市的中心》及相应绘画作品可知,1948 年以前,八廓古城的基础设施如给水排水与交通运输等方面尚不完善。20 世纪 60 年代至改革开放前期,尽管拉萨八廓古城经历了局部改建,如街道路面及排水等基础设施的铺设,但古城风貌并未发生显著变化,城区依然存在建筑密度过高、交通拥堵、公共服务设施欠缺等问题,且缺少排污和消防等基础设施。自改革开放以来,拉萨政府对八廓古城的建筑及基础

---

[1] 根据拉萨市设计院与西安建筑科技大学 2021 年 8 月进行的《拉萨古城八廓历史街区保护传承与更新研究田野调查报告》(内部资料)发现,在《拉萨城市的中心》地图上原有的八廓历史街区 869 个建筑与地方名称,现实中仅剩 260 多个。
[2] 古格·其美多吉:《西藏地名与文化研究》,西藏人民出版社 2022 年版,第 401—404 页。
[3] 李青:《拉萨老城区历史演变与保护》,社会科学文献出版社 2014 年版,第 260—261 页。

设施进行了五次改造①，极大地改善了居民居住条件。通过给排水改造、电力线路改造、供暖工程、路灯改造等举措，基本完善了古城公共服务功能的基础设施，并推动了古城特色风貌的保护。然而，在古城区改造与规划过程中，对许多具有历史信息的遗产建筑保护不足，导致其数量大幅减少。古城兴盛的各类现代产业与历史深厚的本土历史文化氛围存在差异，导致城市的历史文物面临着保护、发展及管理方面的挑战。因此，为实现八廓古城的保护与传承，应确立古城保护理念，重视历史文化；树立特色发展观念，妥善处理历史遗产保护与城市现代化发展的关系。同时，在加强保护的基础上，应使历史文化遗产更好地融入民众生活。

---

① 分别为 1979—1992 年、1993—2000 年、2001—2005 年、2006—2010 年、2011—2015 年。

闽台歌仔戏的传承发展与"海丝"非遗传播路径新探*
——基于"结构-功能论"视角

谢清果 韦俊全

(厦门大学新闻传播学院 厦门大学新闻传播学院)

【摘 要】 歌仔戏是国家重要非物质文化遗产之一,也是闽南文化及海上丝绸之路文化圈的重要文化元素。它是闽南文化标识的体现,通过海丝之路联结着海内外华人华侨的民族情感与文化认同,成为铸牢中华民族共同体意识的重要支点。因独特的戏曲程式与艺术感染力等,歌仔戏得以突破历史的局限,在时代的更迭中展现着长足的生命力。当下歌仔戏面临着传承濒临断裂、传播方式亟待创新等新的挑战。为破解这一困境,本文尝试以非遗传播与新古典"结构-功能论"双理论的对话入手,立足非遗传播语境,尝试创新诠释新古典"结构-功能论"的研究框架以梳理歌仔戏的文化发展踪迹,深入探析其社会文化结构与功能,并以此观照其在当下非遗传播中的困局,以期为歌仔戏及其他地方戏曲文化提供可行之传承传播进路。

【关键词】 歌仔戏 非遗传播 海丝文化 中华文明标识 中华民族共同体意识

前 言

习近平总书记在《在文化传承发展座谈会上的讲话》中提出"在新的起点上继续

---

* 本文系国家社科基金重大项目"铸牢中华民族共同体意识的传播策略研究"(22&ZD313)、国家社科基金一般项目"华夏文明传播的观念基础、理论体系与当代实践研究"(19BXW056)的阶段性成果。

推动文化繁荣、建设文化强国、建设中华民族现代文明,是我们在新时代新的文化使命"①,为文化之"现代化"传承发展作出了重要论断。"中华文明源远流长、博大精深,是中华民族独特的精神标识,是当代中国文化的根基,是维系全世界华人的精神纽带,也是中国文化创新的宝藏。"② 党的二十大报告提出,"坚守中华文化立场,提炼展示中华文明的精神标识和文化精髓"③,"发展面向现代化、面向世界、面向未来的,民族的科学的大众的社会主义文化,激发全民族文化创新创造活力,增强实现中华民族伟大复兴的精神力量"④,中央的举措与论断为新时代发展中华文明、中华传统优秀文化新时代之意义与方向作出了重要指引。"文化关乎国本、国运。"⑤ 中华优秀传统文化是中华民族的根与魂,地方非遗文化是中华优秀传统文化的重要组成部分,非遗文化的传承发展也日渐成为各地区文化事业发展的重心所在。2021年8月12日,中共中央办公厅、国务院办公厅亦印发《关于进一步加强非物质文化遗产保护工作的意见》,进一步落实了对非遗保护工作的要求并要求各地区各部门认真执行,从政策层面为非遗文化传承发展铺好基石。歌仔戏作为闽地甚至整个海丝文化圈都极富标识性的文化事项,在福建文化乃至中华传统文化体系中亦是举足轻重之存在,对歌仔戏非遗文化的创造性转化、创新性发展更是福建非遗文化工作的一项大任。非遗文化重要性日益凸显,如何更好地解释、研判非遗文化在对内之传承与对外之传播相关的现象与问题,如何观照、指导非遗文化的传承传播实践,更成为非遗事业与传播学发展的重要关隘。

一、非遗传播:闽台歌仔戏发展突围的时代新路

在"中华民族伟大复兴""中国式现代化""文明交流互鉴"的时代语境影响下,中华民族的文明保护意识与申遗意识也日益兴起,非遗文化传承传播已然成为国家文化事业发展之重要支点,是助推中国式现代化,增强中华文明传播力影响力,实现中华民族伟大复兴的重要动力,亦逐渐成为中国传播学人在探讨文明文化传播时的新增

---

① 习近平:《在文化传承发展座谈会上的讲话》,《求是》2023年第17期。
② 习近平:《习近平主持中共中央政治局第三十九次集体学习并发表重要讲话》,中华人民共和国中央人民政府,2022年5月28日,检索于http://www.gov.cn/xinwen/2022-05/28/content_5692807.htm。
③ 习近平:《高举中国特色社会主义伟大旗帜,为全面建设社会主义现代化国家而团结奋斗:在中国共产党的第二十次全国代表大会上的报告》,人民出版社2022年版,第46页。
④ 同上书,第43页。
⑤ 习近平:《在文化传承发展座谈会上的讲话》,《求是》2023年第17期。

量。立足时代文化语境与发展趋势,在传播方式日趋多元和新技术不断迭新的现代语境下,去观照、去思考歌仔戏等非遗文化的新挑战与新路径,必然是至关重要的事情。歌仔戏的文化内核,即本真精神是需要代代保有且坚守的,但是其传承与传播的方式作为歌仔戏与当下时代、当下市场沟通的方式,则应该考虑要因时而变。在文化精神因吸纳时代新内涵而日渐丰厚的同时,也要不断地应时革新自己的传播与传承方式,不是居高临下,而是顺流而下地去融入时代,可以通过更多元、更贴切的方式让更多人知晓歌仔戏,走进歌仔戏。只有文化的内生与文化的外传两者并行,才能保证文化生命力的源源不断。

(一)从非遗到非遗传播:当下闽台歌仔戏传承传播的新机遇

"非遗是人类口传心授、世代相承的活态文化,其传播是一种实践性强、地域色彩浓厚、人际关系紧密的活态传播。"[①] 非遗文化是中华民族代代相承、源远流长的充满生命力的文化结晶,是对中华优秀传统文化的提炼与萃取,也是中华文明的标识与名片。中国作为历史上唯一文明没有中断的古国,五千余年的文明长河孕育出了众多凝聚着中华民族精神气质与内涵的文化遗产。相对于物质文化遗产而言,非物质文化遗产因超越了传统"物"之形态,在传承与传播中其主体性更为明显(个体传承者与地区、民族群体),其涉及的传播面向亦更为隐蔽与复杂。联合国教科文组织颁布的《保护非物质文化遗产公约》就对"非物质文化遗产"的内涵与范畴做出了较为准确说明,公约提道:"'非物质文化遗产'是指被各社区群体,有时为个人视为其文化遗产组成部分的各种社会实践、观念表达表现、形式、知识、技能及相关的工具、实物、手工艺品和文化场所。这种非物质文化遗产世代相传,在各社区和群体适应周围环境以及与自然和历史的互动中,被不断地再创造,为这些社区和群众提供持续的认同感,从而增强对文化多样性和人类创造力的尊重。"[②] 现如今,中国被列入联合国世界非物质文化遗产名录的非物质文化遗产项目数量更成为世界之最。文明是民族生长之根,涵养并体现中华民族的共同气质,也是中国形象与中国声音的内生力量。

随着时代发展,非物质文化遗产在传承传播中问题与现象亦出现多元、驳杂的态势。非遗文化作为中华文明的重要组成部分,对其研究不仅对内可铸牢中华民族共同

---

① 于凤静、王文权:《场景重构:5G非遗传播要素的嬗变与影响》,《当代传播》2020年第2期。
② 联合国教科文组织:《保护非物质文化遗产公约》,2003年10月17日,检索于 https://www.mct.gov.cn/whzx/bnsj/fwzwhycs/201111/t20111128_765132.htm,中华人民共和国文化和旅游部,2010年1月13日。

体意识,增强该文化谱系中的群体(包括在地人民与华人华侨)对地方文化、民族文化与中华文明的认同感,同时也在国际传播与跨文化传播中,响应着增强中华文明传播力影响力,通过文明交流互鉴的方式促进非遗文化的创新性发展。中央在第十一届全国人民代表大会常务委员会第十九次会议中通过《中华人民共和国非物质文化遗产法》,文件将"非物质文化遗产的传承与传播"单独立章。可见,关注、研究非遗传播相关命题,将传播视野聚焦非遗传播,既是文化自觉、学术自觉,有利于文明生态的健康发展,呈现出传播学研究的现实导向,同时也是一种文化使命与责任感。"'非遗热'源于公众的文化自觉,更是媒体传播效应的体现"[1],中国非遗事业在"官方-民间"二元权力结构的合力推动下蔚然形成大观。随着非遗传承与传播实践的不断发展,其也显露出诸多问题等待解释、解蔽与解决,因而亟须传播学介入到非遗文化研究之中,以传播学理论予以解答,非遗传播便由此应运而生。

(二)以非遗传播观歌仔戏:确立文化价值,塑新闽台歌仔戏"两创"实践

非物质文化遗产是一个地区乃至一个民族、一个国家最集中、最本质的文化生态的展现。正因非物质文化遗产的文化独特性与蕴藉深厚的文化价值,使其可以突破历史的局限,被一代代传承下来,并且成为该地区、该民族弥足珍贵的文化财富。福建省地方剧种传承至今的一共有28种(其中包括5种木偶戏),这28个剧种中不乏为人所知的闽剧、梨园戏、梅林戏、高甲戏等,这些戏曲既有本土的,亦有外来的,它们在福建戏曲文化场域中实现了彼此交融,相生相长。在这28个剧种中,以歌仔戏、高甲戏、梨园戏等几个剧种发展态势较为稳定。歌仔戏作为闽南戏曲的主要代表之一,是两地文化同源的代表之一,亦是中华文明与福建地方文明的重要精神标识,于2006年5月被列入国务院公布的首批十大类518项非物质文化遗产中。

正如习近平总书记《在文化传承发展座谈会上的讲话》中提道:"只有全面深入了解中华文明的历史,才能更有效地推动中华优秀传统文化创造性转化、创新性发展,更有力地推进中国特色社会主义文化建设,建设中华民族现代文明。"[2] 我们若要在新的时代文化语境中重新发展与繁荣歌仔戏等地方非遗文化,亦必须对其发展之根源与生成之土壤进行全面深入的了解。歌仔戏作为闽台地方戏曲,其艺术之特色体现在其"地方性",同时在"地方性"之上,其也积极吸收、转化不同地方戏曲艺术的

---

[1] 陈述知:《非遗传播视角下的媒体功能探索》,《传媒观察》2018年第12期。
[2] 习近平:《在文化传承发展座谈会上的讲话》,《求是》2023年第17期。

特色，成为福建省乃至全国都独树一帜的文化标识。首先，在语言上，歌仔戏的道白与唱词一般以闽南语及闽南各地方言为主。正因为系统性入用当地方言，歌仔戏的语言才得以颇具俚趣、通俗生动又引人入胜。其次，在故事题材上，歌仔戏直接取材自民间，依据民众的生活与情感经验来进行创作，这使得歌仔戏颇具世俗性，也能让地方民众与之"共情"，更易达成文化的情感传播。再次，从歌仔戏表演曲目来看，无论是《三家福》还是《陈嘉庚还乡记》，这些故事都通过主要人物展现家庭邻里的生活，主要表现的价值内容也是伦理道德。最后，在唱腔上，歌仔戏亦别具一格，充满着浓重的闽南风味。歌仔戏的唱腔比较多变，主要使用七字调、改良调、哭调、杂碎调等，不同的唱腔往往都有其既定的使用场景，形成了一套较为稳定的表演程式，同时在稳定中亦能看到歌仔戏唱腔的灵活性。诸如在具体的演出过程中，演员会依据不同的情感变化来自如切换唱腔，使得歌仔戏既有一种范式又不至于死板和落于窠臼，亦能更加全面与生动地展现剧情与演员的表演功力。

由于闽台"海上丝绸之路"的地理优势地位，与闽人"下南洋"等历史，歌仔戏文化影响力与辐射力已经从闽台地区延伸到了东南亚，成为闽台两地以及福建与东南亚华侨同胞文化与情感联系的重要纽带。陈耕先生说："100年来，歌仔戏在海峡往返，历尽苦难坎坷，终于成为所有闽南人喜闻乐见的剧种，成为维系分居于两地和海外的闽南人一条重要的情感纽带。"[①] 因歌仔戏独特的文化生长与传播"地图"，它成为唯一一个由海峡两地共同孕育并且能如此广泛地在东南亚华侨群体中传播的剧种。同时，歌仔戏有其独特的艺术表现，它一般借由一个日常的故事进一步升华至伦理道德的表达，在观众的审美体验中实现情感的治愈与道德的教化，真正地实现了浪漫的艺术表现与崇高的精神指引融合。正因为如此，歌仔戏才得以超越闽地，成为海峡两地乃至东南亚共通的美育资源。福建歌仔戏作为福建省文化版图中的重要组成部分，凝聚着闽人的日常劳作、艺术生活与信仰生活，也联结着两地人民、海外华侨同胞的民族情感与文化乡愁，同样对铸牢福建地区民族共同体意识、两地民族共同体意识乃至中华民族共同体意识都有着举足轻重、不可忽视的作用。基于歌仔戏在海峡两地以及整个海上丝绸之路文化圈的重要地位，以现代眼光审视歌仔戏当下传承传播中所面临之困境，重新去发掘、扬弃并对歌仔戏进行"两创"式重构，无疑具有重要的文化意义，"有助于重新思考现代性中的闽南问题，促进新时代民间艺术高质量发展，进

---

① 陈耕：《海峡悲歌：风雨沧桑歌仔戏》，海潮摄影艺术出版社2005年版，第12页。

而为国家文化治理提供福建样本"①。当下以歌仔戏为代表的大多数地方戏曲曲艺在传承传播上都面临着不同程度的"停滞"甚至日渐"式微",究其原因,可以概括为"守正-创新"两个层面:守正不足,对于自身文化精髓与标识守正不够;创新不够,在与时代"交手"中找不到自身节奏。这些都需要我们立足当下非遗传承发展语境,在非遗的传承传播生态中对歌仔戏发展时势与未来进路予以审视并提出解困之道。

二、以"结构-功能论"看非遗传播:闽台歌仔戏传承传播中的案例实证

目前,非遗传播更多的仅停留在研究视角的层面,尚未在传播学大理论框架中延伸出其成熟的细部理论,正因如此,我们或者可以通过与不同理论的交叉、对话与融合来实现非遗传播研究的学理性。文化从起源、发展、成熟再到不断产生新质,其传承与发展必然会涉及该种文化在社会结构上的转变,与之相对应的,其社会功能也会发展变化。因而,从"结构-功能论"的视角去探讨和分析非遗文化的传承传播无疑具有其内在契合性,张继焦教授所带领的研究团体在古典的"结构-功能论"、马林诺夫斯基的"功能主义"、麦克·波特的"竞争优势"、联合国教科文组织的"内源型发展观"、费孝通的"文化开发利用论"、李培林的"社会结构转型论"等理论基础上发展出了一套新古典"结构-功能论","倡导要将文化遗产放在其本身的生存场域或社会结构(即外在结构)中研究,以便在整体结构中理解文化遗产的本质意义"②,通过观察非遗文化本身以及其与不同社会结构层面的关系,去探究非遗文化从内生到外传的整体结构。本文亦将部分借鉴张继焦教授的新古典"结构-功能论"视野,从"结构—功能—发展"三维角度观察非遗文化在传承传播中的"结构""功能"与"发展态势"之轨迹,以期回答歌仔戏"守正"之内生结构与社会关系,以及其如何活态地思考"创新"问题。

(一)从"文化功能论"到"结构-功能论":当下非遗传播研究的理论新支点

新古典"结构-功能论"最早于 2019 年由张继焦教授等提出,他们将之界定为"另一种角度"的"结构-功能论",并力求以之突破由英国古典功能学派著名学者 B.K. 马

---

① 王伟:《新时代闽派美育视阈下的闽南戏曲文化传承发展》,《艺苑》2020 年第 1 期。
② 张继焦、张爽:《新古典结构-功能论视角下民族文化遗产的结构转型——以承德避暑山庄及周围寺庙为例》,《民俗研究》2023 年第 4 期。

林诺夫斯基提出的"文化功能论",以及以往所惯用的"传统-现代"的二分分析框架。他们认为"古典的'文化功能论'只解释了特定的文化遗产在传统社会中所具有的特定功能,既没有讲清楚文化遗产在现代社会中将会发生什么样的功能性变化和结构性转变,也无法说明文化遗产在现代社会中发生变化的原因"[1]。张继焦教授认为目前关于文化遗产的研究中已经有不少关于"文化遗产是否为文化资本或资源、是否可以开放""文化遗产的原真性和主体性"等问题,但这些基本上都建立在"保护与利用""现代与传统"的二元对立上,而在真实的文化遗产发展语境中传统与现代是并存的,因而他在马林诺夫斯基的"文化功能论"、拉德克利夫·布朗的"结构-功能论"、费孝通的"文化开发利用观"以及李培林的"社会结构转型论"和联合国教科文组织"内源型发展"等理论的综合观照与对话的基础上提出了新古典"结构-功能论",突破了"结构-功能论"静态的分析视野,将文化遗产的发展与传播真正视为一种动态的过程。

对新古典"结构-功能论"其内里逻辑与分析框架的索隐,不难看出,其为当下的非遗文化传播研究提供了崭新且广阔的解释空间,亦呈现着相对准确的解释力。文化遗产有着明显的地域性,因而天生呈现着一定的社会文化结构性,但其结构并非固化的、静态的。文化遗产内生结构不断对话着不同的外在结构(包括社区、地域小结构、社会大结构)因素,并在对话过程中不断实现再生与外扩,以此更好地解释其如何进行资源配置与推进社会发展。从"传统-现代"的纵向"时间轴"式的源流观照,进一步拓展成横向与纵向交织,更为全域化的研究视角,"结构"与"功能"对应的时间,既能体现文化遗产纵向的历史演变,也能看出其在跨文化传播、国际传播中的横向变化,对本文所要研究的福建歌仔戏无疑是一个很好的切入视角。歌仔戏在其传承与传播过程中,既有时间性的传播体现,同时它的传承传播地图又不仅仅停留在福建,还涵盖着中国台湾省以及东南亚许多国家,并且在这种跨地区、跨国家的传播过程中,也得到了不同程度的创新发展。因此基于"结构-功能论"去探究福建歌仔戏的发展传播轨迹,进而为其如何更好"守正"与"创新"提出更具准确性、更有全局性的建议。本文的"结构-功能论"引入旨在通过新古典"结构-功能论"的理论视野与分析层次,跳出单从非遗传播本身谈歌仔戏的框架,用歌仔戏的内生结构变化与外在的社会性结构(闽台、南洋等外在结构)进行双向观照,以求能更全局性地解释歌仔戏"内—外"双向的文化建构、传承与传播过程。

---

[1] 李宇军、张继焦:《历史文化遗产与特色小镇的内源型发展——以新古典"结构-功能论"为分析框架》,《中南民族大学学报(人文社会科学版)》2019年第6期。

(二) 以"结构-功能论"观歌仔戏：闽台歌仔戏的社会文化"结构-功能"剖析

歌仔戏亦被称为芗剧，成型于中国台湾地区，文化之根却在福建漳州。现在的福建歌仔戏则是在台湾歌仔戏与闽南改良戏的相互影响下形成的，它充分吸纳了京剧、梨园戏、高甲戏、闽剧等戏曲的精华，在两地人民的共同合力下形成了属于自己的艺术特色。歌仔戏生命萌芽始发于明末清初之际，时值郑成功收复台湾。在郑成功携军赴台湾地区的同时，也把福建当地的漳州锦歌、采茶、车弄鼓等民间艺术带去了台湾，这些便成为台湾歌仔戏成长的种子。显然可见，虽然歌仔戏成型于台湾，但其文化之根却生长于福建。歌仔戏的成长与发展充分体现了"传播-生成论"与"双向传播"的逻辑。它在福建漳州锦歌、采茶等技艺的基础上，与台湾地区当地的"小调"进行了融合，在这个"文化适应"与本土化的过程中，进而生成出了歌仔戏。"在族群生活的历史中，族群的集体认同和集体意识因为相近的地缘位置、相似的生活习惯和身体体征等也开始呈现在区域文化和族群文化之中"[1]，福建地区与台湾地区基于共同的族群谱系、相近的地缘位置等，在诸多地方文化中都呈现同源性的特点。虽说歌仔戏的出现最先是福建地区对台湾地区"单向传播"的结构，但是同时在20世纪初期，随着两地文化活动的火热开展，歌仔戏又由台湾地区传播到福建，因为歌仔戏与福建地方曲艺的文化同源性，加上闽南文化兼容并蓄的特点，歌仔戏在福建地区迅速被接受、被传播，得到了更广泛的发展。

从歌仔戏的文化生成踪迹与传承传播地图来看，其在不同时期呈现着不同的社会文化结构与功能。最初的歌仔戏在结构上呈现着闽台双向"传播-生成"的社会文化结构，歌仔戏生发于福建的漳州锦歌、采茶、车弄鼓，这些技艺传入台湾后基于台湾当地人的物质与文化需求，在结合台湾小调之后生成了歌仔戏，最后通过文艺交往再由台湾传至福建，并在福建进行一定程度的改良与再传播。此后，歌仔戏更是以闽南为基点展开了一系列国际传播与跨文化传播。自1928年厦门"双珠凤"戏班远渡重洋到新加坡演出始，正式拓展了歌仔戏的文化地图。歌仔戏在新加坡"首秀"取得了惊人的火爆效果，"双珠凤"戏班更是一度声名大噪，被邀请到陈嘉庚、胡文虎等著名侨商的公馆进行表演。在福建厦门的"双珠凤"赴新加坡演出之后，台湾歌仔戏班德胜社也在1930年前后前往新加坡、菲律宾等地演出，据相关史料记载德胜社在南洋演出时间达6个月之久，表演无不令当地华人疯狂，更是被华侨们杀鸡宰羊盛情款

---

[1] 韦俊全：《从影视人类学视野浅析美食纪录片中区域文化形象的建构和传播——以〈风味原产地·潮汕〉为例》，《西部广播电视》2021年第17期。

待。之后，福建和台湾地区诸如凤凰班等剧团也依循前辈之路，远赴南洋演出，延续和扩大着歌仔戏的国际影响力。

因此，笔者在对歌仔戏文化踪迹的探源下尝试梳理了歌仔戏在"结构-功能论"下的发展逻辑示意图。不难看出，在建立闽南地区的基点之后，歌仔戏更进一步横向传播至东南亚等地，并引发了当地华人华侨的剧烈反响，联结着他们的民族认同与文化乡愁，也传播着闽南文化的精神标识，增强了闽南文明的传播力和影响力，使得歌仔戏跳脱地方戏曲的格局，在文化同源的加持下，成了沟通两地、增进两地民族文化与民族情感认同的文明标识。因此，歌仔戏对于"铸牢中华民族共同体意识""增强中华文明传播力影响力""促进文明交流互鉴"的作用自然不言而喻。因此，传承好、保护好、传播好、利用好歌仔戏是必要且重要的。这既是闽地人民的重要文化责任，也是中国非遗文化事业中的重要一环。步入"全媒体时代""智未来媒介时代"，我们又该怎么去规划歌仔戏的发展？又该如何进一步提炼和坚守其文化精髓，同时在不断审视发展中的现象与问题中提出创新之道，使歌仔戏在守正与创新中得以绵延下去，便是当下传承传播歌仔戏首要解决的症结。

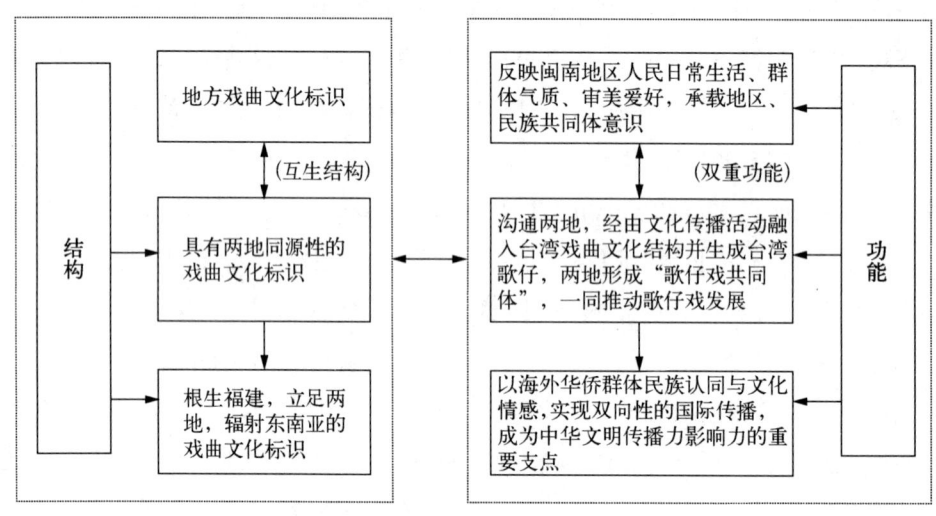

图 1　闽台歌仔戏的海丝社会文化"结构-功能论"解析

三、守正协同创新：以"主—客"结构谈歌仔戏传承传播的进路

在非遗传播的时代语境下，歌仔戏的传承传播面临着诸多发展症结，其中包括经典剧目的日渐式微、修复之路困难重重，剧团经营不善导致传承主力衰微、发展资金

不足等问题,不单是歌仔戏,很多非遗文化亦面临着同样的窘境:在传播方式加速裂变和衍化时,很多非遗文化依然固守着最初的传承传播路径,致使其未能很好地展现出自身的独特吸引力,在新一辈中出现了文化传播的乏力与无奈。因此,在老一辈的苦心坚守与新一辈的浅尝辄止的"猎奇"或漠不关心的"疏离"之间,歌仔戏出现了明显的传承传播断裂。"坚持以人民为中心的创作导向,坚持以社会主义核心价值观为引领,坚持扬弃继承、转化创新,保护、传承与发展并重,更好地发挥戏曲艺术在建设中华民族精神家园中的独特作用。"① 当下"中国式现代化"走到了大众眼前,地方戏曲也同样要在"中国式现代化"号召下实现自身的现代化。

笔者认为从"结构-功能论"角度谈歌仔戏的现代化传承传播大致可分为"主体"与"客体"层面。主体层面包括"剧团-传承人"的内主体与涵盖政府、民间等社会力量的外影响/主体,而客体层面则包括了整体性的剧种客体与代表性的剧目问题。传承与传播问题大致亦可归结为主体、客体在传承传播上的方式方法问题,如何在探源中确立其自身的文化精髓与文明标识,进而避免经典的剧目或因为各种原因而尚未得到妥当的保存与开发,以及传承者对于时代与市场的需求亦没有正确的态度去甄别而易出现随波逐流的现象,这些值得深入思考与讨论。因而从"主—客"的二元结构出发探索歌仔戏如何在守正创新中重塑其传承传播之新进路。我们必须在确立自身价值与文化精神的同时,坚持不断转化创新,让歌仔戏如有源头活水般,源远流长。

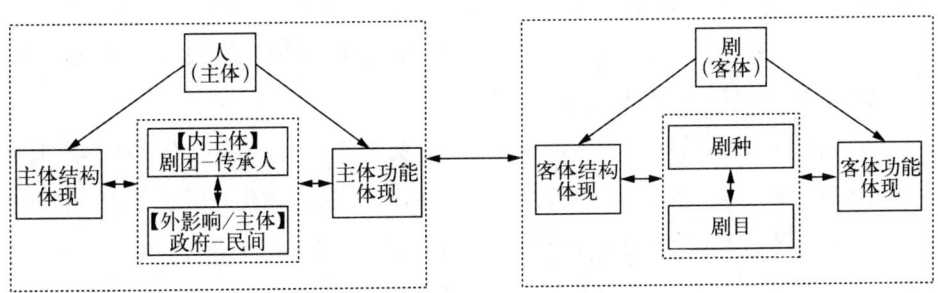

图2 新古典"结构-功能论"下闽台歌仔戏传承传播的"主—客"框架(作者自制)

(一)主体结构层面:固本培元,做好歌仔戏创作者与传承人的守正与创新

在当下时代语境下发展歌仔戏,第一步必然是向内复归。在歌仔戏的传承发展中,其主要的文化辐射区依然困囿于中国福建、中国台湾及东南亚地区等部分海丝文

---

① 《国务院办公厅印发关于支持戏曲传承发展的若干政策的通知》,2015年7月17日,检索于http://www.gov.cn/zhengce/content/2015-07/17/content_10010.htm。

化圈内,其他地区民众对于歌仔戏或只是粗浅了解,或知之甚少,歌仔戏的文明标识提炼度、认知度依旧不够。此外,由于种种原因,歌仔戏的演出更是逐年锐减,歌仔戏的文明不复当年之盛况。因此,要提炼文化精髓、塑造文明标识,必须要向内复归。

歌仔戏等地方戏曲为集体作业性质,因而一般较少有单个传承人,但是会有著名的曲艺"大成者"——代表人物,往往是剧团主力,因而在"结构-功能论"的分析框架中,歌仔戏的主体创作人、传承人大致可分为"剧团-传承人"。从各自功能来看,剧团一般是传承人培养、管理与价值实现的功能性和艺术性场域,同时剧团在社会层面是剧种发展的主要力量,展现着剧种的集体风貌;个体传承人,则是剧种发展的核心力量,是剧团的灵魂人物,维系和建构着剧团,也成为社会与他者关注与了解剧种、剧团的"窗口"。值得注意的是,除了"剧团-传承人",曲艺的发展同时也会受外部有关政府部门、投资者、专家学者和观众的影响,因此需要内外合力来实现对歌仔戏传承传播的文化自觉。

目前歌仔戏在"人"的层面反映出来的问题就是权力与权利僵持不下,如文化建设和经济效益的偏重与取舍问题,是不断应时创新还是保留本真面貌等,不同主体的话语在当下的歌仔戏传承中形成了不同的角力,造成了歌仔戏为代表的地方戏曲文化的保护工作难以开展。社会对于歌仔戏的非遗保护意识并未形成统一的重视,这势必将削弱歌仔戏的内生动力。要解决歌仔戏目前"守正"不足的症结,须先从其传承与发展主力出发,要提高歌仔戏非遗事业参与者对歌仔戏非物质文化遗产保护的认识,增强其文化的责任感、使命感。

就剧团层面来说,要增强自身的建设意识与发展意识,而不仅仅是被生存意识所支配。目前大多数歌仔戏剧团的建设意识较为薄弱,在面临歌仔戏受众流失、市场萎缩等问题时,他们大多数都甘于忍受当下的困局,勉强地生存而未真正去关注剧团的发展。以至于在很多时候,大多数歌仔戏剧团只是一味地追求短期的经济效益,在繁重的表演安排中忽视对未来传承人的恰当培养,忽视了对歌仔戏自身艺术价值的坚守。这种以短期繁荣来遮掩当下发展困境的行为,势必会对歌仔戏的长期发展造成不可逆的伤害,也会使得歌仔戏在发展中日渐"草台化",在文化品格的削减中,沦为草台戏班。诚然,生存是当下许多剧团所面临的严峻问题,但如果只是为了满足眼前的生产而殚精竭虑,也不利于剧团的可持续发展,目前申请政府扶持和企业合作等方式,都是不少剧团可以思考的进路。但一个剧种、一个剧团想要取得长远之发展,必然要对自身的艺术价值与文化内涵做好"守正"工作。如福建有名的歌仔戏剧团——

龙海芗剧团就面临过相关问题：一批尖子老演员退休，一批有成就的创作人员调离，人才出现断层；民间职业剧团为了生存出现恶性竞争压价、人才随意流动、人员压缩减少等不良现象，演出质量受到影响。因此，主体创作者与传承者，除了坚守好歌仔戏的艺术价值与文化品格外，还需要建立起一套"生生不息"的活态传承人体制。目前，大多数歌仔戏剧团传承机制老旧，难以调动新一代的传承兴趣。

个体传承人的培养是歌仔戏传承与发展的重中之重，也是最为紧迫的问题。关于传承人的培养，可以通过政府的文化活动、歌仔戏走进学校、歌仔戏短视频传播等方式，进一步唤起年轻一代对于歌仔戏的文化传承意识，丰富年轻一代对于歌仔戏这个具有"朦胧感"的戏曲艺术的认知，并且完善歌仔戏人才培养的待遇与补贴，让年轻一代既能实现内心的文化情怀，也能意识到不会陷入从事歌仔戏传承与发展事业而无法保证自身生存的困境。这些大致可以分为对内和对外两个维度：对内维度，歌仔戏可以借鉴其他戏曲的培养思路，即通过老带新、定期开班培训的方式发展新的传承人。福建省梨园戏实验剧团有"只要身体条件允许，老艺人不离开舞台或教学"的主张，而漳州的木偶剧团也通过聘请本团老演员、外聘老艺人等方式，每年都针对年轻一辈的传承人开展为期三个月的培训班，以每批20人左右的名额分批次进行培养，培养的方式即为"结对子"——老带新、一带一。厦门歌仔戏研习中心这些年也开始往这个方向尝试，不定期聘请老艺术家或者专家为成员授课和排戏。只有"言传"和"身教"并行，才能实现技艺的人眼入脑入心并化于行。对外维度就是积极开展外出交流和进修的活动，这也是一种最有效的身体在场的传播活动，亦能让其他人感受到歌仔戏的艺术魅力。在这个方面，歌仔戏与其他地方戏曲的剧团都有所尝试，福建梨园戏实验剧团、福建省实验闽剧院、厦门市金莲升高甲剧团、厦门歌仔戏研习中心等机构每年都会安排一定的公费基金给本剧团的创作者与传承人去各个艺术高校、各级艺术机构进修学习，以福建省梨园戏实验剧团为例，他们公费安排剧团的演职人员去上海戏剧学院等对口院校进行为期1—2年的学习。

再看与"剧团-传承人"内主体息息相关的外力结构——社会力量的外影响/外主体层面。"学校教育占据着极为重要的一个环节，且是关系着优秀传统文化后继之力的重要一环"[①]，学校作为青年知识分子集中的场域，也是文化艺术接受最为畅达的他者场域，而学生群体也是传承与传播优秀文化的重要后生力量。国务院办公厅在2015

---

① 谢清果、徐莹：《新媒体时代高校传承中华优秀传统文化效果评估和优化研究调查报告》，《中华文化与传播研究》2019年第2期。

年印发的《关于支持戏曲传承发展的若干政策》中强调各个学校"支持戏曲艺术表演团体与戏曲职业院校合作，建立学生学习（实践）基地及人才培养基地"，"强化中华优秀传统文化特别是戏曲内容的教育教学。大力推动戏曲进校园，支持戏曲艺术表演团体到各级各类学校演出，鼓励大中小学生走进剧场"。而这些年，戏曲剧团走进高校也逐渐开展，如厦门大学电影学院戏剧与影视学系就与福建各地方剧团开展合作，举办了"戏曲与非遗工作坊"暑期学校，2022年的"戏曲与非遗工作坊"暑期学校更是吸纳了来自海内外各大高校300余名学生，2023年更在之前暑期学校基础上，发挥了更大的影响力。笔者亦曾作为学员参加，通过这个平台和窗口领略了包括歌仔戏在内不少地方戏曲的风采。厦门歌仔戏研习中心、泉州市木偶剧团也纷纷和各大高校合作，开展各式实践与公益性演出。此外，以歌仔戏为代表的地方戏曲亦可将"产学研"思维贯穿始终。除了高校教学实践之外，亦可以培养一批高素质的研究人才，为戏曲的创作与研究提供助力。同时，也可以激发地方戏曲在地方文旅产业上的潜能与创造力，诸如地方戏曲民俗表演、相关文创周边产品、戏曲体验式博物馆等，塑造戏曲IP，进而丰富地方旅游文化，同时也通过游客"他者"口耳相传的具身传播，实现戏曲的进一步"撒播"，这方面泰宁梅林已经做出了尝试，在泰宁县政府的扶持下，不仅筹建了全新的金湖风情演艺馆，更是面向不同游客安排了《梅林谣》等戏曲民俗表演。此外，对于社会力量主体而言，亦要产生一种"聚合力"，比如政府相关文化部门要通过举办歌仔戏文化节、歌仔戏创作比赛等各项活动为歌仔戏等地方戏曲的发展创造出良好的文化环境，并且出台相关文化政策、歌仔戏人才培养政策、税收优惠政策、资金资助政策、设立歌仔戏专属发展机构或协会、完善歌仔戏保护与发展机制等，为歌仔戏非遗发展保驾护航。政府要在歌仔戏的非遗保护事业中起到主导作用，要能够号召和带领社会各界及群众参与到歌仔戏的保护传承与传播发展中，聚合各方力量。

（二）客体结构层面：革故鼎新，做好歌仔戏剧种与剧目的守正与创新

经典之所以能成为经典并且历久弥新，在于它在时代的变迁中沉淀着这个剧种稳定的且具有代表性的艺术外观与内涵。在当下的时代语境中，若要真正重新焕发出歌仔戏的活力与魅力，那必然要通过各种外显的方式去把握到歌仔戏真正的内核价值，剧种的精神标识建构与经典剧目的复兴便是其突破口，因而在客体层面对歌仔戏等地方戏曲的反思也形成了"剧种—剧目"的二元客体结构。

首先，在剧种的整体性层面，剧种本身要做到"立身须正"，要从经典中去找到自己的文化独特性所在。强调歌仔戏的向内复归，亦是在对经典的保护修复与再开发中感受它的包容，丰富它的新内涵。这便需要认真审视地方戏曲所成长起来的文化土壤，将与之勾连的地方文化充分融结，建构其自身更明显的地方文化标识，更好地与地方文化体系进行对话。比如，充分挖掘地方剧种的语言特色，方言是一个地区与民族的共同情感投射，也铸牢着各自的民族共同体意识。以歌仔戏为代表的福建地方戏曲大多数都依托于方言，而方言在很大程度上保留了原本唱腔特色，凸显着浓厚的地方文化标识。再者，可以将一些地区与本民族的民俗仪式化表演融入戏曲表演中，这亦是对地方民俗文化的创造性转化，也是对戏曲本身的创新性发展。

其次，在剧目层面，地方戏曲要注重以经典剧目修复为支点，深入探索与提炼自身的文化精髓，这也是地方戏曲剧种可持续发展的表现。近年来，各地方戏曲剧团创造的剧目数量越来越少，内容呈现迎合市场取向，以宫廷戏、才子佳人戏为主，表演上也日渐呈现散漫化、随意化。因而，在当下的地方戏曲发展中，同样需要向传统经典剧目求索，既要复排传统剧目，更重要的是在传统剧目的回顾中，学习其在表演、在内容创作上的精华，延续其文化精神。在这个方面，与歌仔戏同为福建五大地方剧种的梨园戏已经做出了相对成功的尝试，福建省梨园实验剧团依循"固守传统、传承精华"的原则，有序规划修复了一批经典梨园戏剧目，其中不乏大家耳熟能详的《胭脂记》《刘文龙》等，而近些年，歌仔戏的传承者亦注意到了经典保护的重要性，投入到了传统与经典剧目的挖掘、整理与修复中，诸如《三家福》《五子苦墓》等便得到了妥善的修复。

以歌仔戏为代表的地方戏曲剧种在发展中也要开放胸怀，在修复经典剧目的基础上，既创新发展也要注意到对传统的延续，在依循自身戏曲艺术创作规律的前提下，观察到时代的主题、观众的审美需求。歌仔戏的创作主力也需要以对现有剧目的演绎观照歌仔戏的可持续发展，主动接受市场的洗礼，综合考量市场的偏好、受众的接受模式等方面因素，在保证自身文化独特性没有偏移的同时，建立起一套灵活的内容创新规则，不要让歌仔戏囿于地方戏曲的标签而陷入孤芳自赏的局面。具体可以通过征集歌仔戏剧本、举办学术与创作研讨会、开设创作培训班等一系列的活动，来进一步拓展歌仔戏的新剧目。在剧目的创新之外，演员造型、音乐配唱、舞美置景等也需要在保持自身格调的基础上，依循时代的新审美经验来进行恰当调整。因此，歌仔戏无论在新内容的推出上还是在形式的合理调整上，都需要不断扩充和完善自身的内涵，与当下市场和年轻人进行对话，这对于歌仔戏的长足发展至关重要。当然光修复经典剧目是远远不够的，还需要基于当下的非遗传播生态与境况，采用尽可能多的方式去开发新剧目，比如突破舞台的限制，以影像方式让歌仔戏可以走出地方，传播得更远，这方面台湾就有不少由歌仔戏改编而成的影视剧，如《龙飞凤舞》等，它们播出时都得到了极大的市场反响，也推动了歌仔戏文化的传播。此外，还可以在对歌仔戏发展历程的详备考察下，编撰介绍歌仔戏历史、歌仔戏剧目的书籍，包括深入浅出讲解歌仔戏相关的唱腔、音乐、服化道、舞美等方面的知识，还可以成立专门的数字与实地的歌仔戏博物馆，让今后歌仔戏文献研究以及其他地方人民深入了解歌仔戏时可以有一个专业的渠道。

结　语

歌仔戏作为海上丝绸之路文化圈的重要文化元素，其本身所呈现的独特戏曲程式与艺术感染力等，使之得以突破历史的局限，在时代的更迭中展现长足的生命力，为世人所熟知。对于歌仔戏的传承传播既体现中华文明的传播力影响力，也铸牢着闽台人民与整个海丝文化圈人民的民族共同体意识。由于传承濒临断裂、传播生态多元等问题与现象横亘眼前，歌仔戏的传承与传播也在面临着新的挑战，复兴与促进歌仔戏的活态化传承传播依然任重而道远，依然需要各方合力、不断求索。习近平总书记《在文化传承发展座谈会上的讲话》也强调要"坚持守正创新"，提出："新时代的文化工作者必须以守正创新的正气和锐气，赓续历史文脉、谱写当代华章。"[①] 在以歌仔戏为代表的地方文化传承发展中，"守正"与"创新"必须并驾齐驱，一味地强调创新而忽略对其文化本源的守正，亦会使其被贴上商业化、模式化，甚至媚好于市场与时代的标签，也会使其文化的本真魅力愈发消弭。若真如此，歌仔戏既失去了对其文化"原住民"——闽地人民的聚合力与感召力，也因无法更深确立其文化独特性而使其在文化传播过程中动力不足。针对以上的问题，本文基于非遗传播与"结构-功能论"视角，分析歌仔戏所面临的传承与传播的症结，并进一步提出相应的解决策略与发展设想，希望以点带面，从歌仔戏的传承传播思考观照到更多地方戏曲的传承传播。同时，笔者希望通过本文的浅思为今后歌仔戏非遗传播的研究抛砖引玉，以期各界人士更多且更深入地关注歌仔戏非遗传播的相关问题，为歌仔戏文化内生传承的挖掘和跨文化传播的实践提供可行之真知与灼见。

---

① 习近平：《在文化传承发展座谈会上的讲话》，《求是》2023年第17期。

《丝路文化研究》集刊投稿指南

南京大学中华文化研究院、江苏牛首山人文研究院联合主办的《丝路文化研究》学刊,由商务印书馆出版,每年两辑,为CSSCI来源集刊(2023—2024)。学刊是人文社科类综合研究集刊,稿件涵盖陆上丝路和海上丝路的历史与现实问题,涉及文学、历史、考古、艺术、民俗等领域,拓展深化丝路文化的综合研究。

学刊常设主要栏目如下:

1. [特稿] 对"一带一路"文明互鉴的历史与现状的宏观论述或对"一带一路"学术前沿问题的深入探讨。

2. [丝路史探] 从历史学角度,关于丝路文化传播与交流的研究,包括史实考辨、史料勾陈、观念探讨等方面。

3. [丝路文脉] 着重关注丝路沿线国家的民俗、社会观念、文学文本的形成与发展,对于当代"一带一路"建设的现实意义。

4. [丝路文化遗产] 聚焦对丝路沿线国家和地区的物质文化遗存、艺术品的保护与研究,涉及考古学、艺术史等领域。

5. [丝路访谈] 以访谈、对话的方式,对"一带一路"文明互鉴中的文化现象,民俗学、非物质文化遗产等领域的问题,开展调查、记录和探讨。

《丝路文化研究》欢迎学界同仁投稿,字数以1—2万字为宜。凡投稿论文:

1. 正文前应有摘要和关键词,摘要字数控制在500字以内。

2. 正文各级标题,一级标题用"一、二、三、……",二级标题用"(一)、(二)、(三)、……",三级标题用"1. 2. 3. ……",四级标题用"(1)(2)(3)……"。

3. 正文注释采用当页脚注形式,正文中的注释序号和脚注序号均用①②③……按序标识,每页单独排序。正文中的注释序号统一置于包含引文的句子(有时候也可能是词或词组)之后,标点符号之前左上角。如需大段引用典籍文献原文,请单独另起一段落,楷体,引用符号置于标点符号之后右上角。

4. 脚注采用文献—注释制,直接引述或摘述原著内容时,需标出所引著作的页码。间接引述或提及相关著作时,不需标出页码。直接引述原文时,所引的较短原文可径入正文,外加引号。若所引原文较长(如超过40字或正文的三行时),以另起一段为宜;引文首行第一字空四格,折行空两格,上下各空一行,不需用引号。

5. 本刊欢迎作者随文配附相应能够说明文字内容的各类图版,在文中标示清楚图版序号(图1、图2、图3),图版标题为叙述式,图版质量在300 dpi以上,并要求注明图版无版权问题。图版需单独发送。

投稿方式: 稿件通过电子邮箱投递,无需寄送纸质版。

电子邮箱: silkroadnju@163.com

联络人: 徐志君

地址: 南京市栖霞区仙林大道163号南京大学仙林校区中华文化研究院(星云楼)409室

本刊已许可中国知网等网络知识服务平台以数字化方式复制、汇编、发行、信息网络传播本刊全文。所有署名作者同意本刊发表即视为授权网络知识服务平台的转载,如有异议,请在投稿时说明,本刊将按作者说明处理。

图书在版编目（CIP）数据

丝路文化研究. 第 10 辑 / 赖永海主编. -- 北京：商务印书馆, 2024. -- ISBN 978-7-100-24145-8

I . K203

中国国家版本馆 CIP 数据核字第 2024F9M090 号

权利保留，侵权必究。

丝路文化研究

第十辑

主编　赖永海

执行主编　王月清　胡勇

商 务 印 书 馆 出 版
（北京王府井大街 36 号　邮政编码 100710）
商 务 印 书 馆 发 行
南京新洲印刷有限公司印刷
ISBN　978-7-100-24145-8

2024 年 9 月第 1 版	开本　787 × 1092　1/16
2024 年 9 月第 1 次印刷	印张　20½

定价：98.00 元

中文社会科学引文索引（CSSCI）来源集刊

丝路文化研究

第十辑

主　　编：赖永海
执行主编：王月清
　　　　　胡　勇